여러분의 합격을 응원하는
해커스PSAT의 특별 혜택

 해커스PSAT 온라인 단과강의 20% 할인쿠폰

0D65A848KKKD6000

해커스PSAT 사이트(psat.Hackers.com) 접속 후 로그인 ▶
우측 퀵배너 [쿠폰/수강권등록] 클릭 ▶ 위 쿠폰번호 입력 후 이용

* 등록

PSAT 패스 (교재 포함형) 10% 할인쿠폰

K05DA84AD7FKC000

해커스PSAT 사이트(psat.Hackers.com) 접속 후 로그인 ▶
우측 퀵배너 [쿠폰/수강권등록] 클릭 ▶ 위 쿠폰번호 입력 후 이용

* 등록 후 7일간 사용 가능(ID당 1회에 한해 등록 가능)

PSAT 패스 (교재 미포함형) 10% 할인쿠폰

0F5DA8494K3BB000

해커스PSAT 사이트(psat.Hackers.com) 접속 후 로그인 ▶
우측 퀵배너 [쿠폰/수강권등록] 클릭 ▶ 위 쿠폰번호 입력 후 이용

* 등록 후 7일간 사용 가능(ID낭 1회에 한해 능복 가능)

쿠폰 이용 관련 문의 **1588-4055**

해커스PSAT

7급PSAT
유형별 기출
200제 상황판단

해커스

길규범

이력
___

고려대학교 행정학과 졸업

2009~2013년 5급 공채 행시/입시 PSAT 합격

(현) 해커스 7급 공채 PSAT 상황판단 대표강사

(현) 베리타스 법학원 5급 공채 PSAT 상황판단 대표강사

(현) 합격으로 가는길(길규범 PSAT 전문연구소) 대표

(현) NCS 출제 및 검수위원

(전) 베리타스 법학원 PSAT 전국모의고사 검수 및 해설위원

(전) 법률저널 PSAT 전국모의고사 검수 및 해설위원

(전) 공주대학교 취업교과목 출강 교수

(전) 메가스터디 공취달 NCS 대표강사

2014~2018년 PSAT 상황판단 소수 그룹지도

연세대, 성균관대, 한양대, 경희대, 동국대 등 전국 다수 대학 특강 진행

저서
___

해커스 PSAT 길규범 상황판단 올인원 1, 2, 3권

해커스PSAT 7급 PSAT 유형별 기출 200제 상황판단

해커스PSAT 7급 + 민경채 PSAT 16개년 기출문제집 상황판단

해커스PSAT 7급 PSAT 기출문제집

해커스PSAT 7급 PSAT 기본서 상황판단

해커스공무원 7급 PSAT 입문서

PSAT 민간경력자 기출백서

PSAT 상황판단 전국모의고사 400제

길규범 PSAT 상황판단 봉투모의고사

PSAT 엄선 전국모의고사

30개 공공기관 출제위원이 집필한 NCS

국민건강보험공단 NCS 직업기초능력평가 봉투모의고사

유형과 전략을 잡으면
고득점은 충분히 가능합니다!

7급 공채 PSAT를 준비하는 많은 수험생들이
PSAT 상황판단 점수를 어떻게 올릴 수 있는지 질문을 하곤 합니다.
상황판단은 '전략'과 '스킬'이 중요합니다.
다양한 형태의 문제가 출제되지만, 반복해서 출제되는 유형과 패턴이 존재하므로
유형별 접근법과 전략을 익히는 것이 가장 중요합니다.

PSAT 상황판단에 출제되는 문제 유형에 대한 이해를 높일 수 있도록,
유형별 문제 풀이를 집중적으로 연습하여 문제 풀이의 정확도와 속도를 향상시킬 수 있도록,
취약한 유형을 파악하고 약점을 극복하여 고득점을 달성할 수 있도록
수많은 고민을 거듭한 끝에 『**해커스PSAT 7급 PSAT 유형별 기출 200제 상황판단**』을 출간하게 되었습니다.

『**해커스PSAT 7급 PSAT 유형별 기출 200제 상황판단**』은

1. **유형 공략 문제**를 통해 유형에 대한 이해를 높이고, 문제 풀이 전략을 습득할 수 있습니다.

2. **취약 유형 진단&약점 극복**을 통해 취약한 유형을 파악하고, 약점을 극복하여 고득점을 달성할 수 있습니다.

3. **기출 재구성 모의고사**를 통해 실전 감각을 극대화하고 PSAT 상황판단 고득점을 달성할 수 있습니다.

『**해커스PSAT 7급 PSAT 유형별 기출 200제 상황판단**』이 7급 PSAT 고득점을 꿈꾸는 모든 수험생 여러분에게
훌륭한 길잡이가 되기를 바랍니다. 저 길규범 강사도 수험생 여러분들이 최종 합격의 꿈을 이룰 때까지 함께 하겠습니다.

길규범

목차

1 텍스트형

2 법조문형

상황판단 고득점을 위한 이 책의 활용법

1 유형 특징을 파악하여 전략적으로 학습한다.

유형 특징 & 풀이 전략

7급 공채 및 출제 경향이 유사한 민간경력자, 5급 공채 PSAT 기출문제의 유형별 특징과 풀이 전략을 확인하여 유형에 대한 이해를 높일 수 있습니다.

2 유형 공략 문제로 문제 풀이법을 익히고 시간 관리 능력을 향상시킨다.

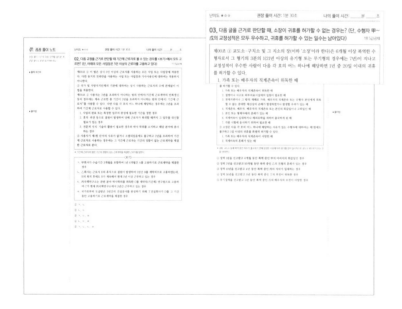

난이도 & 권장 풀이 시간 & 나의 풀이 시간

다양한 난이도로 구성된 유형별 기출문제를 풀면서 시간 관리 연습을 할 수 있습니다. 또한 문제별 난이도와 나의 풀이 시간을 체크하여 문제 풀이 실력을 점검할 수 있습니다.

꼼꼼 풀이 노트

문제 풀이 후, 출제 포인트와 풀이법 등을 정리하여 문제를 효과적으로 복습할 수 있습니다.

3 문항별 정오표 및 취약 유형 분석표로 취약한 유형을 꼼꼼하게 보완한다.

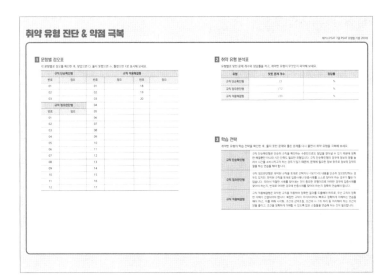

문항별 정오표 & 취약 유형 분석표

유형별로 맞힌 문제 개수와 정답률을 파악하여 유형별로 비교해보고, 자신의 취약한 유형이 무엇인지 확인할 수 있습니다.

학습 전략

취약한 유형의 학습 전략을 확인한 후, 이에 따라 틀린 문제와 풀지 못한 문제를 반복하여 풀면서 약점을 극복할 수 있습니다.

4 기출 재구성 모의고사로 실전 감각을 극대화하고, 상세한 해설로 완벽하게 정리한다.

기출 재구성 모의고사

고난도 핵심 기출문제로 구성된 기출 재구성 모의고사를 풀면서 실전 감각을 기를 수 있습니다.

약점 보완 해설집

상세하고 이해하기 쉬운 해설로 모든 문제를 체계적으로 학습할 수 있습니다. 특히 '빠른 문제 풀이 Tip'을 통해 문제를 빠르고 정확하고 푸는 방법까지 익힐 수 있습니다.

기간별 맞춤 학습 플랜

학습 플랜

· 이틀에 4~6유형씩 권장 풀이 시간에 따라 유형 공략 문제를 풀면서 유형별 문제 풀이법을 익히고, 취약한 유형을 중심으로 복습합니다. 이후, 실전처럼 시간을 정해 기출 재구성 모의고사를 풀고 마무리합니다.

	___월___일	___월___일	___월___일	___월___일	___월___일
1주차	텍스트형 유형 1~5	유형 1~5 복습	법조문형 유형 6~11	유형 6~11 복습	계산형 & 규칙형 유형 12~15
	___월___일	___월___일	___월___일	___월___일	___월___일
2주차	유형 12~15 복습	규칙형 & 경우형 유형 16~19	유형 16~19 복습	기출 재구성 모의고사	전체 복습

20일 완성 | 학습 플랜

· 하루에 1~2유형씩 권장 풀이 시간에 따라 유형 공략 문제를 풀면서 유형별 문제 풀이법을 익히고, 출제 포인트와 풀이법을 꼼꼼히 분석하며 복습합니다. 이후, 실전처럼 시간을 정해 기출 재구성 모의고사를 풀고 마무리합니다.

1주차	___월___일	___월___일	___월___일	___월___일	___월___일
	텍스트형 유형 1~2	텍스트형 유형 3	텍스트형 유형 4~5	텍스트형 복습	법조문형 유형 6~7
2주차	___월___일	___월___일	___월___일	___월___일	___월___일
	법조문형 유형 8~9	법조문형 유형 10~11	법조문형 복습	계산형 유형 12	계산형 유형 13
3주차	___월___일	___월___일	___월___일	___월___일	___월___일
	계산형 유형 14	계산형 복습	규칙형 유형 15~16	규칙형 유형 17	규칙형 복습
4주차	___월___일	___월___일	___월___일	___월___일	___월___일
	경우형 유형 18	경우형 유형 19	경우형 복습	기출 재구성 모의고사	기출 재구성 모의고사 복습

7급 공채 및 PSAT 알아보기

7급 공채 알아보기

1. 7급 공채란?

7급 공채는 인사혁신처에서 학력, 경력에 관계없이 7급 행정직 및 기술직 공무원으로 임용되기를 원하는 불특정 다수인을 대상으로 실시하는 공개경쟁채용시험을 말합니다. 신규 7급 공무원 채용을 위한 균등한 기회 보장과 보다 우수한 인력의 공무원을 선발하는 데에 시험의 목적이 있습니다. 경력경쟁채용이나 지역인재채용과 달리 20세 이상의 연령이면 국가공무원법 제33조에서 정한 결격사유에 저촉되지 않는 한, 누구나 학력 제한이나 응시상한연령 없이 시험에 응시할 수 있습니다.

- **경력경쟁채용**: 공개경쟁채용시험에 의하여 충원이 곤란한 분야에 대해 채용하는 제도로서 다양한 현장 경험과 전문성을 갖춘 민간전문가를 공직자로 선발한다.
- **지역인재채용**: 자격요건을 갖춘 자를 학교별로 추천받아 채용하는 제도로서 일정 기간의 수습 근무를 마친 후 심사를 거쳐 공직자로 선발한다.

2. 7급 공채 채용 프로세스

※ 상세 일정은 사이버국가고시센터(www.gosi.kr) 참고

▋ 7급 공채 PSAT 알아보기

1. PSAT란?

PSAT(Public Service Aptitude Test, 공직적격성평가)는 공직과 관련된 상황에서 발생하는 여러 가지 문제에 신속히 대처할 수 있는 문제해결의 잠재력을 가진 사람을 선발하기 위해 도입된 시험입니다. 즉, 특정 과목에 대한 전문 지식 보유 수준을 평가하는 대신, 공직자로서 지녀야 할 기본적인 자질과 능력 등을 종합적으로 평가하는 시험입니다. 이에 따라 PSAT는 이해력, 추론 및 분석능력, 문제해결능력 등을 평가하는 언어논리, 상황판단, 자료해석 세 가지 영역으로 구성됩니다.

2. 시험 구성 및 평가 내용

과목	시험 구성	평가 내용
언어논리	각 25문항/120분	글의 이해, 표현, 추론, 비판과 논리적 사고 등의 능력을 평가함
상황판단		제시된 글과 표를 이해하여 상황 및 조건에 적용하고, 판단과 의사결정을 통해 문제를 해결하는 능력을 평가함
자료해석	25문항/60분	제시된 글과 표를 이해하여 상황 및 조건에 적용하고, 판단과 의사결정을 통해 문제를 해결하는 능력을 평가함

※ 본 시험 구성은 2022년 시험부터 적용

상황판단 고득점 가이드

▌출제 유형 분석

상황판단은 제시된 글과 조건에 따라 문제 상황을 판단·해결하는 능력을 평가하는 영역으로, 크게 텍스트형, 법조문형, 계산형, 규칙형, 경우형 다섯 가지 유형으로 나눌 수 있습니다. 2020년 모의평가부터 최근 실시된 2024년 시험까지 분석해보면, 텍스트형은 2021년 7급 공채 PSAT에서 예외적으로 한 문제도 출제되지 않은 것을 제외하고 매년 3~4문제가 출제되고 있습니다. 법조문형은 2021년 7급 공채 PSAT에서 9문제가 출제된 것을 제외하고 매년 5~7문제가 출제되고 있습니다. 계산형, 규칙형, 경우형은 평균 5~6문제씩 출제되었는데, 2024년 국가직 7급 공채 PSAT에서는 계산형이 7문제, 규칙형이 6문제, 경우형이 4문제가 출제되었습니다. 다섯 가지 유형 모두 제시된 글이나 조건 등을 이해하여 적용·판단하는 능력을 요구하므로 주어진 시간 내에 다양한 형태의 정보를 빠르고 정확하게 파악하는 능력이 필요합니다.

구분	유형	유형 설명
텍스트형	· 발문 포인트형 · 일치부합형 · 응용형 · 1지문 2문항형 · 기타형	줄글 형태의 지문을 제시하고, 이를 토대로 필요한 정보를 올바르게 이해·추론할 수 있는지를 평가하는 유형
법조문형	· 발문 포인트형 · 일치부합형 · 응용형 · 법계산형 · 규정형 · 법조문소재형	법조문이나 법과 관련된 규정 및 줄글을 지문으로 제시하고 법조문을 정확히 이해할 수 있는지, 법·규정의 내용을 올바르게 응용할 수 있는지를 평가하는 유형
계산형	· 정확한 계산형 · 상대적 계산형 · 조건 계산형	수치가 제시된 지문이나 조건을 제시하고 이를 토대로 특정 항목의 최종 결괏값을 도출할 수 있는지, 결괏값을 올바르게 비교할 수 있는지를 평가하는 유형
규칙형	· 규칙 단순확인형 · 규칙 정오판단형 · 규칙 적용해결형	다양한 형태의 규칙을 제시하고, 규칙의 내용과 결과를 정확히 판단·적용할 수 있는지를 평가하는 유형
경우형	· 경우 파악형 · 경우 확정형	여러 가지 경우의 수가 가능한 문제 상황을 제시하고, 이를 정확히 분석하여 문제를 해결할 수 있는지를 평가하는 유형

▮ 출제 경향 분석 & 대비 전략

1. 출제 경향 분석

① 출제 유형

7급 공채 PSAT에서 출제되고 있는 문제는 2006년부터 시행되어 온 5급 공채 PSAT과 2011년부터 시행되어 온 민간경력자 PSAT 유형과 동일합니다. 최근의 출제 경향은 기존 기출문제의 함정, 장치가 더 활발히 사용되고 있고, 동일한 접근법, 해결스킬로 빠르게 해결 가능한 문제가 다수 출제되고 있습니다. 2024년 7급 공채 PSAT에서는 텍스트형 3문제, 법조문형 5문제, 계산형 7문제, 규칙형 6문제, 경우형 4문제가 출제되었습니다.

② 난도

50% 이하의 정답률을 보이는 문제를 변별력 있는 문제라고 판단할 때, 2021년 7급 공채 PSAT에서는 50% 이하의 정답률인 문제가 9문제 출제되었으나, 2022년에는 6문제, 2023년에는 1문제, 2024년에는 5문제가 출제되었습니다. 2020년 모의평가부터 2024년까지 총 5회를 연도별로 난도를 평가해 보면 난도 '상'이었던 해가 2021년 1회, '중'이었던 해가 2020년 모의평가, 2022년, 2024년 총 3회, 난도 '하'가 2023년 1회라고 평가할 수 있습니다.

③ 지문의 소재

상황판단 시험에 출제될 수 있는 소재의 범위가 매우 넓지만, 날짜 계산, 요일 계산, 점수 계산, 리그 소재, 암호 변환, 이동 규칙, 대응표, 순서, 배치, 가성비, 최선·차선 등의 소재가 반복적으로 출제되고 있습니다.

2. 대비 전략

① 상황판단의 문제 유형을 파악하고, 유형에 따른 풀이법을 학습해야 합니다.

상황판단 영역은 다양한 유형으로 구분되어 있고, 유형에 따라 효과적인 풀이법이 있습니다. 그렇기 때문에 유형에 따른 풀이법을 정확히 파악하고 준비하는 것이 중요합니다. 이에 따라 기출문제를 반복적으로 풀면서 정확하게 유형을 분석하는 능력을 기르고, 본 교재의 문제 풀이 핵심 전략을 적용하여 빠르고 정확하게 문제를 풀이하는 연습이 필요합니다.

② 문제 풀이에 필요한 정보를 정확하게 파악하는 능력을 길러야 합니다.

상황판단은 다양한 조건과 상황 등이 제시되므로 문제를 해결하기 위해 필요한 정보를 정확하게 파악하는 것이 중요합니다. 따라서 키워드를 중심으로 제시된 정보를 시각화·도표화하여 정리하거나, 관련 있는 조건끼리 묶어 그룹화하는 연습이 필요합니다.

③ 문제 풀이의 순서를 결정하는 판단력을 길러야 합니다.

상황판단은 PSAT 세 영역 중 특히 문제 풀이에 시간이 부족한 경우가 많습니다. 한 문제를 풀이하는 데 너무 오랜 시간이 소요된다면 다른 문제를 놓칠 가능성이 높으므로 문제의 난이도를 판별하여 풀 수 있는 문제부터 먼저 풀어야 합니다.

출제 경향

1 텍스트형은 줄글 형태의 지문을 제시하고, 이를 토대로 정보를 이해 · 추론 · 분석할 수 있는지를 평가하는 유형이다.

2 텍스트형은 발문에 포인트가 제시되는지의 여부와 문제 풀이 방법에 따라 ① 발문 포인트형, ② 일치부합형, ③ 응용형, ④ 1지문 2문항형, ⑤ 기타형 총 5가지 세부 유형으로 출제된다.

3 텍스트형은 7급 시험에 PSAT가 도입되기 전 2020년 7급 PSAT 모의평가에서 4문제가 출제되었으나 PSAT가 도입된 첫 해인 2021년에는 한 문제도 출제되지 않았다. 그 후로 2022년에 4문제, 2023년에 3문제, 2024년에도 3문제가 출제되었다.

4 2022년 7급 공채 PSAT에서는 일치부합형, 응용형, 1지문 2문항형이 출제되어 4문제가 출제되었고, 2023년 7급 공채 PSAT에서는 일치부합형, 1지문 2문항형이 출제되어 3문제가 출제되었다. 2024년 7급 공채 PSAT에서도 2023년과 동일하게 일치부합형, 1지문 2문항형이 출제되어 3문제가 출제되었다. 3문제 모두 정답률은 90% 안팎으로 평이하게 출제되었다.

5 1지문 2문항형에서는 지문이 텍스트 또는 법조문으로 출제되는데, 텍스트로 주어지는 경우가 더 많기 때문에 출제 비중은 평균 3문제가 유지될 것으로 예상된다.

1 텍스트형

유형 1 발문 포인트형

유형 소개

'발문 포인트형'은 발문에 제시된 포인트에 맞춰서 지문을 읽고 문제를 해결하는 유형이다.

유형 특징

1 이 유형은 문제에서 무엇을 해결해야 하는지, 지문에서 어디를 중점적으로 읽어야 하는지 등의 정보가 발문에 직접적으로 제시된다.

2 따라서 그 포인트에 따라 문제를 어떻게 해결하는 것이 효율적인지, 어떻게 강약을 조절해서 지문을 읽어야 할지 파악할 수 있다.

풀이 전략

1 발문을 정확히 이해한 후, 발문에 제시된 포인트를 체크한다.

2 발문에 제시된 포인트에 따라 지문에서 필요한 내용을 중점적으로 파악한다.

3 발문에 제시되는 포인트는 다양하지만, 주로 판단 기준 또는 방법을 파악할 것을 요구하는 경우가 많다.

난이도 ★☆☆　　　권장 풀이 시간: 1분　　　나의 풀이 시간: _____분_____초

01. 다음 글을 근거로 판단할 때, 문화바우처사업의 문제점에 대한 개선방안으로 가장 적절한 것은?

13 외교관

　문화바우처사업은 기초생활수급자와 법정 차상위계층을 대상으로 연간 5만 원 상당의 문화예술 상품을 구매하거나 이용할 수 있는 '문화카드'를 발급하는 정책을 말한다. 2005년 5억 원 예산으로 시작한 이 사업은 2011년 347억 원으로 증액되는 등 대표적인 문화복지 정책으로 자리 잡고 있다.

　그러나 대상자의 문화카드 발급률과 사용률에 있어 양극화가 심각하게 나타나고 있다. 이러한 격차는 문화생활에 대한 개인적 관심의 차이보다는 대상자의 거주지역, 문화예술 교육경험, 나이, 학력 등에서 비롯된다는 것이 각종 통계에서 드러나고 있다. 특히 문화카드 발급률 및 사용률 실태조사에서 세대적 요인에 따른 격차가 큰 것으로 나타나고 있다. 20대와 30대의 발급률과 사용률은 각각 90% 이상인 반면, 50대와 60대의 경우 각각 50% 이하로 나타났다.

　또한 지역 간 격차도 심각한 것으로 나타났다. 도시의 경우 발급률과 사용률 평균이 전국 평균을 훨씬 웃도는 70% 이상이었으나, 농촌지역의 경우는 20%에도 못 미치는 경우가 대다수였다. 이로 인해 어느 지방자치단체에서는 이 사업에 책정된 예산의 80% 가까이를 집행하지 못하는 상황도 발생하고 있다.

　이와 같이 문화카드의 발급률과 사용률이 저조한 것은 농촌지역 주민 대부분이 사업 시행을 모르거나 사업 자체에 대한 인식을 제대로 하지 못하고 있기 때문으로 분석된다. 또한 행정기관을 방문해 문화카드를 발급받아야 하는 등 절차가 까다로워 고령의 농촌지역 주민들이 이용을 꺼리는 것도 한 원인으로 손꼽힌다.

① 고학력자에 대한 문화예술 체험 확대 방안

② 사업의 불법 수혜자에 대한 적발 강화 방안

③ 농촌지역의 문화바우처사업 예산 확대 방안

④ 젊은 세대가 선호하는 문화 사업 다양화 방안

⑤ 사업의 홍보 확대 및 문화카드 발급절차 간소화 방안

난이도 ★☆☆　　　　권장 풀이 시간: 1분 30초　　　　나의 풀이 시간: ＿＿＿분 ＿＿＿초

02. 다음 글에 근거할 때, 甲의 관점에서 옳게 추론한 것을 <보기>에서 모두 고르면?

12 5급공채

○ 세계 각국에서 상원의석을 지역별로 배분하는 방식은 크게 두 가지이다. 하나는 각 지역의 인구수에 비례하여 의석을 배분하는 것이고, 다른 하나는 각 지역별로 의석을 균등하게 배분하는 것이다. 또한 상원의원을 선출하는 방식에도 두 가지가 있다. 하나는 주민들이 직접 선출하는 방식이고, 다른 하나는 지방의회 등이 선출하는 간접적인 방식이다. 甲은 의석 배분에서 인구비례가 엄격하게 반영될수록, 주민들에 의해 직접 선출되는 상원의원의 비율이 높을수록 더 민주적이라고 생각한다.

○ X국 하원의원은 인구비례로 선출되는데 반해 상원의원은 모든 주에서 두 명씩 선출된다. 따라서 인구가 가장 많은 a주(인구수:3,600만 명)와 가장 적은 b주(인구수:60만 명)에서 똑같이 2명의 상원의원이 선출된다. 1913년 이전에는 주의회가 상원의원을 선출했으나 1913 헌법 개정 이후에는 주민들이 직접 선출하고 있다. 반면, Y국의 상원의원은 인구의 95% 이상이 집중되어 있고 인구규모가 비슷한 c주, d주, e주, f주에서 각각 24명씩 선출되고, 나머지 g주, h주, i주에서 각각 1명씩 선출된다. Y국에서는 지방의회가 상원의원을 선출한다. Z국 상원의 경우 가장 많은 인구를 가진 주는 8명의 의원을 선출하고, 가장 적은 인구를 가진 주는 3명의 의원을 선출한다. 그밖의 주들은 인구규모에 따라 4~7명의 상원의원을 선출한다.

〈보기〉

ㄱ. X국의 경우 1913년 헌법 개정 이후의 상원의원 선출방식은 그 이전의 선출방식보다 더 민주적이다.

ㄴ. Y국은 상원의원의 선출방식과 상원의석의 배분방식에서 X국보다 더 민주적이다.

ㄷ. 상원의석의 배분방식에서 Z국은 X국보다 더 민주적이다.

ㄹ. X국의 b주에서 선출되는 상원의원의 수를 a주에서 선출되는 상원의원수보다 더 많게 하는 경우 현재의 의석배분방식보다 더 민주적이다.

① ㄱ, ㄴ

② ㄱ, ㄷ

③ ㄴ, ㄹ

④ ㄱ, ㄴ, ㄷ

⑤ ㄱ, ㄷ, ㄹ

03. 다음 <상황>에서 A국가가 세운 협상원칙에 부합하는 것만을 <보기>에서 모두 고르면?

11 민경채 실험

─────〈상황〉─────

A국가와 B국가는 과거 한 차례 전쟁을 벌였던 경험이 있어 관계가 좋지 않다. 근래 A국가는 핵무기 개발을 시도하고 있다. 그리고 B국가는 정보통신 분야의 기술개발을 토대로 비약적인 경제성장을 이룩하였다.

최근 세계 경제위기 상황에서 A국가가 경제 발전을 도모하고자 B국가에 관계 개선을 위한 회담을 제안하자, B국가는 A국가의 제안에 적극 호응하였다. 두 국가 중 A국가는 안보 분야에서 협상력이 강하나, 경제 분야에서는 약하다. 반면 B국가는 경제 분야에서 협상력이 강하고 안보 분야에서는 약하다.

제3국에서 개최된 1차 회담에서 B국가는 핵무기 개발 포기 등을 포함한 안보 분야의 매우 다양한 협상의제를 제시하였다. 그러나 서로 다른 이해관계 속에서 A국가와 B국가의 관계 개선 및 협력을 위한 1차 회담은 이렇다 할 결실을 맺지 못했다. 특히 핵무기 문제는 양측이 가장 첨예하게 대립하는 의제였다.

A국가는 향후 개최될 회담을 위하여 다음과 같은 협상원칙을 세웠다.

○ 협상의제가 여러 가지이므로 합의에 도달하기 쉬운 것부터 우선 협상한다.
○ B국가의 회담대표와 친분이 두터운 인사에게 비공식채널을 통한 협의를 맡긴다.
○ 협상력이 강한 분야는 협상시한을 미리 확정한다.
○ 협상력이 약한 분야는 지연 전략을 구사한다.

─────〈보기〉─────

ㄱ. 핵무기 문제를 우선적으로 협상한다.
ㄴ. B국가의 회담대표와 유학 시절 절친했던 경제 전문가에게 비공식채널의 협의를 맡긴다.
ㄷ. 안보 분야의 협상시한을 결정하여 B국가에 통지한다.
ㄹ. 경제 분야의 핵심 의제는 전화 협상을 벌여서라도 신속히 해결한다.

① ㄱ, ㄷ
② ㄱ, ㄹ
③ ㄴ, ㄷ
④ ㄱ, ㄴ, ㄹ
⑤ ㄴ, ㄷ, ㄹ

꼼꼼 풀이 노트

권장 풀이 시간에 맞춰 문제를 풀어본 후, 꼼꼼 풀이 노트로 정리해보세요.

■ 출제 포인트

■ 풀이법

■ 출제 포인트

■ 풀이법

난이도 ★☆☆   **권장 풀이 시간: 1분 15초**   **나의 풀이 시간: ____분 ____초**

04. 다음 글과 <○○시의 도로명 현황>을 근거로 판단할 때, ○○시에서 발견될 수 있는 도로명은?

13 5급공채

> 도로명의 구조는 일반적으로 두 개의 부분으로 나누어지는데 앞부분을 전부요소, 뒷부분을 후부요소라고 한다.
>
> 전부요소는 대상물의 특성을 반영하여 이름붙인 것이며 다른 곳과 구분하기 위해 명명된 부분이다. 즉, 명명의 배경이 반영되어 성립된 요소로 다양한 어휘가 사용된다. 후부요소로는 '로, 길, 골목'이 많이 쓰인다.
>
> 그런데 도로명은 전부요소와 후부요소만 결합한 기본형이 있고, 후부요소에 다른 요소가 첨가된 확장형이 있다. 확장형은 후부요소에 '1, 2, 3, 4…' 등이 첨가된 일련번호형과 '동, 서, 남, 북, 좌, 우, 윗, 아래, 앞, 뒷, 사이, 안, 중앙' 등의 어휘들이 첨가된 방위형이 있다.

> ─────〈○○시의 도로명 현황〉─────
>
> ○○시의 도로명을 모두 분류한 결과, 도로명의 전부요소로는 한글고유어보다 한자어가 더 많이 발견되었고, 기본형보다 확장형이 많이 발견되었다. 확장형의 후부요소로는 일련번호형이 많이 발견되었고, 일련번호는 '로'와만 결합되었다. 그리고 방위형은 '골목'과만 결합되었으며 사용된 어휘는 '동, 서, 남, 북'으로만 한정되었다.

① 행복1가

② 대학2로

③ 국민3길

④ 덕수궁뒷길

⑤ 꽃동네중앙골목

05. 다음 글과 <정보>를 근거로 추론할 때 옳지 않은 것은?　　14 5급공채

외계행성은 태양계 밖의 행성으로, 태양이 아닌 다른 항성 주위를 공전하고 있는 행성이다. 외계행성을 발견하면, 그 행성이 공전하고 있는 항성의 이름 바로 뒤에 알파벳 소문자를 붙여 이름을 부여하게 되는데, 발견된 순서에 따라 알파벳 b부터 순서대로 붙인다. 예를 들어, '글리제 876 d'는 '글리제 876' 항성 주위를 공전하는 외계행성이며, 이 행성계 내의 행성 중에서 세 번째로 발견되었음을 알 수 있다.

한편 행성은 그 특성에 따라 다양한 별칭을 얻기도 한다. 행성은 질량을 기준으로 지구형 행성과 목성형 행성으로 구분된다. 이 기준의 경계는 다소 불분명한 편이나, 일반적으로 목성 질량의 0.9배 이상은 목성형 행성, 그 미만은 지구형 행성(지구처럼 목성보다 작은 질량을 가진 행성)으로 불린다. 목성형 행성은 다른 행성에 미치는 영향에 따라 사악한 행성, 선량한 행성으로 불리기도 한다. 질량이 큰 목성형 행성이 항성 가까이에 있을 경우, 항성을 흔들고 다른 행성의 공전궤도를 교란시키거나 소행성을 날리는 경우가 많기 때문에 사악한 행성이라는 별칭을 얻게 된다. 반면, 항성에서 멀리 떨어져 있는 경우, 내부의 다른 지구형 행성으로 날아가는 소행성이나 혜성을 막아주는 역할을 하므로 선량한 행성으로 불린다.

또한 표면온도에 따라 뜨거운 행성과 차가운 행성으로 구분된다. 항성으로부터 적절한 거리를 유지하고 있어 표면이 지나치게 뜨겁지도 차갑지도 않아 생물이 생존하는 데 필요한 액체 상태의 물이 존재할 수 있는 표면온도를 갖는 행성을 골디락스 행성이라고 부른다.

―――――――〈정보〉―――――――

최근 국제 공동연구팀이 고성능 망원경으로 핑크색 외계행성을 발견했으며, 이 핑크색 외계행성은 'GJ 504 b'로 명명되었다. 역대 발견된 외계행성 중에서 가장 질량이 작은 이 핑크색 외계행성은 목성 질량의 4배이고, 목성이 태양 주위를 도는 궤도보다 9배 더 먼 거리에서 항성 주위를 공전하는 것으로 전해졌다. 공동연구팀은 "행성의 표면온도는 섭씨 약 238도이며, 약 1억 6,000만 년 전 생성된 것으로 추정된다. 그리고 물과 외계 생명체는 존재하지 않는 것으로 확인되었다."고 밝혔다.

① 'GJ 504 b'는 목성형 행성이다.

② 'GJ 504' 항성 주변을 돌고 있는 행성 중 발견된 것은 총 2개이다.

③ 역대 발견된 외계행성은 모두 지구보다 질량이 크다고 볼 수 있다.

④ 'GJ 504 b'는 골디락스 행성이라 불릴 수 없다.

⑤ 'GJ 504 b'가 내부의 다른 지구형 행성으로 날아가는 소행성이나 혜성을 막아주는 역할을 하게 된다면, 선량한 행성으로 불릴 수 있다.

약점 보완 해설집 p.2

유형 소개

'일치부합형'은 선택지나 <보기>의 키워드를 중심으로 지문을 읽고, 선택지나 <보기>의 내용이 지문의 내용에 부합하는지를 판단하는 유형이다.

유형 특징

1 일반 키워드형은 발문에 포인트가 없어 발문만으로는 지문을 어떻게 읽어야 할지 알아내기 어렵다. 따라서 선택지나 <보기>에서 키워드를 파악하고 지문에서 키워드가 나오는 부분을 집중하여 읽어야 한다.

2 특수 키워드형은 지문과 선택지 또는 <보기>에 숫자, 한자, 알파벳, 특수문자 등의 비한글 요소가 제시된다.

풀이 전략

1 지문을 읽기 전에 선택지나 <보기>를 먼저 읽고, 선택지나 <보기>에서 키워드 또는 비한글 요소를 체크한다.

2 체크한 키워드 또는 비한글 요소를 바탕으로 지문에 강약을 두어 가며 읽는다.

3 지문을 읽을 때 키워드와 관련한 내용이 나오면 해당 부분을 집중적으로 읽고, 바로 관련 선택지나 <보기>의 내용과 비교하여 정오를 판단한다.

유형 공략 문제

01. 다음 글을 근거로 추론할 때 옳지 않은 것은?

13 외교관

중세 이래의 꿈이었던 인도 항해가 바스쿠 다 가마(Vasco da Gama) 이후 가능해지자 포르투갈은 아시아 해양 세계로 진입하였다. 인도양을 중심으로 한 상업 체계는 무역풍과 몬순 때문에 이미 오래전부터 상당히 규칙적인 틀이 만들어져 있었다. 지중해를 잇는 아덴―소팔라―캘리컷을 연결하는 삼각형이 서쪽에 형성되었는데 이것은 전적으로 아랍권의 것이었다. 여기에 동쪽의 말라카가 연결되어 자바, 중국, 일본, 필리핀 등지에 이르는 광범위한 공간이 연결된다. 한편 서쪽의 상업권에서 홍해 루트와 페르시아만 루트가 뻗어나가서 지중해권과도 연결된다.

포르투갈은 인도양 세계 전체를 상대로 보면 보잘것없는 세력에 불과했지만, 대포를 앞세워 아시아를 포함한 주요 거점 지역들을 무력으로 장악해 나갔다. 이런 성과를 얻기 위해 포르투갈은 엄청난 비율의 인력 유출을 감내해야 했다. 16세기 포르투갈의 해외 유출 인구는 10만 명으로 추산되는데, 이는 포르투갈 전체 인구의 10%에 해당한다. 이것은 남자 인구로만 본다면 35%의 비중이었다. 외국에 나간 사람들 가운데 많은 수가 사망했는데 각 세대마다 남자 인구 7~10%가 희생되었다. 이런 정도로 큰 희생을 치러가며 해외 사업을 벌인 경우는 역사상 많지 않았다.

포르투갈의 아시아 교역에서는 후추 등 향신료의 비중이 가장 컸다. 포르투갈 상인들은 후추를 얻기 위해 인도로 구리를 가져가서 거래를 했는데, 구리 무게의 2.5~4배에 해당하는 후추를 살 수 있었다. 포르투갈의 해외 교역은 사실상 후추 등 향신료 교역이었으나, 후추 산지들이 매우 넓게 분포해 있어서 독점은 불가능하였다. 그러나 포르투갈 상인들이 유럽으로 들여온 후추의 양은 결코 적은 것이 아니었다. 포르투갈은 모두 12만 톤의 후추를 유럽에 들여왔다. 특히 1500~1509년 기간에 매년 7~8척의 배들이 3,000톤의 후추를 들여왔는데, 이는 당시 전 세계 생산량의 1/3에 해당한다.

① 16세기 포르투갈의 전체 인구는 약 100만 명이었을 것이다.

② 16세기 초 포르투갈은 매년 10만 명이 해외에 나가 3,000톤의 후추를 유럽에 들여왔다.

③ 인도양을 중심으로 하는 상업 체계의 규칙적인 틀은 바스쿠 다 가마의 인도 항해 이전에 형성되었다.

④ 16세기에 포르투갈은 후추 등 향신료의 아시아 무역에서 상권을 장악하기 위해서 군사력을 사용했을 것이다.

⑤ 포르투갈이 12만 톤의 후추를 유럽에 들여올 때 구리를 대금으로 지급했다면, 최소 3만 톤의 구리가 필요했을 것이다.

📒 꼼꼼 풀이 노트

권장 풀이 시간에 맞춰 문제를 풀어본 후, 꼼꼼 풀이 노트로 정리해보세요.

■ 출제 포인트

예) 설명문(수치) / 문맥·수리적 추론

■ 풀이법

예) 영어, 연도, % 등 비한글 요소 중심으로 키워드 체크

꼼꼼 풀이 노트

권장 풀이 시간에 맞춰 문제를 풀어본 후,
꼼꼼 풀이 노트로 정리해보세요.

■ 출제 포인트

■ 풀이법

난이도 ★☆☆　　　권장 풀이 시간: 1분 30초　　　나의 풀이 시간: ＿＿＿분 ＿＿＿초

02. 다음 글을 근거로 판단할 때 옳지 않은 것은?　　　20 민경채

　　이해충돌은 공직자들에게 부여된 공적 의무와 사적 이익이 충돌하는 갈등상황을 지칭한다. 공적 의무와 사적 이익이 충돌한다는 점에서 이해충돌은 공직부패와 공통점이 있다. 하지만 공직부패가 사적 이익을 위해 공적 의무를 저버리고 권력을 남용하는 것이라면, 이해충돌은 공적 의무와 사적 이익이 대립하는 객관적 상황 자체를 의미한다. 이해충돌 하에서 공직자는 공적 의무가 아닌 사적 이익을 추구하는 결정을 내릴 위험성이 있지만 항상 그런 결정을 내리는 것은 아니다.

　　공직자의 이해충돌은 공직부패 발생의 상황요인이며 공직부패의 사전 단계가 될 수 있기 때문에 이에 대한 적절한 규제가 필요하다. 공직부패가 의도적 행위의 결과인 반면, 이해충돌은 의도하지 않은 상태에서 발생하는 상황이다. 또한 공직부패는 드문 현상이지만 이해충돌은 일상적으로 발생하기 때문에 직무수행 과정에서 빈번하게 나타날 수 있다. 그런 이유로 이해충돌에 대한 전통적인 규제는 공직부패의 사전예방에 초점이 맞추어져 있었다.

　　최근에는 이해충돌에 대한 규제의 초점이 정부의 의사결정 과정과 결과에 대한 신뢰성 확보로 변화되고 있다. 이는 정부의 의사결정 과정의 정당성과 공정성 자체에 대한 불신이 커지고, 그 결과가 시민의 요구와 선호를 충족하지 못하고 있다는 의구심이 제기되고 있는 상황을 반영하고 있다. 신뢰성 확보로 규제의 초점이 변화되면서 이해충돌의 개념이 확대되어, 외관상 발생 가능성이 있는 것만으로도 이해충돌에 대해 규제하는 것이 정당화되고 있다.

① 공직부패는 권력 남용과 관계없이 공적 의무와 사적 이익이 대립하는 객관적 상황 자체를 의미한다.

② 이해충돌 발생 가능성이 외관상으로만 존재해도 이해충돌에 대해 규제하는 것이 정당화되고 있다.

③ 공직자의 이해충돌과 공직부패는 공적 의무와 사적 이익의 충돌이라는 점에서 공통점이 있다.

④ 공직자의 이해충돌은 직무수행 과정에서 빈번하게 발생할 가능성이 있다.

⑤ 이해충돌에 대한 규제의 초점은 공직부패의 사전예방에서 정부의 의사결정 과정과 결과에 대한 신뢰성 확보로 변화되고 있다.

03. 다음 글을 근거로 할 때 옳지 않은 것은?

20 민경채

최근 공직자의 재산상태와 같은 세세한 사생활 정보까지 공개하라는 요구가 높아지고 있다. 공직자의 사생활은 일반시민의 사생활만큼 보호될 필요가 없다는 것이 그 이유다. 비슷한 맥락에서 일찍이 플라톤은 통치자는 가족과 사유재산을 갖지 말아야 한다고 주장했다.

공직자의 사생활 보호에 대한 논의는 '동등한 사생활 보호의 원칙'과 '축소된 사생활 보호의 원칙'으로 구분된다. 동등한 사생활 보호의 원칙은 공직자의 사생활도 일반시민과 동등한 정도로 보호되어야 한다고 본다. 이 원칙의 지지자들은 우선 공직자의 사생활 보호로 공적으로 활용가능한 인재가 증가한다는 점을 강조한다. 사생활이 보장되지 않으면 공직 희망자가 적어져 인재 활용이 제한되고 다양성도 줄어들게 된다는 것이다. 또한 이들은 선정적인 사생활 폭로가 난무하여 공공정책에 대한 실질적 토론과 민주적 숙고가 사라져 버릴 위험성에 대해서도 경고한다.

반면, 공직자는 일반시민보다 우월한 권력을 가지고 있다는 것과 시민을 대표한다는 것 때문에 축소된 사생활 보호의 원칙이 적용되어야 한다는 주장도 있다. 공직자는 일반시민이 아니기 때문에 동등한 사생활 보호의 원칙을 적용할 수 없다는 것이다. 이 원칙의 지지자들은 공직자들이 시민 생활에 영향을 미치는 결정을 내리기 때문에, 사적 목적을 위해 권력을 남용하지 않고 부당한 압력에 굴복하지 않으며 시민이 기대하는 정책을 추구할 가능성이 높은 사람이어야 한다고 주장한다. 즉 이러한 공직자가 행사하는 권력에 대해 책임을 묻기 위해서는 사생활 중 관련된 내용은 공개되어야 한다는 것이다. 또한 공직자는 시민을 대표하기 때문에 훌륭한 인간상으로 시민의 모범이 되어야 한다는 이유도 들고 있다.

① 축소된 사생활 보호의 원칙은 공직자와 일반시민의 사생활 보장의 정도가 달라야 한다고 본다.

② 통치자의 사생활에 대한 플라톤의 생각은 동등한 사생활 보호의 원칙보다 축소된 사생활 보호의 원칙에 더 가깝다.

③ 동등한 사생활 보호의 원칙을 지지하는 이유 중 하나는 공직자가 시민을 대표하는 훌륭한 인간상이어야 하기 때문이다.

④ 동등한 사생활 보호의 원칙을 지지하는 이유 중 하나는 사생활이 보장되지 않으면 공직 희망자가 적어질 수 있다고 보기 때문이다.

⑤ 축소된 사생활 보호의 원칙을 지지하는 이유 중 하나는 공직자가 일반시민보다 우월한 권력을 가지고 있다고 보기 때문이다.

📋 꼼꼼 풀이 노트

권장 풀이 시간에 맞춰 문제를 풀어본 후, 꼼꼼 풀이 노트로 정리해보세요.

■ 출제 포인트

■ 풀이법

난이도 ★☆☆　　　권장 풀이 시간: 1분 15초　　　나의 풀이 시간: _____분 _____초

04. 다음 글을 근거로 판단할 때, <보기>에서 옳은 것을 모두 고르면?　　　13 외교관

피부색은 멜라닌, 카로틴 및 헤모글로빈이라는 세 가지 색소에 의해 나타난다. 흑색 또는 흑갈색의 색소인 멜라닌은 멜라노사이트라 하는 세포에서 만들어지며, 계속적으로 표피세포에 멜라닌과립을 공급한다. 멜라닌의 양이 많을수록 피부색이 황갈색에서 흑갈색을 띠고, 적을수록 피부색이 엷어진다. 멜라닌은 피부가 햇빛에 노출될수록 더 많이 생성된다. 카로틴은 주로 각질층과 하피의 지방조직에 존재하며, 특히 동양인의 피부에 풍부하여 그들의 피부가 황색을 띠게 한다. 서양인의 혈색이 분홍빛을 띠는 것은 적혈구 세포 내에 존재하는 산화된 헤모글로빈의 진홍색에 기인한다. 골수에서 생성된 적혈구는 산소를 운반하는 역할을 하는데, 1개의 적혈구는 3억 개의 헤모글로빈을 가지고 있으며, 1개의 헤모글로빈에는 4개의 헴이 있다. 헴 1개가 산소 분자 1개를 운반한다.

한편 태양이 방출하는 여러 파장의 빛, 즉 적외선, 자외선 그리고 가시광선 중 피부에 주된 영향을 미치는 것이 자외선이다. 자외선은 파장이 가장 길고 피부 노화를 가져오는 자외선 A, 기미와 주근깨등의 색소성 질환과 피부암을 일으키는 자외선 B, 그리고 화상과 피부암 유발 위험을 지니며 파장이 가장 짧은 자외선 C로 구분된다. 자외선으로부터 피부를 보호하기 위해서는 자외선 차단제를 발라주는 것이 좋다. 자외선 차단제에 표시되어 있는 자외선 차단지수(sun protection factor: SPF)는 자외선 B를 차단해주는 시간을 나타낼 뿐 자외선 B의 차단 정도와는 관계가 없다. SPF 수치는 1부터 시작하며, SPF 1은 자외선 차단 시간이 15분임을 의미한다. SPF 수치가 1단위 올라갈 때마다 자외선 차단 시간은 15분씩 증가한다. 따라서 SPF 4는 자외선을 1시간 동안 차단시켜 준다는 것을 의미한다.

〈보기〉

ㄱ. 멜라닌의 종류에 따라 피부색이 결정된다.

ㄴ. 1개의 적혈구는 산소 분자 12억 개를 운반할 수 있다.

ㄷ. SPF 50은 SPF 30보다 1시간 동안 차단하는 자외선 B의 양이 많다.

ㄹ. SPF 40을 얼굴에 한 번 바르면 10시간 동안 자외선 B의 차단 효과가 있다.

① ㄱ, ㄴ

② ㄱ, ㄷ

③ ㄴ, ㄹ

④ ㄱ, ㄷ, ㄹ

⑤ ㄴ, ㄷ, ㄹ

05. 다음 글을 근거로 판단할 때 옳지 않은 것은?   17 5급공채

> 유엔 식량농업기구(FAO)에 따르면 곤충의 종류는 2,013종인데, 그중 일부가 현재 식재료로 사용되고 있다. 곤충은 병균을 옮기는 더러운 것으로 알려져 있지만 깨끗한 환경에서 사육된 곤충은 식용에 문제가 없다.
>
> 식용으로 귀뚜라미를 사육할 경우 전통적인 육류 단백질 공급원보다 생산에 필요한 자원을 절감할 수 있다. 귀뚜라미가 다른 전통적인 단백질 공급원보다 뛰어난 점은 다음과 같다. 첫째, 쇠고기 0.45kg을 생산하기 위해 필요한 자원으로 식용 귀뚜라미 11.33kg을 생산할 수 있다. 이것이 가능한 가장 큰 이유는 귀뚜라미가 냉혈동물이라 돼지나 소와 같이 체내 온도 유지를 위해 먹이를 많이 소비하지 않기 때문이다. 둘째, 식용 귀뚜라미 0.45kg을 생산하는 데 필요한 물은 감자나 당근을 생산하는 데 필요한 수준인 3.8ℓ이지만, 닭고기 0.45kg을 생산하려면 1,900ℓ의 물이 필요하며, 쇠고기는 닭고기의 경우보다 4배 이상의 물이 필요하다. 셋째, 귀뚜라미를 사육할 때 발생하는 온실가스의 양은 가축을 사육할 때 발생하는 온실가스 양의 20%에 불과하다.
>
> 현재 곤충 사육은 많은 지역에서 이루어지고 있지만, 식용 곤충의 공급이 제한적이고 사람들에게 곤충도 식량이 될 수 있다는 점을 이해시키는 데 어려움이 있다. 따라서 새로운 식용 곤충 생산과 공급방법을 확충하고 곤충 섭취에 대한 사람들의 거부감을 줄이는 방안이 필요하다.
>
> 현재 식용 귀뚜라미는 주로 분말 형태로 100g당 10달러에 판매된다. 이는 같은 양의 닭고기나 쇠고기의 가격과 큰 차이가 없다. 그러나 인구가 현재보다 20억 명 더 늘어날 것으로 예상되는 2050년에는 귀뚜라미 등 곤충이 저렴하게 저녁식사 재료로 공급될 것이다.

■ 출제 포인트

■ 풀이법

① 쇠고기 생산보다 식용 귀뚜라미 생산에 자원이 덜 드는 이유 중 하나는 귀뚜라미가 냉혈동물이라는 점이다.

② 현재 곤충 사육은 많은 지역에서 이루어지고 있지만, 식용으로 사용되는 곤충의 종류는 일부에 불과하다.

③ 식용 귀뚜라미와 동일한 양의 쇠고기를 생산하려면, 귀뚜라미 생산에 필요한 물보다 500배의 물이 필요하다.

④ 식용 귀뚜라미 생산에는 쇠고기 생산보다 자원이 적게 들지만, 현재 이 둘의 100g당 판매가격은 큰 차이가 없다.

⑤ 가축을 사육할 때 발생하는 온실가스의 양은 귀뚜라미를 사육할 때의 5배이다.

1 택스트형

2 일치부합형

3 계산형

4 규칙형

5 경우형

기출 재구성 모의고사

해커스PSAT 7급 PSAT 유형별 기출 200제 상황판단

■ 출제 포인트

■ 풀이법

난이도 ★☆☆　　　권장 풀이 시간: 1분 45초　　　나의 풀이 시간: ＿＿＿분 ＿＿＿초

06. 다음 글을 근거로 판단할 때, 甲의 관찰 결과로 옳은 것은?

17 5급공채

꿀벌의 통신방법은 甲의 관찰에 의해 밝혀졌다. 그에 따르면 꿀벌이 어디에선가 꿀을 발견하면 벌집에 돌아와서 다른 벌들에게 그 사실을 알리는데, 이때 춤을 통하여 꿀이 있는 방향과 거리 및 꿀의 품질을 비교적 정확하게 알려준다.

꿀벌의 말에도 '방언'이 있어 지역에 따라 춤을 추는 방식이 다르다. 유럽 꿀벌의 경우 눕힌 8자형(∞) 모양의 춤을 벌집의 벽을 향하여 춘다. 이때 꿀이 발견된 장소의 방향은 ∞자 모양의 가운데 교차점에서의 꿀벌의 움직임과 관련돼 있다. 예컨대 꿀의 방향이 태양과 같은 방향이면 아래에서 위로 교차점을 통과(∞)하고, 태양과 반대 방향이면 위에서 아래로 교차점을 통과(∞)한다.

벌집에서 꿀이 발견된 장소까지의 거리는 단위 시간당 춤의 횟수로 나타낸다. 예를 들어 유럽 꿀벌이 약 15초 안에 열 번 돌면 100m 가량, 여섯 번 돌면 500m 가량, 네 번 돌면 1.5km 정도를 나타내며, 멀게는 11km 정도의 거리까지 정확하게 교신할 수 있다. 또 같은 ∞자 모양의 춤을 활기차게 출수록 꿀의 품질이 더 좋은 것임을 말해 준다.

甲은 여러 가지 실험을 통해서 위와 같은 유럽 꿀벌의 통신방법이 우연적인 것이 아니고 일관성 있는 것임을 알아냈다. 예를 들면 벌 한 마리에게 벌집에서 2km 지점에 있는 설탕물을 맛보게 하고 벌집으로 돌려보낸 뒤 설탕물을 다른 곳으로 옮겼는데, 그래도 이 정보를 수신한 벌들은 원래 설탕물이 있던 지점 근방으로 날아와 설탕물을 찾으려 했다. 또 같은 방향이지만 원지점보다 가까운 1.2km 거리에 설탕물을 옮겨 놓아도 벌들은 그곳을 그냥 지나쳐 버렸다.

① 유럽 꿀벌이 고품질의 꿀을 발견하면 ∞자와 다른 모양의 춤을 춘다.

② 유럽 꿀벌이 춤으로 전달하는 정보는 꿀이 있는 방향과 거리 및 꿀의 양이다.

③ 유럽 꿀벌이 단위 시간당 춤을 추는 횟수가 적을수록 꿀이 있는 장소까지의 거리는 멀다.

④ 유럽 꿀벌이 ∞자 모양의 춤을 출 때, 꿀이 있는 방향이 태양과 반대 방향이면 교차점을 아래에서 위로 통과한다.

⑤ 유럽 꿀벌은 동료의 춤을 통해 꿀에 관한 정보를 전달받은 후 실제 꿀의 위치가 달라져도 방향만 같으면, 그 정보를 통하여 꿀이 있는 장소를 한 번에 정확히 찾을 수 있다.

07. 다음 글을 근거로 판단할 때 옳은 것은?

18 5급공채

> 보름달 중에 가장 크게 보이는 보름달을 슈퍼문이라고 한다. 크게 보이는 이유는 달이 평소보다 지구에 가까이 있기 때문이다. 슈퍼문이 되려면 보름달이 되는 시점과 달이 지구에 가장 가까워지는 시점이 일치하여야 한다. 달의 공전 궤도가 완벽한 원이라면 지구에서 달까지의 거리가 항상 똑같을 것이다. 하지만 실제로는 타원 궤도여서 달이 지구에 가까워지거나 멀어지는 현상이 생긴다. 유독 달만 그런 것은 아니고 태양계의 모든 행성이 태양을 중심으로 타원 궤도로 돈다. 이것이 바로 그 유명한 케플러의 행성운동 제1법칙이다.
>
> 지구와 달의 평균 거리는 약 38만 km인 반면 슈퍼문일 때는 그 거리가 35만 7,000km 정도로 가까워진다. 달의 반지름은 약 1,737km이므로, 지구와 달의 거리가 평균 정도일 때 지구에서 보름달을 바라보는 시각도는 0.52도 정도인 반면, 슈퍼문일 때는 시각도가 0.56도로 커진다. 반대로 보름달이 가장 작게 보일 때, 다시 말해 보름달이 지구에서 제일 멀 때는 그 거리가 약 40만 km여서 보름달을 보는 시각도가 0.49도로 작아진다.
>
> 밀물과 썰물이 생기는 원인은 지구에 작용하는 달과 태양의 중력 때문인데, 달이 태양보다는 지구에 훨씬 더 가깝기 때문에 더 큰 영향을 미친다. 달이 지구에 가까워지면 평소 달이 지구를 당기는 힘보다 더 강하게 지구를 당긴다. 그리고 달의 중력이 더 강하게 작용하면, 달을 향한 쪽의 해수면은 평상시보다 더 높아진다. 실제 우리나라에서도 슈퍼문일 때 제주도 등 해안가에 바닷물이 평소보다 더 높게 밀려 들어와서 일부 지역이 침수 피해를 겪기도 했다.
>
> 한편 달의 중력 때문에 높아진 해수면이 지구와 함께 자전을 하다보면 지구의 자전을 방해하게 된다. 일종의 브레이크가 걸리는 셈이다. 이 때문에 지구의 자전 속도가 느려지게 되고 그 결과 하루의 길이에 미세하게 차이가 생긴다. 실제 연구 결과에 따르면 100만 년에 17초 정도씩 길어지는 효과가 생긴다고 한다.

※ 시각도: 물체의 양끝에서 눈의 결합점을 향하여 그은 두 선이 이루는 각을 의미한다.

① 지구에서 태양까지의 거리는 1년 동안 항상 일정하다.

② 해수면의 높이는 지구와 달의 거리와 관계가 없다.

③ 달이 지구에서 멀어지면 궤도에서 벗어나지 않기 위해 평소보다 더 강하게 지구를 잡아당긴다.

④ 지구와 달의 거리가 36만 km 정도인 경우, 지구에서 보름달을 바라보는 시각도는 0.49도보다 크다.

⑤ 지구가 자전하는 속도는 점점 빨라지고 있다.

■ 출제 포인트

■ 풀이법

난이도 ★☆☆   권장 풀이 시간: 1분 30초   나의 풀이 시간: _____분 _____초

08. 다음 글을 근거로 판단할 때, <보기>에서 옳은 것만을 모두 고르면?   18 민경채

국회의원 선거는 목적에 따라 총선거, 재선거, 보궐선거 등으로 나누어진다. 대통령제 국가에서는 의원의 임기가 만료될 때 총선거가 실시된다. 반면 의원내각제 국가에서는 의원의 임기가 만료될 때뿐만 아니라 의원의 임기가 남아 있으나 총리(수상)에 의해 의회가 해산된 때에도 총선거가 실시된다.

대다수의 국가는 총선거로 전체 의원을 동시에 새롭게 선출하지만, 의회의 안정성과 연속성을 고려하여 전체 의석 중 일부만 교체하기도 한다. 이러한 예는 미국, 일본, 프랑스 등의 상원선거에서 나타나는데, 미국은 임기 6년의 상원의원을 매 2년마다 1/3씩, 일본은 임기 6년의 참의원을 매 3년마다 1/2씩 선출한다. 프랑스 역시 임기 6년의 상원의원을 매 3년마다 1/2씩 선출한다.

재선거는 총선거가 실시된 이후에 당선 무효나 선거 자체의 무효 사유가 발생하였을 때 다시 실시되는 선거를 말한다. 예를 들어 우리나라에서는 선거 무효 판결, 당선 무효, 당선인의 임기 개시 전 사망 등의 사유가 있는 경우에 재선거를 실시한다.

보궐선거는 의원이 임기 중 직책을 사퇴하거나 사망하는 등 부득이한 사유로 의정 활동을 수행할 수 없는 경우에 이를 보충하기 위해 실시되는 선거이다. 다수대표제를 사용하는 대부분의 국가는 보궐선거를 실시하는 반면, 비례대표제를 사용하는 대부분의 국가는 필요시 의원직을 수행할 승계인을 총선거 때 함께 정해 두어 보궐선거를 실시하지 않는다.

―〈보기〉―

ㄱ. 일본 참의원의 임기는 프랑스 상원의원의 임기와 같다.

ㄴ. 미국은 2년마다 전체 상원의원을 새로 선출한다.

ㄷ. 우리나라에서는 국회의원 당선인이 임기 개시 전 사망한 경우 재선거가 실시된다.

ㄹ. 다수대표제를 사용하는 대부분의 국가에서는 의원이 임기 중 사망하였을 때 보궐선거를 실시한다.

① ㄱ, ㄴ

② ㄱ, ㄷ

③ ㄴ, ㄹ

④ ㄱ, ㄷ, ㄹ

⑤ ㄴ, ㄷ, ㄹ

09. 다음 글을 근거로 판단할 때 옳지 않은 것은?

17 5급공채

> 甲국 의회는 상원과 하원으로 구성된다. 甲국 상원은 주(州) 당 2명의 의원이 선출되어 총 60명으로 구성되며, 甲국 부통령이 의장이 된다. 상원의원의 임기는 6년이며, 2년마다 총 정원의 1/3씩 의원을 새로 선출한다.
>
> 甲국 상원은 대통령을 수반으로 하는 행정부에 대해 각종 동의와 승인의 권한을 갖는다. 하원은 국민을 대표하는 기관으로서 세금과 경제정책에 대한 권한을 가지는 반면, 상원은 각 주를 대표한다. 군대의 파병이나 관료의 임명에 대한 동의, 외국과의 조약에 대한 승인 등의 권한은 모두 상원에만 있다. 또한 상원은 하원에 대한 견제 역할을 담당하여 하원이 만든 법안을 수정하고 다시 하원에 되돌려 보내는 권한을 가지며, 급박한 사항에 대해서는 직접 마련한 법안을 먼저 제출하여 처리하기도 한다.
>
> 甲국 하원의원의 임기는 2년으로 선거 때마다 전원을 새로 선출한다. 하원의원의 수는 총 400명으로서 인구비례에 따라 각 주에 배분된다. 예를 들어 A주, B주, C주의 선출 정원이 각 1명으로 가장 적고, D주의 정원이 53명으로 가장 많다.
>
> 하원의원 선거는 2년마다 상원의원 선거와 함께 실시되며, 4년마다 실시되는 대통령 선거와 같은 해에 치러지는 경우가 있다. 대통령 선거와 일치하지 않는 해에 실시되는 하원의원 및 상원의원 선거를 통칭하여 '중간선거'라고 부르는데, 이 중간선거는 대통령의 임기 중반에 대통령의 국정수행에 대하여 유권자의 지지도를 평가하는 성격을 갖는다.

① 甲국 의회에 속한 D주 의원의 정원 총합은 55명이다.

② 甲국 의회의 상원은 스스로 법안을 제출하여 처리할 수 있다.

③ 甲국에는 상원의원의 정원이 하원의원의 정원보다 많은 주가 있다.

④ 甲국의 대통령 선거가 2016년에 실시되었다면, 그 이후 가장 빠른 '중간선거'는 2018년에 실시된다.

⑤ 같은 해에 실시되는 선거에 의해 甲국 상원과 하원의 모든 의석이 새로 선출된 의원으로 교체되는 경우도 있다.

🗒 **꼼꼼 풀이 노트**

권장 풀이 시간에 맞춰 문제를 풀어본 후, 꼼꼼 풀이 노트로 정리해보세요.

■ 출제 포인트

■ 풀이법

난이도 ★★☆   권장 풀이 시간: 2분   나의 풀이 시간: _____분 _____초

10. 다음 글에 근거할 때, 옳게 추론한 것을 <보기>에서 모두 고르면?   12 5급공채

○○국은 양원제이면서 양당제 국가이다. ○○국의 상원의원과 하원의원 선거구는 동일하며, 총 26개이다. 상·하원의원 모두 임기는 4년이다. 하원의원 선거는 1970년에 처음 실시되었고, 상원의원 선거도 그로부터 2년 후에 처음 실시되었다. ○○국의 하원의원 선거 투표율은 1982년부터 1990년까지 지속적으로 하락했다. 1982년 선거에서는 총 유권자의 30%가 투표에 참가하였고, 투표자의 59%가 여당을, 41%가 야당을 지지하였다. 하지만 1990년 선거에서는 총 유권자의 80% 이상이 투표에 참여하지 않았으며, 투표자 중 54%가 여당을, 46%가 야당을 지지하였다. 1990년 선거에서 투표율이 가장 높은 선거구는 37%의 투표율을 보인 A선거구였고, 이 투표율은 1970년 이후 가장 높은 수치였다. 그 다음은 31%의 투표율을 보인 B선거구였다. A·B선거구를 제외한 나머지 24개 선거구 각각의 투표율은 1982년과 1986년의 해당 선거구의 투표율보다 더 낮았다.

※ 상원의원 선거와 하원의원 선거는 매 4년마다 실시되었다.

〈보기〉

ㄱ. 1980년에는 상원의원 선거가 실시되었다.

ㄴ. 1984년 선거의 투표율은 30% 미만에 머물렀다.

ㄷ. A선거구의 투표율은 매 선거마다 다른 선거구보다 더 높았다.

ㄹ. 1990년 선거에서 A·B선거구를 제외한 24개 선거구 가운데 투표율이 20%를 넘는 선거구가 있을 수 있다.

ㅁ. 1982년부터 1990년 사이의 하원의원 선거에서 여당과 야당의 득표율 차이는 지속적으로 줄어들었다.

① ㄱ, ㄴ

② ㄱ, ㄹ

③ ㄱ, ㄹ, ㅁ

④ ㄴ, ㄷ, ㄹ

⑤ ㄴ, ㄷ, ㅁ

🗒 **꼼꼼 풀이 노트**

권장 풀이 시간에 맞춰 문제를 풀어본 후,
꼼꼼 풀이 노트로 정리해보세요.

■ 출제 포인트

■ 풀이법

11. 다음 글을 근거로 판단할 때 옳은 것은?   24 5급공채

고대 수메르의 유적에서 맥주 제조법이 적힌 점토판이 발굴되었다. 점토판의 기록에 따르면, 수메르인은 보리를 갈아 빵과 같은 형태로 만든 후 물을 부어 저장해 두는 방식으로 맥주를 제조하였다.

현대 맥주의 기본 재료는 맥아, 홉, 효모, 물이다. 맥아는 보리를 물에 담가 싹을 틔운 것을 말하고, 맥아에 열을 가해 볶은 것을 몰트라고 한다. 홉은 삼과에 속하는 식물인데, 암꽃이 성숙하여 생기는 루풀린이라는 작은 알갱이가 맥주의 재료로 사용된다. 오늘날 우리가 마시는 맥주에서 느끼는 쌉싸름한 맛은 홉의 사용이 보편화된 산업혁명 이후에 갖게 된 맥주의 특성이다. 효모는 일종의 미생물로서 맥주의 발효에 중요한 요소이다. 맥주의 발효는 18~25℃에서 이루어지는 상면 발효와 5~15℃에서 이루어지는 하면 발효가 있는데, 전자의 방식으로 만든 맥주를 에일, 후자의 방식으로 만든 맥주를 라거라고 한다. 맥주 제조에 사용되는 물은 칼슘과 마그네슘 등이 많이 포함된 경수와 적게 포함된 연수로 구분되는데, 라거를 생산할 때는 주로 연수를 사용한다.

맥주의 색상은 몰트에 의해 결정된다. 일반적으로 80℃ 정도의 낮은 온도에서 볶은 몰트는 색이 엷고 200℃ 정도의 높은 온도에서 볶은 몰트는 색이 진하다. 산업혁명 이전의 수공업 몰트 제조 기술로는 몰트를 골고루 적당하게 볶기 어려워 검게 탄 몰트를 사용했기에 맥주가 까만색에 가까웠으나, 산업혁명 이후 기술이 발달하여 원하는 정도로 맥아를 볶을 수 있게 되었다.

① 맥주의 색깔은 보리의 발아 온도에 따라 결정된다.

② 고대 수메르인은 홉을 이용하여 맥주를 생산했다.

③ 에일은 5~15℃에서 발효시켜 만든 맥주이다.

④ 하면 발효 맥주에는 연수가 주로 사용된다.

⑤ 산업혁명 이후에는 낮은 온도보다는 높은 온도로 몰트를 만들었다.

약점 보완 해설집 p.5

유형 3 응용형

유형 소개

'응용형'은 단순히 숨은그림찾기를 하듯이 지문과 선택지 또는 <보기>의 일치부합 여부를 판단하는 것이 아니라 제시된 지문의 내용을 이해한 후, 그 내용을 응용하여 선택지나 <보기>를 해결해야 하는 유형이다.

유형 특징

응용형은 발문에 포인트가 없기 때문에, 발문을 통해서는 응용형임을 알아채기 어렵다. 따라서 지문과 선택지나 <보기>를 통해서 응용형임을 알아내야 한다.

풀이 전략

1 지문에 제시된 정보와 선택지 또는 <보기>를 통해서 응용형 문제임을 확인한다.

2 응용형 문제임이 파악되었다면 지문을 어떻게 읽을지 판단한다.

3 주로 판단 기준, 방법 등을 지문을 통해 이해한 후 이를 응용·적용해서 해결하는 문제가 많다.

난이도 ★☆☆   권장 풀이 시간: 1분 30초   나의 풀이 시간: _____분 _____초

01. 다음 글을 근거로 판단할 때, <보기>에서 옳은 것만을 모두 고르면?   22 5급공채

> 사람들은 관리자의 업무지시 능력이 뛰어난 작업장일수록 '업무실수 기록건수'가 적을 것이라고 생각한다. 이런 통념을 검증하기 위해 ○○공장의 8개 작업장을 대상으로 연구가 진행되었다. 각 작업장의 인력 구성과 업무량 등은 모두 동일했다. 업무실수 기록건수를 종속변수로 설정하고 6개월 동안 관련 자료를 꼼꼼히 조사하여 업무실수 기록건수 실태를 파악하였다. 또한 공장 구성원에 대한 설문조사와 인터뷰를 통해 관리자의 업무지시 능력, 근로자의 직무만족도, 직장문화 등을 조사했다.
>
> 분석 결과 관리자의 업무지시 능력이 우수할수록, 근로자의 직무만족도가 높을수록 업무실수 기록건수가 많았다. 또한 근로자가 상급자의 실수 지적을 두려워하지 않고 자신의 실수를 인정하며 그것을 통해 학습하려는 직장문화에서는 업무실수 기록건수가 많았다. 반면 업무실수 기록건수가 적은 작업장에서는 근로자가 자신의 실수를 보고하면 상급자로부터 질타나 징계를 받을 것이라는 우려 때문에 가급적 실수를 감추었다.

───────〈보기〉───────

ㄱ. 업무실수 기록건수가 많은 작업장에서는 실수를 통해 학습하려는 직장문화가 약할 것이다.

ㄴ. 업무실수 기록건수가 많다고 해서 근로자의 직무만족도가 낮은 것은 아닐 것이다.

ㄷ. 관리자의 업무지시 능력이 우수한 작업장일수록 업무실수 기록건수가 적을 것이다.

ㄹ. 징계에 대한 우려가 약한 작업장보다 강한 작업장에서 업무실수 기록건수가 적을 것이다.

① ㄱ, ㄴ

② ㄱ, ㄷ

③ ㄴ, ㄷ

④ ㄴ, ㄹ

⑤ ㄷ, ㄹ

권장 풀이 시간에 맞춰 문제를 풀어본 후, 꼼꼼 풀이 노트로 정리해보세요.

■ 출제 포인트

예) 설명문(실험·조사) / 결과 추론

■ 풀이법

예) 업무지시능력 ∝ 업무실수 기록건수

    직무만족도 ∝ 업무실수 기록건수

    직장문화(실수를 통한 학습) ∝ 업무실수 기록건수

    실수 지적·징계 우려 ∝ $\dfrac{1}{\text{업무실수 기록건수}}$

난이도 ★☆☆　　　　권장 풀이 시간: 1분 30초　　　　나의 풀이 시간: ＿＿＿분 ＿＿＿초

02. 다음 글을 근거로 판단할 때, <보기>에서 옳은 것만을 모두 고르면? 　　　22 7급공채

> 甲의 자동차에 장착된 내비게이션 시스템은 목적지까지 운행하는 도중 대안경로를 제안하는 경우가 있다. 이때 이 시스템은 기존경로와 비교하여 남은 거리와 시간이 어떻게 달라지는지 알려준다. 즉 목적지까지의 잔여거리(A)가 몇 km 증가·감소하는지, 잔여시간(B)이 몇 분 증가·감소하는지 알려준다. 甲은 기존경로와 대안경로 중 출발지부터 목적지까지의 평균속력이 더 높을 것으로 예상되는 경로를 항상 선택한다.

〈보기〉

ㄱ. A가 증가하고 B가 감소하면 甲은 항상 대안경로를 선택한다.
ㄴ. A와 B가 모두 증가하면 甲은 항상 대안경로를 선택한다.
ㄷ. A와 B가 모두 감소할 때 甲이 대안경로를 선택하는 경우가 있다.
ㄹ. A가 감소하고 B가 증가할 때 甲이 대안경로를 선택하는 경우가 있다.

① ㄱ, ㄴ
② ㄱ, ㄷ
③ ㄴ, ㄷ
④ ㄴ, ㄹ
⑤ ㄷ, ㄹ

03. 다음 글을 근거로 판단할 때, <보기>에서 옳은 것만을 모두 고르면?   14 5급공채

> ○○부는 2013년 11월 김치 담그는 비용을 지수화한 '김치지수'를 발표했다. 김치지수는 개별품목 가격이 아닌 김치재료를 포괄하는 비용을 지수화한 것이다. ○○부는 김치재료 13개 품목의 소매가격을 바탕으로 기준가격을 산출했다. 4인 가족 기준 13개 품목은 배추 20포기(60kg), 무 10개(18kg), 고춧가루 1.86kg, 깐마늘 1.2kg, 대파 2kg, 쪽파 2.4kg, 흙생강 120g, 미나리 2kg, 갓 2.6kg, 굴 2kg, 멸치액젓 1.2kg, 새우젓 1kg, 굵은소금 8kg 이다.
>
> ○○부는 2008년부터 2012년 중 최고, 최저를 제외한 3개년의 평균비용을 김치지수 100으로 간주했다. 이를 바탕으로 산출한 이번 달의 김치지수는 91.3이며 김치를 담그는 비용은 19만 5,214원으로 집계됐다. 이는 김장철 기준으로 2009년 이후 가장 낮은 수준이다. 2008년부터 2012년 사이에 김치지수가 가장 높았던 시기는 배추파동이 있었던 2010년 10월로 152.6이었으며 김치를 담그는 비용은 32만 6,387원으로 평년 동월 대비 45.0% 증가한 것으로 나타났다. 또 연간 평균 김치지수가 가장 높았던 2012년의 김치지수는 113.5였다. 이는 고춧가루 가격이 연중 높은 수준을 유지하였고 배추 가격도 평년보다 높게 형성되었기 때문이다.

───────────〈보기〉───────────

ㄱ. 다른 조건이 동일하다면, 국내보다 저렴한 고춧가루를 대량으로 수입하여 고춧가루 소매가격이 하락하면 김치지수가 상승할 것이다.

ㄴ. 다른 조건이 동일하다면, 모든 해산물 및 해산물 가공제품의 소매가격이 상승할 경우 김치지수는 상승할 것이다.

ㄷ. 2008년부터 2012년 중 최고, 최저를 제외한 3개년의 김치를 담그는 평균 비용은 20만 원을 초과할 것이다.

① ㄱ

② ㄴ

③ ㄱ, ㄷ

④ ㄴ, ㄷ

⑤ ㄱ, ㄴ, ㄷ

■ 출제 포인트

■ 풀이법

난이도 ★☆☆   권장 풀이 시간: 1분   나의 풀이 시간: _____분 _____초

04. 다음 글을 근거로 추론할 때 옳은 것은?   15 5급공채

> 티파티(Tea Party)는 '증세를 통한 큰 정부'를 반대하는 보수성향 유권자들을 일컫는다. 이들은 세금인하 외에도 건전한 재정 운영, 작은 정부, 국가안보 등 보수적인 가치를 내걸고 막대한 자금력을 동원해 공화당 내 강경파 보수 정치인들을 지원하고 있다.
>
> 티파티 운동이 첫 흑인 대통령 정권에서 현저해진 것은 '우연이 아니라 필연'이라는 지적이 있다. 역사를 거슬러 올라가면 1968년 공화당 후보 닉슨이 대통령 선거에서 승리하기 이전, 민주당은 뉴딜정책의 성공으로 흑인과 빈곤층, 노동자의 전폭적인 지지를 받고 있었다. 흑인의 60%가 거주하는 남부는 민주당의 표밭이었다. 닉슨은 1964년 민권법 제정 이후 흑인 투표율이 높아질 수 있다는 점을 선거에 이용했다. 닉슨은 이른바 '남부전략'으로 일컬어지는 선거전략을 통해, 흑인의 목소리가 정책에 더 많이 반영될 수 있다는 위기감을 남부 백인에게 심어주었다. 사회경제적 변화에 대한 백인의 두려움이 닉슨을 대통령에 앉힌 것이다. 이후 공화당 내 강경보수파는 증세를 통한 큰 정부 정책의 혜택이 흑인을 비롯한 소수자에게 더 많이 돌아갈 수 있다고 강조하면서, 정치적 기조를 작은 정부로 유지하였다.
>
> 티파티가 지원하는 공화당 내 강경보수파는 2010년 미국 중간선거를 기점으로 주요 정치세력으로 급부상하였다. 미국은 2010년 실시된 인구총조사에 기초하여 2012년 연방 하원의원 선거구를 재획정했다. 2000~2010년 미국 전체 유권자 중 백인 유권자 비율은 69%에서 64%로 줄었지만, 2012년 선거구 획정 시 공화당 우세지역의 백인 유권자 비율은 73%에서 75%로 증가했다. 미국 내 인종 분포는 다양해지고 있지만 공화당이 우세한 지역구에서는 백인 유권자의 비율이 늘어났다. 선거구 개편 이후 민주당 우세 지역은 144곳에서 136곳으로 감소한 반면 공화당 우세 지역은 175곳에서 183곳으로 증가했다.

① 뉴딜정책 이후 티파티의 정치적 기반은 빈곤층과 남부의 흑인들이었다.

② 미국 선거에서 공화당이 유리해진 이유는 미국 전체 유권자 중 백인이 차지하는 비율이 증가했기 때문이다.

③ 1960년대 공화당의 남부전략은 증세정책이 백인에게 유리하다고 남부의 백인 유권자를 설득하는 것이었다.

④ 티파티는 소수인종의 복지 증진을 위하여 전반적인 세금인상을 지지한다.

⑤ 다른 조건의 변화가 없다고 가정한다면, 2016년 연방 하원의원 선거에서 공화당이 민주당보다 유리할 것이다.

05. 다음 글을 근거로 판단할 때 옳은 것은?   16 민경채

> 아파트를 분양받을 경우 전용면적, 공용면적, 공급면적, 계약면적, 서비스면적이라는 용어를 자주 접하게 된다.
>
> 전용면적은 아파트의 방이나 거실, 주방, 화장실 등을 모두 포함한 면적으로, 개별 세대 현관문 안쪽의 전용 생활공간을 말한다. 다만 발코니 면적은 전용면적에서 제외된다.
>
> 공용면적은 주거공용면적과 기타공용면적으로 나뉜다. 주거공용면적은 세대가 거주를 위하여 공유하는 면적으로 세대가 속한 건물의 공용계단, 공용복도 등의 면적을 더한 것을 말한다. 기타공용면적은 주거공용면적을 제외한 지하층, 관리사무소, 노인정 등의 면적을 더한 것이다.
>
> 공급면적은 통상적으로 분양에 사용되는 용어로 전용면적과 주거공용면적을 더한 것이다. 계약면적은 공급면적과 기타공용면적을 더한 것이다. 서비스면적은 발코니 같은 공간의 면적으로 전용면적과 공용면적에서 제외된다.

① 발코니 면적은 계약면적에 포함된다.

② 관리사무소 면적은 공급면적에 포함된다.

③ 계약면적은 전용면적, 주거공용면적, 기타공용면적을 더한 것이다.

④ 공용계단과 공용복도의 면적은 공급면적에 포함되지 않는다.

⑤ 개별 세대 내 거실과 주방의 면적은 주거공용면적에 포함된다.

📓 **꼼꼼 풀이 노트**

권장 풀이 시간에 맞춰 문제를 풀어본 후, 꼼꼼 풀이 노트로 정리해보세요.

■ 출제 포인트

■ 풀이법

■ 출제 포인트

■ 풀이법

난이도 ★★☆　　　　　권장 풀이 시간: 2분 15초　　　　　나의 풀이 시간: _____ 분 _____ 초

06. 다음 제시문의 내용을 근거로 판단할 때 <그림>에 대한 설명으로 적절하지 않은 것은?

08 5급공채

사회 네트워크란 '사람들이 연결되어 있는 관계망'을 의미한다. '중심성'은 한 행위자가 전체 네트워크에서 중심에 위치하는 정도를 표현하는 지표이다. 중심성을 측정하는 방법에는 여러 가지가 있는데, 대표적인 것으로 '연결정도 중심성'과 '근접 중심성'의 두 가지 유형이 있다.

'연결정도 중심성'은 사회 네트워크 내의 행위자와 직접적으로 연결되는 다른 행위자 수의 합으로 얻어진다. 이는 한 행위자가 다른 행위자들과 얼마만큼 관계를 맺고 있는가를 통하여 그 행위자가 사회 네트워크에서 중심에 위치하는 정도를 측정하는 것이다. 예를 들어 <예시>에서 행위자 A의 연결정도 중심성은 A와 직접 연결된 행위자의 숫자인 4가 된다.

'근접 중심성'은 사회 네트워크에서의 두 행위자 간의 거리를 강조한다. 사회 네트워크 상의 다른 행위자들과 가까운 위치에 있다면 그들과 쉽게 관계를 맺을 수 있고 따라서 그만큼 중심적인 역할을 담당한다고 간주한다. 연결정도 중심성과는 달리 근접 중심성은 네트워크 내에서 직·간접적으로 연결되는 모든 행위자들과의 최단거리의 합의 역수로 정의된다. 이때 직접 연결된 두 점의 거리는 1이다. 예를 들어 <예시>에서 A의 근접 중심성은 $\frac{1}{6}$이 된다.

─── <예시> ───

─── <그림> ───

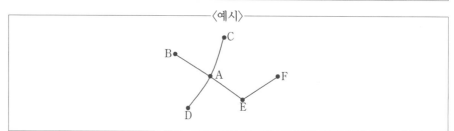

① 행위자 G의 근접 중심성은 $\frac{1}{37}$이다.

② 행위자 A의 근접 중심성은 행위자 B의 근접 중심성과 동일하다.

③ 행위자 G의 근접 중심성은 행위자 M의 근접 중심성과 동일하다.

④ 행위자 G의 연결정도 중심성은 행위자 M의 연결정도 중심성과 동일하다.

⑤ 행위자 A의 연결정도 중심성과 행위자 K의 연결정도 중심성의 합은 6이다.

07. 다음 글을 근거로 판단할 때, <보기>에서 옳은 것만을 모두 고르면?   21 5급공채

맥동변광성(脈動變光星)은 팽창과 수축을 되풀이하면서 밝기가 변하는 별이다. 맥동변광성은 변광 주기가 길수록 실제 밝기가 더 밝다. 이를 '주기-광도 관계'라 한다.

세페이드 변광성은 보통 3일에서 50일 이내의 변광 주기를 갖는 맥동변광성이다. 지구에서 관찰되는 별의 밝기는 지구로부터의 거리에 따라 달라지기 때문에 실제 밝기는 측정하기 어려운데, 세페이드 변광성의 경우는 주기-광도 관계를 이용하여 실제 밝기를 알 수 있다.

별의 밝기는 등급으로 표시하기도 하는데, 지구에서 측정한 밝기인 겉보기등급과 실제 밝기를 나타낸 절대등급이 있다. 두 경우 모두 등급의 수치가 작을수록 밝은데, 그 수치가 1 줄어들 때마다 2.5배 밝아진다. 겉보기등급이 절대등급과 다른 까닭은 별의 밝기가 거리의 제곱에 반비례하기 때문이다. 한편 모든 별이 지구로부터 10파섹(1파섹=3.26광년)의 일정한 거리에 있다고 가정하고 지구에서 관찰된 밝기를 산출한 것을 절대등급이라고 한다. 어느 성단에서 세페이드 변광성이 발견되면 주기-광도 관계에 따라 별의 절대등급을 알 수 있으므로, 겉보기등급과의 차이를 보아 그 성단까지의 거리를 계산할 수 있다.

천문학자 W. 바데는 세페이드 변광성에 두 종류가 있으며, I형 세페이드 변광성이 동일한 변광 주기를 갖는 II형 세페이드 변광성보다 1.5등급만큼 더 밝다는 것을 밝혀냈다.

〈보기〉

ㄱ. 변광 주기가 10일인 I형 세페이드 변광성은 변광 주기가 50일인 I형 세페이드 변광성보다 어둡다.

ㄴ. 변광 주기가 동일한 두 개의 II형 세페이드 변광성의 겉보기등급 간에 수치 차이가 1이라면, 지구로부터 두 별까지의 거리의 비는 2.5이다.

ㄷ. 실제 밝기를 기준으로 비교할 때, 변광 주기가 20일인 I형 세페이드 변광성은 같은 주기의 II형 세페이드 변광성보다 2.5배 이상 밝다.

ㄹ. 지구로부터 1파섹 떨어진 별의 밝기는 절대등급과 겉보기등급이 동일하다.

① ㄱ, ㄷ

② ㄱ, ㄹ

③ ㄴ, ㄷ

④ ㄴ, ㄹ

⑤ ㄱ, ㄴ, ㄷ

- 출제 포인트

- 풀이법

08. 다음 글을 근거로 판단할 때, <보기>에서 옳은 것만을 모두 고르면?

14 5급공채

A4(210mm×297mm)를 비롯한 국제표준 용지 규격은 독일 물리학자 게오르크 리히텐베르크에 의해 1786년에 처음으로 언급되었다. 이른바 A시리즈 용지들의 면적은 한 등급 올라갈 때마다 두 배로 커진다. 한 등급의 가로는 그 위 등급의 세로의 절반이고, 세로는 그 위 등급의 가로와 같으며, 모든 등급들의 가로 대 세로 비율은 동일하기 때문이다. 용지들의 가로를 W, 세로를 L이라고 하면, 한 등급의 가로 대 세로 비율과 그 위 등급의 가로 대 세로의 비율이 같아야 한다는 것은 등식 $W/L = L/2W$이 성립해야 한다는 것과 같다. 다시 말해 $L^2 = 2W^2$이 성립해야 하므로 가로 대 세로 비율은 1대 $\sqrt{2}$가 되어야 한다. 요컨대 세로가 가로의 $\sqrt{2}$배여야 한다. $\sqrt{2}$는 대략 1.4이다.

이 비율 덕분에 우리는 A3 한 장을 축소복사하여 A4 한 장에 꼭 맞게 출력할 수 있다. A3를 A4로 축소할 때의 비율은 복사기의 제어판에 70%로 표시된다. 왜냐하면 그 비율은 길이를 축소하는 비율을 의미하고, $1/\sqrt{2}$은 대략 0.7이기 때문이다. 이 비율로 가로와 세로를 축소하면 면적은 1/2로 줄어든다.

반면 미국과 캐나다에서 쓰이는 미국표준협회 규격 용지들은 가로와 세로가 인치 단위로 정해져 있으며, 레터용지(8.5인치×11.0인치), 리걸용지(11인치×17인치), 이그제큐티브용지(17인치×22인치), D레저용지(22인치×34인치), E레저용지(34인치×44인치)가 있다. 미국표준협회 규격 용지의 경우, 한 용지와 그보다 두 등급 위의 용지는 가로 대 세로 비율이 같다.

〈보기〉

ㄱ. 국제표준 용지 중 A2 용지의 크기는 420mm×594mm이다.

ㄴ. A시리즈 용지의 경우, 가장 높은 등급의 용지를 잘라서 바로 아래 등급의 용지 두 장을 만들 수 있다.

ㄷ. A시리즈 용지의 경우, 한 등급 위의 용지로 확대복사할 때 복사기의 제어판에 표시되는 비율은 130%이다.

ㄹ. 미국표준협회 규격 용지의 경우, 세로를 가로로 나눈 값은 $\sqrt{2}$이다.

① ㄱ
② ㄱ, ㄴ
③ ㄴ, ㄹ
④ ㄱ, ㄴ, ㄷ
⑤ ㄱ, ㄷ, ㄹ

09. 다음 글과 <상황>을 근거로 판단할 때 옳은 것은?   21 5급공채

질병의 확산을 예측하는 데 유용한 수치 중 하나로 '기초 감염재생산지수(R_0)'가 있다. 간단히 말해 이 수치는 질병에 대한 예방조치가 없을 때, 해당 질병에 감염된 사람 한 명이 비감염자 몇 명을 감염시킬 수 있는지를 나타낸다. 다만 이 수치는 질병의 전파 속도를 의미하지는 않는다. 예를 들어 R_0가 4라고 하면 예방조치가 없을 때, 한 사람의 감염자가 질병에서 회복하거나 질병으로 사망하기 전까지 그 질병을 평균적으로 4명의 비감염자에게 옮긴다는 뜻이다. 한편 또 하나의 질병 통계치인 치사율은 어떤 질병에 걸린 환자 중 그 질병으로 사망하는 환자의 비율을 나타내는 것으로 R_0의 크기와 반드시 비례하지는 않는다.

예방조치가 없을 때, R_0가 1보다 큰 질병은 전체 개체군으로 확산될 것이다. 이 수치는 때로 1보다 훨씬 클 수 있다. 스페인 독감은 3, 천연두는 6, 홍역은 무려 15였다. 전염성이 강한 질병 중 하나로 꼽히는 말라리아의 R_0는 100이 넘는다.

문제는 특정 전염병이 한 차례 어느 지역을 휩쓸고 지나간 후 관련 통계 자료를 수집·분석할 수 있는 시간이 더 흐르고 난 뒤에야, 그 질병의 R_0에 대해 믿을 만한 추정치가 나온다는 데 있다. 그렇기에 새로운 질병이 발생한 초기에는 얼마 되지 않는 자료를 바탕으로 추정을 할 수밖에 없다. R_0와 마찬가지로 치사율도 확산 초기 단계에서는 정확하게 알 수 없다.

─────────〈상황〉─────────

다음 표는 甲국의 최근 20년간의 데이터를 토대로 A~F질병의 R_0를 추정한 것이다.

질병	A	B	C	D	E	F
R_0	100	15	6	3	2	0.5

① 예방조치가 없다면, 발병 시 가장 많은 사람이 사망하는 질병은 A일 것이다.

② 예방조치가 없다면, A~F질병 모두가 전 국민을 감염시킬 것이다.

③ 예방조치가 없다면, C질병이 전 국민을 감염시킬 때까지 걸리는 시간은 평균적으로 D질병의 절반일 것이다.

④ R_0와 달리 치사율은 전염병의 확산 초기 단계에서도 정확하게 알 수 있다.

⑤ 예방조치가 없다면, 감염자 1명당 감염시킬 수 있는 사람 수의 평균은 B질병이 D질병의 5배일 것이다.

난이도 ★★☆   권장 풀이 시간: 2분   나의 풀이 시간: _____분 _____초

10. 다음 글을 근거로 판단할 때 옳은 것은?   16 5급공채

독일의 통계학자 A는 가계지출을 음식비, 피복비, 주거비, 광열비, 문화비(교육비, 공과금, 보건비, 기타 잡비)의 5개 항목으로 구분해 분석했다. 그 결과 소득의 증가에 따라 총 가계지출 중 음식비 지출 비중은 점차 감소하는 경향이 있지만, 피복비 지출은 소득의 증감에 비교적 영향을 받지 않는다는 사실을 발견했다. 또 주거비와 광열비에 대한 지출 비중은 소득수준에 관계없이 거의 일정하고, 문화비 지출 비중은 소득 증가에 따라 급속하게 증가한다는 것도 알아냈다. 이러한 사실을 모두 아울러 'A의 법칙'이라고 한다. 특히 이 가운데서 가계지출 중 음식비 지출 비중만을 따로 떼어 내어 'A계수'라고 한다. A계수는 총 가계지출에서 차지하는 음식비의 비중을 백분율로 표시한 것으로, 소득수준이 높을수록 낮아지고, 소득수준이 낮을수록 높아지는 경향을 보인다.

가계지출 중 자녀 교육비의 비중을 나타낸 수치를 'B계수'라고 한다. 지난 1분기 가계소득 하위 20% 가구의 월평균 교육비 지출액은 12만 원으로 가계지출의 10%였다. 반면 가계소득 상위 20% 가구의 월평균 교육비 지출액은 72만 원으로 가계소득 하위 20% 가구의 6배에 달했고 가계지출에서 차지하는 비중도 20%였다.

---

① 가계소득이 증가할 때 A계수와 B계수는 모두 높아질 것이다.

② 소득이 높은 가계라도 가계구성원 모두가 값비싼 음식을 선호한다면 소득이 낮은 가계보다 A계수가 높을 수 있다.

③ A의 법칙에 의하면 소득이 증가할수록 음식비 지출액이 줄어든다고 할 수 있다.

④ 지난 1분기 가계소득 상위 20% 가구의 월평균 소득은 가계소득 하위 20% 가구의 월평균 소득의 3배이다.

⑤ 지난 1분기 가계소득 분위별 교육비 지출액 현황을 볼 때 가계소득이 낮을수록 교육열이 높다고 볼 수 있다.

11. 다음 글을 근거로 판단할 때, <보기>에서 옳은 것만을 모두 고르면?   18 5급공채

하와이 원주민들이 사용하던 토속어는 1898년 하와이가 미국에 병합된 후 미국이 하와이 학생들에게 사용을 금지하면서 급격히 소멸되었다. 그러나 하와이 원주민들이 소멸한 토속어를 부활시키기 위해 1983년 '아하 푸나나 레오'라는 기구를 설립하여 취학 전 아동부터 중학생까지의 원주민들을 대상으로 집중적으로 토속어를 교육한 결과 언어 복원에 성공했다.

이러한 언어의 다양성을 지키려는 노력뿐만 아니라 언어의 통일성을 추구하려는 노력도 있었다. 안과의사였던 자멘호프는 유태인, 폴란드인, 독일인, 러시아인들이 서로 다른 언어를 사용함으로써 갈등과 불화가 생긴다고 판단하고 예외와 불규칙이 없는 문법과 알기 쉬운 어휘에 기초해 국제공통어 에스페란토를 만들어 1887년 발표했다. 그의 구상은 '1민족 2언어주의'에 입각하여 같은 민족끼리는 모국어를, 다른 민족과는 중립적이고 배우기 쉬운 에스페란토를 사용하자는 것이었다.

에스페란토의 문자는 영어 알파벳 26개 문자에서 Q, X, W, Y의 4개 문자를 빼고 영어 알파벳에는 없는 Ĉ, Ĝ, Ĥ, Ĵ, Ŝ, Ŭ의 6개 문자를 추가하여 만들어졌다. 문법의 경우 가급적 불규칙 변화를 없애고 각 어간에 품사 고유의 어미를 붙여 명사는 −o, 형용사는 −a, 부사는 −e, 동사원형은 −i로 끝낸다. 예를 들어 '사랑'은 amo, '사랑의'는 ama, '사랑으로'는 ame, '사랑하다'는 ami이다. 시제의 경우 어간에 과거형은 −is, 현재형은 −as, 미래형은 −os를 붙여 표현한다.

또한 1자 1음의 원칙에 따라 하나의 문자는 하나의 소리만을 내고, 소리 나지 않는 문자도 없으며, 단어의 강세는 항상 뒤에서 두 번째 모음에 있기 때문에 사전 없이도 쉽게 읽을 수 있다. 특정한 의미를 갖는 접두사와 접미사를 활용하여 많은 단어를 파생시켜 사용하므로 단어 암기를 위한 노력이 크게 줄어드는 것도 중요한 특징이다. 아버지는 patro, 어머니는 patrino, 장인은 bopatro, 장모는 bopatrino인 것이 그 예이다.

※ 에스페란토에서 모음은 A, E, I, O, U이며 반모음은 Ŭ이다.

─────────〈보기〉─────────

ㄱ. 에스페란토의 문자는 모두 28개로 만들어졌다.
ㄴ. 미래형인 '사랑할 것이다'는 에스페란토로 amios이다.
ㄷ. '어머니'와 '장모'를 에스페란토로 말할 때 강세가 있는 모음은 같다.
ㄹ. 자멘호프의 구상에 따르면 동일한 언어를 사용하는 하와이 원주민끼리도 에스페란토만을 써야 한다.

① ㄱ, ㄷ
② ㄱ, ㄹ
③ ㄴ, ㄹ
④ ㄱ, ㄴ, ㄷ
⑤ ㄴ, ㄷ, ㄹ

■ 출제 포인트

■ 풀이법

난이도 ★★☆　　　　　권장 풀이 시간: 2분　　　　　나의 풀이 시간: _____분 _____초

12. 다음 글을 근거로 판단할 때, <보기>에서 옳은 것만을 모두 고르면?　　16 5급공채

특정 물질의 치사량은 주로 동물 연구와 실험을 통해서 결정한다. 치사량의 단위는 주로 LD50을 사용하는데, 'LD'는 Lethal Dose의 약어로 치사량을 의미하고, '50'은 물질 투여 시 실험 대상 동물의 50%가 죽는 것을 의미한다. 이런 이유로 LD50을 반수(半數) 치사량 이라고도 한다. 일반적으로 치사량이란 '즉시' 생명을 앗아갈 수 있는 양을 의미하고 있으 므로 '급성' 반수 치사량이 사실 정확한 표현이다. LD50 값을 표기할 때는 보통 실험 대상 동물의 몸무게 1kg을 기준으로 하는 mg/kg 단위를 사용한다.

독성이 강하다는 보톡스의 LD50 값은 1ng/kg으로 복어 독보다 1만 배 이상 강하다. 일상에서 쉽게 접할 수 있는 카페인의 LD50 값은 200mg/kg이며 니코틴의 LD50 값은 1mg/kg이다. 커피 1잔에는 평균적으로 150mg의 카페인이 들어 있으며 담배 한 개비에 는 평균적으로 0.1mg의 니코틴이 함유되어 있다.

※ 1ng(나노그램) = 10^{-6}mg = 10^{-9}g

─────────────〈보기〉─────────────

ㄱ. 복어 독의 LD50 값은 0.01mg/kg 이상이다.

ㄴ. 일반적으로 독성이 더 강한 물질일수록 LD50 값이 더 작다.

ㄷ. 몸무게가 7kg인 실험 대상 동물의 50%가 즉시 치사하는 카페인 투여량은 1.4g이다.

ㄹ. 몸무게가 60kg인 실험 대상 동물의 50%가 즉시 치사하는 니코틴 투여량은 1개비당 니코틴 함량이 0.1mg인 담배 60개비에 들어 있는 니코틴의 양에 상응한다.

① ㄱ, ㄴ

② ㄱ, ㄷ

③ ㄱ, ㄴ, ㄷ

④ ㄴ, ㄷ, ㄹ

⑤ ㄱ, ㄴ, ㄷ, ㄹ

13. 다음 글을 근거로 판단할 때, <보기>에서 옳은 것만을 모두 고르면?　　24 5급공채

> 상대습도란 현재 대기 중의 수증기량을 현재 온도의 포화 수증기량으로 나눈 값이다. 이는 현재 온도에서 공기가 최대로 품을 수 있는 수증기량에 대한 현재 공기 중에 포함된 수증기량의 비율이다. 상대습도가 100%일 때를 포화 상태라고 표현하며, 이때는 물과 수증기가 평형을 이루어 수증기의 양이 늘거나 줄지 않는다. 포화 수증기량은 기온이 올라갈수록 증가하고 기온이 내려갈수록 감소하는데, 포화 수증기량이 감소하여 현재 수증기량보다 적어지면 초과한 만큼의 수증기가 응결되어 물이 된다.

―――――〈보기〉―――――

ㄱ. 포화 수증기량이 20% 증가하면 상대습도는 20% 낮아진다.
ㄴ. 상대습도가 80%인 공기의 수증기량을 증가시켜 포화 상태로 만들 수 있다.
ㄷ. 밀폐된 공간의 공기 온도가 올라가면 상대습도는 높아진다.

① ㄱ
② ㄴ
③ ㄷ
④ ㄱ, ㄴ
⑤ ㄴ, ㄷ

약점 보완 해설집 p.9

유형 4 1지문 2문항형

난이도 ★☆☆   권장 풀이 시간: 3분 30초   나의 풀이 시간: _____ 분 _____ 초

※ 다음 글을 읽고 물음에 답하시오. [01~02]   23 5급공채

석유사업의 시작은 1859년으로 거슬러 올라간다. 甲국 ○○계곡에서 석유시추 현장책임자인 A가 오랜 노력 끝에 석유시추에 성공하였고, 그날부터 A는 매일 30배럴씩 석유를 퍼 올렸다.

A의 성공을 계기로 석유에 대한 관심이 급증했다. 석유시추에 성공한 이후 1860년 말에는 70여 개의 유정이 석유를 뿜어냈고 정제시설도 15개나 들어섰다. ○○계곡의 연간 산유량은 1859년의 2천 배럴에서 10년 만에 250배가 되었다. 그러나 생산량이 늘어나면서 가격은 하락하였다. 급기야 석유가격은 A가 최초로 시추한 날의 평균가격에서 96%나 떨어져 배럴당 1.2달러에 판매되기도 하였다. 이러한 생산과잉을 해결하기 위해 수출이 시작되었다. 1880년에는 甲국의 수출량이 국내 소비량의 150%가 되었으며, 甲국에서 그해 생산된 석유의 총 가액은 3,500만 달러였다.

석유사업 확대는 연구 및 수요 증가와 밀접한 관련이 있다. 원유에서는 액화석유가스(LPG), 휘발유(가솔린), 등유, 경유(디젤), 중유 등을 생산할 수 있다. 하지만 1859년에는 등유만을 생산하였고, 부산물은 용도가 없어 내다 버렸다. 그런데 등화용으로 사용되던 등유 소비가 한계에 달하면서 새로운 시장을 개척하기 위해 부산물의 용도를 연구하기 시작하였다. 그 결과 휘발유가 석탄을 대신해서 증기기관의 동력으로 사용될 수 있음을 알게 되었다. 1886년 휘발유 자동차가 생산되면서 휘발유의 가치는 치솟았다. 1908년 자동차의 대량생산을 계기로 휘발유 사용이 극적으로 증가하였고, 1911년에는 휘발유 소비가 처음으로 등유를 앞질렀다.

1893년에는 디젤엔진의 특허가 등록되었고, 1910년경 동력 장치로 발명된 디젤엔진이 선박에 처음으로 사용되었다. 경유(디젤)가 자동차 연료로 처음 사용된 것은 1927년에 소형 연료 분사장치가 발명되면서부터이다. 한편 1912년에는 원유에서 끓는점에 따라 휘발유, 등유, 경유, 중유를 차례로 생산하는 최초의 현대식 정유공장이 세워졌으며, 액화석유가스 생산 기술이 처음으로 개발되었다.

01. 윗글을 근거로 판단할 때 옳은 것은?

① 1890년이 되어서야 휘발유는 동력 기계를 움직이는 연료로 사용되었다.

② 1907년에는 휘발유보다 등유의 소비량이 더 많았을 것이다.

③ 1925년에 경유가 자동차 연료로 사용되기 시작했을 것이다.

④ 최초의 석유시추는 휘발유와 경유를 생산하기 위한 것이었다.

⑤ 1910년에는 액화석유가스가 자동차 연료로 사용되기 시작했을 것이다.

02. 윗글을 근거로 판단할 때, <보기>에서 옳은 것만을 모두 고르면?

〈보기〉
- ㄱ. A가 시추 첫날 생산한 석유가 그날 평균가격으로 모두 팔렸다면 판매액은 총 900달러이다.
- ㄴ. 1869년 ○○계곡의 월 평균 산유량은 2만 배럴이다.
- ㄷ. 비축 및 수입된 석유가 없다고 가정할 때, 1880년 甲국의 국내 석유 소비량을 금액으로 환산하면 총 2,100만 달러이다.

① ㄱ

② ㄷ

③ ㄱ, ㄴ

④ ㄱ, ㄷ

⑤ ㄴ, ㄷ

■ 출제 포인트

■ 풀이법

난이도 ★☆☆   권장 풀이 시간: 3분 45초   나의 풀이 시간: _____분 _____초

※ 다음 글을 읽고 물음에 답하시오. [03~04]

24 5급공채

설탕은 사탕수수나 사탕무에서 얻은 원당을 정제해 만든 천연감미료로 자당을 주성분으로 한다. 사탕수수가 처음 재배된 곳은 기원전 8,000년경 태평양 남서부의 뉴기니섬 지역이었다. 이후 사탕수수는 기원전 6,000년경에 인도네시아, 필리핀, 인도 등 동남아시아와 남아시아로 전해졌다. 초기에 사람들은 단맛을 즐기기 위해 사탕수수를 씹어 당을 빨아먹었지만 350년경 굽타왕조 시대에 인도에서 사탕수수액을 활용한 설탕 결정법을 알아냈다. 7세기 중반 당태종 때 인도의 외교사절단이 사탕수수 재배법을 가르쳐 중국에서도 사탕수수를 재배하기 시작했다.

이후, 1747년에 한 화학자가 콧병, 인후염, 변비 등의 치료제로 주로 사용되던 사탕무에 자당이 함유된 것을 발견하였다. 당시 사탕무는 경제성 문제로 설탕 제조에는 활용되지 못하다가, 1801년에 이르러서야 프로이센에서 사탕무를 활용한 설탕의 대량생산에 성공했다.

조선시대에 설탕은 수입에만 의존하는 귀한 식자재였다. 조선시대 요리서에 설탕을 사용하는 조리법이 없는 것은 이 시기 설탕이 널리 퍼지지 못했기 때문이다. 설탕은 개항기에 왕실과 외국인을 중심으로 유통되었으나, 일제강점기에는 도시의 아동과 젊은이의 식생활에까지 확산되었다.

1884년 설탕 가격은 같은 무게 소고기의 2.5배로 매우 높았으나, 1890년대 설탕 수입량이 증가하면서 가격이 하락하였다. 1893년에는 설탕 가격이 1884년 대비 40% 하락했고, 1911년에는 1근(斤)에 9전까지 하락하였다.

이에 따라 전통 음식에도 차츰 설탕을 넣기 시작했다. 1910년대 무렵부터 떡·한과 같은 병과류(餅菓類)와 음료 같은 음청류(飮淸類)에 꿀이나 엿 대신 설탕을 넣기 시작했다. 1920~1930년대에 이르러서는 꿀이나 엿을 전혀 사용하지 않던 육류, 생선류, 찬류, 김치류 등에도 설탕을 넣는 신식요리법이 개발되었다.

03. 윗글을 근거로 판단할 때 옳은 것은?

① 사탕수수를 처음 재배한 곳은 필리핀이었다.

② 사탕수수액을 이용한 설탕 결정법은 당태종 시기에 개발되었다.

③ 1910년대 이전 우리나라에서는 생선류, 김치류에 설탕 대신 꿀이나 엿을 넣었다.

④ 인도의 외교사절단이 사탕수수 재배법을 중국에 전파한 것은 350년경이다.

⑤ 19세기가 되어서야 사탕무를 이용한 설탕의 대량생산이 가능해졌다.

꼼꼼 풀이 노트

권장 풀이 시간에 맞춰 문제를 풀어본 후, 꼼꼼 풀이 노트로 정리해보세요.

■ 출제 포인트

■ 풀이법

04. 윗글과 <상황>을 근거로 판단할 때, ⊙에 해당하는 수는?

─────〈보기〉─────

1893년에 설탕 1근의 가격이 12전이라고 가정할 때, 甲이 1884년에 52전을 모두 써서 설탕 1근과 소고기를 구입하였다면 소고기는 ⊙ 근을 구입할 수 있었다. 단, 설탕 1근과 소고기 1근의 무게는 같고, 화폐가치는 동일하다.

① 3

② 4

③ 5

④ 6

⑤ 7

약점 보완 해설집 p.14

유형 5 기타형

유형 소개

'기타형'은 크게 병렬형과 논증형으로 구분할 수 있다. 병렬형은 줄글의 형태로 제시된 지문이 분절 형태인 유형이다. 논증형은 지문의 주장 또는 입장을 뒷받침하는 근거를 찾거나, 선택지나 <보기>에 제시된 내용이 지문과 같은 입장인지 다른 입장인지를 구분하는 유형이다.

유형 특징

1 병렬형은 발문이 일치부합형과 유사한 경우가 많아 발문을 통한 유형 구분이 쉽지 않지만, 지문이 '甲, 乙' 또는 '○'로 단락이 구분되어 있어 지문의 형태를 통해 구분할 수 있다.

2 논증형은 발문, 선택지나 <보기>를 통해 유형을 쉽게 구분할 수 있다.

풀이 전략

1 발문, 지문, 선택지나 <보기>를 통해 병렬형 또는 논증형 문제임을 확인한다.

2 선택지나 <보기> 중 빠른 해결이 가능한 것부터 골라서 해결한다.

유형 공략 문제

난이도 ★☆☆   권장 풀이 시간: 1분 30초   나의 풀이 시간: _____분 _____초

01. 다음의 <상황>을 근거로 한 <甲의 주장>을 반박할 수 있는 논리를 <보기>에서 모두 고르면?

12 5급공채

―――――――――〈상황〉―――――――――

A국가의 전체 중학교 3학년 학생의 숫자는 2004년 90만 명에서 2011년 85만 명으로 감소하였다.

A국가는 2004년부터 모든 중학교가 정확히 40명의 학생으로 한 반을 구성하도록 하였다. A국가에서 2004년도에 중학교 3학년 전체 학생이 응시한 국어, 수학 모의고사에서 국어과목의 평균 점수는 68점이었고, 수학과목의 평균 점수는 62점이었다. 한편 A국가는 2005년부터 중학교 학급정원을 30명으로 제한하여, 모든 중학교 학급은 정확히 30명의 학생으로 구성되었다. A국가에서 중학교 3학년을 대상으로 2011년도에 치른 모의고사에서 국어과목의 평균점수는 73점이었고, 수학 평균 점수는 62점이었다.

―――――――――〈甲의 주장〉―――――――――

A국가의 중학교 학급정원 감축이 중학교 3학년의 학력(學力)을 지속적으로 향상시켰다.

―――――――――〈보기〉―――――――――

ㄱ. 甲은 특정과목을 중심으로 결론을 주장하였다.

ㄴ. 甲은 2004년도와 2011년도 모의고사의 난이도를 고려하지 않았다.

ㄷ. 甲은 A국가의 중학생의 전체 숫자가 5만 명 감소한 사실을 고려하지 않았다.

ㄹ. 甲은 중학교 학급정원 감축 이후의 단 한 차례 모의고사 성적에만 의존하고 있다.

① ㄴ, ㄷ

② ㄷ, ㄹ

③ ㄱ, ㄴ, ㄷ

④ ㄱ, ㄴ, ㄹ

⑤ ㄱ, ㄷ, ㄹ

1 택스트형

2 빈칸논리형

3 계산형

4 규칙형

5 경우형

기출 재구성 모의고사

해커스PSAT 7급 PSAT 유형별 기출 200제 상황판단

꼼꼼 풀이 노트

권장 풀이 시간에 맞춰 문제를 풀어본 후, 꼼꼼 풀이 노트로 정리해보세요.

■ 출제 포인트

예) 설명문(조사·결과, 수치) / 주장 + 반박 파악

■ 풀이법

예) 주장, 전제가 무엇인지 파악

– 주장 = 〈甲의 주장〉

– 전제 = 〈상황〉

주장과 무관한 내용이나 주장과 같은 내용 소거

■ 출제 포인트

■ 풀이법

난이도 ★☆☆　　　　권장 풀이 시간: 1분 30초　　　　나의 풀이 시간: ＿＿＿분＿＿＿초

02. 다음 글을 뒷받침할 근거로 제시될 수 있는 것만을 <보기>에서 모두 고르면?

15 5급공채

> 하나의 선거구에서 1인을 선출하는 국회의원 지역선거구를 획정할 때, 과거 헌법재판소는 국회의원의 지역대표성, 도시와 농어촌 간의 인구편차, 각 분야의 개발불균형 등을 근거로 인구편차의 허용기준을 전국 국회의원 지역선거구 평균인구 기준 상하 50%로 제시한 바 있었다. 그러나 최근 헌법재판소는 다음과 같은 이유로 국회의원 지역선거구별 인구편차 기준은 가장 큰 선거구와 가장 작은 선거구가 인구비례 2:1을 넘지 않아야 한다고 입장을 변경하였다.
>
> (1) 종래의 인구편차의 허용기준을 적용하게 되면 1인의 투표가치가 다른 1인의 투표가치에 비하여 세 배가 되는 경우도 발생하는데, 이는 투표가치의 지나친 불평등이다.
>
> (2) 국회를 구성함에 있어 국회의원의 지역대표성이 고려되어야 한다고 할지라도 이것이 국민주권주의의 출발점인 투표가치의 평등보다 우선시 될 수는 없다. 특히 현재는 지방자치제도가 정착되어 있으므로, 지역대표성을 이유로 헌법상 원칙인 투표가치의 평등을 현저히 완화할 필요성이 예전에 비해 크지 않다.
>
> (3) 인구편차의 허용기준을 완화하면 할수록 과대대표되는 지역과 과소대표되는 지역이 생길 가능성 또한 높아지는데, 이는 지역정당구조를 심화시키는 부작용을 야기할 수 있다. 이러한 불균형은 농어촌 지역 사이에서도 나타날 수 있다. 그것은 농어촌 지역의 합리적인 변화를 저해할 수 있으며, 국토의 균형발전에도 도움이 되지 않는다.
>
> (4) 인구편차의 허용기준을 엄격하게 하는 것이 외국의 판례와 입법추세임을 고려할 때, 우리도 인구편차의 허용기준을 엄격하게 하는 일을 더 이상 미룰 수 없다.

※ '인구'는 '선거권자'를 의미함

〈보기〉

> ㄱ. 지방자치제도가 정착되었기 때문에 국회의원의 지역대표성을 더욱 강화해야 한다.
>
> ㄴ. 국회의원 지역선거구를 획정할 때, 인구가 '최대인 선거구의 인구'를 '최소인 선거구의 인구'로 나눈 숫자가 2 이상이 되지 않는 것이 외국의 일반적인 경향이다.
>
> ㄷ. 지역정당구조의 완화와 농어촌 지역 간 불균형을 극복하기 위하여 국회의원 지역선거구 획정은 평균인구 기준 상하 66.6%를 기준으로 판단해야 한다.
>
> ㄹ. 선거구별 인구의 차이가 커질수록 인구가 많은 선거구에 거주하는 사람의 투표가치는 인구가 적은 선거구에 거주하는 사람의 투표가치보다 줄어든다.

① ㄱ

② ㄴ, ㄷ

③ ㄴ, ㄹ

④ ㄷ, ㄹ

⑤ ㄱ, ㄴ, ㄷ

약점 보완 해설집 p.15

취약 유형 진단 & 약점 극복

1 문항별 정오표

각 문항별로 정오를 확인한 후, 맞았으면 O, 풀지 못했으면 △, 틀렸으면 X로 표시해 보세요.

발문 포인트형		일치부합형		응용형		1지문 2문항형		기타형	
번호	정오	번호	정오	번호	정오	번호	정오	번호	정오
01		01		01		01		01	
02		02		02		02		02	
03		03		03		03			
04		04		04		04			
05		05		05					
		06		06					
		07		07					
		08		08					
		09		09					
		10		10					
		11		11					
				12					
				13					

2 취약 유형 분석표

유형별로 맞힌 문제 개수와 정답률을 적고, 취약한 유형이 무엇인지 파악해 보세요.

유형	맞힌 문제 개수	정답률
발문 포인트형	/5	%
일치부합형	/11	%
응용형	/13	%
1지문 2문항형	/4	%
기타형	/2	%

3 학습 전략

취약한 유형의 학습 전략을 확인한 후, 풀지 못한 문제와 틀린 문제를 다시 풀면서 취약 유형을 극복해 보세요.

발문 포인트형	발문 포인트형(텍스트형) 취약형은 주로 문제에서 요구하는 기준이나 방법을 제대로 이해하지 못한 상태로 적용 대상부터 확인하는 경우입니다. 적용 대상부터 확인하면 문제 해결의 소요시간을 단축하기 어렵습니다. 따라서 문제를 풀 때 문제를 해결하기 위해 필요한 기준·방법을 먼저 확인하는 연습을 해야 합니다.
일치부합형	일치부합형(텍스트형) 취약형은 문제 해결을 위해 필요한 최소한의 정보량으로 효율적으로 문제를 해결하지 못하고, 지문에 주어진 정보를 모두 다 처리하느라 소요시간을 단축하지 못하는 경우입니다. 지문에 주어진 정보를 모두 다 처리하다 보니 그만큼 정보량도 많아지고 정보 간에 혼동도 생기게 됩니다. 상황판단에서 출제되는 일치부합형의 경우 지문의 정보량이 많은 경우가 대부분이기 때문에 문제에서 묻는 것을 위주로 확인하는 연습을 통해 효율적으로 문제를 해결해야 합니다.
응용형	응용형(텍스트형) 취약형은 주로 지문의 내용을 정확하게 이해하지 못하거나, 이해한 바를 토대로 사례에 적용·응용하는 능력이 부족한 경우입니다. 응용형에 해당하는 문제의 경우 지문 내용부터 어려운 경우가 많아 글을 빠르고 정확하게 이해하는 연습부터 해야 합니다. 그리고 이해한 내용을 토대로 정확히 적용·응용하는 연습을 해야 하는데, 주로 계산을 요구하는 문제가 반복해서 출제되는 경향이 있기 때문에 기출문제를 철저하게 분석해 둔다면 대비할 수 있습니다.
1지문 2문항형	1지문 2문항형은 1개의 지문으로 2개의 문항이 출제되는 유형으로 앞서 연습한 발문 포인트형, 일치부합형, 응용형의 문제가 조합되어 출제됩니다. 따라서 1지문 2문항형 취약형은 앞서 세 가지 유형에 해당하는 부분을 연습해야 합니다. 무리해서 시간 단축을 하려고 하기보다는 주어진 문제를 정확히 풀어내는 연습을 하면 자연스럽게 문제 풀이 속도도 향상될 것입니다.
기타형	기타형에는 병렬형과 논증형이 포함됩니다. 병렬형 취약형은 지문의 병렬적인 내용 중에 필요한 내용을 정확히 찾지 못하거나 병렬적인 정보를 전부 다 처리하려는 경우입니다. 따라서 병렬적인 내용을 정확히 구분하여 필요한 부분 위주로 확인해서 정확도와 속도를 모두 높여야 합니다. 논증형 취약형은 양측의 입장을 명확하게 구분하거나 주장을 뒷받침하는 데 필요한 근거를 적절하게 찾아내는 연습을 해야 합니다.

출제 경향

1 법조문형은 지문으로 법조문이 제시되거나 법조문 형식은 아니지만 법조문과 관련된 내용이 제시되어 지문을 정확하게 이해할 수 있는지 또는 지문을 근거로 특정 상황에 적용·판단할 수 있는지 평가하기 위한 유형이다.

2 법조문형은 발문에 포인트가 있는지의 여부에 따라 ① 발문 포인트형과 나머지로 구분되고, 문제 해결 방법에 따라 ② 일치부합형과 ③ 응용형으로 구분된다. 발문 포인트형과 응용형이 결합한 형태가 ④ 법계산형이다. 또한 지문의 특성에 따라 ⑤ 규정형, ⑥ 법조문소재형으로도 구분된다.

3 법조문형은 2019년 7급 PSAT 예시문제 중 1문제, 2020년 7급 PSAT 모의평가에서 6문제, 2021년 7급 공채 PSAT에서 9문제, 2022년 7급 공채 PSAT에서 5문제, 2023년 7급 공채 PSAT에서 7문제, 2024년 7급 공채 PSAT에서 5문제가 출제되었다. 7급 공채 PSAT에서는 텍스트형과 법조문형을 합한 '득점포인트형'이 8~10문제 꾸준히 출제되고 있다. 2024년 7급 공채 PSAT에서는 텍스트형이 3문제, 법조문형은 5문제가 출제되어 득점포인트형이 총 8문제로 텍스트형도 법조문형도 출제비중이 가장 낮았다.

4 2020년 7급 PSAT 모의평가에서는 법조문형의 난도가 다소 높은 편이었으나, 2021년 이후로는 대부분의 문제가 85% 이상의 정답률을 보이고 평균적으로 90% 안팎의 정답률을 보이고 있다. 법조문형은 문제의 난도를 빠르게 파악할 수 있으므로, 응용형 또는 법계산형 아닌 이상 되도록 실수하지 않도록 주의해야 한다.

2 법조문형

유형 6 발문 포인트형

유형 소개

'발문 포인트형'은 발문에 제시된 포인트에 맞춰서 지문을 읽고 문제를 해결하는 유형이다.

유형 특징

1 이 유형은 발문에 문제에서 해결해야 하는 것이 무엇인지 직접적으로 제시되거나 법조문을 읽을 때 중점적으로 봐야 할 내용이 제시된다.

2 따라서 그 포인트에 따라 문제를 어떻게 해결하는 것이 효율적인지, 주어진 법조문 또는 지문에서 어디를 중점적으로 읽어야 할지 파악할 수 있다.

풀이 전략

1 발문을 정확히 이해한 후, 발문에 제시된 포인트를 체크한다.

2 발문에 제시된 포인트에 따라 문제 해결에 필요한 내용을 지문에서 중점적으로 파악한다.

3 발문에 제시되는 포인트는 다양하지만, 주로 해당 여부, 가능 여부 등의 판단 기준 또는 방법을 파악할 것을 요구하는 경우가 많다.

난이도 ★☆☆   권장 풀이 시간: 1분 30초   나의 풀이 시간: ____분 ____초

01. 다음 글을 근거로 판단할 때, <보기>에서 저작권자의 허락없이 허용되는 행위만을 모두 고르면?

20 민경채

> 제00조 타인의 공표된 저작물의 내용·형식을 변환하거나 그 저작물을 복제·배포·공연 또는 공중송신(방송·전송을 포함한다)하기 위해서는 특별한 규정이 없는 한 저작권자의 허락을 받아야 한다.
>
> 제00조 ① 누구든지 공표된 저작물을 저작권자의 허락없이 시각장애인을 위하여 점자로 복제·배포할 수 있다.
>
> ② 시각장애인을 보호하고 있는 시설, 시각장애인을 위한 특수학교 또는 점자도서관은 영리를 목적으로 하지 아니하고 시각장애인의 이용에 제공하기 위하여, 공표된 어문저작물을 저작권자의 허락없이 녹음하여 복제하거나 디지털음성정보기록방식으로 복제·배포 또는 전송할 수 있다.
>
> 제00조 ① 누구든지 공표된 저작물을 저작권자의 허락없이 청각장애인을 위하여 한국수어로 변환할 수 있으며 이러한 한국수어를 복제·배포·공연 또는 공중송신할 수 있다.
>
> ② 청각장애인을 보호하고 있는 시설, 청각장애인을 위한 특수학교 또는 한국어수어통역센터는 영리를 목적으로 하지 아니하고 청각장애인의 이용에 제공하기 위하여, 공표된 저작물에 포함된 음성 및 음향 등을 저작권자의 허락없이 자막 등 청각장애인이 인지할 수 있는 방식으로 변환할 수 있으며 이러한 자막 등을 청각장애인이 이용할 수 있도록 복제·배포·공연 또는 공중송신할 수 있다.

※ 어문저작물: 소설·시·논문·각본 등 문자로 이루어진 저작물

〈보기〉

> ㄱ. 학교도서관이 공표된 소설을 청각장애인을 위하여 한국수어로 변환하고 이 한국수어를 복제·공중송신하는 행위
> ㄴ. 한국어수어통역센터가 영리를 목적으로 청각장애인의 이용에 제공하기 위하여, 공표된 영화에 포함된 음성을 자막으로 변환하여 배포하는 행위
> ㄷ. 점자도서관이 영리를 목적으로 하지 아니하고 시각장애인의 이용에 제공하기 위하여, 공표된 피아니스트의 연주 음악을 녹음하여 복제·전송하는 행위

① ㄱ

② ㄴ

③ ㄱ, ㄷ

④ ㄴ, ㄷ

⑤ ㄱ, ㄴ, ㄷ

📓 꼼꼼 풀이 노트

권장 풀이 시간에 맞춰 문제를 풀어본 후,
꼼꼼 풀이 노트로 정리해보세요.

■ 출제 포인트

■ 풀이법

02. 다음 규정을 근거로 판단할 때 기간제 근로자로 볼 수 있는 경우를 <보기>에서 모두 고르면? (단, 아래의 모든 사업장은 5인 이상의 근로자를 고용하고 있다)   11 5급공채

제00조 ① 이 법은 상시 5인 이상의 근로자를 사용하는 모든 사업 또는 사업장에 적용한다. 다만 동거의 친족만을 사용하는 사업 또는 사업장과 가사사용인에 대하여는 적용하지 아니한다.

② 국가 및 지방자치단체의 기관에 대하여는 상시 사용하는 근로자의 수에 관계없이 이 법을 적용한다.

제00조 ① 사용자는 2년을 초과하지 아니하는 범위 안에서(기간제 근로계약의 반복갱신 등의 경우에는 계속 근로한 총 기간이 2년을 초과하지 아니하는 범위 안에서) 기간제 근로자※를 사용할 수 있다. 다만 다음 각 호의 어느 하나에 해당하는 경우에는 2년을 초과하여 기간제 근로자로 사용할 수 있다.

1. 사업의 완료 또는 특정한 업무의 완성에 필요한 기간을 정한 경우
2. 휴직·파견 등으로 결원이 발생하여 당해 근로자가 복귀할 때까지 그 업무를 대신할 필요가 있는 경우
3. 전문적 지식·기술의 활용이 필요한 경우와 박사 학위를 소지하고 해당 분야에 종사하는 경우

② 사용자가 제1항 단서의 사유가 없거나 소멸되었음에도 불구하고 2년을 초과하여 기간제 근로자로 사용하는 경우에는 그 기간제 근로자는 기간의 정함이 없는 근로계약을 체결한 근로자로 본다.

※ 기간제 근로자라 함은 기간의 정함이 있는 근로계약을 체결한 근로자를 말한다.

〈보기〉

ㄱ. 甲회사가 수습기간 3개월을 포함하여 1년 6개월간 A를 고용하기로 근로계약을 체결한 경우

ㄴ. 乙회사는 근로자 E의 휴직으로 결원이 발생하여 2년간 B를 계약직으로 고용하였는데, E의 복직 후에도 B가 계속해서 현재 3년 이상 근무하고 있는 경우

ㄷ. 丙국책연구소는 관련 분야 박사학위를 취득한 C를 계약직(기간제) 연구원으로 고용하여 C가 현재 丙국책연구소에서 3년간 근무하고 있는 경우

ㄹ. 국가로부터 도급받은 3년간의 건설공사를 완성하기 위해 丁건설회사가 D를 그 기간 동안 고용하기로 근로계약을 체결한 경우

---

① ㄱ, ㄴ

② ㄴ, ㄷ

③ ㄱ, ㄷ, ㄹ

④ ㄴ, ㄷ, ㄹ

⑤ ㄱ, ㄴ, ㄷ, ㄹ

03. 다음 글을 근거로 판단할 때, 소장이 귀휴를 허가할 수 없는 경우는? (단, 수형자 甲~戊의 교정성적은 모두 우수하고, 귀휴를 허가할 수 있는 일수는 남아있다)   18 5급공채

제00조 ① 교도소·구치소 및 그 지소의 장(이하 '소장'이라 한다)은 6개월 이상 복역한 수형자로서 그 형기의 3분의 1(21년 이상의 유기형 또는 무기형의 경우에는 7년)이 지나고 교정성적이 우수한 사람이 다음 각 호의 어느 하나에 해당하면 1년 중 20일 이내의 귀휴를 허가할 수 있다.
  1. 가족 또는 배우자의 직계존속이 위독한 때
  2. 질병이나 사고로 외부의료시설에의 입원이 필요한 때
  3. 천재지변이나 그 밖의 재해로 가족, 배우자의 직계존속 또는 수형자 본인에게 회복할 수 없는 중대한 재산상의 손해가 발생하였거나 발생할 우려가 있는 때
  4. 직계존속, 배우자, 배우자의 직계존속 또는 본인의 회갑일이나 고희일인 때
  5. 본인 또는 형제자매의 혼례가 있는 때
  6. 직계비속이 입대하거나 해외유학을 위하여 출국하게 된 때
  7. 각종 시험에 응시하기 위하여 필요한 때
② 소장은 다음 각 호의 어느 하나에 해당하는 사유가 있는 수형자에 대하여는 제1항에도 불구하고 5일 이내의 귀휴를 특별히 허가할 수 있다.
  1. 가족 또는 배우자의 직계존속이 사망한 때
  2. 직계비속의 혼례가 있는 때

※ 귀휴: 교도소 등에 복역 중인 죄수가 출소하기 전에 일정한 사유에 따라 휴가를 얻어 일시적으로 교도소 밖으로 나오는 것을 의미한다.

① 징역 1년을 선고받고 4개월 동안 복역 중인 甲의 아버지의 회갑일인 경우

② 징역 2년을 선고받고 10개월 동안 복역 중인 乙의 친형의 혼례가 있는 경우

③ 징역 10년을 선고받고 4년 동안 복역 중인 丙의 자녀가 입대하는 경우

④ 징역 30년을 선고받고 8년 동안 복역 중인 丁의 부친이 위독한 경우

⑤ 무기징역을 선고받고 5년 동안 복역 중인 戊의 배우자의 모친이 사망한 경우

난이도 ★★☆　　　　　권장 풀이 시간: 2분　　　　　나의 풀이 시간: ＿＿＿분 ＿＿＿초

04. 다음 글과 <상황>을 근거로 판단할 때, 甲~丙 중 임금피크제 지원금을 받을 수 있는 사람만을 모두 고르면?

19 5급공채

제00조(임금피크제 지원금) ① 정부는 다음 각 호의 어느 하나에 해당하는 경우, 근로자의 신청을 받아 제2항의 규정에 따라 임금피크제 지원금을 지급하여야 한다.

　　1. 사업주가 근로자 대표의 동의를 받아 정년을 60세 이상으로 연장하면서 55세 이후부터 일정 나이, 근속시점 또는 임금액을 기준으로 임금을 줄이는 제도를 시행하는 경우

　　2. 정년을 55세 이상으로 정한 사업주가 정년에 이른 사람을 재고용(재고용 기간이 1년 미만인 경우는 제외한다)하면서 정년퇴직 이후부터 임금만을 줄이는 경우

　　3. 사업주가 제2호에 따라 재고용하면서 주당 소정의 근로시간을 15시간 이상 30시간 이하로 단축하는 경우

② 임금피크제 지원금은 해당 사업주에 고용되어 18개월 이상을 계속 근무한 자로서 피크임금(임금피크제의 적용으로 임금이 최초로 감액된 날이 속하는 연도의 직전 연도 임금을 말한다)과 지원금 신청연도의 임금을 비교하여 다음 각 호의 구분에 따른 비율 이상 낮아진 자에게 지급한다. 다만 상시 사용하는 근로자가 300명 미만인 사업장인 경우에는 100분의 10으로 한다.

　　1. 제1항 제1호의 경우: 100분의 10

　　2. 제1항 제2호의 경우: 100분의 20

　　3. 제1항 제3호의 경우: 100분의 30

─────────〈상황〉─────────

　甲~丙은 올해 임금피크제 지원금을 신청하였다.

○ 甲(56세)은 사업주가 근로자 대표의 동의를 받아 정년을 60세로 연장하면서 임금피크제를 실시하고 있는 사업장(상시 사용하는 근로자 320명)에 고용되어 3년간 계속 근무하고 있다. 甲의 피크임금은 4,000만 원이었고, 올해 임금은 3,500만 원이다.

○ 乙(56세)은 사업주가 정년을 55세로 정한 사업장(상시 사용하는 근로자 200명)에서 1년간 계속 근무하다 작년 12월 31일 정년에 이르렀다. 乙은 올해 1월 1일 근무기간 10개월, 주당 근로시간은 동일한 조건으로 재고용되었다. 乙의 피크임금은 3,000만 원이었고, 올해 임금은 2,500만 원이다.

○ 丙(56세)은 사업주가 정년을 55세로 정한 사업장(상시 사용하는 근로자 400명)에서 2년간 계속 근무하다 작년 12월 31일 정년에 이르렀다. 丙은 올해 1월 1일 근무기간 1년, 주당 근로시간을 40시간에서 30시간으로 단축하는 조건으로 재고용되었다. 丙의 피크임금은 2,000만 원이었고, 올해 임금은 1,200만 원이다.

① 甲

② 乙

③ 甲, 丙

④ 乙, 丙

⑤ 甲, 乙, 丙

05. 다음 글과 <상황>을 근거로 판단할 때, <보기>에서 A가 가맹금을 반환해야 하는 것만을 모두 고르면?   23 5급공채

제○○조(정보공개서의 제공의무) 가맹본부는 가맹희망자에게 정보공개서를 제공하지 아니하였거나 제공한 날부터 14일이 지나지 아니한 경우에는 다음 각 호의 행위를 하여서는 아니 된다.
   1. 가맹희망자로부터 가맹금을 수령하는 행위
   2. 가맹희망자와 가맹계약을 체결하는 행위
제□□조(허위·과장된 정보제공의 금지) 가맹본부는 가맹희망자나 가맹점사업자에게 정보를 제공함에 있어서 다음 각 호의 행위를 하여서는 아니 된다.
   1. 사실과 다르게 정보를 제공하거나 사실을 부풀려 정보를 제공하는 행위
   2. 계약의 체결·유지에 중대한 영향을 미치는 사실을 은폐하거나 축소하는 방법으로 정보를 제공하는 행위
제△△조(가맹금의 반환) 가맹본부는 다음 각 호의 어느 하나에 해당하는 경우에는 가맹희망자나 가맹점사업자가 서면으로 요구하면 가맹금을 반환하여야 한다.
   1. 가맹본부가 제○○조를 위반한 경우로서 가맹희망자 또는 가맹점사업자가 가맹계약 체결 전 또는 가맹계약의 체결일부터 4개월 이내에 가맹금의 반환을 요구하는 경우
   2. 가맹본부가 제□□조를 위반한 경우로서 가맹희망자가 가맹계약 체결 전에 가맹금의 반환을 요구하는 경우
   3. 가맹본부가 정당한 사유 없이 가맹사업을 일방적으로 중단한 경우로서 가맹희망자 또는 가맹점사업자가 가맹사업의 중단일부터 4개월 이내에 가맹금의 반환을 요구하는 경우

─────────〈상황〉─────────
　甲, 乙, 丙은 가맹본부 A에게 지급했던 가맹금의 반환을 2023. 2. 27. 서면으로 A에게 요구하였다.

─────────〈보기〉─────────
ㄱ. 2023. 1. 18. A가 甲에게 정보공개서를 제공하고, 2023. 1. 30. 가맹계약을 체결한 경우
ㄴ. 2022. 9. 27. 가맹계약을 체결한 乙이 건강상의 이유로 2023. 1. 3. 가맹점사업을 일방적으로 중단한 경우
ㄷ. 2023. 3. 7. 가맹계약을 체결할 예정인 가맹희망자 丙에게 A가 2023. 2. 10. 제공하였던 정보공개서상 정보의 내용이 사실과 다른 경우

① ㄱ
② ㄷ
③ ㄱ, ㄴ
④ ㄱ, ㄷ
⑤ ㄴ, ㄷ

약점 보완 해설집 p.16

📋 **꼼꼼 풀이 노트**

권장 풀이 시간에 맞춰 문제를 풀어본 후, 꼼꼼 풀이 노트로 정리해보세요.

■ 출제 포인트

■ 풀이법

1 텍스트형
2 법조문형
3 계산형
4 규칙형
5 경우형
기출 재구성 모의고사

해커스PSAT 7급 PSAT 유형별 기출 200제 상황판단

유형 7 | 일치부합형

유형 소개

법조문형의 '일치부합형'은 법조문이 지문으로 제시되고, 제시된 법조문의 일부분을 정확히 이해하여 선택지나 <보기>의 내용이 올바른지 판단하는 유형이다.

유형 특징

1 이 유형은 기본적으로 발문에 포인트가 없어, 선택지나 <보기>에서 키워드를 잡은 후 관련된 법조문과 매칭해서 해결해야 한다.

2 제시된 법조문은 조문 제목인 표제가 있거나 표제가 없는 형태로 제시되며, 표제의 유무에 따라 문제 접근법 및 풀이법이 다르다.

풀이 전략

1 선택지나 <보기>에서 키워드를 체크한다.

2 제시된 법조문에서 표제의 유무를 확인한 후, 표제의 유무에 따라 문제를 풀이한다.

3 표제가 있다면 표제를 잘 활용하고, 표제가 없다면 각 조·항에서 효과부분을 잘 활용한다.

난이도 ★☆☆　　　권장 풀이 시간: 1분 30초　　　나의 풀이 시간: ＿＿＿분＿＿＿초

01. 다음 글을 근거로 판단할 때, <보기>에서 옳은 것만을 모두 고르면?　　　14 5급공채

제00조(행정정보의 공표 등) ① 공공기관은 다음 각 호의 어느 하나에 해당하는 정보에 대해서는 공개의 구체적 범위와 공개의 주기·시기 및 방법 등을 미리 정하여 공표하고, 이에 따라 정기적으로 공개하여야 한다. 다만 제□□조 제1항 각 호의 어느 하나에 해당하는 정보에 대해서는 그러하지 아니하다.
　1. 국민생활에 매우 큰 영향을 미치는 정책에 관한 정보
　2. 국가의 시책으로 시행하는 공사(工事) 등 대규모 예산이 투입되는 사업에 관한 정보
　3. 예산집행의 내용과 사업평가 결과 등 행정감시를 위하여 필요한 정보
② 공공기관은 제1항에 규정된 사항 외에도 국민이 알아야 할 필요가 있는 정보를 국민에게 공개하도록 적극적으로 노력하여야 한다.
제00조(공개대상 정보의 원문공개) 공공기관 중 중앙행정기관은 전자적 형태로 보유·관리하는 정보 중 공개대상으로 분류된 정보를 국민의 정보공개 청구가 없더라도 정보통신망을 활용한 정보공개시스템을 통하여 공개하여야 한다.
제□□조(비공개대상 정보) ① 공공기관이 보유·관리하는 정보는 공개대상이 된다. 다만 다음 각 호의 어느 하나에 해당하는 정보는 공개하지 아니할 수 있다.
　1. 다른 법률 또는 법률에서 위임한 명령(국회규칙·대법원규칙·헌법재판소규칙·중앙선거관리위원회규칙·대통령령 및 조례로 한정한다)에 따라 비밀이나 비공개 사항으로 규정된 정보
　2. 해당 정보에 포함되어 있는 성명·주민등록번호 등 개인에 관한 사항으로서 공개될 경우 사생활의 비밀 또는 자유를 침해할 우려가 있다고 인정되는 정보. 다만 다음 각 목에 열거한 개인에 관한 정보는 제외한다.
　　가. 법령에서 정하는 바에 따라 열람할 수 있는 정보
　　나. 공공기관이 공표를 목적으로 작성하거나 취득한 정보로서 사생활의 비밀 또는 자유를 부당하게 침해하지 아니하는 정보
　　다. 직무를 수행한 공무원의 성명·직위

───────〈보기〉───────

ㄱ. 국민생활에 매우 큰 영향을 미치는 정책에 관한 정보는 모두 공개하여야 한다.
ㄴ. 헌법재판소규칙에서 비공개 사항으로 규정한 정보는 공개하지 아니할 수 있다.
ㄷ. 국가의 시책으로 시행하는 공사 등 대규모 예산이 투입되는 사업에 관한 직무를 수행한 공무원의 성명·직위는 공개할 수 있다.

① ㄱ

② ㄷ

③ ㄱ, ㄴ

④ ㄴ, ㄷ

⑤ ㄱ, ㄴ, ㄷ

📝 **꼼꼼 풀이 노트**

권장 풀이 시간에 맞춰 문제를 풀어본 후,
꼼꼼 풀이 노트로 정리해보세요.

■ 출제 포인트
예) 판단해야 할 내용과 조문을 매칭

■ 풀이법
예) <보기>에 대응하는 조문 파악
　　ㄱ. → 첫 번째 조문
　　ㄴ. → 첫 번째 조문
　　ㄷ. → 세 번째 조문

1 텍스트형

2 법조문형

3 계산형

4 규칙형

5 경우형

기출 재구성 모의고사

■ 출제 포인트

■ 풀이법

난이도 ★★☆　　　　권장 풀이 시간: 2분　　　　나의 풀이 시간: _____분 _____초

02. 다음 글을 근거로 판단할 때, <보기>에서 옳은 것만을 모두 고르면?　　　15 5급공채

제00조(기능) 대외경제장관회의(이하 '회의'라 한다)는 다음 각 호의 사항을 심의·조정한다.
　1. 대외경제동향의 종합점검과 주요 대외경제정책의 방향설정 등 대외경제정책 운영
　　전반에 관한 사항
　2. 양자·다자·지역간 또는 국제경제기구와의 대외경제협력·대외개방 및 통상교섭과
　　관련된 주요 경제정책에 관한 사항
　3. 재정지출을 수반하는 각 부처의 대외경제 분야 주요 정책 또는 관련 중장기계획
　4. 국내경제정책이 대외경제관계에 미치는 영향과 효과에 대한 사전검토에 관한 사항
제00조(회의의 구성 등) ① 회의는 기획재정부장관, 미래창조과학부장관, 외교부장관, 농
림축산식품부장관, 산업통상자원부장관, 환경부장관, 국토교통부장관, 해양수산부장관,
국무조정실장, 대통령비서실의 경제수석비서관과 회의에 상정되는 안건을 제안한 부처의
장 및 그 안건과 관련되는 부처의 장으로 구성한다.
② 회의 의장은 기획재정부장관이다.
③ 회의 의장은 회의에 상정할 안건을 선정하여 회의를 소집하고, 이를 주재한다.
④ 회의 의장은 필요하다고 인정하는 경우 관계 부처 또는 관계 기관과 협의하여 안건을
상정하게 할 수 있다.
제00조(의견청취) 회의 의장은 회의에 상정된 안건의 심의를 위하여 필요하다고 인정되
는 경우에는 해당 분야의 민간전문가를 회의에 참석하게 하여 의견을 들을 수 있다.
제00조(의사 및 의결정족수) ① 회의는 구성원 과반수의 출석으로 개의하고, 출석 구성원
3분의 2 이상의 찬성으로 의결한다.
② 회의 구성원이 회의에 출석하지 못하는 경우에는 그 바로 하위직에 있는 자가 대리로
출석하여 그 직무를 대행할 수 있다.

〈보기〉

ㄱ. 회의 안건이 보건복지와 관련이 있더라도 보건복지부장관은 회의 구성원이 될 수 없다.
ㄴ. 회의 당일 해양수산부장관이 수산협력 국제컨퍼런스에 참석 중이라면, 해양수산부차
　관이 회의에 대신 출석할 수 있다.
ㄷ. 환경부의 A안건이 관계 부처의 협의를 거쳐 회의에 상정된 경우, 환경부장관이 회의
　를 주재한다.
ㄹ. 회의에 민간전문가 3명을 포함해 13명이 참석하였을 때 의결을 위해서는 최소 9명의
　찬성이 필요하다.

① ㄱ

② ㄴ

③ ㄱ, ㄷ

④ ㄴ, ㄹ

⑤ ㄷ, ㄹ

03. 다음 글을 근거로 판단할 때 옳은 것은?

24 5급공채

제00조(공공데이터의 제공 및 이용 활성화에 관한 기본계획) ① 정부는 공공데이터의 제공 및 이용 활성화에 관한 기본계획(이하 '기본계획'이라 한다)을 수립하여야 한다.

② 기본계획은 행정안전부장관이 과학기술정보통신부장관과 협의하여 매 3년마다 국가 및 각 지방자치단체의 부문계획을 종합하여 수립하며, 공공데이터전략위원회(이하 '전략위원회'라 한다)의 심의·의결을 거쳐 확정한다. 기본계획 중 중요한 사항을 변경하는 경우에도 또한 같다.

③ 행정안전부장관은 전략위원회의 심의를 거쳐 국가와 지방자치단체의 부문계획의 작성 지침을 정하고 이를 관계 기관에 통보할 수 있으며, 기본계획의 작성을 위하여 필요한 경우 공공기관의 장에게 관련 자료의 제출을 요청할 수 있다.

제00조(공공데이터의 제공 및 이용 활성화에 관한 시행계획) ① 국가와 지방자치단체의 장은 기본계획에 따라 매년 공공데이터의 제공 및 이용 활성화에 관한 시행계획(이하 '시행계획'이라 한다)을 수립하여야 한다.

② 중앙행정기관의 장과 지방자치단체의 장은 시행계획을 전략위원회에 제출하고, 전략위원회의 심의·의결을 거쳐 시행하여야 한다. 시행계획 중 중요한 사항을 변경하는 경우에도 또한 같다.

제00조(공공데이터의 제공 운영실태 평가) ① 행정안전부장관은 매년 공공기관(국회·법원·헌법재판소 및 중앙선거관리위원회는 제외한다. 이하 이 조에서 같다)을 대상으로 공공데이터의 제공기반조성, 제공현황 등 제공 운영실태를 평가하여야 한다.

② 행정안전부장관은 제1항에 따른 평가결과를 전략위원회와 국무회의에 보고한 후 이를 공공기관의 장에게 통보하고 공표하여야 하며, 전략위원회가 개선이 필요하다고 권고한 사항에 대하여는 해당 공공기관에 시정요구 등의 조치를 취하여야 한다.

③ 행정안전부장관은 제1항에 따른 평가결과가 우수한 공공기관이나 공공데이터 제공에 이바지한 공로가 인정되는 공무원 또는 공공기관 임직원을 선정하여 포상할 수 있다.

① 행정안전부장관은 기본계획의 작성을 위해 필요한 경우, 관련 자료의 제출을 공공기관의 장에게 요청할 수 있다.

② 지방자치단체의 장은 시행계획 중 중요한 사항을 변경하는 경우, 공공데이터전략위원회의 심의를 생략하고 이를 시행할 수 있다.

③ 행정안전부장관은 헌법재판소를 대상으로 공공데이터의 제공 운영실태를 평가하여야 한다.

④ 공공데이터전략위원회는 공공데이터의 제공 운영실태 평가결과를 행정안전부장관에게 보고하여야 한다.

⑤ 공공데이터의 제공 운영실태 평가에 따른 포상 대상은 공무원에 한한다.

꼼꼼 풀이 노트

권장 풀이 시간에 맞춰 문제를 풀어본 후, 꼼꼼 풀이 노트로 정리해보세요.

■ 출제 포인트

■ 풀이법

04. 다음 글을 근거로 판단할 때 옳은 것은?

○○법 제00조 ① 여행업, 관광숙박업, 관광객 이용시설업 및 국제회의업을 경영하려는 자는 특별자치도지사·시장·군수·구청장(자치구의 구청장을 말한다. 이하 같다)에게 등록하여야 한다.
② 카지노업을 경영하려는 자는 문화체육관광부장관의 허가를 받아야 한다.
③ 유원시설업 중 대통령령으로 정하는 유원시설업을 경영하려는 자는 특별자치도지사·시장·군수·구청장의 허가를 받아야 한다.
④ 제3항에 따른 유원시설업 외의 유원시설업을 경영하려는 자는 특별자치도지사·시장·군수·구청장에게 신고하여야 한다.
⑤ 관광극장유흥업, 한옥체험업, 외국인관광 도시민박업, 관광식당업, 관광사진업 및 여객자동차터미널시설업 등의 관광 편의시설업을 경영하려는 자는 특별시장·광역시장·도지사·특별자치도지사(이하 "시·도지사"라 한다) 또는 시장·군수·구청장의 지정을 받아야 한다.
⑥ 제5항의 시·도지사 또는 시장·군수·구청장은 대통령령이 정하는 바에 따라 관광 편의시설업의 지정에 관한 권한 일부를 한국관광공사, 협회, 지역별·업종별 관광협회 등에 위탁할 수 있다.

○○법 시행령 제00조 ① ○○법 제00조 제3항에서 "대통령령으로 정하는 유원시설업"이란 종합유원시설업 및 일반 유원시설업을 말한다.
② ○○법 제00조 제4항에서 "제3항에 따른 유원시설업 외의 유원시설업"이란 기타 유원시설업을 말한다.
③ ○○법 제00조 제6항의 "관광 편의시설업"이란 관광식당업·관광사진업 및 여객자동차터미널시설업을 말한다.

① 청주시에서 관광극장유흥업을 경영하려는 자는 지역별 관광협회인 충청북도 관광협회에 등록하여야 한다.
② 제주특별자치도에서 관광숙박업을 경영하려는 자는 문화체육관광부장관에게 신고하여야 한다.
③ 서울특별시 종로구에서 한옥체험업을 경영하려는 자는 서울특별시 종로구청장이 위탁한 자로부터 지정을 받아야 한다.
④ 부산광역시 해운대구에서 카지노업을 경영하려는 자는 부산광역시장의 허가를 받아야 한다.
⑤ 군산시에서 종합유원시설업을 경영하려는 자는 군산시장의 허가를 받아야 한다.

05. 다음 글을 근거로 판단할 때 옳은 것은?

18 민경채

제00조 ① 지방자치단체의 장은 하수도정비기본계획에 따라 공공하수도를 설치하여야 한다.
② 시·도지사는 공공하수도를 설치하고자 하는 때에는 사업시행지의 위치 및 면적, 설치하고자 하는 시설의 종류, 사업시행기간 등을 고시하여야 한다. 고시한 사항을 변경 또는 폐지하고자 하는 때에도 또한 같다.
③ 시장·군수·구청장(자치구의 구청장을 말한다. 이하 같다)은 공공하수도를 설치하려면 시·도지사의 인가를 받아야 한다.
④ 시장·군수·구청장은 제3항에 따라 인가받은 사항을 변경하거나 폐지하려면 시·도지사의 인가를 받아야 한다.
⑤ 시·도지사는 국가의 보조를 받아 설치하고자 하는 공공하수도에 대하여 제2항에 따른 고시 또는 제3항의 규정에 따른 인가를 하고자 할 때에는 그 설치에 필요한 재원의 조달 및 사용에 관하여 환경부장관과 미리 협의하여야 한다.
제□□조 ① 공공하수도관리청(이하 '관리청'이라 한다)은 관할 지방자치단체의 장이 된다.
② 공공하수도가 둘 이상의 지방자치단체의 장의 관할구역에 걸치는 경우, 관리청이 되는 자는 제00조 제2항에 따른 공공하수도 설치의 고시를 한 시·도지사 또는 같은 조 제3항에 따른 인가를 받은 시장·군수·구청장으로 한다.

※ 공공하수도: 지방자치단체가 설치 또는 관리하는 하수도

① A자치구의 구청장이 관할구역 내에 공공하수도를 설치하려고 인가를 받았는데, 그 공공하수도가 B자치구에 걸치는 경우, 설치하려는 공공하수도의 관리청은 B자치구의 구청장이다.

② 시·도지사가 국가의 보조를 받아 공공하수도를 설치하려면, 그 설치에 필요한 재원의 조달 등에 관하여 환경부장관의 인가를 받아야 한다.

③ 시장·군수·구청장이 공공하수도 설치에 관하여 인가받은 사항을 폐지할 경우에는 시·도지사의 인가를 필요로 하지 않는다.

④ 시·도지사가 공공하수도 설치를 위해 고시한 사항은 변경할 수 없다.

⑤ 시장·군수·구청장이 공공하수도를 설치하려면 시·도지사의 인가를 받아야 한다.

■ 출제 포인트

■ 풀이법

난이도 ★☆☆　　　　권장 풀이 시간: 1분 45초　　　　나의 풀이 시간: _____분 _____초

06. 다음 글을 근거로 판단할 때 옳은 것은?　　　　24 7급공채

제00조 이 법에서 사용하는 용어의 뜻은 다음과 같다.

　1. "산림병해충"이란 산림에 있는 식물과 산림이 아닌 지역에 있는 수목에 해를 끼치는 병과 해충을 말한다.

　2. "예찰"이란 산림병해충이 발생할 우려가 있거나 발생한 지역에 대하여 발생 여부, 발생 정도, 피해 상황 등을 조사하거나 진단하는 것을 말한다.

　3. "방제"란 산림병해충이 발생하지 아니하도록 예방하거나, 이미 발생한 산림병해충을 약화시키거나 제거하는 모든 활동을 말한다.

제00조 ① 산림소유자는 산림병해충이 발생할 우려가 있거나 발생하였을 때에는 예찰·방제에 필요한 조치를 하여야 한다.

② 산림청장, 시·도지사, 시장·군수·구청장 또는 지방산림청장은 산림병해충이 발생할 우려가 있거나 발생하였을 때에는 예찰·방제에 필요한 조치를 할 수 있다.

③ 시·도지사, 시장·군수·구청장 또는 지방산림청장(이하 '시·도지사 등'이라 한다)은 산림병해충이 발생할 우려가 있거나 발생하였을 때에는 산림소유자, 산림관리자, 산림사업종사자, 수목의 소유자 또는 판매자 등에게 다음 각 호의 조치를 하도록 명할 수 있다. 이 경우 명령을 받은 자는 특별한 사유가 없으면 명령에 따라야 한다.

　1. 산림병해충이 있는 수목이나 가지 또는 뿌리 등의 제거

　2. 산림병해충이 발생할 우려가 있거나 발생한 산림용 종묘, 베어낸 나무, 조경용 수목 등의 이동 제한이나 사용 금지

　3. 산림병해충이 발생할 우려가 있거나 발생한 종묘·토양의 소독

④ 시·도지사 등은 제3항 제2호에 따라 산림용 종묘, 베어낸 나무, 조경용 수목 등의 이동 제한이나 사용 금지를 명한 경우에는 그 내용을 해당 기관의 게시판 및 인터넷 홈페이지 등에 10일 이상 공고하여야 한다.

⑤ 시·도지사 등은 제3항 각 호의 조치이행에 따라 발생한 농약대금, 인건비 등의 방제비용을 예산의 범위에서 지원할 수 있다.

---

① 산림병해충이 발생하지 않도록 예방하는 활동은 방제에 해당하지 않는다.

② 산림병해충이 발생할 우려가 있는 경우, 수목의 판매자는 예찰에 필요한 조치를 하여야 한다.

③ 산림병해충 발생으로 인한 조치 명령을 이행함에 따라 발생한 인건비는 시·도지사 등의 지원 대상이 아니다.

④ 산림병해충이 발생한 종묘에 대해 관할 구청장이 소독을 명한 경우, 그 내용을 구청 게시판 및 인터넷 홈페이지에 10일 이상 공고하여야 한다.

⑤ 산림병해충이 발생하여 관할 지방산림청장이 해당 수목의 소유자에게 수목 제거를 명령하였더라도, 특별한 사유가 있으면 그 명령에 따르지 않을 수 있다.

07. 다음 글을 근거로 판단할 때 옳은 것은?   23 7급공채

> 제00조(조직 등) ① 자율방범대에는 대장, 부대장, 총무 및 대원을 둔다.
> ② 경찰서장은 자율방범대장이 추천한 사람을 자율방범대원으로 위촉할 수 있다.
> ③ 경찰서장은 자율방범대원이 이 법을 위반하여 파출소장이 해촉을 요청한 경우에는 해당 자율방범대원을 해촉해야 한다.
> 제00조(자율방범활동 등) ① 자율방범대는 다음 각 호의 활동(이하 '자율방범활동'이라 한다)을 한다.
>   1. 범죄예방을 위한 순찰 및 범죄의 신고, 청소년 선도 및 보호
>   2. 시·도경찰청장, 경찰서장, 파출소장이 지역사회의 안전을 위해 요청하는 활동
> ② 자율방범대원은 자율방범활동을 하는 때에는 자율방범활동 중임을 표시하는 복장을 착용하고 자율방범대원의 신분을 증명하는 신분증을 소지해야 한다.
> ③ 자율방범대원은 경찰과 유사한 복장을 착용해서는 안 되며, 경찰과 유사한 도장이나 표지 등을 한 차량을 운전해서는 안 된다.
> 제00조(금지의무) ① 자율방범대원은 자율방범대의 명칭을 사용하여 다음 각 호의 어느 하나에 해당하는 행위를 해서는 안 된다.
>   1. 기부금품을 모집하는 행위
>   2. 영리목직으로 자율방범대의 명의를 사용하는 행위
>   3. 특정 정당 또는 특정인의 선거운동을 하는 행위
> ② 제1항 제3호를 위반한 자에 대해서는 3년 이하의 징역 또는 600만 원 이하의 벌금에 처한다.

① 파출소장은 자율방범대장이 추천한 사람을 자율방범대원으로 위촉할 수 있다.

② 자율방범대원이 범죄예방을 위한 순찰을 하는 경우, 경찰과 유사한 복장을 착용할 수 있다.

③ 자율방범대원이 영리목적으로 자율방범대의 명의를 사용한 경우, 3년 이하의 징역에 처한다.

④ 자율방범대원이 청소년 선도활동을 하는 경우, 자율방범활동 중임을 표시하는 복장을 착용하면 자율방범대원의 신분을 증명하는 신분증을 소지하지 않아도 된다.

⑤ 자율방범대원이 자율방범대의 명칭을 사용하여 기부금품을 모집했고 이를 이유로 파출소장이 그의 해촉을 요청한 경우, 경찰서장은 해당 자율방범대원을 해촉해야 한다.

난이도 ★☆☆ 　　권장 풀이 시간: 1분 45초 　　나의 풀이 시간: ＿＿＿분 ＿＿＿초

08. 다음 글을 근거로 판단할 때 옳은 것은? 　　24 7급공채

> 제00조 ① A부장관은 김치산업의 활성화를 위한 제조기술 및 김치와 어울리는 식문화 보급을 위하여 필요한 전문인력을 양성할 수 있다.
> ② A부장관은 제1항에 따른 전문인력 양성을 위하여 대학·연구소 등 적절한 시설과 인력을 갖춘 기관·단체를 전문인력 양성기관으로 지정·관리할 수 있다.
> ③ A부장관은 제2항에 따라 지정된 전문인력 양성기관에 대하여 예산의 범위에서 그 양성에 필요한 경비를 지원할 수 있다.
> ④ A부장관은 김치산업 전문인력 양성기관이 다음 각 호의 어느 하나에 해당하는 경우에는 지정을 취소하거나 6개월 이내의 범위에서 기간을 정하여 업무의 전부 또는 일부를 정지할 수 있다. 다만, 제1호에 해당하는 경우에는 지정을 취소하여야 한다.
> 1. 거짓이나 그 밖의 부정한 방법으로 지정을 받은 경우
> 2. 지정받은 사항을 위반하여 업무를 행한 경우
> 3. 지정기준에 적합하지 아니하게 된 경우
> 제00조 ① 국가는 김치종주국의 위상제고, 김치의 연구·전시·체험 등을 위하여 세계 김치연구소를 설립하여야 한다.
> ② 국가와 지방자치단체는 세계 김치연구소의 효율적인 운영·관리를 위하여 필요한 경비를 예산의 범위에서 지원할 수 있다.
> 제00조 ① 국가와 지방자치단체는 김치산업의 육성, 김치의 수출 경쟁력 제고 및 해외시장 진출 활성화를 위하여 김치의 대표상품을 홍보하거나 해외시장을 개척하는 개인 또는 단체에 대하여 필요한 지원을 할 수 있다.
> ② A부장관은 김치의 품질향상과 국가 간 교역을 촉진하기 위하여 김치의 국제규격화를 추진하여야 한다.

① 김치산업 전문인력 양성기관으로 지정된 기관이 부정한 방법으로 지정을 받은 경우, A부장관은 그 지정을 취소하여야 한다.

② A부장관은 김치의 품질향상과 국가 간 교역을 촉진하기 위하여 김치의 국제규격화는 지양하여야 한다.

③ A부장관은 적절한 시설을 갖추지 못한 대학이라도 전문인력 양성을 위하여 해당 대학을 김치산업 전문인력 양성기관으로 지정할 수 있다.

④ 국가와 지방자치단체는 김치종주국의 위상제고를 위해 세계 김치연구소를 설립하여야 한다.

⑤ 지방자치단체가 김치의 해외시장 개척을 지원함에 있어서 개인은 그 지원대상이 아니다.

09. 다음 글을 근거로 판단할 때 옳은 것은?

제00조 ① 게임물의 윤리성 및 공공성을 확보하고 사행심 유발 또는 조장을 방지하며 청소년을 보호하고 불법 게임물의 유통을 방지하기 위하여 ○○관리위원회(이하 '위원회'라 한다)를 둔다.

② 위원회는 위원장 1명을 포함한 9명 이내의 위원으로 구성하되, 위원장은 상임으로 한다.

③ 위원회의 위원은 문화예술·문화산업·청소년·법률·교육·정보통신·역사 분야에 종사하는 사람으로서 게임산업·아동 또는 청소년에 대한 전문성과 경험이 있는 사람 중에서 관련 단체의 장이 추천하는 사람을 A부장관이 위촉하며, 위원장은 위원 중에서 호선한다.

④ 위원장 및 위원의 임기는 3년으로 한다.

제00조 ① 위원회는 법인으로 한다.

② 위원회는 A부장관의 인가를 받아 주된 사무소의 소재지에서 설립등기를 함으로써 성립한다.

제00조 ① 위원회의 업무 및 회계에 관한 사항을 감사하기 위하여 위원회에 감사 1인을 둔다.

② 감사는 A부장관이 임명하며, 상임으로 한다.

③ 감사의 임기는 3년으로 한다.

① 감사와 위원의 임기는 다르다.

② 위원장과 감사는 상임으로 한다.

③ 위원장은 A부장관이 위원 중에서 지명한다.

④ 위원회는 감사를 포함하여 9명으로 구성하여야 한다.

⑤ 위원회는 A부장관의 인가 여부와 관계없이 주된 사무소의 소재지에서 설립등기를 함으로써 성립할 수 있다.

약점 보완 해설집 p.18

꼼꼼 풀이 노트

권장 풀이 시간에 맞춰 문제를 풀어본 후, 꼼꼼 풀이 노트로 정리해보세요.

■ 출제 포인트

■ 풀이법

1 텍스트형
2 법조문형
3 계산형
4 규칙형
5 경우형
기출 재구성 모의고사

해커스PSAT 7급 PSAT 유형별 기출 200제 상황판단

유형 8   응용형

유형 소개

법조문형의 '응용형'은 단순히 내용의 일치부합 여부를 판단하는 것이 아니라, 제시된 법조문의 내용을 이해한 후, 선택지나 <보기>에 이를 응용·적용하거나 제시된 법조문의 내용을 <상황> 또는 <정보> 등에 응용·적용하여 선택지나 <보기>의 옳고 그름을 판단하는 유형이다.

유형 특징

1 이 유형은 법과 관련된 지문이 제시되고, 선택지나 <보기>는 해당 법조문의 내용을 응용·적용했을 때 올바른지를 판단하는 내용으로 구성된다.

2 <상황>이나 <정보> 등이 추가로 제시되기도 한다.

3 텍스트형의 응용형과 지문의 형태에만 차이가 있을 뿐, 특징이나 풀이법은 동일하다.

풀이 전략

1 지문을 읽기 전에 지문에 제시된 정보가 무엇인지, 추가로 제시된 정보가 있는지, 선택지나 <보기>에 반복적으로 나타나는 키워드가 무엇인지 체크한다.

2 지문을 읽으면서 선택지나 <보기>와 관련된 내용을 이해한 후 이를 응용·적용한다.

3 주로 판단기준, 방법 등을 제시문을 통해 이해한 후 이를 응용·적용해서 해결하는 문제가 많다.

난이도 ★☆☆   권장 풀이 시간: 1분 15초   나의 풀이 시간: _____분 _____초

01. 다음 글과 <상황>을 근거로 판단할 때 옳은 것은?   14 5급공채

> 제00조(특허침해죄) ① 특허권을 침해한 자는 7년 이하의 징역 또는 1억 원 이하의 벌금에 처한다.
> ② 제1항의 죄는 고소가 있어야 한다.
> 제00조(위증죄) 이 법의 규정에 의하여 선서한 증인·감정인 또는 통역인이 특허심판원에 대하여 허위의 진술·감정 또는 통역을 한 때에는 5년 이하의 징역 또는 1천만 원 이하의 벌금에 처한다.
> 제00조(사위행위의 죄) 사위(詐僞) 기타 부정한 행위로써 특허청으로부터 특허의 등록이나 특허권의 존속기간의 연장등록을 받은 자 또는 특허심판원의 심결을 받은 자는 3년 이하의 징역 또는 2천만 원 이하의 벌금에 처한다.
> 제00조(양벌규정) 법인의 대표자나 법인 또는 개인의 대리인, 사용인, 그 밖의 종업원이 그 법인 또는 개인의 업무에 관하여 특허침해죄, 사위행위의 죄의 어느 하나에 해당하는 위반행위를 하면 그 행위자를 벌하는 외에 그 법인에게는 다음 각 호의 어느 하나에 해당하는 벌금형을, 그 개인에게는 해당 조문의 벌금형을 과(科)한다. 다만 법인 또는 개인이 그 위반행위를 방지하기 위하여 해당 업무에 관하여 상당한 주의와 감독을 게을리하지 아니한 경우에는 그러하지 아니하다.
> 1. 특허침해죄의 경우: 3억 원 이하의 벌금
> 2. 사위행위죄의 경우: 6천만 원 이하의 벌금

※ 사위(詐僞): 거짓을 꾸미어 속임.

───────────〈상황〉───────────

> 개인 발명자 甲은 전자제품인 발명품 A에 대해서 특허권을 부여받았다. 한편 乙은 A에 대해 특허권이 부여된 것은 잘못이라고 주장하며, 특허심판원에 甲을 상대로 A에 관한 특허무효심판을 청구하였다. 당해 심판에서 선서한 감정인 丙은 甲의 발명품이 특허무효사유에 해당한다는 내용의 감정을 하였다. 그 후 당해 감정이 허위임이 밝혀지고 달리 특허무효사유가 없음을 이유로 특허심판원은 甲에 대한 특허권의 부여는 유효라고 심결하였고 이 심결이 확정되었다. 한편 전자제품 생산회사인 丁회사의 생산공장에 근무하는 戊는 그 공장에서 A를 무단으로 생산한 후 丁회사의 이름으로 이를 판매하였다.

① 甲의 고소가 있어야 丙이 위증죄로 처벌될 수 있다.

② 丙이 위증죄로 처벌되는 경우 1천만 원의 벌금형을 받을 수 있다.

③ 丙이 위증죄로 처벌되는 경우 양벌규정에 따라 乙에게 6천만 원의 벌금형이 부과될 수 있다.

④ 戊가 특허침해죄로 처벌되는 경우 벌금형의 상한은 3억 원이다.

⑤ 戊에 대해서 특허침해죄가 성립되지 않더라도 사용자의 관리책임을 이유로 丁회사에게 3억 원의 벌금형이 부과될 수 있다.

📝 **꼼꼼 풀이 노트**

권장 풀이 시간에 맞춰 문제를 풀어본 후,
꼼꼼 풀이 노트로 정리해보세요.

■ 출제 포인트
예) 사례 적용 + 대상과 효과 파악

■ 풀이법
예) 표제 중심으로 <상황>에 대응하는 조문 파악
해당 조문의 '대상'과 '효과'를 파악하여 관련 선택지와 비교

난이도 ★★☆　　　권장 풀이 시간: 2분　　　나의 풀이 시간: _____분 _____초

02. 다음 글과 <상황>을 근거로 판단할 때 옳은 것은?　　　15 5급공채

> A국 의회 의원은 10인 이상 의원의 찬성으로 법률안을 발의할 수 있다. 법률안을 발의한 의원(이하 '발의의원'이라 한다)은 찬성의원 명단과 함께 법률안을 의장에게 제출하여야 한다. 의원이 법률안을 발의할 때에는 그 법률안에 대하여 법률명(法律名)의 부제(副題)로 발의의원의 성명을 기재한다. 만약 발의의원이 2인 이상이면 발의의원 중 대표발의의원 1인을 정하여 그 1인의 성명만을 기재해야 한다.
>
> 의장은 법률안이 발의되었을 때 이를 의원에게 배포하고 본회의에 보고하며, 소관상임위원회에 회부하여 그 심사가 끝난 후 본회의에 부의한다. 법률안이 어느 상임위원회의 소관인지 명백하지 않을 때 의장은 의회운영위원회와 협의하여 정한 소관상임위원회에 회부하되, 협의가 이루어지지 않을 때는 의장이 소관상임위원회를 결정한다.
>
> 소관상임위원회에서 본회의에 부의할 필요가 없다고 결정된 법률안은 본회의에 부의하지 않는다. 그러나 소관상임위원회의 결정이 본회의에 보고된 날부터 7일 내에 의원 30인 이상의 요구가 있을 때는 그 법률안을 본회의에 부의해야 한다. 이러한 요구가 없을 때는 그 법률안은 폐기된다.
>
> 발의의원은 찬성의원 전원의 동의를 얻어 자신이 발의한 법률안을 철회할 수 있다. 단, 본회의 또는 소관상임위원회에서 그 법률안이 의제로 된 때에는 발의의원은 본회의 또는 소관상임위원회의 동의를 얻어야 한다.
>
> 한편 본회의에서 번안동의(飜案動議)는 법률안을 발의한 의원이 그 법률안을 발의할 때의 발의의원 및 찬성의원 총수의 3분의 2 이상의 동의(同意)로 하여야 한다. 이렇게 상정된 법률안을 본회의에서 의결하려면 재적의원 과반수의 출석과 출석의원 3분의 2 이상의 찬성이 필요하다.

※ 번안동의: 법률안 내용을 변경하고자 안건을 상정하는 행위

〈상황〉

> ○ A국 의회 의원 甲은 △△법률안을 의원 10인의 찬성을 얻어 발의하였다.
> ○ A국 의회의 재적의원은 200인이다.

① △△법률안 법률명의 부제로 의원 甲의 성명을 기재한다.

② △△법률안이 어느 상임위원회 소관인지 명확하지 않을 경우 본회의의 의결로 소관상임위원회를 결정한다.

③ 의원 甲은 △△법률안이 소관상임위원회의 의제가 되기 전이면, 단독으로 그 법률안을 철회할 수 있다.

④ △△법률안이 번안동의로 본회의에 상정되면 의원 60인의 찬성으로 의결할 수 있다.

⑤ 소관상임위원회가 △△법률안을 본회의에 부의할 필요가 없다고 결정하더라도, △△법률안의 찬성의원 10인의 요구만 있으면 본회의에 부의할 수 있다.

03. 다음 글과 <상황>을 근거로 판단할 때 옳은 것은?

15 5급공채

불법 주·정차 등 질서위반행위에 대하여 관할행정청은 과태료를 부과한다. 관할행정청으로부터 과태료 부과처분의 통지를 받은 사람(이하 '당사자'라 한다)은 그 처분을 다투기 위하여 관할행정청에 이의를 제기할 수 있고, 이의제기가 있으면 과태료 처분은 효력을 상실한다. 관할행정청이 당사자의 이의제기 사실을 관할법원에 통보하면, 그 법원은 당사자의 신청 없이 직권으로 과태료를 부과하는 재판을 개시한다. 과태료 재판을 담당하는 관할법원은 당사자의 주소지 지방법원 또는 지방법원지원이다.

법원은 정식재판절차 또는 약식재판절차 중 어느 하나의 절차를 선택하여 과태료 재판을 진행한다. 정식재판절차로 진행하는 경우, 법원은 당사자 진술을 듣고 검사 의견을 구한 다음에 과태료 재판을 한다. 약식재판절차에 의하는 경우, 법원은 당사자 진술을 듣지 않고 검사 의견만을 구하여 재판을 한다.

정식절차에 의한 과태료 재판에 불복하고자 하는 당사자 또는 검사는 그 재판의 결과(이하 '결정문'이라 한다)를 고지받은 날부터 1주일 내에 상급심 법원에 즉시항고하여야 한다. 그러나 약식절차에 의한 과태료 재판에 불복하고자 하는 당사자 또는 검사는 결정문을 고지받은 날부터 1주일 내에 과태료 재판을 한 법원에 이의신청하여야 한다. 이의신청이 있으면 법원은 정식재판절차에 의해 다시 과태료 재판을 하며, 그 재판에 대해 당사자 또는 검사는 상급심 법원에 즉시항고할 수 있다.

─────〈상황〉─────

청주시에 주소를 둔 甲은 자기 승용차를 운전하여 인천에 놀러갔다. 며칠 후 관할행정청(이하 '乙'이라 한다)은 불법 주차를 이유로 과태료를 부과한다는 통지를 甲에게 하였다. 이 과태료 부과에 대해 甲은 乙에게 이의를 제기하였고, 乙은 甲의 주소지 법원인 청주지방법원에 이의제기 사실을 통보하였다.

① 甲은 乙에게 이의제기를 하지 않고 직접 청주지방법원에 과태료 재판을 신청할 수 있다.

② 甲이 乙에게 이의를 제기하더라도 과태료 처분은 유효하기 때문에 검사의 명령에 의해 과태료를 징수할 수 있다.

③ 청주지방법원이 정식재판절차에 의해 과태료 재판을 한 경우, 乙이 그 재판에 불복하려면 결정문을 고지받은 날부터 1주일 내에 상급심 법원에 즉시항고하여야 한다.

④ 청주지방법원이 甲의 진술을 듣고 검사 의견을 구한 다음 과태료 재판을 한 경우, 검사가 이 재판에 불복하려면 결정문을 고지받은 날부터 1주일 내에 청주지방법원에 이의신청을 하여야 한다.

⑤ 청주지방법원이 약식재판절차에 의해 과태료 재판을 한 경우, 甲이 그 재판에 불복하려면 결정문을 고지받은 날부터 1주일 내에 청주지방법원에 이의신청을 하여야 한다.

난이도 ★★☆   권장 풀이 시간: 2분   나의 풀이 시간: ____분 ____초

04. 다음 글과 <상황>을 근거로 판단할 때 옳은 것은? 20 7급모의

> 민사소송의 1심을 담당하는 법원으로는 지방법원과 지방법원지원(이하 "그 지원"이라
> 한다)이 있다. 지방법원과 그 지원이 재판을 담당하는 관할구역은 지역별로 정해져 있는
> 데, 피고의 주소지를 관할하는 지방법원 또는 그 지원이 재판을 담당한다. 다만 금전지급
> 청구소송은 원고의 주소지를 관할하는 지방법원 또는 그 지원도 재판할 수 있다.
>   한편, 지방법원이나 그 지원의 재판사무의 일부를 처리하기 위해서 그 관할구역 안에
> 시법원 또는 군법원(이하 "시·군법원"이라 한다)이 설치되어 있는 경우가 있다. 시·군법
> 원은 지방법원 또는 그 지원이 재판하는 사건 중에서 소송물가액이 3,000만 원 이하인
> 금전지급청구소송을 전담하여 재판한다. 즉, 이러한 소송의 경우 원고 또는 피고의 주소
> 지를 관할하는 시·군법원이 있으면 지방법원과 그 지원은 재판할 수 없고 시·군법원만이
> 재판한다.

※ 소송물가액: 원고가 승소하면 얻게 될 경제적 이익을 화폐 단위로 평가한 것

─────────────〈상황〉─────────────

○ 甲은 乙에게 빌려준 돈을 돌려받기 위해 소송물가액 3,000만 원의 금전지급청구의 소
  (이하 "A청구"라 한다)와 乙에게서 구입한 소송물가액 1억 원의 고려청자 인도청구의
  소(이하 "B청구"라 한다)를 각각 1심 법원에 제기하려고 한다.
○ 甲의 주소지는 김포시이고 乙의 주소지는 양산시이다. 이들 주소지와 관련된 법원명과
  그 관할구역은 다음과 같다.

법원명	관할구역
인천지방법원	인천광역시
인천지방법원 부천지원	부천시, 김포시
김포시법원	김포시
울산지방법원	울산광역시, 양산시
양산시법원	양산시

① 인천지방법원 부천지원은 A청구를 재판할 수 있다.

② 인천지방법원은 A청구를 재판할 수 있다.

③ 양산시법원은 B청구를 재판할 수 있다.

④ 김포시법원은 B청구를 재판할 수 있다.

⑤ 울산지방법원은 B청구를 재판할 수 있다.

05. 다음 글과 <상황>을 근거로 판단할 때 옳은 것은?

20 7급모의

발명에 대해 특허권이 부여되기 위해서는 다음의 두 가지 요건 모두를 충족해야 한다.

첫째, 발명은 지금까지 세상에 없는 새로운 것, 즉 신규성이 있는 발명이어야 한다. 이미 누구나 알고 있는 발명에 대해서 독점권인 특허권을 부여하는 것은 부당하기 때문이다. 이때 발명이 신규인지 여부는 특허청에의 특허출원 시점을 기준으로 판단한다. 따라서 신규의 발명이라도 그에 대한 특허출원 전에 발명 내용이 널리 알려진 경우라든지, 반포된 간행물에 게재된 경우에는 특허출원 시점에는 신규성이 상실되었기 때문에 특허권이 부여되지 않는다. 그러나 발명자가 자발적으로 위와 같은 신규성을 상실시키는 행위를 하고 그날로부터 12개월 이내에 특허를 출원하면 신규성이 상실되지 않은 것으로 취급된다. 이를 '신규성의 간주'라고 하는데, 신규성을 상실시킨 행위를 한 발명자가 특허출원한 경우에만 신규성이 있는 것으로 간주된다.

둘째, 여러 명의 발명자가 독자적인 연구를 하던 중 우연히 동일한 발명을 완성하였다면, 발명의 완성 시기에 관계없이 가장 먼저 특허청에 특허출원한 발명자에게만 특허권이 부여된다. 이처럼 가장 먼저 출원한 발명자에게만 특허권이 부여되는 것을 '선출원주의'라고 한다. 따라서 특허청에 선출원된 어떤 발명이 신규성 상실로 특허권이 부여되지 못한 경우, 동일한 발명에 대한 후출원은 선출원주의로 인해 특허권이 부여되지 않는다.

―――〈상황〉―――

○ 발명자 甲, 乙, 丙은 각각 독자적인 연구개발을 수행하여 동일한 A발명을 완성하였다.
○ 甲은 2020. 3. 1. A발명을 완성하였지만 그 발명 내용을 비밀로 유지하다가 2020. 9. 2. 특허출원을 하였다.
○ 乙은 2020. 4. 1. A발명을 완성하자 2020. 6. 1. 간행되어 반포된 학술지에 그 발명 내용을 논문으로 게재한 후, 2020. 8. 1. 특허출원을 하였다.
○ 丙은 2020. 7. 1. A발명을 완성하자마자 바로 당일에 특허출원을 하였다.

① 甲이 특허권을 부여받는다.
② 乙이 특허권을 부여받는다.
③ 丙이 특허권을 부여받는다.
④ 甲, 乙, 丙이 모두 특허권을 부여받는다.
⑤ 甲, 乙, 丙 중 어느 누구도 특허권을 부여받지 못한다.

📝 꼼꼼 풀이 노트

권장 풀이 시간에 맞춰 문제를 풀어본 후, 꼼꼼 풀이 노트로 정리해보세요.

■ 출제 포인트

■ 풀이법

1 텍스트형
2 법조문형
3 계산형
4 규칙형
5 경우형
기출 재구성 모의고사

06. 다음 글과 <상황>을 근거로 판단할 때 옳은 것은?　　　　　20 7급모의

제00조(지역개발 신청 동의 등) ① 지역개발 신청을 하기 위해서는 지역개발을 하고자 하는 지역의 총 토지면적의 3분의 2 이상에 해당하는 토지의 소유자의 동의 및 지역개발을 하고자 하는 지역의 토지의 소유자 총수의 2분의 1 이상의 동의를 받아야 한다.

② 지역개발 신청을 하기 위해서 필요한 동의자의 수는 다음 각 호의 기준에 따라 산정한다.

　1. 토지는 지적도 상 1필의 토지를 1개의 토지로 한다.

　2. 1개의 토지를 여러 명이 공동소유하는 경우에는 다른 공동소유자들을 대표하는 대표 공동소유자 1인만을 해당 토지의 소유자로 본다.

　3. 1인이 여러 개의 토지를 소유하고 있는 경우에는 소유하는 토지의 수와 무관하게 1인으로 본다.

　4. 지역개발을 하고자 하는 지역에 국유지가 있는 경우 국유지도 포함하여 토지면적을 산정하고, 그 토지의 재산관리청을 토지 소유자로 본다.

〈상황〉

○ X지역은 100개의 토지로 이루어져 있고, 토지면적 합계가 총 6km²이다.

○ 동의자 수 산정 기준에 따라 산정된 X지역 토지의 소유자는 모두 82인(이하 "동의대상자"라 한다)이고, 이 중에는 국유지 재산관리청 2인이 포함되어 있다.

○ 甲은 X지역에 토지 2개를 소유하고 있고, 해당 토지면적 합계는 X지역 총 토지면적의 4분의 1이다.

○ 乙은 X지역에 토지 10개를 소유하고 있고, 해당 토지면적 합계는 총 2km²이다.

○ 丙, 丁, 戊, 己는 X지역에 토지 1개를 공동소유하고 있고, 해당 토지면적은 1km²이다.

---

① 乙이 동의대상자 31인의 동의를 얻으면 지역개발 신청을 위한 X지역 토지의 소유자 총수의 2분의 1 이상의 동의 조건은 갖추게 된다.

② X지역에 대한 지역개발 신청에 甲~己 모두 동의한 경우, 나머지 동의대상자 중 38인의 동의를 얻으면 신청할 수 있다.

③ X지역에 토지 2개 이상을 소유하는 자는 甲, 乙뿐이다.

④ X지역의 1필의 토지면적은 0.06km²로 모두 동일하다.

⑤ X지역 안에 있는 국유지의 면적은 1.5km²이다.

07. 다음 글과 <상황>을 근거로 판단할 때 옳은 것은?   21 5급공채

제00조 ① 문화재청장은 학술조사 또는 공공목적 등에 필요한 경우 다음 각 호의 지역을 발굴할 수 있다.

  1. 고도(古都)지역
  2. 수중문화재 분포지역
  3. 폐사지(廢寺址) 등 역사적 가치가 높은 지역

② 문화재청장은 제1항에 따라 발굴할 경우 발굴의 목적, 방법, 착수 시기 및 소요 기간 등의 내용을 발굴 착수일 2주일 전까지 해당 지역의 소유자, 관리자 또는 점유자(이하 '소유자 등'이라 한다)에게 미리 알려 주어야 한다.

③ 제2항에 따른 통보를 받은 소유자 등은 그 발굴에 대하여 문화재청장에게 의견을 제출할 수 있으며, 발굴을 거부하거나 방해 또는 기피하여서는 아니 된다.

④ 문화재청장은 제1항의 발굴이 완료된 경우에는 완료된 날부터 30일 이내에 출토유물 현황 등 발굴의 결과를 소유자 등에게 알려 주어야 한다.

⑤ 국가는 제1항에 따른 발굴로 손실을 받은 자에게 그 손실을 보상하여야 한다.

⑥ 제5항에 따른 손실보상에 관하여는 문화재청장과 손실을 받은 자가 협의하여야 하며, 보상금에 대한 합의가 성립하지 않은 때에는 관할 토지수용위원회에 재결(裁決)을 신청할 수 있다.

⑦ 문화재청장은 제1항에 따른 발굴 현장에 발굴의 목적, 조사기관, 소요 기간 등의 내용을 알리는 안내판을 설치하여야 한다.

〈상황〉

문화재청장 甲은 고도(古都)에 해당하는 A지역에 대한 학술조사를 위해 2021년 3월 15일부터 A지역의 발굴에 착수하고자 한다. 乙은 자기 소유의 A지역을 丙에게 임대하여 현재 임차인 丙이 이를 점유·사용하고 있다.

---

① 甲은 A지역 발굴의 목적, 방법, 착수 시기 및 소요 기간 등에 관한 내용을 丙에게 2021년 3월 29일까지 알려주어야 한다.

② A지역의 발굴에 대한 통보를 받은 丙은 甲에게 그 발굴에 대한 의견을 제출할 수 있다.

③ 乙은 발굴 현장에 발굴의 목적 등을 알리는 안내판을 설치하여야 한다.

④ A지역의 발굴로 인해 乙에게 손실이 예상되는 경우, 乙은 그 발굴을 거부할 수 있다.

⑤ A지역과 인접한 토지 소유자인 丁이 A지역의 발굴로 인해 손실을 받은 경우, 丁은 보상금에 대해 甲과 협의하지 않고 관할 토지수용위원회에 재결을 신청할 수 있다.

난이도 ★☆☆　　　　권장 풀이 시간: 2분 15초　　　　나의 풀이 시간: _____분 _____초

08. 다음 글과 <상황>을 근거로 판단할 때 옳은 것은?　　　24 5급공채

제○○조(특허표시 및 특허출원표시) ① 특허권자는 다음 각 호의 구분에 따른 방법으로 특허표시를 할 수 있다.

　1. 물건의 특허발명의 경우: 그 물건에 "특허"라는 문자와 그 특허번호를 표시

　2. 물건을 생산하는 방법의 특허발명의 경우: 그 방법에 따라 생산된 물건에 "방법특허"라는 문자와 그 특허번호를 표시

② 특허출원인은 다음 각 호의 구분에 따른 방법으로 특허출원표시를 할 수 있다.

　1. 물건의 특허출원의 경우: 그 물건에 "특허출원(심사중)"이라는 문자와 그 출원번호를 표시

　2. 물건을 생산하는 방법의 특허출원의 경우: 그 방법에 따라 생산된 물건에 "방법특허출원(심사중)"이라는 문자와 그 출원번호를 표시

③ 제1항 또는 제2항에 따른 특허표시 또는 특허출원표시를 할 수 없는 물건의 경우에는 그 물건의 용기 또는 포장에 특허표시 또는 특허출원표시를 할 수 있다.

제□□조(허위표시의 금지) 누구든지 특허된 것이 아닌 물건, 특허출원 중이 아닌 물건, 특허된 것이 아닌 방법이나 특허출원 중이 아닌 방법에 의하여 생산한 물건 또는 그 물건의 용기나 포장에 특허표시 또는 특허출원표시를 하거나 이와 혼동하기 쉬운 표시를 하는 행위를 하여서는 아니 된다.

제△△조(허위표시의 죄) ① 제□□조를 위반한 자는 3년 이하의 징역 또는 3천만 원 이하의 벌금에 처한다.

② 법인의 대표자나 법인 또는 개인의 대리인, 사용인, 그 밖의 종업원이 그 법인 또는 개인의 업무에 관하여 제□□조에 해당하는 위반행위를 하면 그 행위자를 벌하는 외에 그 법인에는 6천만 원 이하의 벌금형을, 그 개인에게는 제1항의 벌금형을 과한다.

〈상황〉

○ 물건의 특허발명에 해당하는 잠금장치를 발명한 甲은 그 발명에 대해 특허를 출원하여 특허권을 부여받은 후, 乙을 고용하여 해당 잠금장치를 생산하고 있다.

○ 황금색 도자기를 생산하는 방법을 발명한 丙은 그 발명에 대해 특허출원 중이며, 그 방법에 따라 황금색 도자기를 생산하고 있다. 丁은 丙의 황금색 도자기를 포장하는 데 사용되는 종이박스를 생산하고 있다.

---

① 甲이 잠금장치에 "방법특허"라는 문자와 특허번호를 표시한 경우, 허위표시에 해당하지 않는다.

② 丙이 황금색 도자기의 밑부분에 "특허출원(심사중)"이라는 문자와 출원번호를 표시한 경우, 허위표시에 해당하지 않는다.

③ 甲이 잠금장치에 특허표시를 하지 않은 경우, 허위표시의 죄로 처벌된다.

④ 甲의 지시에 따라 乙이 잠금장치에 허위의 특허표시를 한 경우, 乙은 허위표시의 죄로 처벌되지 않는다.

⑤ 丁이 丙의 황금색 도자기를 포장하는 종이박스에 허위의 특허출원표시를 한 경우, 丁은 허위표시의 죄로 처벌된다.

약점 보완 해설집 p.21

법계산형

유형 소개

'법계산형'은 법조문 또는 법 관련 소재가 지문으로 제시되고, 이를 이해한 후 내용을 적용·응용하여 계산함으로써 해결하는 유형이다.

유형 특징

1 발문에 포인트가 있기 때문에 발문 포인트형에 속하나, 체감 난도가 높은 문제이므로 유형을 따로 구분하여 파악하는 것이 수월하다.

2 세금 계산, 의사·의결정족수 계산, 상속액 계산, (정당)보조금 계산, 여비 계산 등 계산과 관련된 법조문이 제시되거나, 그 밖에 법조문 소재의 계산의 근거가 되는 지문이 제시된다.

3 시기(기간)를 계산하거나 금액을 계산하는 문제가 가장 일반적이다.

풀이 전략

1 소재나 발문을 통해 법계산형 문제임을 확인한다.

2 계산 방법을 정확하게 파악한 후 문제를 풀이한다.

난이도 ★☆☆   권장 풀이 시간: 1분 30초   나의 풀이 시간: _____분 _____초

01. 다음 글을 읽고, <보기>의 A, B, C에 해당하는 금액은?

10 5급공채

카지노를 경영하는 사업자는 아래의 징수비율에 해당하는 금액(납부금)을 '관광진흥개발기금'에 내야 한다. 만일 납부기한까지 납부금을 내지 않으면, 체납된 납부금에 대해서 100분의 3에 해당하는 가산금이 1회에 한하여 부과된다(다만 가산금에 대한 연체료는 없다).

〈납부금 징수비율〉
○ 연간 총매출액이 10억 원 이하인 경우:
   총매출액의 100분의 1
○ 연간 총매출액이 10억 원을 초과하고 100억 원 이하인 경우:
   1천만 원+(총매출액 중 10억 원을 초과하는 금액의 100분의 5)
○ 연간 총매출액이 100억 원을 초과하는 경우:
   4억 6천만 원+(총매출액 중 100억 원을 초과하는 금액의 100분의 10)

―――――〈보기〉―――――

카지노 사업자 甲의 연간 총매출액은 10억 원, 사업자 乙의 경우는 90억 원, 사업자 丙의 경우는 200억 원이다.
○ 甲이 납부금 전액을 체납했을 때, 체납된 납부금에 대한 가산금은 (A)만 원이다.
○ 乙이 기한 내 납부금으로 4억 원만을 낼 때, 체납된 납부금에 대한 가산금은 (B)만 원이다.
○ 丙이 기한 내 납부금으로 14억 원만을 낼 때, 체납된 납부금에 대한 가산금은 (C)만 원이다.

	A	B	C
①	30	30	180
②	30	30	3,180
③	30	180	180
④	180	30	3,180
⑤	180	180	3,180

꼼꼼 풀이 노트

권장 풀이 시간에 맞춰 문제를 풀어본 후, 꼼꼼 풀이 노트로 정리해보세요.

■ 출제 포인트

예) 납부금·초과누진세 계산

■ 풀이법

예) 지문에 제시되는 계산 방법은 문제 풀이에 모두 사용하게 된다는 점 고려하여, 관련 항목끼리 매칭
  - 甲: 10억 원 이하
  - 乙: 10억 원 초과 100억 원 이하
  - 丙: 100억 원 초과
단서조항(가산금)이 적용되는 항목을 반드시 파악

📝 꼼꼼 풀이 노트

권장 풀이 시간에 맞춰 문제를 풀어본 후,
꼼꼼 풀이 노트로 정리해보세요.

■ 출제 포인트

■ 풀이법

난이도 ★☆☆   권장 풀이 시간: 1분 30초   나의 풀이 시간: _____분 _____초

02. 다음의 종합부동산세에 관한 법률규정을 근거로 판단할 때 옳지 않은 것은? 07 5급공채

제00조(과세기준일) 종합부동산세의 과세기준일은 재산세의 과세기준일(6월 1일)로 한다.

제00조(납세의무자) 과세기준일 현재 주택분 재산세의 납세의무자로서 국내에 있는 재산세 과세대상인 주택의 공시가격을 합산한 금액(개인의 경우 세대별로 합산한 금액)이 10억 원을 초과하는 자는 종합부동산세를 납부할 의무가 있다.

제00조(과세표준) 주택에 대한 종합부동산세의 과세표준은 납세의무자별로 주택의 공시가격을 합산한 금액에서 10억 원을 공제한 금액으로 한다.

제00조(세율 및 세액) ① 주택에 대한 종합부동산세는 과세표준에 다음의 세율을 적용하여 계산한 금액을 그 세액으로 한다.

과세표준	세율
5억 원 이하	1천분의 10
5억 원 초과 10억 원 이하	1천분의 15
10억 원 초과 100억 원 이하	1천분의 20
100억 원 초과	1천분의 30

② 주택분 종합부동산세액을 계산함에 있어 2008년부터 2010년까지의 기간에 납세의무가 성립하는 주택분 종합부동산세에 대하여는 제1항의 규정에 의한 세율별 과세표준에 다음 각호의 연도별 적용비율과 제1항의 규정에 의한 세율을 곱하여 계산한 금액을 각각 당해 연도의 세액으로 한다.
   1. 2008년: 100분의 70
   2. 2009년: 100분의 80
   3. 2010년: 100분의 90

---

① 각각 단독세대주인 갑(공시가격 25억 원 주택소유)과 을(공시가격 30억 원 주택소유)이 2008년 5월 31일 혼인신고하여 부부가 되었다. 만약 혼인하지 않았다면 갑과 을이 각각 납부하였을 2008년 종합부동산세액의 합계는 혼인 후 납부하는 세액과 동일하다.

② 2008년 12월 31일 현재 A의 세대별 주택공시가격의 합산액이 15억 원일 경우 재산변동이 없다면 다음 해의 종합부동산세액은 400만 원이다.

③ 종합부동산세를 줄이기 위해 주택을 처분하기로 결정하였다면, 당해 연도 6월 1일 이전에 처분하는 것이 유리하다.

④ 2008년부터 2010년까지의 적용비율을 점차적으로 상승시킴으로써 시행 초기에 나타날 수 있는 조세저항을 줄이려고 했다.

⑤ 종합부동산세를 줄이기 위해 기혼 무주택 자녀에게 주택을 증여하여 재산을 분할하는 일이 증가할 수 있다.

03. 다음 글과 <상황>을 근거로 판단할 때 옳은 것은?   19 5급공채

제00조(과세대상) 주권(株券)의 양도에 대해서는 이 법에 따라 증권거래세를 부과한다.

제00조(납세의무자) 주권을 양도하는 자는 납세의무를 진다. 다만 금융투자업자를 통하여 주권을 양도하는 경우에는 해당 금융투자업자가 증권거래세를 납부하여야 한다.

제00조(과세표준) 주권을 양도하는 경우에 증권거래세의 과세표준은 그 주권의 양도가액(주당 양도금액에 양도 주권수를 곱한 금액)이다.

제00조(세율) 주권의 양도에 대한 세율은 양도가액의 1천분의 5로 한다.

제00조(탄력세율) X 또는 Y증권시장에서 양도되는 주권에 대하여는 제00조(세율)의 규정에도 불구하고 다음의 세율에 의한다.

    1. X증권시장: 양도가액의 1천분의 1.5

    2. Y증권시장: 양도가액의 1천분의 3

─────────── 〈상황〉 ───────────

투자자 甲은 금융투자업자 乙을 통해 다음 3건의 주권을 양도하였다.

○ A회사의 주권 100주를 주당 15,000원에 양수하였다가 이를 주당 30,000원에 X증권시장에서 전량 양도하였다.

○ B회사의 주권 200주를 주당 10,000원에 Y증권시장에서 양도하였다.

○ C회사의 주권 200주를 X 및 Y증권시장을 통하지 않고 주당 50,000원에 양도하였다.

① 증권거래세는 甲이 직접 납부하여야 한다.

② 납부되어야 할 증권거래세액의 총합은 6만 원 이하이다.

③ 甲의 3건의 주권 양도는 모두 탄력세율을 적용받는다.

④ 甲의 A회사 주권 양도에 따른 증권거래세 과세표준은 150만 원이다.

⑤ 甲이 乙을 통해 Y증권시장에서 C회사의 주권 200주 전량을 주당 50,000원에 양도할 수 있다면 증권거래세액은 2만 원 감소한다.

■ 출제 포인트

■ 풀이법

난이도 ★☆☆　　　　권장 풀이 시간: 1분 30초　　　　나의 풀이 시간: _____분 _____초

04. 다음 규정을 근거로 판단할 때, <보기>에서 옳은 것을 모두 고르면?　　11 민경채

제00조 ① 의회는 다음 각 호의 사유를 제외하고는 재적의원 과반수의 출석과 출석의원 과반수의 찬성으로 안건을 의결한다. 가부동수(可否同數)인 때에는 부결된 것으로 한다.
　1. 국무총리 또는 국무위원의 해임 건의
　2. 국무총리·국무위원·행정각부의 장·헌법재판소재판관·법관에 대한 탄핵소추
　3. 대통령에 대한 탄핵소추
　4. 헌법개정안
　5. 의회의원 제명
　6. 대통령이 재의를 요구한 법률안에 대한 재의결
② 제1항 제1호와 제2호는 재적의원 과반수의 찬성으로 의결한다.
③ 제1항 제3호, 제4호, 제5호는 재적의원 3분의 2 이상의 찬성으로 의결한다.
④ 제1항 제6호는 재적의원 과반수의 출석과 출석의원 3분의 2 이상의 찬성으로 의결한다.

〈보기〉

ㄱ. 탄핵소추의 대상에 따라 탄핵소추를 의결하는 데 필요한 정족수가 다르다.
ㄴ. 의회 재적의원 과반수의 찬성이 있더라도 의회는 직접 국무위원을 해임시킬 수 없다.
ㄷ. 의회의 의결정족수 중 대통령이 재의를 요구한 법률안을 의회가 재의결하는 데 필요한 의결정족수가 가장 크다.
ㄹ. 헌법개정안을 의회에서 의결하기 위해서는 의회 재적의원 과반수의 출석과 출석의원 과반수의 찬성을 요한다.

---

① ㄱ, ㄴ

② ㄴ, ㄷ

③ ㄷ, ㄹ

④ ㄱ, ㄴ, ㄷ

⑤ ㄴ, ㄷ, ㄹ

05. 다음 글과 <상황>을 근거로 판단할 때, A지방자치단체 지방의회의 의결에 관한 설명으로 옳은 것은?
15 5급공채

제00조(의사정족수) ① 지방의회는 재적의원 3분의 1 이상의 출석으로 개의(開議)한다.

② 회의 중 제1항의 정족수에 미치지 못할 때에는 의장은 회의를 중지하거나 산회(散會)를 선포한다.

제00조(의결정족수) ① 의결사항은 재적의원 과반수의 출석과 출석의원 과반수의 찬성으로 의결한다.

② 의장은 의결에서 표결권을 가지며, 찬성과 반대가 같으면 부결된 것으로 본다.

③ 의장은 제1항에 따라 의결하지 못한 때에는 다시 그 일정을 정한다.

제00조(지방의회의 의결사항) 지방의회는 다음 사항을 의결한다.

1. 조례의 제정·개정 및 폐지
2. 예산의 심의·확정

※ 지방의회의원 중 사망한 자, 제명된 자, 확정판결로 의원직을 상실한 자는 재적의원에 포함되지 않는다.

〈상황〉

○ A지방자치단체의 지방의회 최초 재적의원은 111명이다. 그중 2명은 사망하였고, 3명은 선거법 위반으로 구속되어 재판이 진행 중이며, 2명은 의회에서 제명되어 현재 총 104명이 의정활동을 하고 있다.

○ A지방자치단체 ○○조례 제정안이 상정되었다.

○ A지방자치단체의 지방의회는 의장을 포함한 53명이 출석하여 개의하였다.

---

① 의결할 수 없다.

② 부결된 것으로 본다.

③ 26명 찬성만으로 의결할 수 있다.

④ 27명 찬성만으로 의결할 수 있다.

⑤ 28명 찬성만으로 의결할 수 있다.

■ 출제 포인트

■ 풀이법

난이도 ★★☆　　　권장 풀이 시간: 2분 30초　　　나의 풀이 시간: ____분 ____초

06. 甲국은 곧 실시될 2011년 지역구국회의원선거에서 다음 규정과 <상황>에 근거하여 세 정당(A, B, C)에게 여성추천보조금을 지급하고자 한다. 각 정당이 지급받을 금액으로 옳은 것은?

11 5급공채

제00조 ① 국가는 임기만료에 의한 지역구국회의원선거(이하 '국회의원선거'라 한다)에서 여성후보자를 추천하는 정당에 지급하기 위한 보조금(이하 '여성추천보조금'이라 한다)으로 직전 실시한 임기만료에 의한 국회의원선거의 선거권자 총수에 100원을 곱한 금액을 임기만료에 의한 국회의원선거가 있는 연도의 예산에 계상하여야 한다.

② 여성추천보조금은 국회의원선거에서 여성후보자를 추천한 정당에 대하여 다음 각 호의 기준에 따라 배분·지급한다. 이 경우 제1항의 규정에 의하여 당해 연도의 예산에 계상된 여성추천보조금의 100분의 50을 국회의원선거의 여성추천보조금 총액(이하 '총액'이라고 한다)으로 한다.

　1. 여성후보자를 전국지역구총수의 100분의 30 이상 추천한 정당이 있는 경우
　　총액의 100분의 50은 지급 당시 정당별 국회의석수의 비율만큼, 총액의 100분의 50은 직전 실시한 임기만료에 의한 국회의원선거에서의 득표수의 비율만큼 배분·지급한다.

　2. 여성후보자를 전국지역구총수의 100분의 30 이상 추천한 정당이 없는 경우
　　가. 여성후보자를 전국지역구총수의 100분의 15 이상 100분의 30 미만을 추천한 정당 제1호의 기준에 따라 배분·지급한다.

　　나. 여성후보자를 전국지역구총수의 100분의 5 이상 100분의 15 미만을 추천한 정당 총액의 100분의 30은 지급 당시 정당별 국회의석수의 비율만큼, 총액의 100분의 30은 직전 실시한 임기만료에 의한 국회의원선거에서의 득표수의 비율만큼 배분·지급한다. 이 경우 하나의 정당에 배분되는 여성추천보조금은 '가목'에 의하여 각 정당에 배분되는 여성추천보조금 중 최소액을 초과할 수 없다.

〈상황〉

1. 직전 실시한 임기만료에 의한 지역구국회의원선거의 선거권자 총수는 4,000만 명이다.
2. 2011년 현재 전국지역구총수는 200개이다.
3. 2011년 지역구국회의원선거에서 여성후보자를 A정당은 50명, B정당은 30명, C정당은 20명을 추천했다.
4. 현재 국회의원 의석수의 비율은 A정당 50%, B정당 40%, C정당 10%이다.
5. 직전 실시한 임기만료에 의한 지역구국회의원선거의 득표수 비율은 A정당 40%, B정당 40%, C정당 20%였다.

	A	B	C
①	4억 5천만 원	4억 원	9천만 원
②	5억 4천만 원	4억 4천만 원	1억 6천 8백만 원
③	5억 4천만 원	4억 4천만 원	1억 8천만 원
④	9억 원	8억 원	1억 6천 8백만 원
⑤	9억 원	8억 원	1억 8천만 원

07. 다음 글과 <상황>을 근거로 판단할 때, 2016년 정당에 지급할 국고보조금의 총액은?

16 5급공채

제00조(국고보조금의 계상) ① 국가는 정당에 대한 보조금으로 최근 실시한 임기만료에 의한 국회의원선거의 선거권자 총수에 보조금 계상단가를 곱한 금액을 매년 예산에 계상하여야 한다.

② 대통령선거, 임기만료에 의한 국회의원선거 또는 동시지방선거가 있는 연도에는 각 선거(동시지방선거는 하나의 선거로 본다)마다 보조금 계상단가를 추가한 금액을 제1항의 기준에 의하여 예산에 계상하여야 한다.

③ 제1항 및 제2항에 따른 보조금 계상단가는 전년도 보조금 계상단가에 전전년도와 대비한 전년도 전국소비자물가 변동률을 적용하여 산정한 금액을 증감한 금액으로 한다.

④ 중앙선거관리위원회는 제1항의 규정에 의한 보조금(이하 '경상보조금'이라 한다)은 매년 분기별로 균등분할하여 정당에 지급하고, 제2항의 규정에 의한 보조금(이하 '선거보조금'이라 한다)은 당해 선거의 후보자등록마감일 후 2일 이내에 정당에 지급한다.

⟨상황⟩

○ 2014년 실시된 임기만료에 의한 국회의원선거의 선거권자 총수는 3천만 명이었고, 국회의원 임기는 4년이다.

○ 2015년 정당에 지급된 국고보조금의 보조금 계상단가는 1,000원이었다.

○ 전국소비자물가 변동률을 적용하여 산정한 보조금 계상단가는 전년 대비 매년 30원씩 증가한다.

○ 2016년에는 5월에 대통령선거가 있고 8월에 임기만료에 의한 동시지방선거가 있다. 각 선거의 한 달 전에 후보자등록을 마감한다.

○ 2017년에는 대통령선거, 임기만료에 의한 국회의원선거 또는 동시지방선거가 없다.

---

① 309억 원

② 600억 원

③ 618억 원

④ 900억 원

⑤ 927억 원

약점 보완 해설집 p.25

꼼꼼 풀이 노트

권장 풀이 시간에 맞춰 문제를 풀어본 후, 꼼꼼 풀이 노트로 정리해보세요.

■ 출제 포인트

■ 풀이법

1 텍스트형
2 법조문형
3 계산형
4 규칙형
5 경우형
기출 재구성 모의고사

유형 10 규정형

유형 소개

'규정형'은 제시된 지문을 기준으로 더욱 세분화한 유형이다. 지문이 법조문의 형태가 아니라 법과 유사한 규정·규칙 형태로 제시된다.

유형 특징

이 유형은 지문이 법조문 형식이 아닌 규정·규칙의 형태로 제시된다. 문제를 해결하는 스킬은 발문 포인트형, 일치부합형, 응용형과 동일하다.

풀이 전략

1 지문의 소재 및 형태를 통해 규정형 문제임을 확인한다.

2 규정형 문제임을 파악하였다면, 문제 해결에 필요한 부분을 확인하여 풀이한다.

난이도 ★★☆　　　권장 풀이 시간: 2분　　　나의 풀이 시간: ＿＿＿분 ＿＿＿초

■ 꼼꼼 풀이 노트

권장 풀이 시간에 맞춰 문제를 풀어본 후,
꼼꼼 풀이 노트로 정리해보세요.

01. 아래의 정보만으로 판단할 때 기초생활수급자로 선정할 수 없는 경우는?　　07 5급공채

가. 기초생활수급자 선정기준
　○ 부양의무자가 없거나, 부양의무자가 있어도 부양능력이 없거나 또는 부양을 받을 수 없는 자로서 소득인정액이 최저생계비 이하인 자
　※ 부양능력 있는 부양의무자가 있어도 부양을 받을 수 없는 경우란, 부양의무자가 교도소 등에 수용되거나 병역법에 의해 징집·소집되어 실질적으로 부양을 할 수 없는 경우와 가족관계 단절 등을 이유로 부양을 거부하거나 기피하는 경우 등을 가리킨다.

나. 매월 소득인정액 기준
　○ 소득인정액＝소득평가액＋재산의 소득환산액
　○ 소득평가액＝실제소득－가구특성별 지출비용
　　1) 실제소득: 근로소득, 사업소득, 재산소득
　　2) 가구특성별 지출비용: 경로연금, 장애수당, 양육비, 의료비, 중·고교생 입학금 및 수업료

다. 가구별 매월 최저생계비
(단위: 만 원)

1인	2인	3인	4인	5인	6인
42	70	94	117	135	154

라. 부양의무자의 범위
　○ 수급권자의 배우자, 수급권자의 1촌의 직계혈족 및 그 배우자, 수급권자와 생계를 같이 하는 2촌 이내의 혈족

① 유치원생 아들 둘과 함께 사는 A는 재산의 소득환산액이 12만 원이고, 구멍가게에서 월 100만 원의 수입을 얻고 있으며, 양육비로 월 20만 원씩 지출하고 있다.

② 부양능력이 있는 근로소득 월 60만 원의 조카와 살고 있는 B는 실제소득 없이 재산의 소득환산액이 36만 원이며, 의료비로 월 30만 원을 지출한다.

③ 중학생이 된 두 딸을 혼자 키우고 있는 C는 재산의 소득환산액이 24만 원이며, 근로소득으로 월 80만 원이 있지만, 두 딸의 수업료로 각각 월 11만 원씩 지출하고 있다.

④ 외아들을 잃은 D는 어린 손자 두 명과 부양능력이 있는 며느리와 함께 살고 있다. D는 근로소득이 월 80만 원, 재산의 소득환산액이 48만 원이며, 의료비로 월 15만 원을 지출하고 있다.

⑤ 군대 간 아들 둘과 함께 사는 고등학생 딸을 둔 E는 재산의 소득환산액이 36만 원이며, 월 평균 60만 원의 근로소득을 얻고 있지만, 딸의 수업료로 월 30만 원을 지출하고 있다.

■ 출제 포인트
예) 기준에 따라 선발·선정

■ 풀이법
예) 주요 개념 파악 및 관련 있는 기준과 매칭
　- 부양의무자: 조항 '라', 각주
　- 소득인정액: 조항 '나'
　- 최저생계비: 조항 '다'
기준에 미달하는 선택지 파악

난이도 ★☆☆　　　　권장 풀이 시간: 1분 30초　　　　나의 풀이 시간: ＿＿＿분＿＿＿초

02. 다음 <연구용역 계약사항>을 근거로 판단할 때, <보기>에서 옳은 것만을 모두 고르면?

17 민경채

───〈연구용역 계약사항〉───

□ 과업수행 전체회의 및 보고
　○ 참석대상: 발주기관 과업 담당자, 연구진 전원
　○ 착수보고: 계약일로부터 10일 이내
　○ 중간보고: 계약기간 중 2회
　　− 과업 진척상황 및 중간결과 보고, 향후 연구계획 및 내용 협의
　○ 최종보고: 계약만료 7일 전까지
　○ 수시보고: 연구 수행상황 보고 요청 시, 긴급을 요하거나 특이사항 발생 시 등
　○ 전체회의: 착수보고 전, 각 중간보고 전, 최종보고 전
□ 과업 산출물
　○ 중간보고서 20부, 최종보고서 50부, 연구 데이터 및 관련 자료 CD 1매
□ 연구진 구성 및 관리
　○ 연구진 구성: 책임연구원, 공동연구원, 연구보조원
　○ 연구진 관리
　　− 연구 수행기간 중 연구진은 구성원을 임의로 교체할 수 없음. 단, 부득이한 경우 사전에 변동사유와 교체될 구성원의 경력 등에 관한 서류를 발주기관에 제출하여 승인을 받은 후 교체할 수 있음
□ 과업의 일반조건
　○ 연구진은 연구과제의 시작부터 종료(최종보고서 제출)까지 과업과 관련된 제반 비용의 지출행위에 대해 책임을 지고 과업을 진행해야 함
　○ 연구진은 용역완료(납품) 후에라도 발주기관이 연구결과와 관련된 자료를 요청할 경우에는 관련 자료를 성실히 제출하여야 함

───〈보기〉───

ㄱ. 발주기관은 연구용역이 완료된 후에도 연구결과와 관련된 자료를 요청할 수 있다.
ㄴ. 과업수행을 위한 전체회의 및 보고 횟수는 최소 8회이다.
ㄷ. 연구진은 연구 수행기간 중 책임연구원과 공동연구원을 변경할 수 없지만 연구보조원의 경우 임의로 교체할 수 있다.
ㄹ. 중간보고서의 경우 그 출력과 제본 비용의 지출행위에 대해 발주기관이 책임을 진다.

① ㄱ, ㄴ
② ㄱ, ㄷ
③ ㄱ, ㄹ
④ ㄴ, ㄷ
⑤ ㄷ, ㄹ

약점 보완 해설집 p.28

유형 11 법조문소재형

유형 소개

'법조문소재형'은 규정형과 마찬가지로 제시된 지문을 기준으로 더욱 세분화한 유형이다. 지문은 내용상 법과 관련되어 있으나 형태가 법조문이 아닌 글이 제시된다.

유형 특징

이 유형은 지문이 줄글 또는 표의 형태로 제시된다. 또한 지문에서 조건을 제시하는 형식처럼 'O' 기호로 내용이 구분되기도 한다.

풀이 전략

1 지문의 소재 및 형태를 통해 법조문소재형임을 확인한다.

2 지문에서 문제 해결에 필요한 부분만 체크하여 풀이한다.

난이도 ★☆☆　　　권장 풀이 시간: 1분 30초　　　나의 풀이 시간: _____분 _____초

01. 다음 <국내 대학(원) 재학생 학자금 대출 조건>을 근거로 판단할 때, <보기>에서 옳은 것만을 모두 고르면? (단, 甲~丙은 국내 대학(원)의 재학생이다)　　19 5급공채

〈국내 대학(원) 재학생 학자금 대출 조건〉

구분		X학자금 대출	Y학자금 대출
신청 대상	신청 연령	• 35세 이하	• 55세 이하
	성적 기준	• 직전 학기 12학점 이상 이수 및 평균 C학점 이상 (단, 장애인, 졸업학년인 경우 이수학점 기준 면제)	• 직전 학기 12학점 이상 이수 및 평균 C학점 이상 (단, 대학원생, 장애인, 졸업학년인 경우 이수학점 기준 면제)
	가구소득 기준	• 소득 1~8분위	• 소득 9, 10분위
	신용 요건	• 제한 없음	• 금융채무불이행자, 저신용자 대출 불가
대출 한도	등록금	• 학기당 소요액 전액	• 학기당 소요액 전액
	생활비	• 학기당 150만 원	• 학기당 100만 원
상환 사항	상환 방식 (졸업 후)	• 기준소득을 초과하는 소득 발생 이전: 유예 • 기준소득을 초과하는 소득 발생 이후: 기준소득 초과분의 20%를 원천 징수 ※ 기준소득: 연 □천만 원	• 졸업 직후 매월 상환 • 원금균등분할상환과 원리금균등분할상환 중 선택

〈보기〉

ㄱ. 34세로 소득 7분위인 대학생 甲이 직전 학기에 14학점을 이수하여 평균 B학점을 받았을 경우 X학자금 대출을 받을 수 있다.

ㄴ. X학자금 대출 대상이 된 乙의 한 학기 등록금이 300만 원일 때, 한 학기당 총 450만 원을 대출받을 수 있다.

ㄷ. 50세로 소득 9분위인 대학원생 丙(장애인)은 신용 요건에 관계없이 Y학자금 대출을 받을 수 있다.

ㄹ. 대출금액이 동일하고 졸업 후 소득이 발생하지 않았다면, X학자금 대출과 Y학자금 대출의 매월 상환금액은 같다.

① ㄱ, ㄴ

② ㄱ, ㄷ

③ ㄷ, ㄹ

④ ㄱ, ㄴ, ㄹ

⑤ ㄴ, ㄷ, ㄹ

📝 **꼼꼼 풀이 노트**

권장 풀이 시간에 맞춰 문제를 풀어본 후, 꼼꼼 풀이 노트로 정리해보세요.

■ 출제 포인트

예) 선발·선정 금액 계산

■ 풀이법

예) 조건을 충족하지 못하는 경우 선택지 소거

1 박스트형
2 법조문형
3 계산형
4 규칙형
5 경우형
기출 재구성 모의고사
해커스PSAT 7급 PSAT 유형별 기출 200제 상황판단

■ 출제 포인트

■ 풀이법

02. 다음 글과 <상황>을 근거로 판단할 때, <보기>에서 옳은 것만을 모두 고르면?

19 5급공채

'에너지이용권'은 에너지 취약계층에게 난방에너지 구입을 지원하는 것으로 관련 내용은
다음과 같다.

월별 지원금액	1인 가구: 81,000원 2인 가구: 102,000원 3인 이상 가구: 114,000원
지원형태	신청서 제출 시 실물카드와 가상카드 중 선택 • 실물카드: 에너지원(등유, 연탄, LPG, 전기, 도시가스)을 다양하게 구매 가능함. 단, 아파트 거주자는 관리비가 통합고지서로 발부되기 때문에 신청할 수 없음 • 가상카드: 전기·도시가스·지역난방 중 택일. 매월 요금이 자동 차감됨. 단, 사용기간(발급일로부터 1개월) 만료 시 잔액이 발생하면 전기요금 차감
신청대상	생계급여 또는 의료급여 수급자로서 다음 각 호의 어느 하나에 해당하는 사람을 포함한 가구의 가구원 1. 1954. 12. 31. 이전 출생자 2. 2002. 1. 1. 이후 출생자 3. 등록된 장애인(1~6급)
신청방법	수급자 본인 또는 가족이 신청 ※ 담당공무원이 대리 신청 가능
신청서류	1. 에너지이용권 발급 신청서 2. 전기, 도시가스 또는 지역난방 요금고지서(영수증), 아파트 거주자의 경우 관리비 통합고지서 3. 신청인의 신분증 사본 4. 대리 신청일 경우 신청인 본인의 위임장, 대리인의 신분증 사본

─────────〈상황〉─────────

甲~丙은 에너지이용권을 신청하고자 한다.
○ 甲: 3급 장애인, 실업급여 수급자, 1인 가구, 아파트 거주자
○ 乙: 2005. 1. 1. 출생, 의료급여 수급자, 4인 가구, 단독 주택 거주자
○ 丙: 1949. 3. 22. 출생, 생계급여 수급자, 2인 가구, 아파트 거주자

─────────〈보기〉─────────

ㄱ. 甲은 에너지이용권 발급 신청서, 관리비 통합고지서, 본인 신분증 사본을 제출하고,
81,000원의 에너지이용권을 요금 자동 차감 방식으로 지급받을 수 있다.

ㄴ. 담당공무원인 丁이 乙을 대리하여 신청 서류를 모두 제출하고, 乙은 114,000원의 에
너지이용권을 실물카드 형태로 지급받을 수 있다.

ㄷ. 丙은 도시가스를 선택하여 102,000원의 에너지이용권을 가상카드 형태로 지급받을 수
있으며, 이용권 사용기간 만료 시 잔액이 발생한다면 전기요금이 차감될 것이다.

① ㄱ

② ㄴ

③ ㄷ

④ ㄱ, ㄷ

⑤ ㄴ, ㄷ

03. 다음 글을 읽고 <보기>에서 옳은 것만을 모두 고르면?   10 5급공채

> 동산에 관한 소유권의 이전(양도)은 그 동산을 인도하여야 효력이 생긴다. 그러나 첫째, 양수인이 이미 동산을 점유한 때에는 당사자 사이에 의사표시의 합치만 있으면 그 효력이 생긴다. 둘째, 당사자 사이의 계약으로 양도인이 그 동산을 계속 점유하기로 한 때에는 양수인이 인도받은 것으로 본다. 셋째, 제3자가 점유하고 있는 동산에 관한 소유권을 이전하는 경우에는 양도인이 그 제3자에 대한 반환청구권을 양수인에게 양도함으로써 동산을 인도한 것으로 본다.

※ 인도(引渡): 물건에 대한 점유의 이전, 즉 사실상 지배의 이전

─────────────〈보기〉─────────────

ㄱ. 乙이 甲소유의 동산을 증여받아 소유하기 위해서는 원칙적으로 甲이 乙에게 그 동산에 대한 사실상 지배를 이전하여야 한다.

ㄴ. 乙이 甲소유의 동산을 빌려서 사용하고 있는 경우, 甲과 乙 사이에 그 동산에 대한 매매를 합의하더라도 甲이 현실적으로 인도하지 않으면 乙은 동산의 소유권을 취득할 수 없다.

ㄷ. 甲이 자신의 동산을 乙에게 양도하기로 하면서 乙과의 계약으로 자신이 그 동산을 계속 점유하고 있으면, 乙은 그 동산의 소유권을 취득할 수 없다.

ㄹ. 甲이 乙에게 맡겨 둔 자신의 동산을 丙에게 현실적으로 인도하지 않더라도 甲이 乙에 대한 반환청구권을 丙에게 양도함으로써 소유권을 丙에게 이전할 수 있다.

① ㄹ

② ㄱ, ㄴ

③ ㄱ, ㄹ

④ ㄴ, ㄷ

⑤ ㄱ, ㄷ, ㄹ

난이도 ★☆☆   권장 풀이 시간: 1분 30초   나의 풀이 시간: ____분 ____초

04. 다음 글을 근거로 판단할 때 옳지 않은 것은?

12 민경채

법원은 증인신문기일에 증인을 신문하여야 한다. 법원으로부터 증인출석요구를 받은 증인은 지정된 일시·장소에 출석할 의무가 있다. 증인의 출석을 확보하기 위해서 증인이 질병·관혼상제·교통기관의 두절·천재지변 등의 정당한 사유 없이 출석하지 않은 경우, 그 증인에 대해서는 아래의 일정한 제재가 뒤따른다.

첫째, 법원은 정당한 사유 없이 출석하지 아니한 증인에게 이로 말미암은 소송비용을 부담하도록 명하고, 500만 원 이하의 과태료를 부과하는 결정을 할 수 있다. 법원은 과태료결정을 한 이후 증인의 증언이나 이의 등에 따라 그 결정 자체를 취소하거나 과태료를 감할 수 있다.

둘째, 증인이 과태료결정을 받고도 정당한 사유 없이 출석하지 아니한 경우, 법원은 증인을 7일 이내의 감치(監置)에 처하는 결정을 할 수 있다. 감치결정이 있으면, 법원공무원 또는 국가경찰공무원이 증인을 교도소, 구치소, 경찰서 유치장에 유치(留置)함으로써 이를 집행한다. 증인이 감치의 집행 중에 증언을 한 때에는 법원은 바로 감치결정을 취소하고 그 증인을 석방하여야 한다.

셋째, 법원은 정당한 사유 없이 출석하지 아니한 증인을 구인(拘引)하도록 명할 수 있다. 구인을 하기 위해서는 법원에 의한 구속영장 발부가 필요하다. 증인을 구인하면 법원에 그를 인치(引致)하며, 인치한 때부터 24시간 내에 석방하여야 한다. 또한 법원은 필요한 경우에 인치한 증인을 교도소, 구치소, 경찰서 유치장에 유치할 수 있는데, 그 유치기간은 인치한 때부터 24시간을 초과할 수 없다.

※ 감치(監置): 법원의 결정에 의하여 증인을 경찰서 유치장 등에 유치하는 것
유치(留置): 사람이나 물건을 어떤 사람이나 기관의 지배 하에 두는 것
구인(拘引): 사람을 강제로 잡아 끌고 가는 것
인치(引致): 사람을 강제로 끌어 가거나 끌어 오는 것

① 증인 甲이 정당한 사유 없이 출석하지 아니한 경우, 법원은 구속영장을 발부하여 증인을 구인할 수 있다.

② 과태료결정을 받은 증인 乙이 증인신문기일에 출석하여 증언한 경우, 법원은 과태료결정을 취소할 수 있다.

③ 증인 丙을 구인한 경우, 법원은 증인신문을 마치지 못하더라도 인치한 때부터 24시간 이내에 그를 석방하여야 한다.

④ 7일의 감치결정을 받고 교도소에 유치 중인 증인 丁이 그 유치 후 3일이 지난 때에 증언을 했다면, 법원은 그를 석방하여야 한다.

⑤ 감치결정을 받은 증인 戊에 대하여, 법원공무원은 그를 경찰서 유치장에 유치할 수 없다.

약점 보완 해설집 p.29

취약 유형 진단 & 약점 극복

1 문항별 정오표

각 문항별로 정오를 확인한 후, 맞았으면 O, 풀지 못했으면 △, 틀렸으면 X로 표시해 보세요.

발문 포인트형		일치부합형		응용형		법계산형		규정형		법조문소재형	
번호	정오	번호	정오	번호	정오	번호	정오	번호	정오	번호	정오
01		01		01		01		01		01	
02		02		02		02		02		02	
03		03		03		03				03	
04		04		04		04				04	
05		05		05		05					
		06		06		06					
		07		07		07					
		08		08							
		09									

2 취약 유형 분석표

유형별로 맞힌 문제 개수와 정답률을 적고, 취약한 유형이 무엇인지 파악해 보세요.

유형	맞힌 문제 개수	정답률
발문 포인트형	/5	%
일치부합형	/9	%
응용형	/8	%
법계산형	/7	%
규정형	/2	%
법조문소재형	/4	%

3 학습 전략

취약한 유형의 학습 전략을 확인한 후, 풀지 못한 문제와 틀린 문제를 다시 풀면서 취약 유형을 극복해 보세요.

발문 포인트형	발문 포인트형(법조문형) 취약형은 문제에서 요구하는 기준과 방법을 정확하게 파악하지 못하는 경우입니다. 발문 포인트형은 발췌독이 어려운 문제가 출제될 수 있으므로 지문을 빠르고 정확하게 파악하는 연습을 해야 합니다.
일치부합형	일치부합형(법조문형) 취약형은 지문 중 해당 선택지 또는 <보기>의 해결을 위해 필요한 조문을 적절하게 찾아내지 못하는 경우입니다. 일치부합형의 경우 지문을 전부 다 정확하게 보지 않더라도 해결되므로, 키워드를 적절하게 활용하여 필요한 조문 위주로만 확인 후 빠르고 정확하게 정답을 찾아낼 수 있도록 연습해야 합니다.
응용형	응용형(법조문형) 취약형은 제시된 법조문의 내용을 정확하게 이해하지 못하거나, 이해한 바를 토대로 사례에 적용·응용하는 능력이 부족한 경우입니다. 응용형 문제의 경우 지문 내용이 어려운 경우가 많아 글을 빠르고 정확하게 이해하는 연습부터 해야 합니다. 지문에서 발견되는 외적 특징이나 <상황> 등의 유무, 선택지나 <보기>에서 발견되는 특징을 통해 응용형에 해당하는 문제인지 판단하는 연습, 지문의 내용을 빠르고 정확하게 이해하는 연습, 이를 토대로 적용 대상에 정확히 적용·응용하는 일련의 과정이 잘 연습되어야 문제를 빠르고 정확하게 해결할 수 있습니다.
법계산형	법계산형 취약형은 계산을 손도 못 대거나 계산 실수를 하는 경우보다는 지문에 주어진 계산 방법을 정확히 파악하지 못하는 경우가 많습니다. 따라서 계산 방법을 정확히 파악하는 것이 중요한데, 특히 지문을 의미 단위별로 잘 끊어서 읽고, 계산 과정을 설명하는 용어에 특히 신경 써서 지문을 확인해야 합니다. 또한 지문이 법조문인 경우, 줄글인 경우, 가독성 있게 가공된 경우 등 지문의 형태에 따라 난이도가 천차만별이므로 많은 문제를 풀어보면서 정확하게 풀어내는 연습을 해야 합니다.
규정형	규정형과 법조문소재형은 지문의 특성에 따라 보다 세분화하여 구분한 유형 중 하나로 문제를 해결하는 스킬은 앞서 언급한 발문 포인트형, 일치부합형, 응용형과 동일합니다. 따라서 세 유형 중 부족한 유형을 집중적으로 연습하는 것이 필요합니다.
법조문소재형	

출제 경향

1 계산형은 지문으로 계산에 필요한 조건이 주어지고, 사칙연산 위주의 계산을 통해 조건에 부합하는 최종 결괏값을 정확하게 도출할 수 있는지, 결괏값의 상대적인 크기 비교를 할 수 있는지를 평가하기 위한 유형이다.

2 계산형은 계산 방법에 따라 ① 정확한 계산형, ② 상대적 계산형, 복잡한 계산 조건의 제시 여부에 따라 ③ 조건 계산형으로 구분되어 총 3가지 세부 유형으로 출제된다.

3 계산형은 2019년 7급 공채 PSAT 예시문제 중 1문제, 2020년 7급 PSAT 모의평가와 2021년 7급 공채 PSAT에서 각각 5문제, 2022년 7급 공채 PSAT에서는 6문제, 2023년 7급 공채 PSAT에서는 6문제, 2024년 7급 공채 PSAT에서는 7문제로 그 출제 비중이 꾸준히 높게 유지되고 있다.

4 계산형은 출제 비중이 매우 높은 편인데, 쉬운 문제도 출제되는 반면 난도가 높은 문제도 출제되고 있어 문제별 난이도의 편차가 심한 편이다. 2024년 7급 공채 PSAT에서 쉽게 출제된 문제는 80%대 후반의 정답률을 보인 반면, 어렵게 출제된 두 문제는 20%대 초반의 정답률과 30%대 중반의 정답률을 보였다. 나머지 3문제는 70% 안팎의 정답률을 보였다.

5 최근 변별력 있는 문제로 조건 계산형의 문제가 어렵게 출제되고 있는 것이 특징적이다. 이는 5급 공채 PSAT의 출제경향과도 유사하다. 계산형에서도 빈출되는 소재, 유형, 장치가 반복적으로 출제되고 있는데, 2023년 7급 공채 PSAT에서도 주차비, 대안비교, 점수계산, 요일계산 등의 문제가 출제되었고, 2024년 7급 공채 PSAT에서는 대안비교, 합 과정, 주기, 상쇄 등의 문제가 출제되었다. 따라서 계산형에서 변별력 있는 문제를 빠르고 정확하게 해결하기 위해서는 기출문제를 철저하게 분석해 두어야 한다.

3 계산형

유형 12 정확한 계산형

유형 소개

'정확한 계산형'은 발문에서 요구하는 특정 항목의 수치를 계산하여 최종 결괏값을 도출하는 유형이다.

유형 특징

1 이 유형은 주로 요금, 비용, 금액, 가격 등을 묻는 문제가 출제되고, 시차, 날짜, 요일 등을 계산해야 하는 문제가 출제되기도 한다.

2 계산형에서 연습한 풀이법과 전략 등은 텍스트형이나 법조문형의 응용형에서 계산을 필요로 하는 경우에도 적용이 가능하다.

풀이 전략

1 계산에 필요한 정보 및 계산 과정을 정확히 파악한다.

2 특정 결괏값을 빠르고 정확하게 도출하기 위한 전략을 활용하여 문제를 효율적으로 계산한다.

난이도 ★☆☆　　　권장 풀이 시간: 1분 30초　　　나의 풀이 시간: _____분 _____초

01. 중소기업청은 우수 중소기업 지원자금을 5000억 원 한도 내에서 아래와 같은 <지침>에 따라 A, B, C, D 기업에 배분하고자 한다. 각 기업별 지원 금액은?　　　06 5급공채

〈지침〉

가. 평가지표별 점수 부여: 평가지표별로 1위 기업에게는 4점, 2위는 3점, 3위는 2점, 4위는 1점을 부여한다. 다만, 부채비율이 낮을수록 순위가 높으며, 나머지 지표는 클수록 순위가 높다.

나. 기업 평가순위 부여: 획득한 점수의 합이 큰 기업 순으로 평가순위(1위~4위)를 부여한다.

다. 지원한도:

(1) 평가순위 1위 기업에는 2,000억 원, 2위는 1,500억 원, 3위는 1,000억 원, 4위는 500억 원까지 지원할 수 있다.

(2) 각 기업에 대한 지원한도는 순자산의 2/3로 제한된다. 다만, 평가순위가 3위와 4위인 기업 중 부채비율이 400% 이상인 기업에게는 순자산의 1/2만큼만 지원할 수 있다.

라. 지원요구금액이 지원한도보다 적은 경우에는 지원요구금액만큼만 배정한다.

〈표〉 평가지표와 각 기업의 순자산 및 지원요구금액

구분		A	B	C	D
평가지표	경상이익률(%)	5	2	1.5	3
	영업이익률(%)	5	1	2	1.5
	부채비율(%)	500	350	450	300
	매출액증가율(%)	8	10	9	11
순자산(억 원)		2,100	600	900	3,000
지원요구금액(억 원)		2,000	500	1,000	1,800

	A기업	B기업	C기업	D기업
①	1,400	400	450	1,800
②	1,050	500	1,000	1,800
③	1,400	400	500	2,000
④	1,050	500	450	2,000
⑤	1,400	500	450	1,800

📝 **꼼꼼 풀이 노트**

권장 풀이 시간에 맞춰 문제를 풀어본 후, 꼼꼼 풀이 노트로 정리해보세요.

■ **출제 포인트**

예) 순위 파악 및 지원금 계산

■ **풀이법**

예) 지문에 제시된 단계를 효율적인 방법에 따라 검토 단서조항이 적용되는 항목을 반드시 파악

■ 출제 포인트

■ 풀이법

난이도 ★☆☆   권장 풀이 시간: 1분 30초   나의 풀이 시간: _____분 _____초

02. 다음 글을 근거로 판단할 때, 우수부서 수와 기념품 구입 개수를 옳게 짝지은 것은?

20 5급공채

A기관은 탁월한 업무 성과로 포상금 5,000만 원을 지급받았다. 〈포상금 사용기준〉은 다음과 같다.

〈포상금 사용기준〉

○ 포상금의 40% 이상은 반드시 각 부서에 현금으로 배분한다.
  – 전체 15개 부서를 우수부서와 보통부서 두 그룹으로 나누어 우수부서에 150만 원, 보통부서에 100만 원을 현금으로 배분한다.
  – 우수부서는 최소한으로 선정한다.
○ 포상금 중 2,900만 원은 직원 복지 시설을 확충하는 데 사용한다.
○ 직원 복지 시설을 확충하고 부서별로 현금을 배분한 후 남은 금액을 모두 사용하여 개당 1만 원의 기념품을 구입한다.

	우수부서 수	기념품 구입 개수
①	9개	100개
②	9개	150개
③	10개	100개
④	10개	150개
⑤	11개	50개

03. 다음 글을 근거로 판단할 때, '친구 단위'로 입장한 사람의 수와 '가족 단위'로 입장한 사람의 수를 옳게 짝지은 것은?　　　　21 5급공채

> A놀이공원은 2명의 친구 단위 또는 4명의 가족 단위로만 입장이 가능하다. 발권기계는 2명의 친구 단위 또는 4명의 가족 단위당 1장의 표를 발권한다. 놀이공원의 입장객은 총 158명이며, 모두 50장의 표가 발권되었다.

	'친구 단위'로 입장한 사람의 수	'가족 단위'로 입장한 사람의 수
①	30	128
②	34	124
③	38	120
④	42	116
⑤	46	112

📝 **꼼꼼 풀이 노트**

권장 풀이 시간에 맞춰 문제를 풀어본 후,
꼼꼼 풀이 노트로 정리해보세요.

■ 출제 포인트

■ 풀이법

■ 출제 포인트

■ 풀이법

난이도 ★☆☆   권장 풀이 시간: 1분   나의 풀이 시간: ____분 ____초

04. 다음 글과 <사무용품 배분방법>을 근거로 판단할 때, 11월 1일 현재 甲기관의 직원 수는?   20 7급모의

甲기관은 사무용품 절약을 위해 <사무용품 배분방법>으로 한 달 동안 사용할 네 종류 (A, B, C, D)의 사무용품을 매월 1일에 배분한다. 이에 따라 11월 1일에 네 종류의 사무용 품을 모든 직원에게 배분하였다. 甲기관이 배분한 사무용품의 개수는 총 1,050개였다.

──〈사무용품 배분방법〉──
○ A는 1인당 1개씩 배분한다.
○ B는 2인당 1개씩 배분한다.
○ C는 4인당 1개씩 배분한다.
○ D는 8인당 1개씩 배분한다.

---

① 320명
② 400명
③ 480명
④ 560명
⑤ 640명

05. 다음 글을 근거로 판단할 때, A팀이 1박스 분량의 용지를 사용하는 데 걸리는 일수는?

> □□부처의 A팀은 甲~丁 총 4명으로 구성되어 있고, 甲~丁 각각은 매일 일정한 양의 용지를 사용한다. 개인의 용지 사용량과 관련하여 甲~丁은 다음과 같이 진술하였다.
>
> 甲: 나는 용지 1박스를 사용하는 데 20일 걸려.
>
> 乙: 나는 용지 1박스를 사용하는 데 甲의 4배의 시간이 걸려.
>
> 丙: 나도 乙과 같아.
>
> 丁: 丙이 용지 $\frac{1}{2}$박스를 사용하는 동안, 나는 1박스를 사용해.

① 5

② 8

③ 9

④ 10

⑤ 12

1 탐스트링

2 빈초문형

3 계산형

4 규칙형

5 경우형

기출 재구성 모의고사

해커스PSAT 7급 PSAT 유형별 기출 200제 상황판단

■ 출제 포인트

■ 풀이법

06. 다음 <규칙>과 <결과>에 근거하여 판단할 때, 甲과 乙 중 승리한 사람과 甲이 사냥한 동물의 종류 및 수량으로 가능한 조합은?   13 민경채

〈규칙〉

○ 이동한 거리, 채집한 과일, 사냥한 동물 각각에 점수를 부여하여 합계 점수가 높은 사람이 승리하는 게임이다.
○ 게임시간은 1시간이며, 주어진 시간 동안 이동을 하면서 과일을 채집하거나 사냥을 한다.
○ 이동거리 1미터 당 1점을 부여한다.
○ 사과는 1개 당 5점, 복숭아는 1개 당 10점을 부여한다.
○ 토끼는 1마리 당 30점, 여우는 1마리 당 50점, 사슴은 1마리 당 100점을 부여한다.

〈결과〉

○ 甲의 합계 점수는 1,590점이다. 甲은 과일을 채집하지 않고 사냥에만 집중하였으며, 총 1,400미터를 이동하는 동안 모두 4마리의 동물을 잡았다.
○ 乙은 총 1,250미터를 이동했으며, 사과 2개와 복숭아 5개를 채집하였다. 또한 여우를 1마리 잡고 사슴을 2마리 잡았다.

	승리한 사람	甲이 사냥한 동물의 종류 및 수량
①	甲	토끼 3마리와 사슴 1마리
②	甲	토끼 2마리와 여우 2마리
③	乙	토끼 3마리와 여우 1마리
④	乙	토끼 2마리와 여우 2마리
⑤	乙	토끼 1마리와 사슴 3마리

📝 꼼꼼 풀이 노트

권장 풀이 시간에 맞춰 문제를 풀어본 후,
꼼꼼 풀이 노트로 정리해보세요.

■ 출제 포인트

■ 풀이법

07. 다음 글에 근거할 때 가장 타당하지 않은 것은?

12 입법고시

甲 나라와 乙 나라가 서로 전쟁을 하고 있다. 甲 나라와 乙 나라 사이를 연결하는 도로는 다음과 같은데, 검은색으로 표시된 곳과 면으로 접한 도로는 이용이 불가능하다.

또한 甲 나라의 군사는 왼쪽에서 오른쪽, 위에서 아래로만 이동이 가능하며, 乙 나라의 군사는 오른쪽에서 왼쪽, 아래에서 위로만 이동이 가능하다.

甲 나라와 乙 나라는 출발점에서 최소 2칸, 최대 3칸의 거리에 방어진지를 2개씩 구축할 수 있고, 방어진지가 구축되는 경우 상대방은 그 지점을 지나갈 수 없다.

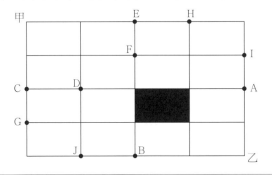

① 甲과 乙이 상대방을 공격할 수 있는 경로는 각각 18가지이다.

② 甲이 D 지점과 F 지점에 방어진지를 구축하면 乙이 甲을 공격할 수 있는 경로의 수는 1/3로 줄어든다.

③ 乙이 A 지점과 B 지점에 방어진지를 구축하면 甲을 완벽하게 방어할 수 있다.

④ 甲이 C 지점과 E 지점에 방어진지를 구축하면 乙이 甲을 공격할 수 있는 경로의 수는 절반으로 줄어든다.

⑤ 乙이 I 지점과 J 지점에 방어진지를 구축하면 甲이 乙을 공격할 수 있는 경로의 수는 4/9로 줄어든다.

난이도 ★☆☆　　　　권장 풀이 시간: 2분　　　　나의 풀이 시간: ＿＿＿분 ＿＿＿초

08. 다음 글을 근거로 판단할 때, 인정부터 파루까지 북과 징을 치는 각각의 총 횟수는?

14 5급공채

> 　조선에서는 원나라 곽수경의 수시력(授時曆)을 그대로 계승한 명의 대통력(大統曆)을 써서 하루를 100각(刻) 또는 자(子), 축(丑), 인(寅), 묘(卯), 진(辰), 사(巳), 오(午), 미(未), 신(申), 유(酉), 술(戌), 해(亥)의 12진(辰)으로 나누었다. 각각의 12진은 전반부가 시작되는 시각을 초(初)로 하고 후반부가 시작되는 시각을 정(正)으로 하였다. 그 후 1653년에는 서양역법을 토대로 한 중국의 시헌력(時憲曆)을 채택하여 하루를 96각 또는 12진으로 하였다. 그런데 밤은 12진법과 중국 한대(漢代) 이래 쓰인 5경제(五更制)를 병행하여 썼다. 밤시간은 일몰 후 1등성인 별들이 보이기 시작할 때까지의 혼각(昏刻)과 별이 보이지 않기 시작할 때부터 일출까지의 신각(晨刻)을 제외한 나머지 시간을 초경, 이경, 삼경, 사경, 오경까지 다섯으로 나누되 각 경은 5점(點)으로 나누었다. 결국 밤시간은 수시력으로 춘분·추분에는 50각, 동지에는 62각, 하지에는 38각이 되어 계절에 따라 달라지고 위도에 따라서도 달라진다. 일반적으로 하루는 자정(子正)부터 다음날 자정까지를 일렀다. 즉 밤의 한가운데 시점인 삼경 3점과 삼경 4점의 중간에 하루가 지나가는 것으로 파악하였다.
>
> 　서울에서는 도성 내 각처에 시간을 알리기 위해 신혼대종(晨昏大鐘)을 쳐서 저녁과 새벽을 알리게 하는 인정(人定)과 파루(罷漏) 제도를 두었다. 초경 3점에 종을 28번 쳐서 성문을 닫았던 인정부터 오경 3점에 종을 33번 쳐서 성문을 열었던 파루까지는 통행이 금지되었다. 한편 인정부터 파루까지의 밤시간에는 매 점마다 북과 징으로 시간을 알렸다. 초경 3점에 북을 1번 치고 징을 3번 치되 각기 5회 되풀이하고, 다음에 4점으로 바뀌면 북을 1번 치고 징을 4번 치되 각기 5회 되풀이하고, 또 5점으로 바뀌면 북을 1번 치고 징을 5번 치되 각기 5회 되풀이하는데, 이런 식으로 오경 3점에 이른다. 즉 경의 수를 북으로, 점의 수를 징으로 하여 각기 5회 반복해서 치되, 마지막 오경 3점에는 북 5번과 징 3번을 각기 5회 되풀이하지 않고, 1회만 쳐서 시간을 알리는 것이다.

① 북 295번, 징 303번
② 북 295번, 징 315번
③ 북 315번, 징 303번
④ 북 315번, 징 375번
⑤ 북 330번, 징 375번

09. 다음 글을 근거로 판단할 때, 길동이가 오늘 아침에 수행한 아침 일과에 포함될 수 없는 것은?   19 5급공채

> 길동이는 오늘 아침 7시 20분에 기상하여, 25분 후인 7시 45분에 집을 나섰다. 길동이는 주어진 25분을 모두 아침 일과를 쉼없이 수행하는 데 사용했다.
>
> 아침 일과를 수행하는 데 정해진 순서는 없으며, 같은 아침 일과를 두 번 이상 수행하지 않는다.
>
> 단, 머리를 감았다면 반드시 말리며, 각 아침 일과 수행 중에 다른 아침 일과를 동시에 수행할 수는 없다. 각 아침 일과를 수행하는 데 소요되는 시간은 아래와 같다.

아침 일과	소요 시간
샤워	10분
세수	4분
머리 감기	3분
머리 말리기	5분
몸치장 하기	7분
구두 닦기	5분
주스 만들기	15분
양말 신기	2분

① 세수

② 머리 감기

③ 구두 닦기

④ 몸치장 하기

⑤ 주스 만들기

꼼꼼 풀이 노트

권장 풀이 시간에 맞춰 문제를 풀어본 후, 꼼꼼 풀이 노트로 정리해보세요.

■ 출제 포인트

■ 풀이법

꼼꼼 풀이 노트

권장 풀이 시간에 맞춰 문제를 풀어본 후,
꼼꼼 풀이 노트로 정리해보세요.

■ 출제 포인트

■ 풀이법

10. 다음 글을 근거로 판단할 때, 올바른 우편번호의 첫자리와 끝자리 숫자의 합은?

20 7급모의

> 다섯 자리 자연수로 된 우편번호가 있다. 甲과 乙은 실수로 '올바른 우편번호'에 숫자 2를 하나 추가하여 여섯 자리로 표기하였다. 甲은 올바른 우편번호의 끝자리 뒤에 2를 추가하였고, 乙은 올바른 우편번호의 첫자리 앞에 2를 추가하였다. 그 결과 甲이 잘못 표기한 우편번호 여섯 자리 수는 乙이 잘못 표기한 우편번호 여섯 자리 수의 3배가 되었다.
> 올바른 우편번호와 甲과 乙이 잘못 표기한 우편번호는 아래와 같다.
> ○ 올바른 우편번호: □□□□□
> ○ 甲이 잘못 표기한 우편번호: □□□□□2
> ○ 乙이 잘못 표기한 우편번호: 2□□□□□

① 11

② 12

③ 13

④ 14

⑤ 15

11. 다음 글을 근거로 판단할 때, 甲이 기부한 금액의 일의 자리 숫자와 丙이 기부한 금액의 십의 자리 숫자의 합은?

24 5급공채

> 甲의 기부액은 일의 자리 숫자(□)를 모르는 12,345,67□원이다. 乙의 기부액은 甲의 3배이고, 丙의 기부액은 乙의 3배이다. 丁의 기부액은 丙의 3배이며 모든 자리 숫자가 3이다.

① 4

② 5

③ 7

④ 10

⑤ 14

■ 꼼꼼 풀이 노트

권장 풀이 시간에 맞춰 문제를 풀어본 후,
꼼꼼 풀이 노트로 정리해보세요.

■ 출제 포인트

■ 풀이법

꼼꼼 풀이 노트

권장 풀이 시간에 맞춰 문제를 풀어본 후,
꼼꼼 풀이 노트로 정리해보세요.

■ 출제 포인트

■ 풀이법

12. 다음 글의 ⊙과 ⓒ에 해당하는 수를 옳게 짝지은 것은?　　　　21 7급공채

> 甲담당관: 우리 부서 전 직원 57명으로 구성되는 혁신조직을 출범시켰으면 합니다.
> 乙주무관: 조직은 어떻게 구성할까요?
> 甲담당관: 5~7명으로 구성된 10개의 소조직을 만들되, 5명, 6명, 7명 소조직이 각각 하나
> 　　　　　이상 있었으면 합니다. 단, 각 직원은 하나의 소조직에만 소속되어야 합니다.
> 乙주무관: 그렇게 할 경우 5명으로 구성되는 소조직은 최소 (⊙)개, 최대 (ⓒ)개가 가능
> 　　　　　합니다.

	⊙	ⓒ
①	1	5
②	3	5
③	3	6
④	4	6
⑤	4	7

13. 다음 글과 <상황>을 근거로 판단할 때, 甲의 계약 의뢰 날짜와 공고 종료 후 결과통지 날짜를 옳게 짝지은 것은?   21 민경채

○ A국의 정책연구용역 계약 체결을 위한 절차는 다음과 같다.

순서	단계	소요기간
1	계약 의뢰	1일
2	서류 검토	2일
3	입찰 공고	40일(긴급계약의 경우 10일)
4	공고 종료 후 결과통지	1일
5	입찰서류 평가	10일
6	우선순위 대상자와 협상	7일

※ 소요기간은 해당 절차의 시작부터 종료까지 걸리는 기간이다. 모든 절차는 하루 단위로 주말(토, 일) 및 공휴일에도 중단이나 중복 없이 진행된다.

〈상황〉

A국 공무원인 甲은 정책연구용역 계약을 4월 30일에 체결하는 것을 목표로 계약부서에 긴급계약으로 의뢰하려 한다. 계약은 우선순위 대상자와 협상이 끝난 날의 다음 날에 체결된다.

	계약 의뢰 날짜	공고 종료 후 결과통지 날짜
①	3월 30일	4월 11일
②	3월 30일	4월 12일
③	3월 30일	4월 13일
④	3월 31일	4월 12일
⑤	3월 31일	4월 13일

■ 꼼꼼 풀이 노트

권장 풀이 시간에 맞춰 문제를 풀어본 후, 꼼꼼 풀이 노트로 정리해보세요.

■ 출제 포인트

■ 풀이법

난이도 ★☆☆　　　　권장 풀이 시간: 2분　　　　나의 풀이 시간: ＿＿＿분 ＿＿＿초

14. 다음을 근거로 판단할 때 A국 사람들이 나눈 대화 중 옳은 것은? (단, 여권은 모두 유효하며, 아래 대화의 시점은 2011년 2월 26일이다)　　　11 5급공채

〈A국의 비자면제협정 체결 현황〉

(2009. 4. 기준)

대상여권	국가(체류기간)
외교관	우크라이나(90일), 우즈베키스탄(60일)
외교관 · 관용	이집트(90일), 일본(3개월), 에콰도르(외교관: 업무수행기간, 관용: 3개월), 캄보디아(60일)
외교관 · 관용 · 일반	포르투갈(60일), 베네수엘라(외교관 · 관용: 30일, 일반: 90일), 영국(90일), 터키(90일), 이탈리아(90일), 파키스탄(3개월, 2008.10.1부터 일반 여권 소지자에 대한 비자면제협정 일시정지)

※ 2009년 4월 이후 변동사항은 고려하지 않는다.
※ 상대국에 파견하는 행정원의 경우에는 관용 여권을 발급한다.
※ 면제기간은 입국한 날부터 기산(起算)한다.
※ 상기 협정들은 상호적인 규정이다.

① 희선: 포르투갈인이 일반 여권을 가지고 2010년 2월 2일부터 같은 해 4월 6일까지 A국을 방문했을 때 비자를 발급받을 필요가 없었겠군.

② 현웅: A국이 작년에 4개월 동안 우즈베키스탄에 행정원을 파견한 경우 비자를 취득해야 했지만, 같은 기간 동안 에콰도르에 행정원을 파견한 경우 비자를 취득할 필요가 없었겠군.

③ 유리: 나는 일반 여권으로 2009년 5월 1일부터 같은 해 8월 15일까지 이탈리아에 비자 없이 체류했었고, 2010년 1월 2일부터 같은 해 3월 31일까지 영국에도 체류했었어.

④ 용훈: 외교관 여권을 가지고 같은 기간을 A국에서 체류하더라도 이집트 외교관은 비자를 발급받아야 하지만, 파키스탄 외교관은 비자를 발급받지 않아도 되는 경우가 있겠군.

⑤ 예리: 관용 여권을 가지고 2010년 5월 5일부터 같은 해 5월 10일까지 파키스탄을 방문했던 A국 국회의원은 비자를 취득해야 했었겠군.

15. 다음 글과 <상황>을 근거로 추론할 때 옳지 않은 것은? (단, 월·일은 양력 기준이다)

13 5급공채

절기(節氣)는 태양의 주기에 기초해서 1개월에 2개씩 지정되는 것으로 1년에 총 24개의 절기가 있다. 24절기는 12절기와 12중기로 이루어져 있는데, 각 달의 첫 번째는 절기, 두 번째는 중기라 한다. 절기를 정하는 방법으로 정기법이 있다. 정기법은 황도상의 해당 지점인 태양황경을 기준으로 태양이 동쪽으로 15도 간격으로 이동할 때마다, 즉 15도씩 증가할 때마다 절기와 중기를 매겨 나가는 방법이다. 황경은 지구에서 태양을 보았을 때, 태양이 1년 동안 하늘을 한 바퀴 도는 길인 황도를 지나가는 각도이다. 춘분은 황경의 기점이 되며, 황경이 0도일 때이다.

양력	절기	중기	양력	절기	중기
1월	소한	대한	7월	소서	대서
2월	입춘	우수	8월	입추	처서
3월	경칩	춘분	9월	백로	추분
4월	청명	곡우	10월	한로	상강
5월	입하	소만	11월	입동	소설
6월	망종	하지	12월	대설	동지

계절은 3개월마다 바뀌고, 각 계절마다 6개의 절기가 있다. 입춘, 입하, 입추, 입동은 봄, 여름, 가을, 겨울이 시작되는 첫날이다. 절기 사이에는 15일의 간격이 있다. 그런데 일부 절기 사이의 간격은 하루가 늘거나 줄기도 한다.

─────〈상황〉─────

○ 올해는 입하, 망종, 하지, 대서, 입추, 백로, 한로가 앞 절기와 16일 간격이고, 대한과 대설은 앞 절기와 14일 간격이다.
○ 올해 춘분은 3월 21일이다.
○ 올해 2월은 28일까지 있다.

① 올해 여름의 첫날은 5월 5일이다.
② 절기의 양력 날짜는 매년 고정적인 것은 아니다.
③ 올해 태양황경이 60도가 되는 날은 5월 중기인 소만이다.
④ 올해 7월 24일은 태양황경이 120도에서 135도 사이에 있는 날이다.
⑤ 올해 입춘부터 곡우까지의 날짜 간격은 한로부터 동지까지의 날짜 간격보다 길다.

📋 **꼼꼼 풀이 노트**

권장 풀이 시간에 맞춰 문제를 풀어본 후, 꼼꼼 풀이 노트로 정리해보세요.

■ 출제 포인트

■ 풀이법

1 텍스트형
2 법조문형
3 계산형
4 규칙형
5 경우형
기출 재구성 모의고사

권장 풀이 시간에 맞춰 문제를 풀어본 후,
꼼꼼 풀이 노트로 정리해보세요.

■ 출제 포인트

■ 풀이법

16. 다음 글을 근거로 판단할 때, A 괘종시계가 11시 정각을 알리기 위한 마지막 종을 치는 시각은?

21 7급공채

> A 괘종시계는 매시 정각을 알리기 위해 매시 정각부터 일정한 시간 간격으로 해당 시의 수만큼 종을 친다. 예를 들어 7시 정각을 알리기 위해서는 7시 정각에 첫 종을 치기 시작하여 일정한 시간 간격으로 총 7번의 종을 치는 것이다. 이 괘종시계가 정각을 알리기 위해 2번 이상 종을 칠 때, 종을 치는 시간 간격은 몇 시 정각을 알리기 위한 것이든 동일하다. A 괘종시계가 6시 정각을 알리기 위한 마지막 6번째 종을 치는 시각은 6시 6초이다.

① 11시 11초

② 11시 12초

③ 11시 13초

④ 11시 14초

⑤ 11시 15초

약점 보완 해설집 p.32

유형 13　상대적 계산형

유형 소개

'상대적 계산형'은 정확한 계산형과 달리 최종 계산값을 정확하게 구하지 않고 항목 간 수치 비교를 통해 문제를 해결하는 유형이다.

유형 특징

1 발문이나 조건, 선택지나 <보기>에서 순위 또는 크기 등의 항목을 비교하는 내용이 제시된다.

2 주로 대안비교, 가중치 계산, 줄 세우기, 최대 및 최소 구하기, 분수 비교·계산 소재가 출제된다.

풀이 전략

1 계산에 필요한 정보 및 계산 과정을 정확히 파악한다.

2 계산에 필요한 정보를 간단하게 정리한 후, 차이·비의 상대적 계산 스킬을 활용하여 문제를 풀이한다.

난이도 ★☆☆   권장 풀이 시간: 2분   나의 풀이 시간: _____분 _____초

01. 4명의 참가자(A~D)가 음악경연을 한다. 다음 <조건>에 근거할 때, 옳지 않은 것은?

12 5급공채

―〈조건〉―

○ 탈락자는 〈심사위원 점수〉와 〈국민참여 문자투표 득표수〉를 반영하여 선정된다.

○ 심사위원 점수의 합산점수와 국민참여 문자투표의 점유율(%)의 수치를 점수로 간주한 값(환산점수)을 더하여 참가자들 각각의 총점을 산출한다.

○ 총점이 가장 낮은 참가자가 탈락되며, 이때 그 수가 2인 이상인 경우 그들 모두를 탈락자로 한다.

○ 甲, 乙, 丙 총 3명의 〈심사위원 점수〉와 10만 명이 문자투표한 〈국민참여 문자투표 득표수〉는 아래와 같다.

〈심사위원 점수〉

(100점 만점)

심사위원＼참가자	A	B	C	D
甲	90점	85점	88점	89점
乙	88점	85점	88점	86점
丙	85점	?	90점	90점

〈국민참여 문자투표 득표수〉

구분	A	B	C	D
득표수	25,000표	?	17,500표	?
환산점수	25점	?	17.5점	?

① A는 탈락하지 않을 것이다.

② D가 C보다 국민참여 문자투표를 1,500표 더 받았다면 탈락하지 않는다.

③ D가 국민참여 문자투표에서 42,500표를 받았다면 B가 탈락했을 것이다.

④ B와 D의 국민참여 문자투표 득표수가 같다면 B와 C 중에서 탈락자가 결정된다.

⑤ 공동 탈락자가 생길 수 있다.

📓 꼼꼼 풀이 노트

권장 풀이 시간에 맞춰 문제를 풀어본 후, 꼼꼼 풀이 노트로 정리해보세요.

■ 출제 포인트

예) 총점이 가장 낮은 참가자 탈락

■ 풀이법

예) B의 ? 점수 주의
　 환산 점수를 더하여 산출

꼼꼼 풀이 노트

권장 풀이 시간에 맞춰 문제를 풀어본 후,
꼼꼼 풀이 노트로 정리해보세요.

■ 출제 포인트

■ 풀이법

02. 다음 <감독의 말>과 <상황>을 근거로 판단할 때, 甲~戊 중 드라마에 캐스팅되는 배우는?

19 5급공채

〈감독의 말〉

　안녕하세요 여러분. '열혈 군의관, 조선시대로 가다!' 드라마 오디션에 지원해 주셔서 감사합니다. 잠시 후 오디션을 시작할 텐데요. 이번 오디션에서 캐스팅하려는 역은 20대 후반의 군의관입니다. 오디션 실시 후 오디션 점수를 기본 점수로 하고, 다음 채점 기준의 해당 점수를 기본 점수에 가감하여 최종 점수를 산출하며, 이 최종 점수가 가장 높은 사람을 캐스팅합니다.

　첫째, 28세를 기준으로 나이가 많거나 적은 사람은 1세 차이당 2점씩 감점하겠습니다. 둘째, 이전에 군의관 역할을 연기해 본 경험이 있는 사람은 5점을 감점하겠습니다. 시청자들이 식상해 할 수 있을 것 같아서요. 셋째, 저희 드라마가 퓨전 사극이기 때문에, 사극에 출연해 본 경험이 있는 사람에게는 10점의 가점을 드리겠습니다. 넷째, 최종 점수가 가장 높은 사람이 여럿인 경우, 그중 기본 점수가 가장 높은 한 사람을 캐스팅하도록 하겠습니다.

〈상황〉

○ 오디션 지원자는 총 5명이다.
○ 오디션 점수는 甲이 76점, 乙이 78점, 丙이 80점, 丁이 82점, 戊가 85점이다.
○ 각 배우의 오디션 점수에 각자의 나이를 더한 값은 모두 같다.
○ 오디션 점수가 세 번째로 높은 사람만 군의관 역할을 연기해 본 경험이 있다.
○ 나이가 가장 많은 배우만 사극에 출연한 경험이 있다.
○ 나이가 가장 적은 배우는 23세이다.

① 甲
② 乙
③ 丙
④ 丁
⑤ 戊

03. 다음은 X공기업의 팀별 성과급 지급 기준이다. Y팀의 성과평가결과가 <보기>와 같다면 지급되는 성과급의 1년 총액은?　　　　08 5급공채

[성과급 지급 방법]
가. 성과급 지급은 성과평가 결과와 연계함
나. 성과평가는 유용성, 안전성, 서비스 만족도의 총합으로 평가함. 단, 유용성, 안전성, 서비스 만족도의 가중치를 각각 0.4, 0.4, 0.2로 부여함
다. 성과평가 결과를 활용한 성과급 지급 기준

성과평가 점수	성과평가 등급	분기별 성과급 지급액	비고
9.0 이상	A	100만 원	성과평가 등급이 A이면 직전분기 차감액의 50%를 가산하여 지급
8.0 이상 9.0 미만	B	90만 원 (10만 원 차감)	
7.0 이상 8.0 미만	C	80만 원 (20만 원 차감)	
7.0 미만	D	40만 원 (60만 원 차감)	

<보기>

구분	1/4분기	2/4분기	3/4분기	4/4분기
유용성	8	8	10	8
안전성	8	6	8	8
서비스 만족도	6	8	10	8

① 350만 원
② 360만 원
③ 370만 원
④ 380만 원
⑤ 390만 원

■ 꼼꼼 풀이 노트

권장 풀이 시간에 맞춰 문제를 풀어본 후, 꼼꼼 풀이 노트로 정리해보세요.

■ 출제 포인트

■ 풀이법

난이도 ★☆☆   권장 풀이 시간: 2분   나의 풀이 시간: _____분 _____초

04. 정부는 새로운 우편집중국의 입지를 선정하기 위하여 전문가를 대상으로 다음과 같은 설문조사를 실시하였다. 이를 근거로 <보기>에서 옳은 것만 모두 고르면?   09 5급공채

> 정부는 50명의 관련전문가를 대상으로 설문조사를 실시하였다. 설문조사는 (i) 인구, 면적, 우편물량, 운송비, 거리 등 5가지 입지 선정기준에 대한 가중치 조사와 (ii) 각 선정기준별 입지후보지 선호도 조사로 구성되어 있다. 조사 결과는 다음과 같다.

가중치 조사		입지선호도 조사		
입지 선정기준	가중치	입지후보지 A	입지후보지 B	입지후보지 C
인구	0.2	0.6	0.2	0.2
면적	0.1	0.5	0.3	0.2
우편물량	0.5	0.6	0.2	0.2
운송비	0.1	0.8	0.1	0.1
거리	0.1	0.2	0.5	0.3
종합점수		0.57	0.23	0.20

※ 종합점수 = Σ (가중치×선호도)
※ 1에 가까울수록 더 선호함을 의미한다.

─────────〈보기〉─────────

ㄱ. 선정기준 중 거리 측면에서 입지후보지 선호도를 비교한다면, 그 결과는 B>A>C의 순위가 된다.

ㄴ. B와 C의 경우에는 운송비가 두 입지후보지 간의 종합점수 순위에 영향을 주지 않는다.

ㄷ. 입지 선정기준 중 면적을 제외하고 면적가중치를 인구가중치에 합산하여 종합점수를 계산하면, 그 결과는 A>C>B의 순위가 된다.

ㄹ. 관련전문가들은 우편물량이 최종적인 입지선정의 가장 중요한 요소라고 판단하고 있다.

ㅁ. 가중치를 고려하지 않고 각 입지후보지의 선정기준별 선호도를 비교하면, B와 C의 경우에는 거리 측면에서 선호도가 가장 높고, A의 경우 운송비의 측면에서 선호도가 가장 높다.

① ㄱ, ㄴ

② ㄴ, ㄷ

③ ㄴ, ㄹ, ㅁ

④ ㄷ, ㄹ, ㅁ

⑤ ㄴ, ㄷ, ㄹ, ㅁ

05. A부처에서 갑, 을, 병, 정 4명의 직원으로부터 국외연수 신청을 받아 선발 가능성이 가장 높은 한 명을 추천하려는 가운데, 정부가 선발 기준 개정안을 내놓았다. 현행 기준과 개정안 기준을 적용할 때, 각각 선발 가능성이 가장 높은 사람은?　　10 5급공채

〈선발 기준안 비교〉

구분	현행	개정안
외국어 성적	30점	50점
근무 경력	40점	20점
근무 성적	20점	10점
포상	10점	20점
계	100점	100점

※ 근무 경력은 15년 이상이 만점 대비 100%, 10년 이상 15년 미만 70%, 10년 미만 50%이다. 다만 근무 경력이 최소 5년 이상인 자만 선발 자격이 있다.
※ 포상은 3회 이상이 만점 대비 100%, 1~2회 50%, 0회 0%이다.

<A부처의 국외연수 신청자 현황>

구분	갑	을	병	정
근무 경력	30년	20년	10년	3년
포상	2회	4회	0회	5회

※ 외국어 성적은 갑과 을이 만점 대비 50%이고, 병이 80%, 정이 100%이다.
※ 근무 성적은 을만 만점이고, 갑·병·정 셋은 서로 동점이라는 사실만 알려져 있다.

	현행	개정안
①	갑	을
②	갑	병
③	을	갑
④	을	을
⑤	을	정

06. 다음 글과 <평가 결과>를 근거로 판단할 때, <보기>에서 옳은 것만을 모두 고르면?

16 민경채

> X국에서는 현재 정부 재정지원을 받고 있는 복지시설(A~D)을 대상으로 다섯 가지 항목(환경개선, 복지관리, 복지지원, 복지성과, 중장기 발전계획)에 대한 종합적인 평가를 진행하였다.
> 평가점수의 총점은 각 평가항목에 대해 해당 시설이 받은 점수와 해당 평가항목별 가중치를 곱한 것을 합산하여 구하고, 총점 90점 이상은 1등급, 80점 이상 90점 미만은 2등급, 70점 이상 80점 미만은 3등급, 70점 미만은 4등급으로 한다.
> 평가 결과, 1등급 시설은 특별한 조치를 취하지 않으며, 2등급 시설은 관리 정원의 5%를, 3등급 이하 시설은 관리 정원의 10%를 감축해야 하고, 4등급을 받으면 정부의 재정지원도 받을 수 없다.

〈평가 결과〉

평가항목(가중치)	A시설	B시설	C시설	D시설
환경개선(0.2)	90	90	80	90
복지관리(0.2)	95	70	65	70
복지지원(0.2)	95	70	55	80
복지성과(0.2)	95	70	60	60
중장기 발전계획(0.2)	90	95	50	65

〈보기〉

ㄱ. A시설은 관리 정원을 감축하지 않아도 된다.
ㄴ. B시설은 관리 정원을 감축해야 하나 정부의 재정지원은 받을 수 있다.
ㄷ. 만약 평가항목에서 환경개선의 가중치를 0.3으로, 복지성과의 가중치를 0.1로 바꾼다면 C시설은 정부의 재정지원을 받을 수 있다.
ㄹ. D시설은 관리 정원을 감축해야 하고 정부의 재정지원도 받을 수 없다.

① ㄱ, ㄴ

② ㄴ, ㄹ

③ ㄷ, ㄹ

④ ㄱ, ㄴ, ㄷ

⑤ ㄱ, ㄷ, ㄹ

07. A회사는 甲, 乙, 丙 중 총점이 가장 높은 업체를 협력업체로 선정하고자 한다. <업체 평가기준>과 <지원업체 정보>를 근거로 판단할 때, <보기>에서 옳은 것만을 모두 고르면?

14 5급공채

〈업체 평가기준〉

〈평가항목과 배점비율〉

평가항목	품질	가격	직원규모	계
배점비율	50%	40%	10%	100%

〈가격 점수〉

가격(만 원)	500 미만	500~549	550~599	600~649	650~699	700 이상
점수	100	98	96	94	92	90

〈직원규모 점수〉

직원규모(명)	100 초과	100~91	90~81	80~71	70~61	60 이하
점수	100	97	94	91	88	85

〈지원업체 정보〉

업체	품질 점수	가격(만 원)	직원규모(명)
甲	88	575	93
乙	85	450	95
丙	87	580	85

※ 품질 점수의 만점은 100점으로 한다.

〈보기〉

ㄱ. 총점이 가장 높은 업체는 乙이며 가장 낮은 업체는 丙이다.

ㄴ. 甲이 현재보다 가격을 30만 원 더 낮게 제시한다면, 乙보다 더 높은 총점을 얻을 수 있을 것이다.

ㄷ. 丙이 현재보다 직원규모를 10명 더 늘린다면, 甲보다 더 높은 총점을 얻을 수 있을 것이다.

ㄹ. 丙이 현재보다 가격을 100만 원 더 낮춘다면, A회사는 丙을 협력업체로 선정할 것이다.

① ㄱ, ㄴ

② ㄱ, ㄹ

③ ㄴ, ㄷ

④ ㄷ, ㄹ

⑤ ㄱ, ㄴ, ㄹ

꼼꼼 풀이 노트

권장 풀이 시간에 맞춰 문제를 풀어본 후, 꼼꼼 풀이 노트로 정리해보세요.

■ 출제 포인트

■ 풀이법

1 텍스트형

2 법조문형

3 계산형

4 규칙형

5 경우형

기출 재구성 모의고사

꼼꼼 풀이 노트

권장 풀이 시간에 맞춰 문제를 풀어본 후,
꼼꼼 풀이 노트로 정리해보세요.

■ 출제 포인트

■ 풀이법

08. 다음 글을 근거로 판단할 때, A시가 '창의 테마파크'에서 운영할 프로그램은? 16 5급공채

A시는 학생들의 창의력을 증진시키기 위해 '창의 테마파크'를 운영하고자 한다. 이를 위해 다음과 같은 프로그램을 후보로 정했다.

분야	프로그램명	전문가 점수	학생 점수
미술	내 손으로 만드는 동물	26	32
인문	세상을 바꾼 생각들	31	18
무용	스스로 창작	37	25
인문	역사랑 놀자	36	28
음악	연주하는 교실	34	34
연극	연출노트	32	30
미술	창의 예술학교	40	25
진로	항공체험 캠프	30	35

○ 전문가와 학생은 후보로 선정된 프로그램을 각각 40점 만점제로 우선 평가하였다.
○ 전문가 점수와 학생 점수의 반영 비율을 3:2로 적용하여 합산한 후, 하나밖에 없는 분야에 속한 프로그램에는 취득점수의 30%를 가산점으로 부여한다.
○ A시는 가장 높은 점수를 받은 프로그램을 최종 선정하여 운영한다.

① 연주하는 교실

② 항공체험 캠프

③ 스스로 창작

④ 연출노트

⑤ 창의 예술학교

09. 다음 글을 근거로 판단할 때, A사가 투자할 작품만을 모두 고르면?

24 7급공채

○ A사는 투자할 작품을 결정하려고 한다. 작품별 기본점수 등 현황은 다음과 같다.

작품 \ 현황	기본 점수 (점)	스태프 인원 (명)	장르	감독의 최근 2개 작품 흥행 여부 (개봉연도)	
성묘	70	55	판타지	성공 (2009)	실패 (2015)
서울의 겨울	85	45	액션	실패 (2018)	실패 (2020)
만날 결심	75	50	추리	실패 (2020)	성공 (2022)
빅 포레스트	65	65	멜로	성공 (2011)	성공 (2018)

○ 최종점수는 작품별 기본점수에 아래 기준에 따른 점수를 가감해 산출한다.

기준	가감 점수
스태프 인원이 50명 미만	감섬 10점
장르가 판타지	가점 10점
감독의 최근 2개 작품이 모두 흥행 성공	가점 10점
감독의 직전 작품이 흥행 실패	감점 10점

○ 최종점수가 75점 이상인 작품에 투자한다.

① 성묘, 만날 결심

② 성묘, 빅 포레스트

③ 서울의 겨울, 만날 결심

④ 만날 결심, 빅 포레스트

⑤ 서울의 겨울, 빅 포레스트

약점 보완 해설집 p.39

■ 꼼꼼 풀이 노트

권장 풀이 시간에 맞춰 문제를 풀어본 후, 꼼꼼 풀이 노트로 정리해보세요.

■ 출제 포인트

■ 풀이법

1 텍스트형

2 법조문형

3 계산형

4 규칙형

5 경우형

기출 재구성 모의고사

해커스PSAT 7급 PSAT 유형별 기출 200제 상황판단

유형 14 · 조건 계산형

유형 공략 문제

01. 다음 글을 근거로 판단할 때, 예약할 펜션과 워크숍 비용을 옳게 짝지은 것은?

20 7급모의

　　甲은 팀 워크숍을 추진하기 위해 펜션을 예약하려 한다. 팀원은 총 8명으로 한 대의 렌터카로 모두 같이 이동하여 워크숍에 참석한다. 워크숍 기간은 1박 2일이며, 甲은 워크숍 비용을 최소화 하고자 한다.

○ 워크숍 비용은 아래와 같다.

　　워크숍 비용 = 왕복 교통비 + 숙박요금

○ 교통비는 렌터카 비용을 의미하며, 렌터카 비용은 거리 10km당 1,500원이다.

○ 甲은 다음 펜션 중 한 곳을 1박 예약한다.

구분	A 펜션	B 펜션	C 펜션
펜션까지 거리(km)	100	150	200
1박당 숙박요금(원)	100,000	150,000	120,000
숙박기준인원(인)	4	6	8

○ 숙박인원이 숙박기준인원을 초과할 경우, A~C 펜션 모두 초과 인원 1인당 1박 기준 10,000원씩 요금이 추가된다.

	예약할 펜션	워크숍 비용
①	A	155,000원
②	A	170,000원
③	B	215,000원
④	C	150,000원
⑤	C	180,000원

📝 **꼼꼼 풀이 노트**

권장 풀이 시간에 맞춰 문제를 풀어본 후, 꼼꼼 풀이 노트로 정리해보세요.

■ 출제 포인트

예) 예약할 펜션과 워크숍 비용

■ 풀이법

예) 계산 조건 파악

　- 인원 수, 거리, 교통비, 기간 등

난이도 ★☆☆   권장 풀이 시간: 2분   나의 풀이 시간: ____분 ____초

02. 다음 <통역경비 산정기준>과 <상황>을 근거로 판단할 때, A사가 甲시에서 개최한 설명회에 쓴 총 통역경비는?   19 5급공채

───〈통역경비 산정기준〉───

통역경비는 통역료와 출장비(교통비, 이동보상비)의 합으로 산정한다.
○ 통역료(통역사 1인당)

구분	기본요금 (3시간까지)	추가요금 (3시간 초과시)
영어, 아랍어, 독일어	500,000원	100,000원/시간
베트남어, 인도네시아어	600,000원	150,000원/시간

○ 출장비(통역사 1인당)
 – 교통비는 왕복으로 실비 지급
 – 이동보상비는 이동 시간당 10,000원 지급

───〈상황〉───

A사는 2019년 3월 9일 甲시에서 설명회를 개최하였다. 통역은 영어와 인도네시아어로 진행되었고, 영어 통역사 2명과 인도네시아어 통역사 2명이 통역하였다. 설명회에서 통역사 1인당 영어 통역은 4시간, 인도네시아어 통역은 2시간 진행되었다. 甲시까지는 편도로 2시간이 소요되며, 개인당 교통비는 왕복으로 100,000원이 들었다.

① 244만 원

② 276만 원

③ 288만 원

④ 296만 원

⑤ 326만 원

03. 다음 글을 근거로 판단할 때, 甲사무관이 선택할 경로는?   23 5급공채

○ 甲사무관은 차를 운전하여 A부처에서 B연구소로 출장을 가려고 한다.
○ 甲사무관은 회의 시작 시각까지 회의 장소에 도착하려고 한다.
○ 출발 시각은 오전 11시이며, 회의 시작 시각은 당일 오후 1시 30분이다.
○ 甲사무관은 A부처에서 B연구소 주차장까지 갈 경로를 다음 5가지 중에서 선택하려고 한다.

경로	주행 거리	소요시간	통행요금	피로도
최적경로	128km	1시간 34분	2,600원	4
최소시간경로	127km	1시간 6분	7,200원	2
최단거리경로	116km	2시간 6분	0원	2
무료도로경로	132km	1시간 31분	0원	5
초보자경로	129km	1시간 40분	4,600원	1

※ 피로도 수치가 작을수록 피로가 덜한 것을 의미함

○ 甲사무관은 통행요금이 5,000원을 넘으면 해당 경로를 이용하지 않으며, 통행요금이 5,000원을 넘지 않으면 피로가 가장 덜한 경로를 선택한다.
○ 甲사무관은 B연구소 주차장에 도착한 후, 도보 10분 거리의 음식점으로 걸어가 점심식사(30분 소요)를 마치고 다시 주차장까지 걸어온 뒤, 주차장에서 5분 걸려 회의 장소에 도착할 예정이다.

① 최적경로
② 최소시간경로
③ 최단거리경로
④ 무료도로경로
⑤ 초보자경로

1 택스트형
2 법조문형
3 계산형
4 규칙형
5 경우형
기출 재구성 모의고사
해커스PSAT 7급 PSAT 유형별 기출 200제 상황판단

■ 출제 포인트

■ 풀이법

04. 다음 <A기관 특허대리인 보수 지급 기준>과 <상황>을 근거로 판단할 때, 甲과 乙이 지급받는 보수의 차이는?   21 7급공채

〈A기관 특허대리인 보수 지급 기준〉

○ A기관은 특허출원을 특허대리인(이하 '대리인')에게 의뢰하고, 이에 따라 특허출원 건을 수임한 대리인에게 보수를 지급한다.
○ 보수는 착수금과 사례금의 합이다.
○ 착수금은 대리인이 작성한 출원서의 내용에 따라 〈착수금 산정 기준〉의 세부항목을 합산하여 산정한다. 단, 세부항목을 합산한 금액이 140만 원을 초과할 경우 착수금은 140만 원으로 한다.

〈착수금 산정 기준〉

세부항목	금액(원)
기본료	1,200,000
독립항 1개 초과분(1개당)	100,000
종속항(1개당)	35,000
명세서 20면 초과분(1면당)	9,000
도면(1도당)	15,000

※ 독립항 1개 또는 명세서 20면 이하는 해당 항목에 대한 착수금을 산정하지 않는다.

○ 사례금은 출원한 특허가 '등록결정'된 경우 착수금과 동일한 금액으로 지급하고, '거절결정'된 경우 0원으로 한다.

〈상황〉

○ 특허대리인 甲과 乙은 A기관이 의뢰한 특허출원을 각각 1건씩 수임하였다.
○ 甲은 독립항 1개, 종속항 2개, 명세서 14면, 도면 3도로 출원서를 작성하여 특허를 출원하였고, '등록결정'되었다.
○ 乙은 독립항 5개, 종속항 16개, 명세서 50면, 도면 12도로 출원서를 작성하여 특허를 출원하였고, '거절결정'되었다.

① 2만 원

② 8만 5천 원

③ 123만 원

④ 129만 5천 원

⑤ 259만 원

05. 다음 글을 근거로 판단할 때, <보기>에서 옳은 것만을 모두 고르면?   22 7급공채

○○부의 甲국장은 직원 연수 프로그램을 마련하기 위하여 乙주무관에게 직원 1,000명 전원을 대상으로 연수 희망 여부와 희망 지역에 대한 의견을 수렴할 것을 요청하였다. 이에 따라 乙은 설문조사를 실시하였고, 甲과 乙은 그 결과에 대해 대화를 나누고 있다.

甲: 설문조사는 잘 시행되었나요?

乙: 예. 직원 1,000명 모두 연수 희망 여부에 대해 응답하였습니다. 연수를 희망하는 응답자는 43%였으며, 남자직원의 40%와 여자직원의 50%가 연수를 희망하는 것으로 나타났습니다.

甲: 연수 희망자 전원이 희망 지역에 대해 응답했나요?

乙: 예. A지역과 B지역 두 곳 중에서 희망하는 지역을 선택하라고 했더니 B지역을 희망하는 비율이 약간 더 높았습니다. 그리고 연수를 희망하는 여자직원 중 B지역 희망 비율은 연수를 희망하는 남자직원 중 B지역 희망 비율의 2배인 80%였습니다.

〈보기〉

ㄱ. 전체 직원 중 남자직원의 비율은 50%를 넘는다.

ㄴ. 연수 희망자 중 여자직원의 비율은 40%를 넘는다.

ㄷ. A지역 연수를 희망하는 직원은 200명을 넘지 않는다.

ㄹ. B지역 연수를 희망하는 남자직원은 100명을 넘는다.

① ㄱ, ㄷ

② ㄴ, ㄷ

③ ㄴ, ㄹ

④ ㄱ, ㄴ, ㄹ

⑤ ㄱ, ㄷ, ㄹ

꼼꼼 풀이 노트

권장 풀이 시간에 맞춰 문제를 풀어본 후, 꼼꼼 풀이 노트로 정리해보세요.

■ 출제 포인트

■ 풀이법

1 텍스트형
2 법조문형
3 계산형
4 규칙형
5 경우형
기출 재구성 모의고사

꼼꼼 풀이 노트

권장 풀이 시간에 맞춰 문제를 풀어본 후,
꼼꼼 풀이 노트로 정리해보세요.

■ 출제 포인트

■ 풀이법

06. 다음 글과 <대화>를 근거로 판단할 때, 丙이 받을 수 있는 최대 성과점수는?

21 7급공채

○ A과는 과장 1명과 주무관 4명(甲~丁)으로 구성되어 있으며, 주무관의 직급은 甲이 가장 높고, 乙, 丙, 丁순으로 낮아진다.
○ A과는 프로젝트를 성공적으로 마친 보상으로 성과점수 30점을 부여받았다. 과장은 A과에 부여된 30점을 자신을 제외한 주무관들에게 분배할 계획을 세우고 있다.
○ 과장은 주무관들의 요구를 모두 반영하여 성과점수를 분배하려 한다.
○ 주무관들이 받는 성과점수는 모두 다른 자연수이다.

〈대화〉

甲: 과장님이 주시는 대로 받아야죠. 아! 그렇지만 丁보다는 제가 높아야 합니다.
乙: 이번 프로젝트 성공에는 제가 가장 큰 기여를 했으니, 제가 가장 높은 성과점수를 받아야 합니다.
丙: 기여도를 고려했을 때, 제 경우에는 상급자보다는 낮게 받고 하급자보다는 높게 받아야 합니다.
丁: 저는 내년 승진에 필요한 최소 성과점수인 4점만 받겠습니다.

① 6
② 7
③ 8
④ 9
⑤ 10

07. 다음 글을 근거로 판단할 때, 처방에 따라 아기에게 더 먹여야 하는 해열시럽의 양은?

23 7급공채

> 아기가 열이 나서 부모는 처방에 따라 해열시럽 4mL를 먹여야 하는데, 아기가 약 먹기를 거부했다. 부모는 꾀를 내어 배즙 4mL와 해열시럽 4mL를 균일하게 섞어 주었지만 아기는 맛이 이상했는지 4분의 1만 먹었다. 부모는 아기가 남긴 것 전부와 사과즙 50 mL를 다시 균일하게 섞어 주었다. 아기는 그 절반을 먹더니 더 이상 먹지 않았다.

① 1.5mL

② 1.6mL

③ 2.0mL

④ 2.4mL

⑤ 2.5mL

난이도 ★☆☆　　　권장 풀이 시간: 1분 30초　　　나의 풀이 시간: _____분 _____초

08. 다음 글과 <상황>을 근거로 판단할 때, 甲에게 배정되는 금액은?　　23 7급공채

A부서는 소속 직원에게 원격지 전보에 따른 이전여비를 지원한다. A부서는 다음과 같은 지침에 따라 지원액을 배정하고자 한다.
○ 지원액 배정 지침
 – 이전여비 지원 예산 총액: 160만 원
 – 심사를 통해 원격지 전보에 해당하는 신청자만 배정대상자로 함
 – 예산 한도 내에서 지원 가능한 최대의 금액 배정
 – 배정대상자 신청액의 합이 지원 예산 총액을 초과할 경우에는 각 배정대상자의 '신청액 대비 배정액 비율'이 모두 같도록 삭감하여 배정

〈상황〉

다음은 이전여비 지원을 신청한 A부서 직원 甲~戊의 신청액과 원격지 전보 해당 여부이다.

구분	이전여비 신청액(원)	원격지 전보 해당 여부
甲	700,000	해당
乙	400,000	해당하지 않음
丙	500,000	해당
丁	300,000	해당
戊	500,000	해당

① 525,000원
② 560,000원
③ 600,000원
④ 620,000원
⑤ 630,000원

09. 다음 글을 근거로 판단할 때, 식목일의 요일은?

23 7급공채

다음은 가원이의 어느 해 일기장에서 서로 다른 요일의 일기를 일부 발췌하여 날짜순으로 나열한 것이다.

(1) 4월 5일 ○요일
오늘은 식목일이다. 동생과 한 그루의 사과나무를 심었다.

(2) 4월 11일 ○요일
오늘은 아빠와 뒷산에 가서 벚꽃을 봤다.

(3) 4월 □□일 수요일
나는 매주 같은 요일에만 데이트를 한다. 오늘 데이트도 즐거웠다.

(4) 4월 15일 ○요일
오늘은 친구와 미술관에 갔다. 작품들이 멋있었다.

(5) 4월 □□일 ○요일
내일은 대청소를 하는 날이어서 오늘은 휴식을 취했다.

(6) 4월 □□일 ○요일
나는 매달 마지막 일요일에만 대청소를 한다. 그래서 오늘 대청소를 했다.

① 월요일

② 화요일

③ 목요일

④ 금요일

⑤ 토요일

■ 출제 포인트

■ 풀이법

난이도 ★☆☆　　　　권장 풀이 시간: 1분　　　　나의 풀이 시간: _____분 _____초

10. 다음 글을 근거로 판단할 때, 유학생의 날로 지정된 날짜의 요일로 가능한 것은?

24 5급공채

○ A시는 올해 중 하루를 유학생의 날로 지정하였다.
○ 유학생의 날 1주 전 같은 요일이 전통시장의 날이고, 유학생의 날 3주 뒤 같은 요일이 도서기증의 날이다.
○ 전통시장의 날과 도서기증의 날은 같은 달에 있다.
○ 유학생의 날이 있는 달에는 네 번의 토요일과 다섯 번의 일요일이 있다.

① 화요일
② 수요일
③ 목요일
④ 금요일
⑤ 토요일

약점 보완 해설집 p.43

취약 유형 진단 & 약점 극복

1 문항별 정오표

각 문항별로 정오를 확인한 후, 맞았으면 O, 풀지 못했으면 △, 틀렸으면 X로 표시해 보세요.

정확한 계산형		상대적 계산형		조건 계산형	
번호	정오	번호	정오	번호	정오
01		01		01	
02		02		02	
03		03		03	
04		04		04	
05		05		05	
06		06		06	
07		07		07	
08		08		08	
09		09		09	
10				10	
11					
12					
13					
14					
15					
16					

2 취약 유형 분석표

유형별로 맞힌 문제 개수와 정답률을 적고, 취약한 유형이 무엇인지 파악해 보세요.

유형	맞힌 문제 개수	정답률
정확한 계산형	/16	%
상대적 계산형	/9	%
조건 계산형	/10	%

3 학습 전략

취약한 유형의 학습 전략을 확인한 후, 풀지 못한 문제와 틀린 문제를 다시 풀면서 취약 유형을 극복해 보세요.

정확한 계산형	정확한 계산형은 계산 결과를 구할 때 정확한 값이 도출되어야 하는 유형입니다. 따라서 정확한 계산형에 취약하다면 계산 방법을 정확히 이해하고, 이해한 바를 토대로 정확한 계산 결과를 도출할 수 있도록 연습해야 합니다. PSAT가 주관식 시험이 아닌 객관식 시험이기 때문에, 객관식 시험의 특성상 선택지를 활용하면 보다 빠르고 정확하게 문제를 해결할 수 있습니다.
상대적 계산형	상대적 계산형은 정확한 계산값을 도출해야 하는 문제가 아니라, '크다, 작다, 같다'처럼 계산을 한 결과를 상대적으로 비교하여 판단할 것을 요구합니다. 이 경우 정확한 값을 계산할 필요가 없기 때문에, 계산을 보다 간단하게 바꿀 수 있는 스킬들을 연습해야 합니다. 계산 과정을 생략하고 단순화할수록 문제를 더 빠르고 정확하게 해결할 수 있습니다.
조건 계산형	계산형의 정답률이 높지 않은 수험생들의 경우에, 실제 계산을 정확하게 하지 못해서 문제를 틀리는 경우보다는 계산 조건을 정확하게 이해하지 못하거나, 중요한 계산 조건을 누락하고 문제를 해결해서 결괏값이 달라지는 경우가 절대적으로 많습니다. 부정확한 방법으로 계산한 결과는 당연히 틀릴 수밖에 없기 때문에 우선 계산 조건을 정확하게 파악하는 연습을 해야 하고, 이때는 시각화 등의 스킬을 연습하는 것이 좋습니다.

출제 경향

1 규칙형은 문제에 제시된 규칙을 정확하게 이해하고, 응용·적용할 수 있는지를 평가하기 위한 유형이다.

2 규칙형은 문제 해결을 위한 과정에 따라 ① 규칙 단순확인형, ② 규칙 정오판단형, ③ 규칙 적용해결형 총 3가지 세부 유형으로 출제된다. 또한 규칙형은 경우형과 결합되어 응용 문제로 출제되는 경우가 많다.

3 규칙형은 2019년 7급 PSAT 예시문제에서 1문제, 2020년 7급 PSAT 모의평가와 2021년 7급 공채 PSAT에서 각각 6문제가 출제되었다. 2022년 7급 공채 PSAT에서는 5문제, 올해 2023년 7급 공채 PSAT에서는 2문제가 출제되면서 출제비중이 줄어들다가 2024년 7급 공채 PSAT에서는 다시 6문제가 출제되어 출제비중이 늘어났다.

4 주어진 규칙을 단순히 확인하면 해결되는 단순확인형과 규칙을 이해한 후 적용하는 적용해결형 문제의 경우 난도는 높지 않게 출제되거나 기존 기출문제와 유사한 문제가 반복해서 출제되고 있다. 그러나 적절한 입증사례 또는 반증사례를 떠올려 선택지·보기의 정오판단을 해야 하는 정오판단형은 체감 난도가 높은 경우가 많다.

5 2019년 7급 PSAT 예시문제에서는 경우 파악형의 도구인 2×2 매트릭스를 활용하면 수월한 문제가 출제되었고, 2020년 모의평가에서는 '몰아주기' 소재가 두 문제에서 활용되었다. 2021년 기출에서도 '몰아주기' 소재가 사용되었고, 이동규칙, 법조문에서의 중요한 출제 장치인 광역·기초지방자치단체 소재가 사용되었다. 2022년에도 복수의 결과, 여러 방식이 적용되는 문제 등 기존에 출제되던 유형의 문제가 출제되었고, 규칙 정오판단형에 해당하는 두 문제의 난도는 다소 높았다. 2023년에 출제된 두 문제의 난도는 낮았다. 2024년에 출제된 규칙형 6문제는 모두 정오판단형이라는 점이 특징적인데 일부 까다로운 문제가 출제되었다. 이처럼 규칙형에서 기존에 반복해서 출제되던 문제와 유사하게 계속 출제되고 있으므로 기존 기출문제를 철저하게 분석해 두는 것이 필요하다.

4 규칙형

유형 15 규칙 단순확인형

유형 소개

'규칙 단순확인형'은 규칙을 이해한 후 관련된 내용을 단순히 확인하여 문제를 해결하는 유형이다. 지문에 제시된 규칙을 통해서 관련 정보를 매칭 또는 단순 확인하여 발문에서 요구하는 것을 해결한다.

유형 특징

이 유형은 문제를 해결하기 위해 필요한 정보를 빠르게 확인하면 된다는 점에서 텍스트형과 유사하나, 제시되는 지문이 단순 줄글 형태가 아니라는 점에서 텍스트형과 차이가 있다.

풀이 전략

1 발문과 선택지 또는 <보기>를 활용하여 문제 해결에 필요한 정보가 무엇인지 파악한다.

2 문제 해결에 필요한 정보 위주로 빠르게 확인한다.

난이도 ★☆☆   권장 풀이 시간: 1분 30초   나의 풀이 시간: _____분 _____초

01. 다음 글을 근거로 판단할 때, 규칙 위반에 해당하는 것은?   21 5급공채

〈드론 비행 안전 규칙〉

드론을 비행하려면 다음 요건을 갖추어야 한다.

구분		기체 검사	비행 승인	사업 등록	구분		장치 신고	조종 자격
이륙중량 25kg 초과	사업자	○	○	○	자체중량 12kg 초과	사업자	○	○
	비사업자	○	○	×		비사업자	○	×
이륙중량 25kg 이하	사업자	×	△	○	자체중량 12kg 이하	사업자	○	×
	비사업자	×	△	×		비사업자	×	×

※ ○: 필요, ×: 불필요
  △: 공항 또는 비행장 중심 반경 5km 이내에서는 필요

① 비사업자인 甲은 이륙중량 20kg, 자체중량 10kg인 드론을 공항 중심으로부터 10km 떨어진 지역에서 비행승인 없이 비행하였다.

② 비사업자인 乙은 이륙중량 30kg, 자체중량 10kg인 드론을 기체검사, 비행승인을 받아 비행하였다.

③ 사업자인 丙은 이륙중량 25kg, 자체중량 12kg인 드론을 사업등록, 장치신고를 하고 비행승인 없이 비행장 중심으로부터 4km 떨어진 지역에서 비행하였다.

④ 사업자인 丁은 이륙중량 30kg, 자체중량 20kg인 드론을 기체검사, 사업등록, 장치신고, 조종자격을 갖추고 비행승인을 받아 비행하였다.

⑤ 사업자인 戊는 이륙중량 20kg, 자체중량 13kg인 드론을 사업등록, 장치신고, 조종자격을 갖추고 비행승인 없이 비행장 중심으로부터 20km 떨어진 지역에서 비행하였다.

■ 출제 포인트

■ 풀이법

난이도 ★☆☆　　　　권장 풀이 시간: 1분　　　　나의 풀이 시간: _____분 _____초

02. 다음 글과 <국내이전비 신청현황>을 근거로 판단할 때, 국내이전비를 지급받는 공무원만을 모두 고르면?

20 민경채

> 청사 소재지 이전에 따라 거주지를 이전하거나, 현 근무지 외의 지역으로 부임의 명을 받아 거주지를 이전하는 공무원은 다음 요건에 모두 부합하는 경우 국내이전비를 지급받는다.
> 첫째, 전임지에서 신임지로 거주지를 이전하고 이사화물도 옮겨야 한다. 다만 동일한 시(특별시, 광역시 및 특별자치시 포함)·군 및 섬(제주특별자치도 제외) 안에서 거주지를 이전하는 공무원에게는 국내이전비를 지급하지 않는다. 둘째, 거주지와 이사화물은 발령을 받은 후에 이전하여야 한다.

〈국내이전비 신청현황〉

공무원	전임지	신임지	발령 일자	이전 일자	이전여부	
					거주지	이사화물
甲	울산광역시 중구	울산광역시 북구	'20.2.13.	'20.2.20.	○	○
乙	경기도 고양시	세종특별자치시	'19.12.3.	'19.12.5.	○	×
丙	광주광역시	대구광역시	'19.6.1.	'19.6.15.	×	○
丁	제주특별자치도 서귀포시	제주특별자치도 제주시	'20.1.2.	'20.1.13.	○	○
戊	서울특별시	충청북도 청주시	'19.9.3.	'19.9.8.	○	○
己	부산광역시	서울특별시	'20.4.25.	'20.4.1.	○	○

① 甲, 乙

② 乙, 丁

③ 丙, 己

④ 丁, 戊

⑤ 戊, 己

03. 다음 글을 근거로 판단할 때, <보기>에서 옳은 것만을 모두 고르면?

23 5급공채

○ 건축물 점검기관은 점검대상 건축물의 연면적에 따라 다음과 같이 책임자와 점검자를 각각 따로 두어야 한다.

인력 \ 연면적	3천 m² 미만	3천 m² 이상 1만 m² 미만	1만 m² 이상
책임자(명)	1	1	1
점검자(명)	2	3	4

※ 연면적: 한 건축물의 각층 바닥면적의 합계

○ 책임자와 점검자는 다음의 교육을 받아야 한다.
  1. 교육의 종류 및 시간
    가. 기본교육: 7시간(단, 책임자는 35시간)
    나. 보수교육: 7시간
  2. 교육 이수 주기
    가. 기본교육: 매년 이수
    나. 보수교육: 3년마다 이수

─────────〈보기〉─────────

ㄱ. 연면적 2천 m²인 건축물을 점검하는 점검기관의 책임자와 점검자가 이수해야 할 연간 교육시간의 총합은 49시간 이상이다.

ㄴ. 책임자 1명, 점검자 3명으로 구성된 점검기관은 각층 바닥면적이 5천 m²인 2층 건축물을 점검할 수 있다.

ㄷ. 연면적 2만 m²인 건축물을 점검하는 점검기관의 책임자와 점검자는 총 35시간의 보수교육을 매년 이수해야 한다.

① ㄱ

② ㄴ

③ ㄱ, ㄷ

④ ㄴ, ㄷ

⑤ ㄱ, ㄴ, ㄷ

약점 보완 해설집 p.48

유형 16 규칙 정오판단형

유형 소개

'규칙 정오판단형'은 제시된 규칙을 읽고 선택지나 <보기>에 제시된 내용의 정오를 판단하는 유형이다. 규칙 단순확인형이 제시된 규칙의 내용을 단순히 확인하면 해결되는 유형이라면, 이 유형은 선택지나 <보기>가 진술의 형태로 제시되고, 해당 문장의 정오를 판단해야 한다.

유형 특징

규칙 단순확인형이 정보를 단순히 매칭하는 방식으로 풀이한다면 규칙 정오판단형은 규칙을 이해하여 선택지나 <보기>의 정오를 판단한다.

풀이 전략

1 발문, 문제 번호 등을 통해 규칙 정오판단형임을 확인한 후, 규칙을 꼼꼼하게 확인한다.

2 정오판단을 하기 위해 문제에서 요구하는 것을 정확히 처리한다.
  · 동일한 규칙을 여러 사례에 적용한다.
  · 여러 규칙을 동일한 사례에 적용한다.
  · 규칙을 이해한 후, 정오판단을 하기 위한 입증사례 또는 반증사례를 찾는다.

난이도 ★☆☆　　　　권장 풀이 시간: 1분 45초　　　　나의 풀이 시간: ＿＿＿분＿＿＿초

01. 다음 글을 근거로 판단할 때, <보기>에서 인증이 가능한 경우만을 모두 고르면?

16 5급공채

○○국 친환경농산물의 종류는 3가지로, 인증기준에 부합하는 재배방법은 각각 다음과 같다. 1) 유기농산물의 경우 일정 기간(다년생 작물 3년, 그 외 작물 2년) 이상을 농약과 화학비료를 사용하지 않고 재배한다. 2) 무농약농산물의 경우 농약을 사용하지 않고, 화학비료는 권장량의 2분의 1 이하로 사용하여 재배한다. 3) 저농약농산물의 경우 화학비료는 권장량의 2분의 1 이하로 사용하고, 농약은 살포시기를 지켜 살포 최대횟수의 2분의 1 이하로 사용하여 재배한다.

<농산물별 관련 기준>

종류	재배기간 내 화학비료 권장량(kg/ha)	재배기간 내 농약살포 최대횟수	농약 살포시기
사과	100	4	수확 30일 전까지
감귤	80	3	수확 30일 전까지
감	120	4	수확 14일 전까지
복숭아	50	5	수확 14일 전까지

※ 1ha = 10,000m², 1t = 1,000kg

<보기>

ㄱ. 甲은 5km²의 면적에서 재배기간 동안 농약을 전혀 사용하지 않고 20t의 화학비료를 사용하여 사과를 재배하였으며, 이 사과를 수확하여 무농약농산물 인증신청을 하였다.

ㄴ. 乙은 3ha의 면적에서 재배기간 동안 농약을 1회 살포하고 50kg의 화학비료를 사용하여 복숭아를 재배하였다. 하지만 수확시기가 다가오면서 병충해 피해가 나타나자 농약을 추가로 1회 살포하였고, 열흘 뒤 수확하여 저농약농산물 인증신청을 하였다.

ㄷ. 丙은 지름이 1km인 원 모양의 농장에서 작년부터 농약을 전혀 사용하지 않고 감귤을 재배하였다. 작년에는 5t의 화학비료를 사용하였으나, 올해는 전혀 사용하지 않고 감귤을 수확하여 유기농산물 인증신청을 하였다.

ㄹ. 丁은 가로와 세로가 각각 100m, 500m인 과수원에서 감을 재배하였다. 재배기간 동안 총 2회(올해 4월 말과 8월 초) 화학비료 100kg씩을 뿌리면서 병충해 방지를 위해 농약도 함께 살포하였다. 丁은 추석을 맞아 9월 말에 감을 수확하여 저농약농산물 인증신청을 하였다.

① ㄱ, ㄹ

② ㄴ, ㄷ

③ ㄱ, ㄴ, ㄹ

④ ㄱ, ㄷ, ㄹ

⑤ ㄴ, ㄷ, ㄹ

난이도 ★☆☆　　　　권장 풀이 시간: 1분 15초　　　　나의 풀이 시간: _____분 _____초

02. 다음 규정에 근거할 때, 옳은 것을 <보기>에서 모두 고르면?　　　　12 5급공채

제00조(공공기관의 구분) ① 기획재정부장관은 공공기관을 공기업·준정부기관과 기타공공기관으로 구분하여 지정한다. 직원 정원이 50인 이상인 공공기관은 공기업 또는 준정부기관으로, 그 외에는 기타공공기관으로 지정한다.

② 기획재정부장관은 제1항의 규정에 따라 공기업과 준정부기관을 지정하는 경우 자체수입액이 총수입액의 2분의 1 이상인 기관은 공기업으로, 그 외에는 준정부기관으로 지정한다.

③ 기획재정부장관은 제1항 및 제2항의 규정에 따른 공기업을 다음 각 호의 구분에 따라 세분하여 지정한다.

　1. 시장형 공기업: 자산규모가 2조 원 이상이고, 총 수입액 중 자체수입액이 100분의 85 이상인 공기업

　2. 준시장형 공기업: 시장형 공기업이 아닌 공기업

〈공공기관 현황〉

공공기관	직원 정원	자산규모	자체수입비율
A	80명	3조 원	85%
B	40명	1.5조 원	60%
C	60명	1조 원	45%
D	55명	2.5조 원	40%

※ 자체수입비율: 총 수입액 대비 자체수입액 비율

〈보기〉

ㄱ. 기관 A는 시장형 공기업이다.

ㄴ. 기관 B는 준시장형 공기업이다.

ㄷ. 기관 C는 기타공공기관이다.

ㄹ. 기관 D는 준정부기관이다.

① ㄱ, ㄴ

② ㄱ, ㄹ

③ ㄴ, ㄷ

④ ㄱ, ㄷ, ㄹ

⑤ ㄴ, ㄷ, ㄹ

03. 다음 글을 근거로 판단할 때, <보기>에서 옳은 것만을 모두 고르면?　　　22 7급공채

○ 甲과 乙이 아래와 같은 방식으로 농구공 던지기 놀이를 하였다.
- 甲과 乙은 각 5회씩 도전하고, 합계 점수가 더 높은 사람이 승리한다.
- 2점 슛과 3점 슛을 자유롭게 선택하여 도전할 수 있으며, 성공하면 해당 점수를 획득한다.
- 5회의 도전 중 4점 슛 도전이 1번 가능한데, '4점 도전'이라고 외친 후 뒤돌아서서 슛을 하여 성공하면 4점을 획득하고, 실패하면 1점을 잃는다.
○ 甲과 乙의 던지기 결과는 다음과 같았다.

(성공: ○, 실패: ×)

구분	1회	2회	3회	4회	5회
甲	○	×	○	○	○
乙	○	○	×	×	○

─────────〈보기〉─────────
ㄱ. 甲의 합계 점수는 8점 이상이었다.
ㄴ. 甲이 3점 슛에 2번 도전하였고 乙이 승리하였다면, 乙은 4점 슛에 도전하였을 것이다.
ㄷ. 4점 슛뿐만 아니라 2점 슛, 3점 슛에 대해서도 실패 시 1점을 차감하였다면, 甲이 승리하였을 것이다.

① ㄱ
② ㄴ
③ ㄱ, ㄴ
④ ㄱ, ㄷ
⑤ ㄴ, ㄷ

04. 다음 글에 근거할 때, 옳은 것을 <보기>에서 모두 고르면?   12 5급공채

○ 숫자판은 아래와 같이 6개의 전구를 켜거나 끌 수 있게 되어 있다.

〈숫자판〉

32	16	8	4	2	1
○	○	○	○	○	○

○ 숫자판은 전구가 켜진 칸에 있는 숫자를 더하여 결괏값을 표현한다. 예를 들어 아래의 숫자판은 결괏값 '19'를 표현한다.

32	16	8	4	2	1
○	☼	○	○	☼	☼

(☼: 불이 켜진 전구, ○: 불이 꺼진 전구)

○ 전구는 6개까지 동시에 켜질 수 있으며, 하나도 켜지지 않을 수도 있다.

〈보기〉

ㄱ. 이 숫자판을 사용하면 1부터 63까지의 모든 자연수를 결괏값으로 표현할 수 있다.

ㄴ. 숫자판에 한 개의 전구를 켜서 표현한 결괏값은 두 개 이상의 전구를 켜서도 표현할 수 있다.

ㄷ. 숫자 1의 전구가 고장 나서 안 켜질 때 표현할 수 있는 결괏값의 갯수가 숫자 32의 전구가 고장 나서 안 켜질 때 표현할 수 있는 결괏값의 개수보다 많다.

ㄹ. 숫자판에서 하나의 전구가 켜진 경우의 결괏값은, 숫자판에서 그 외 다섯 개의 전구가 모두 켜진 경우의 결괏값보다 클 수 있다.

① ㄱ, ㄷ
② ㄱ, ㄹ
③ ㄴ, ㄷ
④ ㄱ, ㄴ, ㄹ
⑤ ㄴ, ㄷ, ㄹ

05. 다음 글을 근거로 판단할 때, <보기>에서 옳은 것만을 모두 고르면?　　20 5급공채

甲과 乙은 시계와 주사위를 이용한 게임을 하며, 규칙은 다음과 같다.

○ 1~12시까지 적힌 시계 문자판을 말판으로 삼아, 1개의 말을 12시에 놓고 게임을 시작한다.

○ 주사위를 던져 짝수가 나오면 말을 시계 방향으로 1시간 이동시키며, 홀수가 나오면 말을 반시계 방향으로 1시간 이동시킨다.

○ 甲과 乙이 번갈아 주사위를 각 12번씩 총 24번 던져 말의 최종 위치로 게임의 승자를 결정한다.

○ 말의 최종 위치가 1~5시이면 甲이 승리하고, 7~11시이면 乙이 승리한다. 6시 또는 12시이면 무승부가 된다.

〈보기〉

ㄱ. 말의 최종 위치가 3시일 확률은 $\frac{1}{12}$이다.

ㄴ. 말의 최종 위치가 4시일 확률과 8시일 확률은 같다.

ㄷ. 乙이 마지막 주사위를 던질 때, 홀수가 나오는 것보다 짝수가 나오는 것이 甲에게 항상 유리하다.

ㄹ. 乙이 22번째 주사위를 던져 말을 이동시킨 결과 말의 위치가 12시라면, 甲이 승리할 확률은 무승부가 될 확률보다 낮다.

---

① ㄱ, ㄷ

② ㄴ, ㄷ

③ ㄴ, ㄹ

④ ㄷ, ㄹ

⑤ ㄱ, ㄴ, ㄹ

난이도 ★★☆　　　　권장 풀이 시간: 2분 30초　　　　나의 풀이 시간: _____분 _____초

06. 다음 글을 근거로 판단할 때, <보기>에서 옳은 것을 모두 고르면?　　11 민경채

> ○○축구대회에는 모두 32개 팀이 참가하여 한 조에 4개 팀씩 8개 조로 나누어 경기를 한다. 각 조의 4개 팀이 서로 한 번씩 경기를 하여 승점−골득실차−다득점−승자승−추첨의 순서에 의해 각 조의 1, 2위 팀이 16강에 진출한다. 각 팀은 16강에 오르기까지 총 3번의 경기를 치르게 되며, 매 경기마다 승리한 팀은 승점 3점을 얻게 되고, 무승부를 기록한 팀은 승점 1점, 패배한 팀은 0점을 획득한다.
>
> 그중 1조에 속한 A, B, C, D팀은 현재까지 각 2경기씩 치렀으며, 그 결과는 A:B=4:1, A:D=1:0, B:C=2:0, C:D=2:1이었다. 아래의 표는 그 결과를 정리한 것이다. 내일 각 팀은 16강에 오르기 위한 마지막 경기를 치르는데, A팀은 C팀과, B팀은 D팀과 경기를 갖는다.

〈마지막 경기를 남겨 놓은 각 팀의 전적〉

	승	무	패	득/실점	승점
A팀	2	0	0	5/1	6
B팀	1	0	1	3/4	3
C팀	1	0	1	2/3	3
D팀	0	0	2	1/3	0

〈보기〉

ㄱ. A팀이 C팀과의 경기에서 이긴다면, A팀은 B팀과 D팀의 경기 결과에 상관없이 16강에 진출한다.

ㄴ. A팀이 C팀과 1:1로 비기고 B팀이 D팀과 0:0으로 비기면 A팀과 B팀이 16강에 진출한다.

ㄷ. C팀과 D팀이 함께 16강에 진출할 가능성은 전혀 없다.

ㄹ. D팀은 마지막 경기의 결과에 관계없이 16강에 진출할 수 없다.

① ㄱ, ㄴ

② ㄱ, ㄹ

③ ㄷ, ㄹ

④ ㄱ, ㄴ, ㄷ

⑤ ㄴ, ㄷ, ㄹ

07. 다음 <규칙>을 근거로 판단할 때, <보기>에서 옳은 것만을 모두 고르면?   15 민경채

〈규칙〉

○ △△배 씨름대회는 아래와 같은 대진표에 따라 진행되며, 11명의 참가자는 추첨을 통해 동일한 확률로 A부터 K까지의 자리 중에서 하나를 배정받아 대회에 참가한다.

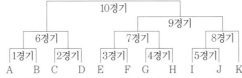

○ 대회는 첫째 날에 1경기부터 시작되어 10경기까지 순서대로 매일 하루에 한 경기씩 쉬는 날 없이 진행되며, 매 경기에서는 무승부 없이 승자와 패자가 가려진다.

○ 각 경기를 거듭할 때마다 패자는 제외시키면서 승자끼리 겨루어 최후에 남은 두 참가자 간에 우승을 가리는 승자 진출전 방식으로 대회를 진행한다.

〈보기〉

ㄱ. 이틀 연속 경기를 하지 않으면서 최소한의 경기로 우승할 수 있는 자리는 총 5개이다.

ㄴ. 첫 번째 경기에 승리한 경우 두 번째 경기 전까지 3일 이상을 경기 없이 쉴 수 있는 자리에 배정될 확률은 50% 미만이다.

ㄷ. 총 4번의 경기를 치러야 우승할 수 있는 자리에 배정될 확률이 총 3번의 경기를 치르고 우승할 수 있는 자리에 배정될 확률보다 높다.

① ㄱ
② ㄴ
③ ㄷ
④ ㄱ, ㄷ
⑤ ㄴ, ㄷ

■ 출제 포인트

■ 풀이법

난이도 ★☆☆　　　　권장 풀이 시간: 1분 45초　　　　나의 풀이 시간: _____ 분 _____ 초

08. 다음 글과 <상황>을 근거로 판단할 때, <보기>에서 옳은 것만을 모두 고르면?

24 7급공채

甲국은 국내 순위 1~10위 선수 10명 중 4명을 국가대표로 선발하고자 한다. 국가대표는 국내 순위가 높은 선수가 우선 선발되나, A, B, C팀 소속 선수가 최소한 1명씩은 포함되어야 한다.

───────────────〈상황〉───────────────

○ 국내 순위 1~10위 중 공동 순위는 없다.
○ 선수 10명 중 4명은 A팀, 3명은 B팀, 3명은 C팀 소속이다.
○ C팀 선수 중 국내 순위가 가장 낮은 선수가 A팀 선수 중 국내 순위가 가장 높은 선수보다 국내 순위가 높다.
○ B팀 소속 선수 3명의 국내 순위는 각각 2위, 5위, 8위이다.

───────────────〈보기〉───────────────

ㄱ. 국내 순위 1위 선수의 소속팀은 C팀이다.
ㄴ. A팀 소속 선수 중 국내 순위가 가장 낮은 선수는 9위이다.
ㄷ. 국가대표 중 국내 순위가 가장 낮은 선수는 7위이다.
ㄹ. 국내 순위 3위 선수와 4위 선수는 같은 팀이다.

① ㄱ, ㄴ
② ㄱ, ㄷ
③ ㄱ, ㄹ
④ ㄴ, ㄷ
⑤ ㄴ, ㄹ

09. 다음 글과 <상황>을 근거로 판단할 때, <보기>에서 옳은 것만을 모두 고르면?

24 7급공채

> 두 선수가 맞붙어 승부를 내는 스포츠 경기가 있다. 이 경기는 개별 게임으로 이루어져 있으며, 한 게임의 승부가 결정되면 그 게임의 승자는 1점을 얻고 패자는 점수를 얻지 못한다. 무승부는 없다. 개별 게임을 반복적으로 진행하여 한 선수의 점수가 다른 선수보다 2점 많아지면 그 선수가 경기의 승자가 되고 경기가 종료된다.

〈상황〉

> 두 선수 甲과 乙이 맞붙어 이 경기를 치른 결과, n번째 게임을 끝으로 甲이 경기의 승자가 되고 경기가 종료되었다. 단, n > 3이다.

〈보기〉

> ㄱ. n이 홀수인 경우가 있다.
> ㄴ. (n−1)번째 게임에서 乙이 이겼을 수도 있다.
> ㄷ. (n−2)번째 게임 종료 후 두 선수의 점수는 같았다.
> ㄹ. (n−3)번째 게임에서 乙이 이겼을 수도 있다.

① ㄱ

② ㄷ

③ ㄱ, ㄴ

④ ㄴ, ㄹ

⑤ ㄷ, ㄹ

난이도 ★★☆　　　　권장 풀이 시간: 2분　　　　나의 풀이 시간: _____분 _____초

10. 다음 글을 근거로 판단할 때, <보기>에서 옳은 것만을 모두 고르면?　　　24 5급공채

> 다음은 甲 스포츠 팀의 시즌 11번째, 12번째 경기의 결과와 직전 10개 경기 전적을 나타낸 것이다.
>
> | 구분 | 11번째 경기 | 12번째 경기 |
> |---|---|---|
> | 결과 | ㉠ | ㉡ |
> | 직전 10개 경기 전적 | 6승 4패 | ㉢ |

〈보기〉

ㄱ. ㉠이 '패'라면, ㉢은 '6승 4패'가 될 수 없다.

ㄴ. ㉠이 '승'이고 ㉢이 '7승 3패'라면, ㉡은 '승'이다.

ㄷ. ㉠이 '승'이고 ㉢이 '6승 4패'라면, 시즌 1번째 경기의 결과는 '승'이다.

ㄹ. ㉠, ㉡이 모두 '패'이고 ㉢이 '5승 5패'라면, 시즌 13번째 경기의 직전 10개 경기 전적은 '4승 6패'이다.

① ㄱ

② ㄷ

③ ㄱ, ㄴ

④ ㄴ, ㄹ

⑤ ㄷ, ㄹ

11. 다음 <상황>을 근거로 판단할 때, <보기>에서 옳은 것만을 모두 고르면?   24 7급공채

─〈상황〉─

○ 테니스 선수 랭킹은 매달 1일 발표되며, 발표 전날로부터 지난 1년간 선수들이 각종 대회에 참가하여 획득한 점수의 합(이하 '총점수'라 한다)이 높은 순으로 순위가 매겨진다.

○ 매년 12월에는 챔피언십 대회(매년 12월 21일~25일)만 개최된다. 이 대회에는 당해 12월 1일 기준으로 랭킹 1~4위의 선수만 참가한다.

○ 매년 챔피언십 대회의 순위에 따른 획득 점수 및 2023년 챔피언십 대회 전후 랭킹은 아래와 같다. 단, 챔피언십 대회에서 공동 순위는 없다.

챔피언십 대회 성적	점수
우승	2000
준우승	1000
3위	500
4위	250

〈2023년 12월 1일〉

랭킹	선수	총점수
1위	A	7500
2위	B	7000
3위	C	6500
4위	D	5000
⋮	⋮	⋮

⇨

〈2024년 1월 1일〉

랭킹	선수	총점수
1위	C	7500
2위	B	7250
3위	D	7000
4위	A	6000
⋮	⋮	⋮

○ 총점수에는 지난 1년간 획득한 점수만 산입되므로, 〈2024년 1월 1일〉의 총점수에는 2022년 챔피언십 대회에서 획득한 점수는 빠지고, 2023년 챔피언십 대회에서 획득한 점수가 산입되었다.

─〈보기〉─

ㄱ. 2022년 챔피언십 대회 우승자는 A였다.

ㄴ. 2023년 챔피언십 대회 4위는 B였다.

ㄷ. 2023년 챔피언십 대회 우승자는 C였다.

ㄹ. 2022년 챔피언십 대회 3위는 D였다.

① ㄱ, ㄴ

② ㄱ, ㄷ

③ ㄴ, ㄷ

④ ㄴ, ㄹ

⑤ ㄱ, ㄴ, ㄹ

📋 **꼼꼼 풀이 노트**

권장 풀이 시간에 맞춰 문제를 풀어본 후, 꼼꼼 풀이 노트로 정리해보세요.

■ 출제 포인트

■ 풀이법

꼼꼼 풀이 노트

권장 풀이 시간에 맞춰 문제를 풀어본 후,
꼼꼼 풀이 노트로 정리해보세요.

■ 출제 포인트

■ 풀이법

12. 다음 글을 근거로 판단할 때 옳은 것은?

> ○ → 는 자연수의 맨 앞 숫자를 맨 뒤로 보내라는 기호이다. (예) → 4321＝3214)
>
> ○ ← 는 자연수의 맨 뒤 숫자를 맨 앞으로 보내라는 기호이다. (예) ← 4321＝1432)
>
> ○ → 또는 ← 를 적용하여 0이 맨 앞 숫자가 되면 그 0을 제거한다.
>
> ○ 기호가 연속된 경우에는 숫자에 가까운 기호부터 차례대로 적용한다.
>　　(예) → ← 4321＝→ 1432＝4321)

① → 43의 결과는 홀수이다.

② 두 자리 자연수에 → ←를 적용하면 원래 수와 같다.

③ 세 자리 자연수에 → → →를 적용하면 원래 수와 같다.

④ 두 자리 자연수에 → ←를 적용한 결과와 ← →를 적용한 결과는 다르다.

⑤ 두 자리 자연수 A가 있을 때 (→ A)＋A의 결과는 11의 배수이다.

약점 보완 해설집 p.50

유형 소개

'규칙 적용해결형'은 제시된 규칙을 적용하여 조건에 맞는 특정 결과를 도출하는 유형이다. 규칙 단순확인형이 내용을 단순히 확인하면 해결되는 유형이라면, 규칙 적용해결형은 규칙을 이해한 후 내용에 구체적으로 적용해야만 해결할 수 있다.

유형 특징

이 유형은 발문에서부터 구해야 하는 것이 무엇인지 바로 알 수 있는 경우가 많다. 또한 선택지는 규칙을 적용한 결과로 가능한 것들이 제시된다.

풀이 전략

1 제시된 규칙을 시각화·도식화하거나 조건을 그룹화하여 정확하게 파악한다.

2 파악한 조건에 따라 풀이가 간단해지는 방식으로 문제를 해결한다.
- 문제를 해결할 때는 출제자의 의도를 파악하여 뒤에서부터 풀이하거나 가로·세로를 바꿔서 풀이하는 등 풀이 순서를 바꾼다면 풀이가 간단해지는 경우가 많다.
- 규칙이 많거나 복잡해서 직접 해결이 어려운 경우에는 선택지를 활용하여 풀이한다.

유형 공략 문제

01. 다음 글과 <상황>을 근거로 판단할 때, 甲~丁 가운데 근무계획이 승인될 수 있는 사람만을 모두 고르면?

20 7급모의

〈유연근무제〉

□ 개념
　○ 주 40시간을 근무하되, 근무시간을 유연하게 관리하여 1주일에 5일 이하로 근무하는 제도
□ 복무관리
　○ 점심 및 저녁시간 운영
　　－ 근무 시작과 종료 시각에 관계없이 점심시간은 12:00~13:00, 저녁시간은 18:00~19:00의 각 1시간으로 하고 근무시간으로는 산정하지 않음
　○ 근무시간 제약
　　－ 근무일의 경우, 1일 최대 근무시간은 12시간으로 하고 최소 근무시간은 4시간으로 함
　　－ 하루 중 근무시간으로 인정하는 시간대는 06:00~24:00로 한정함

〈상황〉

다음은 甲~丁이 제출한 근무계획을 정리한 것이며 위의 〈유연근무제〉에 부합하는 근무계획만 승인된다.

요일\직원	월	화	수	목	금
甲	08:00 ~ 18:00	08:00 ~ 18:00	09:00 ~ 13:00	08:00 ~ 18:00	08:00 ~ 18:00
乙	08:00 ~ 22:00	08:00 ~ 22:00	－	08:00 ~ 22:00	08:00 ~ 12:00
丙	08:00 ~ 24:00	08:00 ~ 24:00	－	08:00 ~ 22:00	－
丁	06:00 ~ 16:00	08:00 ~ 22:00	－	09:00 ~ 21:00	09:00 ~ 18:00

① 乙

② 甲, 丙

③ 甲, 丁

④ 乙, 丙

⑤ 乙, 丁

■ 꼼꼼 풀이 노트

권장 풀이 시간에 맞춰 문제를 풀어본 후,
꼼꼼 풀이 노트로 정리해보세요.

■ 출제 포인트
예) 규칙(요건) 파악 + 결과 추론

■ 풀이법
예) 제시된 규칙과 사례를 표, 간단한 수치 등으로 정리하여 시각화
　－ 甲: 월 9, 화 9, 수 3, 목 9, 금 9 → 총 39
　　조건에 부합하지 않는 항목 소거

난이도 ★☆☆　　　권장 풀이 시간: 1분 45초　　　나의 풀이 시간: _____분 _____초

02. 다음 글을 근거로 판단할 때, 甲~戊 중 금요일과 토요일의 초과근무 인정시간의 합이 가장 많은 근무자는?

23 7급공채

○ A기업에서는 근무자가 출근시각과 퇴근시각을 입력하면 초과근무 '실적시간'과 '인정시간'이 분 단위로 자동 계산된다.
　– 실적시간은 근무자의 일과시간(월~금, 09:00~18:00)을 제외한 근무시간을 말한다.
　– 인정시간은 실적시간에서 개인용무시간을 제외한 근무시간을 말한다. 하루 최대 인정시간은 월~금요일은 4시간이며, 토요일은 2시간이다.
　– 재택근무를 하는 경우 실적시간을 인정하지 않는다.
○ A기업 근무자 甲~戊의 근무현황은 다음과 같다.

구분	금요일			토요일	
	출근시각	퇴근시각	비고	출근시각	퇴근시각
甲	08:55	20:00	–	10:30	13:30
乙	08:00	19:55	–	–	–
丙	09:00	21:30	개인용무시간 (19:00~19:30)	13:00	14:30
丁	08:30	23:30	재택근무	–	–
戊	07:00	21:30	–	–	–

① 甲

② 乙

③ 丙

④ 丁

⑤ 戊

03. 다음 글을 근거로 판단할 때, 甲과 인사교류를 할 수 있는 사람만을 모두 고르면?

20 7급모의

○ 甲은 인사교류를 통해 ○○기관에서 타 기관으로 전출하고자 한다. 인사교류란 동일 직급 간 신청자끼리 1:1로 교류하는 제도로서, 각 신청자가 속한 두 기관의 교류 승인 조건을 모두 충족해야 한다.

○ 기관별로 교류를 승인하는 조건은 다음과 같다.
　○○기관: 신청자 간 현직급임용년월은 3년 이상 차이 나지 않고, 연령은 7세 이상 차이 나지 않는 경우
　□□기관: 신청자 간 최초임용년월은 5년 이상 차이 나지 않고, 연령은 3세 이상 차이 나지 않는 경우
　△△기관: 신청자 간 최초임용년월은 2년 이상 차이 나지 않고, 연령은 5세 이상 차이 나지 않는 경우

○ 甲(32세)의 최초임용년월과 현직급임용년월은 2015년 9월로 동일하다.

○ 甲과 동일 직급인 인사교류 신청자(A~E)의 인사 정보는 다음과 같다.

신청자	연령(세)	현 소속 기관	최초임용년월	현직급임용년월
A	30	□□	2016년 5월	2019년 5월
B	37	□□	2009년 12월	2017년 3월
C	32	□□	2015년 12월	2015년 12월
D	31	△△	2014년 1월	2014년 1월
E	35	△△	2017년 10월	2017년 10월

① A, B

② B, E

③ C, D

④ A, B, D

⑤ C, D, E

📖 꼼꼼 풀이 노트

권장 풀이 시간에 맞춰 문제를 풀어본 후, 꼼꼼 풀이 노트로 정리해보세요.

■ 출제 포인트

■ 풀이법

1 텍스트형
2 법조문형
3 계산형
4 규칙형
5 경우형
기출 재구성 모의고사

해커스PSAT 7급 PSAT 유형별 기출 200제 상황판단

난이도 ★☆☆　　　　권장 풀이 시간: 1분 30초　　　　나의 풀이 시간: _____분 _____초

04. 다음 <조건>을 근거로 판단할 때 ○○영화관에서 이번 주에 상영 가능한 영화들만을 고르면?

18 입법고시

─〈조건〉─

대학로의 ○○영화관에서는 이번 주에 다음의 8개 영화 중에서 6편에 대한 상영을 결정하려고 한다. 각 영화별 상영 등급과 제작 국가는 다음과 같다.

영화	A	B	C	D	E	F	G	H
등급	18세 이상 관람가	12세 이상 관람가	전체 관람가	18세 이상 관람가	12세 이상 관람가	18세 이상 관람가	20세 이상 관람가	전체 관람가
제작	국내	해외	국내	국내	국내	해외	국내	국내

6층 건물의 ○○영화관에는 각 층마다 1개의 상영관이 있으며, 각 상영관은 같은 영화를 상영하지 않는다. 또한 상영관마다 객석 규모도 다르다. 이러한 상황에서 영화 상영에는 다음 규칙들이 적용된다.

(가) 동시에 2편을 초과해서 '18세 이상 관람가' 등급 영화를 상영할 수 없다.

(나) 2개의 중간 규모 상영관에는 1편의 '전체 관람가' 등급 영화와 1편의 '12세 이상 관람가' 등급 영화가 상영된다.

(다) 동시에 1편을 초과해서 해외에서 제작된 영화를 상영할 수 없다.

(라) 반드시 '20세 이상 관람가' 등급 영화 1편이 상영되어야 한다.

① A, B, C, D, E, H

② A, B, E, F, G, H

③ A, C, D, F, G, H

④ A, C, E, F, G, H

⑤ A, D, E, F, G, H

05. 지금은 금요일 17시 50분이다. <근로조건>과 <직원정보>를 근거로 판단할 때, 甲회사 김과장이 18시부터 시작하는 시간 외 근로를 요청하면 오늘 내로 A프로젝트를 완수할 수 있는 직원은?

13 외교관

─────〈근로조건〉─────

가. 甲회사의 근로자는 09시에 근무를 시작해 18시에 마치며, 중간에 1시간 휴게시간을 갖는다. 근로시간은 휴게시간을 제외하고 1일 8시간, 1주 40시간이다.

나. 시간 외 근로는 1주 12시간을 초과하지 못한다. 단, 출산 이후 1년이 지나지 않은 여성에 대하여는 1일 2시간, 1주 6시간을 초과하는 시간 외 근로를 시키지 못한다.

다. 시간 외 근로를 시키기 위해서는 근로자 본인의 동의가 필요하다. 단, 여성의 경우에는 야간근로에 대해서 별도의 동의를 요한다.

※ 시간 외 근로: <근로조건> '가.'의 근로시간을 초과하여 근로하는 것
※ 야간근로: 22시에서 다음 날 06시 사이에 근로하는 것
※ 시간 외 근로시간에는 휴게시간은 없음

〈직원정보〉

이름	성별	이번 주 일일근로시간					A프로젝트 완수 소요시간	시간 외 근로 동의여부	야간근로 동의여부
		월	화	수	목	금			
김상형	남	8	8	8	8	8	5	×	-
전지연	여	-	10	10	10	8	2	○	×
차효인	여	9	8	13	9	8	3	○	○
조경은	여	8	9	9	9	8	5	○	×
심현석	남	10	11	11	11	8	1	○	-

※ 출산여부: 전지연은 4개월 전에 둘째 아이를 출산하고 이번 주 화요일에 복귀하였고, 나머지 여성직원은 출산 경험이 없음.

① 김상형, 차효인
② 차효인, 심현석
③ 차효인, 조경은
④ 전지연, 조경은
⑤ 전지연, 심현석

📝 **꼼꼼 풀이 노트**

권장 풀이 시간에 맞춰 문제를 풀어본 후,
꼼꼼 풀이 노트로 정리해보세요.

■ 출제 포인트

■ 풀이법

1 텍스트형
2 밑줄조건형
3 계산형
4 규칙형
5 경우형
기출 재구성 모의고사

해커스PSAT 7급 PSAT 유형별 기출 200제 상황판단

꼼꼼 풀이 노트

권장 풀이 시간에 맞춰 문제를 풀어본 후,
꼼꼼 풀이 노트로 정리해보세요.

■ 출제 포인트

■ 풀이법

난이도 ★☆☆　　　권장 풀이 시간: 1분 45초　　　나의 풀이 시간: ＿＿＿분 ＿＿＿초

06. 다음 글을 근거로 판단할 때, 2017년 3월 인사 파견에서 선발될 직원만을 모두 고르면?

17 5급공채

○ △△도청에서는 소속 공무원들의 역량 강화를 위해 정례적으로 인사 파견을 실시하고 있다.
○ 인사 파견은 지원자 중 3명을 선발하여 1년간 이루어지고 파견 기간은 변경되지 않는다.
○ 선발 조건은 다음과 같다.
　－ 과장을 선발하는 경우 동일 부서에 근무하는 직원을 1명 이상 함께 선발한다.
　－ 동일 부서에 근무하는 2명 이상의 팀장을 선발할 수 없다.
　－ 과학기술과 직원을 1명 이상 선발한다.
　－ 근무 평정이 70점 이상인 직원만을 선발한다.
　－ 어학 능력이 '하'인 직원을 선발한다면 어학 능력이 '상'인 직원도 선발한다.
　－ 직전 인사 파견 기간이 종료된 이후 2년 이상 경과하지 않은 직원을 선발할 수 없다.
○ 2017년 3월 인사 파견의 지원자 현황은 다음과 같다.

직원	직위	근무 부서	근무 평정	어학 능력	직전 인사 파견 시작 시점
A	과장	과학기술과	65	중	2013년 1월
B	과장	자치행정과	75	하	2014년 1월
C	팀장	과학기술과	90	중	2014년 7월
D	팀장	문화정책과	70	상	2013년 7월
E	팀장	문화정책과	75	중	2014년 1월
F	－	과학기술과	75	중	2014년 1월
G	－	자치행정과	80	하	2013년 7월

① A, D, F
② B, D, G
③ B, E, F
④ C, D, G
⑤ D, F, G

07. 다음 글과 <상황>을 근거로 판단할 때, 출장을 함께 갈 수 있는 직원들의 조합으로 가능한 것은?

19 5급공채

> A은행 B지점에서는 3월 11일 회계감사 관련 서류 제출을 위해 본점으로 출장을 가야 한다. 08시 정각 출발이 확정되어 있으며, 출발 후 B지점에 복귀하기까지 총 8시간이 소요된다. 단, 비가 오는 경우 1시간이 추가로 소요된다.
> ○ 출장인원 중 한 명이 직접 운전하여야 하며, '운전면허 1종 보통' 소지자만 운전할 수 있다.
> ○ 출장시간에 사내 업무가 겹치는 경우에는 출장을 갈 수 없다.
> ○ 출장인원 중 부상자가 포함되어 있는 경우, 서류 박스 운반 지연으로 인해 30분이 추가로 소요된다.
> ○ 차장은 책임자로서 출장인원에 적어도 한 명 포함되어야 한다.
> ○ 주어진 조건 외에는 고려하지 않는다.

─────────────⟨상황⟩─────────────

○ 3월 11일은 하루 종일 비가 온다.
○ 3월 11일 당직 근무는 17시 10분에 시작한다.

직원	직급	운전면허	건강상태	출장 당일 사내 업무
甲	차장	1종 보통	부상	없음
乙	차장	2종 보통	건강	17시 15분 계약업체 면담
丙	과장	없음	건강	17시 35분 고객 상담
丁	과장	1종 보통	건강	당직 근무
戊	대리	2종 보통	건강	없음

① 甲, 乙, 丙
② 甲, 丙, 丁
③ 乙, 丙, 戊
④ 乙, 丁, 戊
⑤ 丙, 丁, 戊

난이도 ★☆☆　　　　권장 풀이 시간: 2분　　　　나의 풀이 시간: _____분 _____초

08. 다음 글과 <상황>을 근거로 판단할 때, A국 각 지역에 설치될 것으로 예상되는 풍력발전기 모델명을 바르게 짝지은 것은?　　　　15 5급공채

풍력발전기는 회전축의 방향에 따라 수평축 풍력발전기와 수직축 풍력발전기로 구분된다. 수평축 풍력발전기는 구조가 간단하고 설치가 용이하며 에너지 변환효율이 우수하다. 하지만 바람의 방향에 영향을 많이 받기 때문에 바람의 방향이 일정한 지역에만 설치가 가능하다. 수직축 풍력발전기는 바람의 방향에 영향을 받지 않아 바람의 방향이 일정하지 않은 지역에도 설치가 가능하며, 이로 인해 사막이나 평원에도 설치가 가능하다. 하지만 부품이 비싸고 수평축 풍력발전기에 비해 에너지 변환효율이 떨어진다는 단점이 있다.

甲사는 현재 4가지 모델의 풍력발전기를 생산하고 있다. 각 풍력발전기는 정격 풍속에서 최대 발전량에 도달하며, 가동이 시작되면 최소 발전량 이상의 전기를 생산한다. 각 풍력발전기의 특성은 아래 표와 같다.

모델명	U-50	U-57	U-88	U-93
시간당 최대 발전량(kW)	100	100	750	2,000
시간당 최소 발전량(kW)	20	20	150	400
발전기 높이(m)	50	68	80	84.7
회전축 방향	수직	수평	수직	수평

〈상황〉

A국은 甲사의 풍력발전기를 X, Y, Z지역에 각 1기씩 설치할 계획이다. X지역은 산악지대로 바람의 방향이 일정하며, 최소 150kW 이상의 시간당 발전량이 필요하다. Y지역은 평원지대로 바람의 방향이 일정하지 않으며, 철새 보호를 위해 발전기 높이는 70m 이하가 되어야 한다. Z지역은 사막지대로 바람의 방향이 일정하지 않으며, 주민 편의를 위해 정격 풍속에서 600kW 이상의 시간당 발전량이 필요하다. 복수의 모델이 각 지역의 조건을 충족할 경우, 에너지 변환효율을 높이기 위해 수평축 모델을 설치하기로 한다.

	X지역	Y지역	Z지역
①	U-88	U-50	U-88
②	U-88	U-57	U-88
③	U-93	U-50	U-88
④	U-93	U-50	U-93
⑤	U-93	U-57	U-93

09. 다음 글을 근거로 판단할 때, 甲이 구매하게 될 차량은?　　　　18 5급공채

> 甲은 아내 그리고 자녀 둘과 함께 총 4명이 장거리 이동이 가능하도록 배터리 완전충전 시 주행거리가 200km 이상인 전기자동차 1대를 구매하려고 한다. 구매와 동시에 집 주차장에 배터리 충전기를 설치하려고 하는데, 배터리 충전시간(완속 기준)이 6시간을 초과하지 않으면 완속 충전기를, 6시간을 초과하면 급속 충전기를 설치하려고 한다.
>
> 한편 정부는 전기자동차 활성화를 위하여 전기자동차 구매 보조금을 구매와 동시에 지원하고 있는데, 승용차는 2,000만 원, 승합차는 1,000만 원을 지원하고 있다. 승용차 중 경차는 1,000만 원을 추가로 지원한다. 배터리 충전기에 대해서는 완속 충전기에 한하여 구매 및 설치 비용을 구매와 동시에 전액 지원하며, 2,000만 원이 소요되는 급속 충전기의 구매 및 설치 비용은 지원하지 않는다.
>
> 이러한 상황을 감안하여 甲은 차량 A~E 중에서 실구매 비용(충전기 구매 및 설치 비용 포함)이 가장 저렴한 차량을 선택하려고 한다. 단, 실구매 비용이 동일할 경우에는 아래의 '점수 계산 방식'에 따라 점수가 가장 높은 차량을 구매하려고 한다.

차량	A	B	C	D	E
최고속도(km/h)	130	100	120	140	120
완전충전 시 주행거리(km)	250	200	250	300	300
충전시간(완속 기준)	7시간	5시간	8시간	4시간	5시간
승차 정원	6명	8명	2명	4명	5명
차종	승용	승합	승용(경차)	승용	승용
가격(만 원)	5,000	6,000	4,000	8,000	8,000

○ 점수 계산 방식
- 최고속도가 120km/h 미만일 경우에는 120km/h를 기준으로 10km/h가 줄어들 때마다 2점씩 감점
- 승차 정원이 4명을 초과할 경우에는 초과인원 1명당 1점씩 가점

① A

② B

③ C

④ D

⑤ E

꼼꼼 풀이 노트

권장 풀이 시간에 맞춰 문제를 풀어본 후, 꼼꼼 풀이 노트로 정리해보세요.

■ 출제 포인트

■ 풀이법

1 택스트형
2 발췌독형
3 계산형
4 규칙형
5 경우형
기출 재구성 모의고사
해커스PSAT 7급 PSAT 유형별 기출 200제 상황판단

권장 풀이 시간에 맞춰 문제를 풀어본 후,
꼼꼼 풀이 노트로 정리해보세요.

■ 출제 포인트

■ 풀이법

10. 다음 글을 근거로 판단할 때, 9월 17일(토)부터 책을 대여하기 시작한 甲이 마지막 편을 도서관에 반납할 요일은? (단, 다른 조건은 고려하지 않는다)   14 5급공채

> 甲은 10편으로 구성된 위인전을 완독하기 위해 다음과 같이 계획하였다.
> 책을 빌리는 첫째 날은 한 권만 빌려 다음날 반납하고, 반납한 날 두 권을 빌려 당일 포함 2박 3일이 되는 날 반납한다. 이런 식으로 도서관을 방문할 때마다 대여하는 책의 수는 한 권씩 증가하지만, 대여 일수는 빌리는 책 권수를 n으로 했을 때 두 권 이상일 경우 $(2n-1)$의 규칙으로 증가한다.
> 예를 들어 3월 1일(월)에 1편을 빌렸다면 3월 2일(화)에 1편을 반납하고 그날 2, 3편을 빌려 3월 4일(목)에 반납한다. 4일에 4, 5, 6편을 빌려 3월 8일(월)에 반납하고 그날 7, 8, 9, 10편을 대여한다.
> 도서관은 일요일만 휴관하고, 이날은 반납과 대여가 불가능하므로 다음날인 월요일에 반납과 대여를 한다. 이 경우에 한하여 일요일은 대여 일수에 포함되지 않는다.

① 월요일
② 화요일
③ 수요일
④ 목요일
⑤ 금요일

11. 다음 <보기>와 같이 하나의 주사위를 던져 나온 수에 따라 꽃 위를 이동한다. 주사위를 7번 던진 결과 최종 도착지의 숫자가 가장 큰 것은?　　　10 5급공채

<보기>

○ 출발은 0에서 시작
　앞으로 이동시 0 → 1 → 2 순
　뒤로 이동시 0 → 9 → 8 순
○ 주사위 숫자별 이동방법
　⚀, ⚁: 뒤로 2칸 이동
　⚂: 뒤로 1칸 이동
　⚃: 앞으로 1칸 이동
　⚄, ⚅: 앞으로 2칸 이동

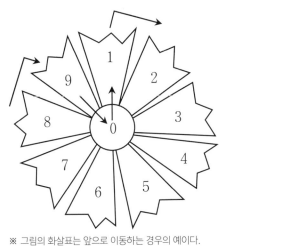

※ 그림의 화살표는 앞으로 이동하는 경우의 예이다.

① ⚀ - ⚅ - ⚃ - ⚂ - ⚁ - ⚀ - ⚅
② ⚁ - ⚄ - ⚃ - ⚃ - ⚁ - ⚅ - ⚃
③ ⚅ - ⚂ - ⚃ - ⚅ - ⚀ - ⚅ - ⚄
④ ⚅ - ⚂ - ⚃ - ⚃ - ⚁ - ⚄ - ⚅
⑤ ⚅ - ⚄ - ⚁ - ⚀ - ⚁ - ⚅ - ⚄

🗒 **꼼꼼 풀이 노트**

권장 풀이 시간에 맞춰 문제를 풀어본 후,
꼼꼼 풀이 노트로 정리해보세요.

■ 출제 포인트

■ 풀이법

1 텍스트형
2 법조문형
3 계산형
4 규칙형
5 경우형
기출 재구성 모의고사

해커스PSAT 7급 PSAT 유형별 기출 200제 상황판단

난이도 ★☆☆　　　　권장 풀이 시간: 1분 30초　　　　나의 풀이 시간: ＿＿＿분 ＿＿＿초

12. 우주센터는 화성 탐사 로봇(JK3)으로부터 다음의 <수신 신호>를 왼쪽부터 순서대로 받았다. <조건>을 근거로 판단할 때, JK3의 이동경로로 옳은 것은?　　　15 5급공채

――――――〈수신 신호〉――――――

010111, 000001, 111001, 100000

――――――〈조건〉――――――

　　JK3은 출발 위치를 중심으로 주변을 격자 모양 평면으로 파악하고 있으며, 격자 모양의 경계를 넘어 한 칸 이동할 때마다 이동 방향을 나타내는 6자리 신호를 우주센터에 전송한다. 그 신호의 각 자리는 0 또는 1로 이루어진다. 전송 신호는 4개뿐이며, 각 전송 신호가 의미하는 이동 방향은 아래와 같다.

전송 신호	이동 방향
000000	북
000111	동
111000	서
111111	남

　　JK3이 보낸 6자리의 신호 중 한 자리는 우주잡음에 의해 오염된다. 이 경우 오염된 자리의 숫자 0은 1로, 1은 0으로 바뀐다.

※ JK3은 동서남북을 인식하고, 이 네 방향으로만 이동한다.

①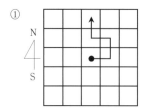

②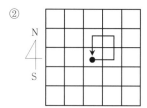

③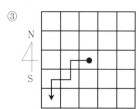

④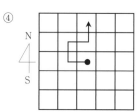

⑤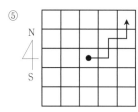

13. 다음의 표에서 <보기>에 제시된 암호에 따라 이동하였을 때 1에서 8까지 갈 수 있는 암호가 아닌 것은? (이때 어떠한 1에서 출발하든 어떠한 8에 도착하든 무방하며, 이동과정에서 2~7을 반드시 모두 거칠 필요는 없다. 그리고 표의 바깥으로는 이동할 수 없다.)

16 입법고시

1	2	1	4	5
4	3	2	3	8
5	4	3	2	1
3	5	4	3	5
7	6	3	2	1
8	5	4	1	7

〈보기〉

■: 오른쪽으로 4칸 이동하라.

○: 왼쪽으로 2칸 이동하라.

◇: 위로 2칸 이동하라.

△: 아래로 1칸 이동하라.

★: 위로 1칸 이동하라.

① ■, △

② △, ○, △, △, △, △

③ △, △, △, ■, ◇

④ ○, ○, ◇, ■, ★

⑤ ◇, ○, ○, ◇

📔 **꼼꼼 풀이 노트**

권장 풀이 시간에 맞춰 문제를 풀어본 후, 꼼꼼 풀이 노트로 정리해보세요.

■ 출제 포인트

■ 풀이법

1 텍스트형

2 발조문형

3 계산형

4 규칙형

5 경우형

기출 재구성 모의고사

해커스PSAT 7급 PSAT 유형별 기출 200제 상황판단

14. 다음 글과 <상황>을 근거로 판단할 때, 甲의 말이 최종적으로 위치하는 칸은?

20 민경채

○ 참가자는 그림과 같이 A~L까지 12개의 칸으로 구성된 게임판에서, A칸에 말을 놓고 시작한다.

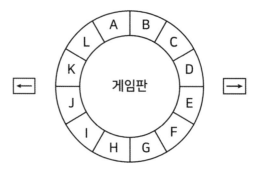

○ 참가자는 ⬅ 또는 ➡ 버튼을 누를 수 있다.
○ 버튼을 맨 처음 누를 때, ⬅ 버튼을 누르면 말을 반시계방향으로 1칸 이동하고 ➡ 버튼을 누르면 말을 시계방향으로 1칸 이동한다.
○ 그 다음부터는 매번 버튼을 누르면, 그 버튼을 누르기 직전에 누른 버튼에 따라 아래와 같이 말을 이동한다.

누른 버튼	직전에 누른 버튼	말의 이동
⬅	⬅	반시계방향으로 2칸 이동
	➡	움직이지 않음
➡	⬅	움직이지 않음
	➡	시계방향으로 2칸 이동

○ 참가자는 버튼을 총 5회 누른다.

〈상황〉

甲은 다음과 같이 버튼을 눌렀다.

누른 순서	1	2	3	4	5
누른 버튼	⬅	➡	➡	⬅	⬅

① A칸
② C칸
③ H칸
④ J칸
⑤ L칸

15. 5명(A~E)이 다음 규칙에 따라 게임을 하고 있다. 4 → 1 → 1의 순서로 숫자가 호명되어 게임이 진행되었다면 네 번째 술래는?

12 민경채

○ A → B → C → D → E 순으로 반시계방향으로 동그랗게 앉아있다.
○ 한 명의 술래를 기준으로, 술래는 항상 숫자 3을 배정받고, 반시계방향으로 술래 다음 사람이 숫자 4를, 그 다음 사람이 숫자 5를, 술래 이전 사람이 숫자 2를, 그 이전 사람이 숫자 1을 배정받는다.
○ 술래는 1~5의 숫자 중 하나를 호명하고, 호명된 숫자에 해당하는 사람이 다음 술래가 된다. 새로운 술래를 기준으로 다시 위의 조건에 따라 숫자가 배정되며 게임이 반복된다.
○ 첫 번째 술래는 A다.

① A
② B
③ C
④ D
⑤ E

■ 출제 포인트

■ 풀이법

난이도 ★☆☆   권장 풀이 시간: 2분   나의 풀이 시간: _____분 _____초

16. 다음 <규칙>에 따라 폭탄돌리기 게임을 할 때 제한시간이 경과하는 순간에 폭탄을 가지고 있을 사람은?

14 입법고시

〈규칙〉

○ 게임의 참여자는 6명(A, B, C, D, E, F)이다.
○ 각 참여자의 자리배치는 다음과 같고, 게임은 'C'부터 시작한다.

	A	
F		B
E		C
	D	

※ 맞은편: 'A'와 'D', 'B'와 'E', 'C'와 'F'

○ 게임의 제한시간은 60초이다.
○ 폭탄을 가지고 있는 참여자는 주사위를 두 번 던져 각각 나온 숫자를 더한 시간(초) 동안 폭탄을 가지고 있다가 다른 참여자에게 전달한다(예를 들어 주사위를 두 번 던져 '3'과 '2'가 나왔다면 5초 동안 폭탄을 가지고 있다).
○ 폭탄을 다른 사람에게 전달하는 과정에서 발생하는 시간과 주사위를 던지는 시간은 무시한다.
○ 폭탄을 다른 참여자에게 전달하는 기준은 다음과 같다.
  ① 첫 번째 주사위 숫자 > 두 번째 주사위 숫자: 시계방향의 바로 옆 사람
  ② 첫 번째 주사위 숫자 < 두 번째 주사위 숫자: 시계반대방향의 바로 옆 사람
  ③ 첫 번째 주사위 숫자 = 두 번째 주사위 숫자: 맞은편에 있는 사람
○ 각 참여자가 주사위를 던져서 나오는 숫자는 다음과 같다고 가정한다.

참여자	첫 번째 차례		두 번째 차례	
	첫 번째 주사위	두 번째 주사위	첫 번째 주사위	두 번째 주사위
A	2	5	3	3
B	1	4	6	1
C	2	1	2	2
D	6	3	5	6
E	5	5	3	1
F	4	4	4	3

① A
② C
③ D
④ E
⑤ F

17. 다음 <상황>에서 기존의 승점제와 새로운 승점제를 적용할 때, A팀의 순위로 옳게 짝 지어진 것은?

13 민경채

─────────────〈상황〉─────────────

○ 대회에 참가하는 팀은 총 13팀이다.

○ 각 팀은 다른 모든 팀과 한 번씩 경기를 한다.

○ A팀의 최종성적은 5승 7패이다.

○ A팀과의 경기를 제외한 12팀 간의 경기는 모두 무승부이다.

○ 기존의 승점제는 승리 시 2점, 무승부 시 1점, 패배 시 0점을 부여한다.

○ 새로운 승점제는 승리 시 3점, 무승부 시 1점, 패배 시 0점을 부여한다.

	기존의 승점제	새로운 승점제
①	8위	1위
②	8위	8위
③	13위	1위
④	13위	5위
⑤	13위	13위

권장 풀이 시간에 맞춰 문제를 풀어본 후, 꼼꼼 풀이 노트로 정리해보세요.

■ 출제 포인트

■ 풀이법

난이도 ★★☆　　　권장 풀이 시간: 2분 30초　　　나의 풀이 시간: ＿＿＿분 ＿＿＿초

18. 다음 글에 따라 <정간암호문>을 해독했을 때, 지도상의 ★에서 시작한 추적·이동이 종료되는 지점은?

13 외교관

정간보는 仲, 林, 無, 黃, 太의 5가지 기본율명을 사용하는 우리나라의 전통악보이다. 필요에 따라 기본율명에 氵이나 亻을 붙여 율명을 사용하기도 한다.

정간암호문은 정간보형식으로 기록되어 있으며, 기본율명은 각각에 부여된 다음의 규칙에 따라 추적·이동 방향을 나타내는 '암호'가 된다.

> 仲: 제자리에 머무름.
> 林: 동쪽으로 이동함.
> 無: 서쪽으로 이동함.
> 黃: 남쪽으로 이동함.
> 太: 북쪽으로 이동함.

그 외의 정간암호문 해독규칙은 다음과 같다.

> 1. 정간암호문은 1번 정간(가장 왼쪽)에서 해독을 시작해 ⊙에서 종료된다.
> 2. 정간암호문에 기록된 모든 율명을 해독하여야 하며, 중복해서 해독할 수 없다.
> 3. 율명은 반드시 순서대로 해독할 필요는 없다.
> 4. 기본율명에 氵이 붙으면 정간암호문에서 순방향(좌 → 우)으로 해독하고, 亻이 붙으면 정간암호문에서 역방향(우 → 좌)으로 해독한다.
> 5. 하나의 율명을 해독하고 그 다음 율명을 해독할 경우, 해독한 율명으로부터 4정간 이내에 있는 율명의 해독만 가능하다.
> 6. 정간암호문에서 林·無, 黃·太, 無·林, 太·黃은 연이어서 해독할 수 없다.

※ 정간보상의 한 칸을 정간이라 하며, 정간 사이의 거리를 간이라 한다.

정간암호문상 1간은 지도 상의 1칸에 대응한다. 정간암호문의 예시, 해독결과 및 지도상의 추적·이동의 결과는 다음과 같다.

1	2	3	4	5	6
淋		潕	仗		⊙

○ 정간암호문 해독결과: 1 → 4 → 3 → 6
○ 지도상의 추적경로: 동쪽으로 3칸 이동(①) 후, 그 지점에서 북쪽으로 1칸 이동(②)하고, 바로 그 지점에서 서쪽으로 3칸 이동(③) 후 추적 종료

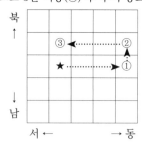

〈정간암호문〉

1	2	3	4	5	6	7	8	9	10	11	12
淋		汰		潕	無	潢	淋	㑣			⊙

북
↑

				가				
					나	다		
		★	라	마				

↓
남

서 ←   → 동

① 가

② 나

③ 다

④ 라

⑤ 마

유형 17 규칙 적용해결형 **191**

〈정간암호문〉

1	2	3	4	5	6	7	8	9	10	11	12
淋		汰		潕	無	潢	淋	㑣			⊙

① 가

② 나

③ 다

④ 라

⑤ 마

■ 출제 포인트

■ 풀이법

난이도 ★★★　　　　　　권장 풀이 시간: 3분　　　　　나의 풀이 시간: _____분 _____초

19. 다음 글과 <대회 종료 후 대화>를 근거로 판단할 때, 비긴 카드 게임의 총 수는?

17 5급공채

　다섯 명의 선수(甲~戊)가 카드 게임 대회에 참가했다. 각 선수는 대회에 참가한 다른 모든 선수들과 일대일로 한 번씩 카드 게임을 했다. 각 게임의 승자는 점수 2점을 받고, 비긴 선수는 점수 1점을 받고, 패자는 점수를 받지 못한다.
　이 카드 게임 대회에서 각 선수가 얻은 점수의 총합이 큰 순으로 매긴 순위는 甲, 乙, 丙, 丁, 戊 순이다. (단, 동점은 존재하지 않는다)

─────────〈대회 종료 후 대화〉─────────

乙: 난 한 게임도 안 진 유일한 사람이야.
戊: 난 한 게임도 못 이긴 유일한 사람이야.

---

① 2번
② 3번
③ 4번
④ 5번
⑤ 6번

20. 다음 <조건>에 따라 A팀과 B팀이 왼손 팔씨름 시합을 한다. 첫 번째 경기 시작 전에 B팀에서는 A팀이 첫 번째 경기에 장사를 출전시킨다는 확실한 정보를 입수했다고 할 때, 옳은 것을 <보기>에서 모두 고르면?   12 5급공채

━━━━━━━━━━━━━━━〈조건〉━━━━━━━━━━━━━━━

○ A팀과 B팀은 각각 장사 1명, 왼손잡이 1명, 오른손잡이 2명(총 4명)으로 구성되어 있다.

○ 한 사람당 한 경기에만 출전할 수 있으며, 총 네 번의 경기를 치러 승점의 합이 많은 팀이 우승을 차지한다. 이때 이길 경우 3점, 비길 경우 1점, 질 경우는 0점의 승점이 주어진다.

○ 양 팀은 첫 번째 경기 시작 전에 각 경기별 출전선수 명단을 심판에게 제출해야 하며, 제출한 선수명단은 바꿀 수 없다.

○ 각 팀에 속하는 팀원의 특징은 아래와 같다.
 – 장사: 왼손잡이, 오른손잡이 모두에게 이긴다.
 – 왼손잡이: 장사에게는 지고 오른손잡이에게는 이긴다.
 – 오른손잡이: 장사, 왼손잡이 모두에게 진다.

○ 누구든 같은 특징의 상대를 만나면 비긴다.

━━━━━━━━━━━━━━━〈보기〉━━━━━━━━━━━━━━━

ㄱ. B팀도 첫 번째 경기에 장사를 출전시키면 최대 승점 5점을 얻을 수 있다.

ㄴ. B팀이 첫 번째 경기에 왼손잡이를 출전시키면 최대 승점 4점을 얻을 수 있다.

ㄷ. B팀이 첫 번째 경기에 오른손잡이를 출전시키면 최대 승점 7점을 얻을 수 있다.

ㄹ. A팀이 첫 번째 경기에 장사를 출전시키고 두 번째 경기에 왼손잡이를 출전시킨다는 확실한 정보를 B팀이 입수한다면, B팀은 우승할 수 있으며 이때의 승점은 7점이다.

① ㄱ, ㄷ

② ㄴ, ㄷ

③ ㄴ, ㄹ

④ ㄱ, ㄴ, ㄹ

⑤ ㄱ, ㄷ, ㄹ

약점 보완 해설집 p.56

취약 유형 진단 & 약점 극복

1 문항별 정오표

각 문항별로 정오를 확인한 후, 맞았으면 O, 풀지 못했으면 △, 틀렸으면 X로 표시해 보세요.

규칙 단순확인형		규칙 적용해결형			
번호	정오	번호	정오	번호	정오
01		01		18	
02		02		19	
03		03		20	
규칙 정오판단형		04			
번호	정오	05			
01		06			
02		07			
03		08			
04		09			
05		10			
06		11			
07		12			
08		13			
09		14			
10		15			
11		16			
12		17			

2 취약 유형 분석표

유형별로 맞힌 문제 개수와 정답률을 적고, 취약한 유형이 무엇인지 파악해 보세요.

유형	맞힌 문제 개수	정답률
규칙 단순확인형	/3	%
규칙 정오판단형	/12	%
규칙 적용해결형	/20	%

3 학습 전략

취약한 유형의 학습 전략을 확인한 후, 풀지 못한 문제와 틀린 문제를 다시 풀면서 취약 유형을 극복해 보세요.

규칙 단순확인형	규칙 단순확인형은 단순히 규칙을 확인하는 수준만으로도 정답을 찾아낼 수 있기 때문에 정확한 해결뿐만 아니라 시간 단축도 필요한 유형입니다. 규칙 단순확인형의 경우에 정보의 양을 늘려서 시간을 소비시키고자 하는 경우가 많기 때문에, 문제에 필요한 정보 위주로 정보의 강약조절을 하는 연습을 해야 합니다.
규칙 정오판단형	규칙 정오판단형은 파악된 규칙을 토대로 선택지나 <보기>의 내용을 단순히 정오판단하는 경우도 있지만, 파악된 규칙을 토대로 입증사례나 반증사례를 스스로 찾아야 하는 경우가 훨씬 더 많습니다. 따라서 적절한 사례를 찾아내는 것이 중요한 유형이므로 어떠한 경우에 입증사례를 찾아야 하는지, 반대로 어떠한 경우에 반증사례를 찾아야 하는지 정확히 연습해야 합니다.
규칙 적용해결형	규칙 적용해결형은 파악된 규칙을 적용하여 정확한 결과를 도출해야 하므로, 우선 규칙의 정확한 이해가 선결되어야 합니다. 복잡한 규칙이 주어지더라도 빠르고 정확하게 이해하는 연습을 해야 하고, 이를 위해 시각화, 조건의 강약조절, 조건의 n-1개 처리 등 처리해야 하는 조건의 양을 줄이고, 조건을 정확하게 이해할 수 있도록 많은 스킬들을 연습해 두는 것이 필요합니다.

출제 경향

1 경우형은 문제를 해결하는 데 경우의 수가 등장하는 유형으로, 제시된 조건에 따라 다양한 경우의 수를 그릴 수 있는지, 여러 가지 경우의 수 중에서 주어진 조건을 만족하는 경우를 확정할 수 있는지 평가하기 위한 유형이다.

2 경우형은 풀이하는 방식에 따라 ① 경우 파악형, ② 경우 확정형 총 2가지 세부 유형으로 출제된다. 또한 경우형은 계산형 또는 규칙형과 결합되어 출제되는 경우가 많으며, 계산형 중 경우의 수를 따져야 하는 문제 수를 포함하면 출제 비중은 더 높아진다.

3 경우형은 2019년 7급 PSAT 예시문제에서는 출제되지 않았고, 2020년 7급 PSAT 모의평가에서 4문제가 출제된 이후, 2021년, 2022년 7급 공채 PSAT에서는 각각 5문제씩 출제되었다. 2023년 7급 공채 PSAT에서는 7문제로 출제비중이 가장 높았고, 2024년 7급 공채 PSAT에서는 4문제가 출제되었다.

4 매년 시험에서 경우형에 해당하는 문제가 정답률이 낮은 변별력 있는 문제가 되는 경우가 많았다. 2021년 7급 공채 PSAT에서는 경우형 5문제 중 2문제가, 2022년 7급 공채 PSAT에서는 경우형 5문제 중 3문제가 50% 이하의 정답률을 보이는 변별력 있는 문제였다. 2023년 7급 공채 PSAT에서는 60% 이하의 정답률을 보이는 문제가 25문제 중 4문제뿐이었는데, 4문제 중 3문제가 경우형이었다. 2024년 7급 공채 PSAT에서는 경우형 4문제 중 1문제 정도가 까다롭게 출제되었다.

5 경우형

유형 18 경우 파악형

유형 소개

'경우 파악형'은 제시된 조건에 따를 때 등장할 수 있는 다양한 경우의 수를 파악해야 하는 유형이다.

유형 특징

이 유형은 경우를 파악하는 툴(tool)이 있는 경우도 있지만, 툴 없이 주어진 조건 하에서 가능한 모든 경우를 파악해야 하는 경우도 있다. 이때 경우의 수가 파악되지 않는다면 체감 난도가 매우 높아질 수 있다.

풀이 전략

1 규칙을 읽고 문제에서 등장하는 상황이 그려져야 한다.

2 경우를 그릴 때는 수형도를 그리거나, 또는 2×2 표를 활용하거나 곱분해·합분해를 하는 등 체계적으로 경우를 파악하여 해결한다.

3 선택지나 <보기>의 주장 강도나 양에 따라서 입증사례 또는 반증사례를 적절하게 파악할 수 있어야 한다.

유형 공략 문제

01. 다음 글을 근거로 판단할 때, (가)에 해당하는 수는?　　　　24 7급공채

A공원의 다람쥐 열 마리는 각자 서로 다른 개수의 도토리를 모았는데, 한 다람쥐가 모은 도토리는 최소 1개부터 최대 10개까지였다. 열 마리 다람쥐는 두 마리씩 쌍을 이루어 그날 모은 도토리 일부를 함께 먹었다. 도토리를 모으고 먹는 이런 모습은 매일 동일하게 반복됐다. 이때 도토리를 먹는 방법은 정해져 있었다. 한 쌍의 다람쥐는 각자가 그날 모은 도토리 개수를 비교해서 그 차이 값에 해당하는 개수의 도토리를 함께 먹는다. 예를 들면, 1개의 도토리를 모은 다람쥐와 9개의 도토리를 모은 다람쥐가 쌍을 이루면 이 두 마리는 8개의 도토리를 함께 먹는다.

열 마리의 다람쥐를 이틀 동안 관찰한 결과, '첫째 날 각 쌍이 먹은 도토리 개수'는 모두 동일했고, '둘째 날 각 쌍이 먹은 도토리 개수'도 모두 동일했다. 하지만 '첫째 날 각 쌍이 먹은 도토리 개수'와 '둘째 날 각 쌍이 먹은 도토리 개수'는 서로 달랐고, 그 차이는 ___(가)___ 개였다.

① 1

② 2

③ 3

④ 4

⑤ 5

📖 **꼼꼼 풀이 노트**

권장 풀이 시간에 맞춰 문제를 풀어본 후, 꼼꼼 풀이 노트로 정리해보세요.

■ 출제 포인트

예) 먹은 도토리 개수와 관련한 경우 그리기

■ 풀이법

예) 각 쌍이 먹은 도토리 개수의 체계 파악

난이도 ★☆☆ 　　　권장 풀이 시간: 1분 30초 　　　나의 풀이 시간: ＿＿＿분 ＿＿＿초

02. 다음 글을 근거로 판단할 때 옳은 것은? 　　　　19 5급공채

○○기업은 5명(甲~戊)을 대상으로 면접시험을 실시하였다. 면접시험의 평가기준은 가치관, 열정, 표현력, 잠재력, 논증력 5가지 항목이며 각 항목 점수는 3점 만점이다. 이에 따라 5명은 항목별로 다음과 같은 점수를 받았다.

〈면접시험 결과〉

(단위: 점)

구분	甲	乙	丙	丁	戊
가치관	3	2	3	2	2
열정	2	3	2	2	2
표현력	2	3	2	2	3
잠재력	3	2	2	3	3
논증력	2	2	3	3	2

종합점수는 각 항목별 점수에 항목가중치를 곱하여 합산하며, 종합점수가 높은 순으로 등수를 결정했다. 결과는 다음과 같다.

〈등수〉

1등	乙
2등	戊
3등	甲
4등	丁
5등	丙

① 잠재력은 열정보다 항목가중치가 높다.
② 논증력은 열정보다 항목가중치가 높다.
③ 잠재력은 가치관보다 항목가중치가 높다.
④ 가치관은 표현력보다 항목가중치가 높다.
⑤ 논증력은 잠재력보다 항목가중치가 높다.

03. 다음 글을 근거로 판단할 때 옳은 것은?

22 7급공채

甲부처 신입직원 선발시험은 전공, 영어, 적성 3개 과목으로 이루어진다. 3개 과목 합계 점수가 높은 사람순으로 정원까지 합격한다. 응시자는 7명(A~G)이며, 7명의 각 과목 성적에 대해서는 다음과 같은 사실이 알려졌다.

○ 전공시험 점수: A는 B보다 높고, B는 E보다 높고, C는 D보다 높다.

○ 영어시험 점수: E는 F보다 높고, F는 G보다 높다.

○ 적성시험 점수: G는 B보다도 높고 C보다도 높다.

합격자 선발 결과, 전공시험 점수가 일정 점수 이상인 응시자는 모두 합격한 반면 그 점수에 달하지 않은 응시자는 모두 불합격한 것으로 밝혀졌고, 이는 영어시험과 적성시험에서도 마찬가지였다.

① A가 합격하였다면, B도 합격하였다.

② G가 합격하였다면, C도 합격하였다.

③ A와 B가 합격하였다면, C와 D도 합격하였다.

④ B와 E가 합격하였다면, F와 G도 합격하였다.

⑤ B가 합격하였다면, B를 포함하여 적어도 6명이 합격하였다.

권장 풀이 시간에 맞춰 문제를 풀어본 후,
꼼꼼 풀이 노트로 정리해보세요.

■ 출제 포인트

■ 풀이법

04. 다음 글을 근거로 판단할 때, 甲이 구매하려는 두 상품의 무게로 옳은 것은? 21 7급공채

> ○○마트에서는 쌀 상품 A~D를 판매하고 있다. 상품 무게는 A가 가장 무겁고, B, C, D 순서대로 무게가 가볍다. 무게 측정을 위해 서로 다른 두 상품을 저울에 올린 결과, 각각 35kg, 39kg, 44kg, 45kg, 50kg, 54kg으로 측정되었다. 甲은 가장 무거운 상품과 가장 가벼운 상품을 제외하고 두 상품을 구매하기로 하였다.

※ 상품 무게(kg)의 값은 정수이다.

① 19kg, 25kg

② 19kg, 26kg

③ 20kg, 24kg

④ 21kg, 25kg

⑤ 22kg, 26kg

05. 다음 글을 근거로 판단할 때, <보기>에서 옳은 것만을 모두 고르면?   19 5급공채

> A부족과 B부족은 한쪽 손의 손모양으로 손가락 셈법(지산법)을 사용하여 셈을 한다.
> ○ A부족의 손가락 셈법에 따르면, 손모양을 보아 손바닥이 보이면 펴져 있는 손가락 개수만큼 더하고, 손등이 보이면 펴져 있는 손가락 개수만큼을 뺀다.
> ○ B부족의 손가락 셈법에 따르면, 손모양을 보아 엄지가 펴져 있으면 엄지를 제외하고 펴져 있는 손가락 개수만큼 더하고, 엄지가 접혀 있으면 펴져 있는 손가락 개수만큼 뺀다.

<보기>

ㄱ. 손바닥이 보이는 채로, 손가락 다섯 개가 세 번 모두 펴져 있으면, 셈의 합은 A부족이 15이고 B부족은 12일 것이다.

ㄴ. B부족의 셈법에 따르면, 세 번 다 엄지만이 펴져 있는 것의 셈의 합과 세 번 다 주먹이 쥐어져 있는 것의 셈의 합은 동일하다.

ㄷ. 손바닥이 보이는 채로, 첫 번째는 엄지·검지·중지만이 펴져 있고, 두 번째는 엄지가 접혀 있고 검지·중지만 펴져 있고, 세 번째는 다른 손가락은 접혀 있고 엄지만 펴져 있다. 이 경우 셈의 합은 A부족이 6이고 B부족은 3일 것이다.

ㄹ. 세 번 동안 손가락이 몇 개씩 펴져 있는지는 알 수 없으나 세 번 내내 엄지는 꼭 펴져 있었다. 이를 A부족, B부족 각각의 셈법에 따라 셈을 하였을 때, 셈의 합이 똑같이 9가 나올 수 있다.

① ㄱ, ㄴ
② ㄴ, ㄷ
③ ㄷ, ㄹ
④ ㄱ, ㄴ, ㄹ
⑤ ㄱ, ㄷ, ㄹ

난이도 ★☆☆　　　　　　권장 풀이 시간: 2분　　　　　나의 풀이 시간: ＿＿＿분 ＿＿＿초

06. 다음 <상황>과 <대화>를 근거로 판단할 때 乙의 점수는?　　　　20 5급공채

─────────────────────〈상황〉─────────────────────

○ 甲, 乙, 丙이 과제를 제출하여 각자 성적을 받았다.

○ 甲, 乙, 丙의 점수는 서로 다른 자연수로서 세 명의 점수를 합하면 100점이 되며, 甲,
　乙, 丙은 이 사실을 알고 있다.

○ 甲, 乙, 丙은 자신의 점수는 알지만 다른 사람의 점수는 모르고 있다.

─────────────────────〈대화〉─────────────────────

甲: 내가 우리 셋 중에 가장 높은 점수를 받았어.

乙: 甲의 말을 들으니 우리 세 사람이 받은 점수를 확실히 알겠네.

丙: 나도 이제 우리 세 사람의 점수를 확실히 알겠어.

① 1

② 25

③ 33

④ 41

⑤ 49

07. 甲, 乙, 丙이 다음 <조건>에 따라 게임을 할 때, <보기>에서 옳은 것만을 모두 고르면?

14 5급공채

─────────────〈조건〉─────────────

○ 게임은 1부터 7까지의 숫자가 각각 적힌 7장의 카드 3벌(21장)을 섞어서 3명이 7장씩 나누어 가지고 시작한다.
○ 게임은 甲부터 시작하여 甲 → 乙 → 丙 → 甲 → 乙 → 丙 → …의 차례로 진행된다.
○ 차례에 따라 손에 든 카드를 1장씩 내며, 이때 바로 전 사람이 낸 카드의 숫자와 같거나 더 큰 숫자의 카드만 낼 수 있다.
○ 이미 낸 카드는 다시 가져올 수 없다.
○ 자신의 차례에 낼 카드가 손에 없으면 게임에서 빠지며, 남은 사람은 계속 이어서 게임을 진행하고, 가장 늦게까지 게임에 남아 있는 사람이 우승자가 된다.
○ 甲, 乙, 丙은 우승하기 위해 최선을 다한다.
○ 甲이 받은 카드는 [1][1][3][5][6][6][7]이다.

─────────────〈보기〉─────────────

ㄱ. 누구든 [7]카드를 2장 갖고 있으면 반드시 우승할 수 있다.
ㄴ. 甲이 게임 시작과 동시에 [7]카드를 냈을 때 우승할 확률은 약 33%이다.
ㄷ. 甲이 게임 시작과 동시에 [6]카드를 냈을 때 우승할 확률은 약 33%이다.

① ㄱ
② ㄴ
③ ㄱ, ㄴ
④ ㄴ, ㄷ
⑤ ㄱ, ㄴ, ㄷ

■ 꼼꼼 풀이 노트

권장 풀이 시간에 맞춰 문제를 풀어본 후, 꼼꼼 풀이 노트로 정리해보세요.

■ 출제 포인트

■ 풀이법

난이도 ★★☆   권장 풀이 시간: 2분   나의 풀이 시간: _____분 _____초

08. 다음 글과 <상황>을 근거로 판단할 때, 甲이 치른 3경기의 순위를 모두 합한 수는?

24 7급공채

　　10명의 선수가 참여하는 경기가 있다. 현재까지 3경기가 치러졌다. 참여한 선수에게는 매 경기의 순위에 따라 다음과 같이 점수를 부여한다.

순위	점수	순위	점수
1	100	6	8
2	50	7	6
3	30	8	4
4	20	9	2
5	10	10	1

　　만약 어떤 순위에 공동 순위가 나온다면, 그 순위를 포함하여 공동 순위자의 수만큼 이어진 순위 각각에 따른 점수의 합을 공동 순위자에게 동일하게 나누어 부여한다. 예를 들어 공동 3위가 3명이면, 공동 3위 각각에게 부여되는 점수는 (30 + 20 + 10) ÷ 3으로 20이다. 이 경우 그다음 순위는 6위가 된다.

──────────〈상황〉──────────

○ 甲은 3경기에서 총 157점을 획득하였으며, 공동 순위는 한 번 기록하였다.
○ 치러진 3경기에서 공동 순위가 4명 이상인 경우는 없었다.

① 8
② 9
③ 10
④ 11
⑤ 12

09. 다음 <그림>은 데이터의 흐름도이다. 주어진 <조건>을 바탕으로 A에서 1이 입력되었을 때 F에서의 결과가 가장 크게 되는 값은?   08 5급공채

─〈그림〉─

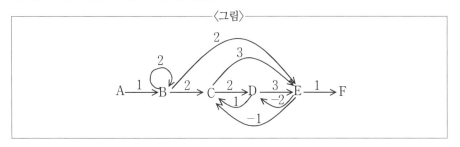

─〈조건〉─

○ 데이터는 화살표 방향으로만 이동할 수 있으며, 같은 경로를 여러 번 반복해서 이동할 수 있다.

○ 화살표 위의 숫자는 그 경로를 통해 데이터가 1회 이동할 때마다 데이터에 곱해지는 수치를 의미한다.

○ 각 경로를 따라 데이터가 이동할 때, 1회 이동 시간은 1시간이며, 데이터의 총 이동시간은 10시간을 초과할 수 없다.

○ 데이터의 대소 관계는 |음수<0<양수|의 원칙에 따른다.

① 256

② 384

③ 432

④ 864

⑤ 1296

■ 꼼꼼 풀이 노트

권장 풀이 시간에 맞춰 문제를 풀어본 후, 꼼꼼 풀이 노트로 정리해보세요.

■ 출제 포인트

■ 풀이법

권장 풀이 시간에 맞춰 문제를 풀어본 후, 꼼꼼 풀이 노트로 정리해보세요.

난이도 ★☆☆　　　　　권장 풀이 시간: 1분 45초　　　　　나의 풀이 시간: ＿＿＿분 ＿＿＿초

10. 甲과 乙이 아래 〈조건〉에 따라 게임을 할 때 옳지 않은 것은?　　12 민경채

─────〈조건〉─────

○ 甲과 乙은 다음과 같이 시각을 표시하는 하나의 시계를 가지고 게임을 한다.

0	9	:	1	5

○ 甲, 乙 각자가 일어났을 때, 시계에 표시된 4개의 숫자를 합산하여 게임의 승패를 결정한다. 숫자의 합이 더 작은 사람이 이기고, 숫자의 합이 같을 때에는 비긴다.

○ 甲은 반드시 오전 6시에서 오전 6시 59분 사이에 일어나고, 乙은 반드시 오전 7시에서 오전 7시 59분 사이에 일어난다.

① 甲이 오전 6시 정각에 일어나면, 반드시 甲이 이긴다.

② 乙이 오전 7시 59분에 일어나면, 반드시 乙이 진다.

③ 乙이 오전 7시 30분에 일어나고, 甲이 오전 6시 30분 전에 일어나면 반드시 甲이 이긴다.

④ 甲과 乙이 정확히 1시간 간격으로 일어나면, 반드시 甲이 이긴다.

⑤ 甲과 乙이 정확히 50분 간격으로 일어나면, 甲과 乙은 비긴다.

11. 다음 글을 근거로 판단할 때, <보기>에서 옳은 것만을 모두 고르면?   18 5급공채

> ○ 甲과 乙은 책의 쪽 번호를 이용한 점수 게임을 한다.
> ○ 책을 임의로 펼쳐서 왼쪽 면 쪽 번호의 각 자리 숫자를 모두 더하거나 모두 곱해서 나오는 결과와 오른쪽 면 쪽 번호의 각 자리 숫자를 모두 더하거나 모두 곱해서 나오는 결과 중에 가장 큰 수를 본인의 점수로 한다.
> ○ 점수가 더 높은 사람이 승리하고, 같은 점수가 나올 경우 무승부가 된다.
> ○ 甲과 乙이 가진 책의 시작 면은 1쪽이고, 마지막 면은 378쪽이다. 책을 펼쳤을 때 왼쪽 면이 짝수, 오른쪽 면이 홀수 번호이다.
> ○ 시작 면이나 마지막 면이 나오게 책을 펼치지는 않는다.

※ 쪽 번호가 없는 면은 존재하지 않는다.
※ 두 사람은 항상 서로 다른 면을 펼친다.

<보기>

ㄱ. 甲이 98쪽과 99쪽을 펼치고, 乙은 198쪽과 199쪽을 펼치면 乙이 승리한다.

ㄴ. 甲이 120쪽과 121쪽을 펼치고, 乙은 210쪽과 211쪽을 펼치면 무승부이다.

ㄷ. 甲이 369쪽을 펼치면 반드시 승리한다.

ㄹ. 乙이 100쪽을 펼치면 승리할 수 없다.

① ㄱ, ㄴ

② ㄱ, ㄷ

③ ㄱ, ㄹ

④ ㄴ, ㄷ

⑤ ㄴ, ㄹ

📝 **꼼꼼 풀이 노트**

권장 풀이 시간에 맞춰 문제를 풀어본 후, 꼼꼼 풀이 노트로 정리해보세요.

■ 출제 포인트

■ 풀이법

난이도 ★☆☆   권장 풀이 시간: 1분 45초   나의 풀이 시간: _____분 _____초

12. 다음 글을 근거로 판단할 때, 甲이 만든 비밀번호 각 자리의 숫자를 모두 곱한 값은?

23 7급공채

○ 甲은 1, 2, 3, 4 중에서 숫자를 골라 네 자리 비밀번호를 만들었다.
○ 비밀번호 각 자리의 숫자를 '모두 더한 값'과 '모두 곱한 값'이 같았다.

① 8
② 9
③ 10
④ 12
⑤ 16

13. 다음 글을 근거로 판단할 때, 甲이 수강할 과목만을 모두 고르면?　　　21 5급공채

○ 甲이 소속된 기관에서는 상시학습 과목을 주기적으로 반복하여 수강하도록 하고 있다.
○ 甲은 2021년 1월 15일 하루 동안 상시학습 과목을 수강하여 '학습점수'를 최대화하고자 한다.
○ 甲이 하루에 수강할 수 있는 최대 시간은 8시간이다.
○ 2021년 1월 15일 기준, 권장 수강주기가 지난 상시학습 과목을 수강하는 경우 수강시간 만큼 학습점수로 인정한다.
○ 2021년 1월 15일 기준, 권장 수강주기 이내에 상시학습 과목을 수강하는 경우 수강시간의 두 배를 학습점수로 인정한다.
○ 과목별 수강시간을 다 채운 경우에 한하여 학습점수를 인정한다.

〈상시학습 과목 정보〉

과목명	수강시간	권장 수강주기	甲의 직전 수강일자
통일교육	2	12개월	2020년 2월 20일
청렴교육	2	9개월	2020년 4월 11일
장애인식교육	3	6개월	2020년 6월 7일
보안교육	3	3개월	2020년 9월 3일
폭력예방교육	5	6개월	2020년 8월 20일

① 통일교육, 폭력예방교육
② 통일교육, 장애인식교육, 보안교육
③ 통일교육, 청렴교육, 보안교육
④ 청렴교육, 장애인식교육, 폭력예방교육
⑤ 보안교육, 폭력예방교육

난이도 ★★☆　　　　권장 풀이 시간: 2분 15초　　　　나의 풀이 시간: _____분 _____초

14. 다음 글을 근거로 판단할 때, 태은이의 만족도 점수의 합은?　　　20 5급공채

태은이는 모처럼의 휴일을 즐길 계획을 세우고 있다. 예산 10만 원을 모두 사용하여 외식, 전시회 관람, 쇼핑을 한 번씩 한다. 태은이는 만족도 점수의 합이 최대가 되도록 항목별로 최대 6만 원까지 1만 원 단위로 지출한다. 다음은 항목별 지출에 따른 태은이의 만족도 점수이다.

구분	1만 원	2만 원	3만 원	4만 원	5만 원	6만 원
외식	3점	5점	7점	13점	15점	16점
전시회 관람	1점	3점	6점	9점	12점	13점
쇼핑	1점	2점	6점	8점	10점	13점

① 23점

② 24점

③ 25점

④ 26점

⑤ 27점

15. 다음 글을 근거로 판단할 때 옳지 않은 것은?　　　19 5급공채

> A구와 B구로 이루어진 신도시 甲시에는 어린이집과 복지회관이 없다. 이에 甲시는 60억 원의 건축 예산을 사용하여 아래 〈건축비와 만족도〉와 〈조건〉 하에서 시민 만족도가 가장 높도록 어린이집과 복지회관을 신축하려고 한다.
>
> 〈건축비와 만족도〉
>
> | 지역 | 시설 종류 | 건축비(억 원) | 만족도 |
> |---|---|---|---|
> | A구 | 어린이집 | 20 | 35 |
> | A구 | 복지회관 | 15 | 30 |
> | B구 | 어린이집 | 15 | 40 |
> | B구 | 복지회관 | 20 | 50 |
>
> 〈조건〉
>
> 1) 예산 범위 내에서 시설을 신축한다.
> 2) 시민 만족도는 각 시설에 대한 만족도의 합으로 계산한다.
> 3) 각 구에는 최소 1개의 시설을 신축해야 한다.
> 4) 하나의 구에 동일 종류의 시설을 3개 이상 신축할 수 없다.
> 5) 하나의 구에 동일 종류의 시설을 2개 신축할 경우, 그 시설 중 한 시설에 대한 만족도는 20% 하락한다.

① 예산은 모두 사용될 것이다.

② A구에는 어린이집이 신축될 것이다.

③ B구에는 2개의 시설이 신축될 것이다.

④ 甲시에 신축되는 시설의 수는 4개일 것이다.

⑤ 〈조건〉 5)가 없더라도 신축되는 시설의 수는 달라지지 않을 것이다.

난이도 ★★☆　　　권장 풀이 시간: 2분　　　나의 풀이 시간: _____분 _____초

16. 다음 글을 근거로 판단할 때, 甲이 은행 금고에 맡길 A의 개수는?　　24 5급공채

> 甲은 보석을 은행 금고에 맡기려 한다. 은행 금고에는 정확히 1kg만 맡길 수 있다. 甲은 모든 종류의 보석을 하나씩은 포함하여 최대 금액이 되도록 맡기려 한다. 다만, 보석을 쪼갤 수 없다.
> 甲이 가진 보석은 다음과 같다.

보석 종류	개당 가격(만 원)	개당 무게(g)	수량(개)
A	10	12	52
B	7	10	48
C	3	3	150
D	1	2	31

① 44

② 45

③ 46

④ 47

⑤ 48

약점 보완 해설집 p.64

유형 19 경우 확정형

'경우 확정형'은 다양한 경우의 수 중에서 제시된 조건에 부합하는 결과를 확정하는 유형이다.

유형 특징

이 유형은 기본적으로 발문에서 무언가를 확정할 것을 요구하는 내용이 제시된다. 선택지나 <보기>는 조건에 따라 확정했을 때의 결과로 구성된다.

풀이 전략

1 제시된 정보를 정확히 파악한다.

2 문제 해결의 실마리를 찾아낸다.
- 문제 해결의 실마리가 되는 고정 정보를 찾는다.
- 제시된 제약 조건에 의해서 경우의 수가 적은 부분, 즉 갈림길이 적은 부분에서 실마리를 찾는다.
- 정보 또는 힌트가 많이 제시되는 부분을 활용하여 실마리를 찾는다.

유형 공략 문제

01. 다음 글을 근거로 판단할 때, 甲의 승패 결과는?　　　　20 7급모의

> 甲과 乙이 10회 실시한 가위바위보에 대해 다음과 같은 사실이 알려져 있다.
> ○ 甲은 가위 6회, 바위 1회, 보 3회를 냈다.
> ○ 乙은 가위 4회, 바위 3회, 보 3회를 냈다.
> ○ 甲과 乙이 서로 같은 것을 낸 적은 10회 동안 한 번도 없었다.

① 7승 3패

② 6승 4패

③ 5승 5패

④ 4승 6패

⑤ 3승 7패

난이도 ★☆☆　　　　권장 풀이 시간: 1분 15초　　　　나의 풀이 시간: ＿＿＿분 ＿＿＿초

02. 다음 글을 근거로 판단할 때, A~E 중 한 명만 화상강의 시스템에 접속해 있던 시각으로 가능한 것은? 　　　　　　　23 7급공채

> ○ 어제 9:00부터 9:30까지 진행된 수업시간 중 학생 A~E가 화상강의 시스템에 접속해 있던 시간은 아래와 같다.
>
> | 학생 | A | B | C | D | E |
> |------|---|---|---|---|---|
> | 시간(분) | 13 | 15 | 17 | 21 | 25 |
>
> ○ 학생들의 접속 횟수는 각 1회였다.
> ○ A와 C가 접속해 있던 시간은 서로 겹치지 않았다.

① 9:04
② 9:10
③ 9:15
④ 9:21
⑤ 9:24

03. 다음 글을 근거로 판단할 때, 다음 주 수요일과 목요일의 청소당번을 옳게 짝지은 것은?

22 5급공채

A~D는 다음 주 월요일부터 금요일까지 하루에 한 명씩 청소당번을 정하려고 한다. 청소당번을 정하는 규칙은 다음과 같다.

○ A~D는 최소 한 번씩 청소당번을 한다.
○ 시험 전날에는 청소당번을 하지 않는다.
○ 발표 수업이 있는 날에는 청소당번을 하지 않는다.
○ 한 사람이 이틀 연속으로는 청소당번을 하지 않는다.

다음은 청소당번을 정한 후 A~D가 나눈 대화이다.

A: 나만 두 번이나 청소당번을 하잖아. 월요일부터 청소당번이라니!
B: 미안. 내가 월요일에 발표 수업이 있어서 그날 너밖에 할 사람이 없었어.
C: 나는 다음 주에 시험이 이틀 있는데, 발표 수업이 매번 시험 보는 날과 겹쳐서 청소할 수 있는 요일이 하루밖에 없었어.
D: 그래도 금요일에 청소하고 가야 하는 나보다는 나을걸.

	수요일	목요일
①	A	B
②	A	C
③	B	A
④	C	A
⑤	C	B

난이도 ★☆☆   권장 풀이 시간: 1분   나의 풀이 시간: _____분 _____초

04. 각 과의 요구를 모두 충족시켜 신규직원을 배치할 때, <보기>에서 옳은 것을 모두 고르면?

10 5급공채

〈신규직원 배치에 대한 각 과의 요구〉
○ '甲'과: 7급이 1명 배정되어야 함
○ '乙'과: 7급이 1명 배정되거나 9급이 2명 배정되어야 함
○ '丙'과: B가 배정되거나 A와 E가 함께 배정되어야 함
○ '丁'과: E와 F 중 1명이 배정되고, C와 D 중 1명이 배정되어야 함

〈신규직원〉
○ 7급 2명 (A, B)
○ 9급 4명 (C, D, E, F)

─────────〈보기〉─────────
ㄱ. '丙'과에 2명이 배정될 수 있다.
ㄴ. A는 언제나 '甲'과에 배정된다.
ㄷ. 만약 '丁'과의 요구가 'E와 F가 함께 배정되어야 함'으로 바뀐다면, '乙'과에는 C와 D가 배정된다.

① ㄱ
② ㄴ
③ ㄱ, ㄴ
④ ㄱ, ㄷ
⑤ ㄴ, ㄷ

05. 다음 글을 근거로 판단할 때, <보기>에서 옳은 것만을 모두 고르면?　　15 5급공채

甲, 乙, 丙은 미팅에서 짝을 정하려고 한다. 짝을 결정하는 방식은 아래와 같다.

○ 미팅 상대방 A, B, C는 각자의 이름을 자신의 쪽지에 적는다.

○ 그 쪽지 세 장을 무작위로 甲, 乙, 丙에게 한 장씩 나누어 준다.

○ 각자가 받은 쪽지에 이름이 적힌 사람이 자신의 짝 후보가 된다.

○ 甲, 乙, 丙순으로 각자의 〈성향〉에 따라 짝 후보를 거절하거나 수락한다.

○ 만일 한 명이라도 거절할 경우, 그 즉시 세 장의 쪽지를 무작위로 다시 나누어 주어 甲, 乙, 丙순으로 거절하거나 수락한다. 예를 들어 甲이 수락한 후 乙이 거절한 경우, 丙의 선택을 묻지 않고 세 장의 쪽지를 무작위로 다시 나누어 주게 된다.

○ 모두가 수락할 경우 짝이 확정된다.

〈성향〉

甲	B만 내 짝이 아니면 된다고 생각한다. 단, 네 번 이상 거절하지 않는다.
乙	내 짝으로 삼고 싶은 사람은 A뿐이다. 단, 세 번 이상 거절하지 않는다.
丙	내 짝으로 삼고 싶은 사람은 C뿐이다. 단, 두 번 이상 거절하지 않는다.

〈보기〉

ㄱ. 짝이 확정되기 위한 최소의 거절 횟수와 최대의 거절 횟수를 합하면 총 7회이다.

ㄴ. 甲, 甲, 乙, 乙순으로 거절한 이후 짝이 확정되었다면 乙의 짝은 A이다.

ㄷ. 甲, 乙, 丙, 甲순으로 거절한 이후 짝이 확정되었다면 丙의 짝은 B이다.

ㄹ. 甲, 乙, 甲, 丙순으로 거절한 이후 짝이 확정되었다면, 丙이 거절했을 당시 甲의 짝 후보는 A이었을 것이다.

① ㄱ, ㄷ

② ㄱ, ㄹ

③ ㄴ, ㄷ

④ ㄴ, ㄹ

⑤ ㄷ, ㄹ

난이도 ★☆☆　　　　권장 풀이 시간: 2분　　　　나의 풀이 시간: _____분 _____초

06. 다음 글을 근거로 판단할 때, <보기>에서 옳은 것만을 모두 고르면? 　　18 5급공채

○ 甲, 乙, 丙은 12장의 카드로 게임을 하고 있다.

○ 12장의 카드 중에는 봄, 여름, 가을, 겨울 4가지 종류의 계절 카드가 각각 3장씩 있는데, 카드 뒷면만 보고는 어느 계절 카드인지 알 수 없다.

○ 참가자들은 게임을 시작할 때 무작위로 4장씩 카드를 나누어 갖는다.

○ 참가자들은 자신의 카드를 확인한 후 1대 1로 카드를 각자 2장씩 맞바꿀 수 있다. 맞바꿀 카드는 상대방의 카드 뒷면만 보고 무작위로 동시에 선택한다.

○ 가장 먼저 봄, 여름, 가을, 겨울 카드를 모두 갖게 된 사람이 우승한다.

○ 게임을 시작하여 4장의 카드를 나누어 가진 직후에 참가자들은 자신들이 가진 카드에 대해 아래와 같이 사실을 말했다.
甲: 겨울 카드는 내가 모두 갖고 있다.
乙: 나는 봄과 여름 2가지 종류의 계절 카드만 갖고 있다.
丙: 나는 여름 카드가 없다.

─────────〈보기〉─────────

ㄱ. 게임 시작시 3가지 종류의 계절 카드를 받은 사람은 1명이다.

ㄴ. 게임 시작시 참가자 모두 봄 카드를 받았다면, 가을 카드는 모두 丙이 갖고 있다.

ㄷ. 첫 번째 맞바꾸기에서 甲과 乙이 카드를 맞바꿔서 甲이 바로 우승했다면, 게임 시작시 丙은 봄 카드를 2장 받았다.

① ㄱ

② ㄴ

③ ㄱ, ㄴ

④ ㄱ, ㄷ

⑤ ㄴ, ㄷ

07. 다음 글을 근거로 판단할 때 옳지 않은 것은?

13 5급공채

○ 납부번호 구성

납부번호는 4자리의 분류기호, 3자리의 기관코드, 4자리의 납부연월(납부기한 포함), 1자리의 결정구분코드, 2자리의 세목으로 구성된다. 납부연월은 납세의무자가 실제 납부하는 연도와 달을, 납부기한은 납세의무자가 납부하여야 할 연도와 달을 의미한다.

예시) 0000 − 000 − 0000 − 0 − 00
　　　분류기호　기관코드　납부연월 결정구분 세목
　　　　　　　　　　　　　　　　코드

○ 결정구분코드

항목	코드	내용
확정분 자진납부	1	확정신고, 전기신고 등 정기기간(예정, 중간예납기간 제외)이 있는 모든 세목으로서 정상적인 자진신고납부분(수정신고분 제외)의 본세 및 그 부가가치세(코드 4의 원천분 자진납부 제외)
수시분 자진납부	2	코드 1의 확정분 자진납부, 코드 3의 예정 신고 자진납부 및 코드 4의 원천분 자진납부 이외 모든 자진납부
중간예납 및 예정신고	3	예정신고 또는 중간예납 기간이 있는 모든 세목으로서 정상적인 자진신고납부분(수정신고분 제외)의 본세 및 그 부가가치세
원천분 자진납부	4	모든 원천세 자진납부분
정기분 고지	5	양도소득세 정기결정고지, 코드 1의 확정분 자진납부에 대한 무(과소)납부고지
수시분 고지	6	코드 5의 정기분 고지, 코드 7의 중간예납 및 예정고지를 제외한 모든 고지
중간예납 및 예정고지	7	법인세 및 종합소득세 중간예납고지, 부가가치세 예정고지, 코드 3의 중간예납 및 예정신고 자진납부에 대한 무(과소)납부고지

※ 신고는 납세의무자가 법에서 정한 기한 내에 과세표준과 세액을 세무서에 알리는 것
※ 고지는 세무서장이 세액, 세목, 납부기한과 납부장소 등을 납세의무자에게 알리는 것

○ 세목코드

세목	코드	세목	코드
종합소득세	10	양도소득세	22
사업소득세	13	법인세	31
근로소득세(갑종)	14	부가가치세	41
근로소득세(을종)	15	특별소비세	42
퇴직소득세	21	개별소비세	47

① 수정신고 자진납부분은 결정구분코드 2에 해당한다.

② 2011년 3월확정분 개별소비세를 4월에 자진신고 납부한 경우, 납부번호는 ××××−×××−1104−1−47이다.

③ 2010년 제1기 확정신고분 부가가치세를 당해 9월에 무납부고지한 경우, 납부번호는 ××××−×××−1009−6−41이다.

④ 2012년 10월에 양도소득세를 예정신고 자진납부하는 경우, 납부번호의 마지막 7자리는 1210−3−22이다.

⑤ 2010년 2월에 2009년 갑종근로소득세를 연말정산하여 원천징수한 부분을 자진납부한 경우, 납부번호의 마지막 7자리는 1002−4−14이다.

난이도 ★★☆　　　　　권장 풀이 시간: 2분　　　　　나의 풀이 시간: _____분 _____초

08. 다음 글을 근거로 <점심식단>의 빈 칸을 채워 넣을 때 옳지 않은 것은?　　15 5급공채

○ 한 끼의 식사는 밥, 국, 김치, 기타 반찬, 후식 각 종류별로 하나의 음식을 포함하며, 요일마다 다양한 색의 음식으로 이번 주의 점심식단을 짜고자 한다.
○ 밥은 4가지, 국은 5가지, 김치는 2가지, 기타 반찬은 5가지, 후식은 4가지가 준비되어 있다.

색＼종류	흰색	붉은색	노란색	검은색
밥	백미밥	–	잡곡밥	흑미밥, 짜장덮밥
국	북엇국	김칫국, 육개장	된장국	미역국
김치	–	배추김치, 깍두기	–	–
기타 반찬	–	김치전	계란찜, 호박전, 잡채	돈육장조림
후식	숭늉, 식혜	수정과	단호박샐러드	–

○ 점심식단을 짜는 조건은 아래와 같다.
　－ 총 20가지의 음식은 이번 주 점심식단에 적어도 1번씩은 오른다.
　－ 붉은색과 흰색 음식은 각각 적어도 1가지씩 매일 식단에 오른다.
　－ 하루에 붉은색 음식이 3가지 이상 오를 시에는 흰색 음식 2가지가 함께 나온다.
　－ 목요일에만 검은색 음식이 없다.
　－ 금요일에는 노란색 음식이 2가지 나온다.
　－ 일주일 동안 2번 나오는 후식은 식혜뿐이다.
　－ 후식에서 같은 음식이 이틀 연속 나올 수 없다.

〈점심식단〉

요일＼종류	월요일	화요일	수요일	목요일	금요일
밥	잡곡밥	백미밥			짜장덮밥
국		된장국	김칫국	육개장	
김치	배추김치	배추김치	깍두기		
기타 반찬			호박전	김치전	잡채
후식		수정과			

① 월요일의 후식은 숭늉이다.
② 화요일의 기타 반찬은 돈육장조림이다.
③ 수요일의 밥은 흑미밥이다.
④ 목요일의 밥은 백미밥이다.
⑤ 금요일의 국은 북엇국이다.

📖 꼼꼼 풀이 노트

권장 풀이 시간에 맞춰 문제를 풀어본 후,
꼼꼼 풀이 노트로 정리해보세요.

■ 출제 포인트

■ 풀이법

09. A, B, C, D 4개의 밭이 나란히 있다. 첫 해에 A에는 장미, B에는 진달래, C에는 튤립을 심었고, D에는 아무 것도 심지 않았다. 그리고 2년차에는 C에 아무 것도 심지 않기로 하였다. 이 경우 다음 <조건>에 따를 때 3년차에 가능한 것은?   09 5급공채

〈조건〉

○ 한 밭에는 한 가지 꽃만 심는다.

○ 심을 수 있는 꽃은 장미, 튤립, 진달래, 백합, 나팔꽃이다.

○ 한 가지 꽃을 두 군데 이상 심으면 안 된다.

○ 장미와 튤립을 인접해서 심으면 안 된다.

○ 전 해에 장미를 심었던 밭에는 아무 것도 심지 않거나 진달래를 심고, 진달래를 심었던 밭에는 아무 것도 심지 않거나 장미를 심어야 한다. (단, 아무 것도 심지 않았던 밭에는 그 전 해에 장미를 심었으면 진달래를, 진달래를 심었으면 장미를 심어야 한다)

○ 매년 한 군데 밭에만 아무 것도 심지 않아야 한다.

○ 각각의 밭은 4년에 한 번만 아무 것도 심지 않아야 한다.

○ 전 해에 심지 않은 꽃 중 적어도 한 가지는 심어야 한다.

○ 튤립은 2년에 1번씩 심어야 한다.

	A	B	C	D
①	장미	진달래	튤립	심지 않음
②	심지 않음	진달래	나팔꽃	백합
③	장미	심지 않음	나팔꽃	튤립
④	심지 않음	진달래	백합	나팔꽃
⑤	장미	진달래	심지 않음	튤립

■ 출제 포인트

■ 풀이법

난이도 ★☆☆　　　권장 풀이 시간: 1분 45초　　　나의 풀이 시간: ＿＿＿분 ＿＿＿초

10. 김가영(女), 이나울(男), 최규리(女), 박혁준(男)은 고등학교 동창으로 1년에 한 번씩 모여 선물을 교환한다. 올해는 서로 동물 인형을 선물하기로 했다. 선물교환이 끝난 후 누군가가 자신이 받은 인형 안에 프러포즈 반지가 들어있는 것을 발견하였다. 다음을 근거로 판단할 때, 프러포즈 반지를 선물한 사람과 받은 사람은 각각 누구인가? (단, 이때 옆으로 나란히 앉은 사람과 마주보고 앉은 사람은 모두 접하여 있다고 본다. 예를 들면 좌석 1은 좌석 2, 좌석 4와 접하여 있는 것으로 본다)

12 5급공채

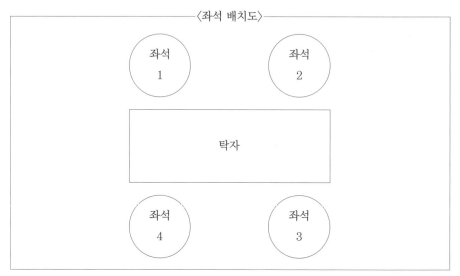

〈좌석 배치도〉

〈교환한 인형〉

토끼 인형, 강아지 인형, 고양이 인형, 호랑이 인형
(프러포즈 반지는 강아지 인형에만 들어있다)

〈상황〉

○ 토끼 인형을 준비한 사람과 고양이 인형을 준비한 사람은 마주보고 앉아있다.
○ 이나울은 토끼 인형을 준비하지 않았으며, 강아지 인형을 준비한 사람과 접하여 앉아 있다.
○ 프러포즈 반지를 선물한 사람과 받은 사람은 옆으로 나란히 앉지 않았다.
○ 최규리는 토끼 인형을 준비하지 않았으며, 김가영은 고양이 인형을 준비하였다.
○ 같은 성별의 사람들은 접하여 있지 않으며, 프러포즈 반지는 이성에게 선물하였다.

	프러포즈 반지를 선물한 사람	프러포즈 반지를 받은 사람
①	이나울	김가영
②	박혁준	김가영
③	최규리	이나울
④	최규리	박혁준
⑤	박혁준	최규리

11. 다음 <상황>에 근거할 때, 약사 甲이 4명의 환자에게 조제한 약을 옳게 짝지은 것은?

13 5급공채

〈상황〉

오늘 아침 甲의 약국에 희경, 은정, 소미, 정선 4명의 손님이 방문하였다. 甲은 이들로 부터 처방전을 받아 A~D 네 봉지의 약을 조제하였는데, 약을 조제한 후 처방전을 분실하여 누구의 약인지 알지 못한다. 다만 甲은 다음과 같은 몇 개의 정보만 기억하고 있다.

○ 오늘 아침 방문한 환자들의 병명은 몸살, 배탈, 치통, 피부병이었다.

○ 은정의 처방전은 B에 해당하는 것이었고, 그녀는 몸살이나 배탈 환자가 아니었다.

○ A는 배탈 환자에 사용되는 약이 아니다.

○ D는 연고를 포함하고 있는데, 이 연고는 피부병에만 사용된다.

○ 희경은 임산부이고, A와 D에는 임산부가 먹어서는 안 되는 약품이 사용되었다.

○ 소미는 몸살 환자가 아니었다.

	A	B	C	D
①	정선	은정	희경	소미
②	정선	은정	소미	희경
③	소미	은정	희경	정선
④	희경	은정	소미	정선
⑤	희경	은정	정선	소미

12. 다음 글과 <조건>을 근거로 판단할 때, 가장 많은 품삯을 받은 일꾼은? (단, 1전은 10푼이다)

14 5급공채

『화성성역의궤』는 정조시대 수원 화성(華城) 축조에 관한 경위와 제도, 의식 등을 수록한 책이다. 이 책에는 화성 축조에 참여한 일꾼의 이름과 직업, 품삯 등이 상세히 기록되어 있다.

〈조건〉

○ 일꾼 다섯 명의 이름은 좀쇠, 작은놈, 어인놈, 상득, 정월쇠이다.
○ 다섯 일꾼 중 김씨가 2명, 이씨가 1명, 박씨가 1명, 윤씨가 1명이다.
○ 이들의 직업은 각각 목수, 단청공, 벽돌공, 대장장이, 미장공이다.
○ 일당으로 목수와 미장공은 4전 2푼을 받고, 단청공과 벽돌공, 대장장이는 2전 5푼을 받는다.
○ 윤씨는 4일, 박씨는 6일, 김씨 두 명은 각각 4일, 이씨는 3일 동안 동원되었다. 동원되었지만 일을 하지 못한 날에는 보통의 일당 대신 1전을 받는다.
○ 박씨와 윤씨는 동원된 날 중 각각 하루씩은 배가 아파 일을 하지 못했다.
○ 목수는 이씨이다.
○ 좀쇠는 박씨도 이씨도 아니다.
○ 어인놈은 단청공이다.
○ 대장장이와 미장공은 김씨가 아니다.
○ 정월쇠의 일당은 2전 5푼이다.
○ 상득은 김씨이다.
○ 윤씨는 대장장이가 아니다.

① 좀쇠
② 작은놈
③ 어인놈
④ 상득
⑤ 정월쇠

13. 다음 글과 <대화>를 근거로 판단할 때 옳지 않은 것은?　　　21 5급공채

> ○ A부서의 소속 직원(甲~戊)은 법령집, 백서, 판례집, 민원 사례집을 각각 1권씩 보유하고 있었다.
> ○ A부서는 소속 직원에게 다음의 기준에 따라 새로 발행된 도서(법령집 3권, 백서 3권, 판례집 1권, 민원 사례집 2권)를 나누어 주었다.
> 　– 법령집: 보유하고 있던 법령집의 발행연도가 빠른 사람부터 1권씩 나누어 주었다.
> 　– 백서: 근속연수가 짧은 사람부터 1권씩 나누어 주었다.
> 　– 판례집: 보유하고 있던 판례집의 발행연도가 가장 빠른 사람에게 주었다.
> 　– 민원 사례집: 민원업무가 많은 사람부터 1권씩 나누어 주었다.

※ 甲~戊는 근속연수, 민원업무량에 차이가 있고, 보유하고 있던 법령집, 판례집은 모두 발행연도가 다르다.

<대화>

甲: 나는 책을 1권만 받았어.
乙: 나는 4권의 책을 모두 받았어.
丙: 나는 법령집은 받았지만 판례집은 받지 못했어.
丁: 나는 책을 1권도 받지 못했어.
戊: 나는 丙이 받은 책은 모두 받았고, 丙이 받지 못한 책은 받지 못했어.

① 법령집을 받은 사람은 백서도 받았다.

② 甲은 丙보다 민원업무가 많다.

③ 甲은 戊보다 많은 도서를 받았다.

④ 丁은 乙보다 근속연수가 길다.

⑤ 乙이 보유하고 있던 법령집은 甲이 보유하고 있던 법령집보다 발행연도가 빠르다.

난이도 ★☆☆　　　　권장 풀이 시간: 2분 15초　　　　나의 풀이 시간: _____분 _____초

14. 다음 글을 근거로 판단할 때 옳은 것은?　　　　20 민경채

> 　네 사람(甲~丁)은 각각 주식, 채권, 선물, 옵션 중 서로 다른 하나의 금융상품에 투자하고 있으며, 투자액과 수익률도 각각 다르다.
> ○ 네 사람 중 투자액이 가장 큰 50대 주부는 주식에 투자하였다.
> ○ 30대 회사원 丙은 네 사람 중 가장 높은 수익률을 올려 아내와 여행을 다녀왔다.
> ○ 甲은 주식과 옵션에는 투자하지 않았다.
> ○ 40대 회사원 乙은 옵션에 투자하지 않았다.
> ○ 60대 사업가는 채권에 투자하지 않았다.

① 채권 투자자는 甲이다.

② 선물 투자자는 사업가이다.

③ 투자액이 가장 큰 사람은 乙이다.

④ 회사원은 옵션에 투자하지 않았다.

⑤ 가장 높은 수익률을 올린 사람은 선물 투자자이다.

15. 다음 〈상황〉과 〈자기소개〉를 근거로 판단할 때 옳지 않은 것은?

20 5급공채

〈상황〉

5명의 직장인(甲~戊)이 커플 매칭 프로그램에 참여했다.

○ 남성이 3명이고 여성이 2명이다.

○ 5명의 나이는 34세, 32세, 30세, 28세, 26세이다.

○ 5명의 직업은 의사, 간호사, TV드라마감독, 라디오작가, 요리사이다.

○ 의사와 간호사는 성별이 같다.

○ 라디오작가는 요리사와 매칭된다.

○ 남성과 여성의 평균 나이는 같다.

○ 한 사람당 한 명의 이성과 매칭이 가능하다.

〈자기소개〉

甲: 안녕하세요. 저는 32세이고 의료 관련 일을 합니다.

乙: 저는 방송업계에서 일하는 남성입니다.

丙: 저는 20대 남성입니다.

丁: 반갑습니다. 저는 방송업계에서 일하는 여성입니다.

戊: 제가 이 중 막내네요. 저는 요리사입니다.

① TV드라마감독은 乙보다 네 살이 많다.

② 의사와 간호사 나이의 평균은 30세이다.

③ 요리사와 라디오작가는 네 살 차이이다.

④ 甲의 나이는 방송업계에서 일하는 사람들 나이의 평균과 같다.

⑤ 丁은 의료계에서 일하는 두 사람 중 나이가 적은 사람보다 두 살 많다.

■ 출제 포인트

■ 풀이법

난이도 ★★☆　　　　　권장 풀이 시간: 2분 30초　　　　　나의 풀이 시간: _____분 _____초

16. 다음 글을 근거로 판단할 때, <보기>에서 **옳은** 것만을 모두 고르면?　　　21 5급공채

> 甲: 안녕? 나는 지난 주말 중 하루에 당일치기로 서울 여행을 다녀왔는데, 서울에는 눈이
> 　　예쁘게 내려서 너무 좋았어. 너희는 지난 주말에 어디 있었니?
> 乙: 나는 서울과 강릉을 하루에 모두 다녀왔는데, 두 곳 다 눈이 예쁘게 내리더라.
> 丙: 나는 부산과 강릉에 하루씩 있었는데 하늘에서 눈을 보지도 못했어.
> 丁: 나도 광주에 하루 있었는데, 해만 쨍쨍하고 눈은 안 왔어. 그날 뉴스를 보니까 부산에
> 　　도 광주처럼 눈은 커녕 해가 쨍쨍하다고 했더라고.
> 甲: 응? 내가 서울에 있던 날 뉴스를 봤는데, 광주에도 눈이 내리고 있다고 했어.

※ 지난 주말(토요일과 일요일) 각 도시에 눈이 내린 날은 하루 종일 눈이 내렸고, 눈이 내리지 않은 날은 하루 종일 눈이
내리지 않았다.

<보기>
> ㄱ. 광주에는 지난 주말 중 하루만 눈이 내렸다.
> ㄴ. 지난 주말 중 하루만 서울에 눈이 내렸다면 부산에도 지난 주말 중 하루만 눈이 내렸다.
> ㄷ. 지난 주말 중 하루만 부산에 눈이 내렸다면 甲과 乙이 서울에 있었던 날은 다른 날이다.
> ㄹ. 지난 주말 중 하루만 서울에 눈이 내렸다면 丙이 부산에 있었던 날과 丁이 광주에 있
> 　　었던 날은 다른 날이다.

① ㄱ, ㄴ

② ㄱ, ㄷ

③ ㄴ, ㄹ

④ ㄱ, ㄷ, ㄹ

⑤ ㄴ, ㄷ, ㄹ

17. 다음 글을 근거로 판단할 때 옳은 것은?

23 7급공채

A~E 간에 갖고 있는 상대방의 연락처에 대한 정보는 다음과 같다.

○ A는 3명의 연락처를 갖고 있는데, 그 중 2명만 A의 연락처를 갖고 있다. 그런데 A의 연락처를 갖고 있는 사람은 총 3명이다.

○ B는 2명의 연락처를 갖고 있는데, 그 2명을 제외한 2명만 B의 연락처를 갖고 있다.

○ C는 A의 연락처만 갖고 있는데, A도 C의 연락처를 갖고 있다.

○ D는 2명의 연락처를 갖고 있다.

○ E는 B의 연락처만 갖고 있다.

① A는 B의 연락처를 갖고 있다.

② B는 D의 연락처를 갖고 있다.

③ C의 연락처를 갖고 있는 사람은 3명이다.

④ D의 연락처를 갖고 있는 사람은 A뿐이다.

⑤ E의 연락처를 갖고 있는 사람은 2명이다.

📝 **꼼꼼 풀이 노트**

권장 풀이 시간에 맞춰 문제를 풀어본 후, 꼼꼼 풀이 노트로 정리해보세요.

■ 출제 포인트

■ 풀이법

1 텍스트형

2 법조문형

3 계산형

4 규칙형

5 경우형

기출 재구성 모의고사

해커스PSAT 7급 PSAT 유형별 기출 200제 심화편 신

난이도 ★☆☆   권장 풀이 시간: 1분 45초   나의 풀이 시간: _____분 _____초

18. 다음 글을 근거로 판단할 때 옳지 않은 것은?   24 7급공채

> 인터넷 장애로 인해 甲~丁은 '메일', '공지', '결재', '문의' 중 접속할 수 없는 메뉴가 각자 1개 이상 있다. 다음은 이에 관한 甲~丁의 대화이다.
>
> 甲: 나는 결재를 포함한 2개 메뉴에만 접속할 수 없고, 乙, 丙, 丁은 모두 이 2개 메뉴에 접속할 수 있어.
> 乙: 丙이나 丁이 접속하지 못하는 메뉴는 나도 전부 접속할 수 없어.
> 丙: 나는 문의에 접속해서 이번 오류에 대해 질문했어.
> 丁: 나는 공지에 접속할 수 없고, 丙은 공지에 접속할 수 있어.

① 甲은 공지에 접속할 수 없다.

② 乙은 메일에 접속할 수 없다.

③ 乙은 2개의 메뉴에 접속할 수 있다.

④ 丁은 문의에 접속할 수 있다.

⑤ 甲과 丙이 공통으로 접속할 수 있는 메뉴가 있다.

19. 다음 글과 <1차 투표 결과>를 근거로 판단할 때 옳은 것은?

○ △△부서에서는 팀원 5명(甲~戊)의 투표를 통해 프로젝트명을 정하려 한다.

○ 프로젝트명 후보는 3개(A~C)이다.

○ 1차 투표에서는 한 명당 두 표를 가지며, 두 표 모두 하나의 후보에 줄 수도 있다.

○ 1차 투표 결과에 따라 최다 득표 후보를 프로젝트명으로 선정하며, 최다 득표 후보가 복수인 경우 최소 득표 후보를 제외하고 2차 투표를 실시한다.

○ 2차 투표에서는 한 명당 한 표씩 행사하여, 최다 득표 후보를 프로젝트명으로 선정한다.

─── 〈1차 투표 결과〉 ───

○ 하나의 후보에 두 표를 모두 준 사람은 甲과 乙뿐이며, 이들은 동일한 후보에 표를 주었다.

○ A에 투표한 사람은 3명이다.

○ B에 투표한 사람은 2명이다.

○ C에 투표한 사람은 3명이다.

① B는 선정될 수 없다.

② 1차 투표에서 丙과 丁이 투표한 후보의 조합은 서로 다르다.

③ 1차 투표에서 A가 받은 표는 최대 5표이다.

④ 1차 투표에서 C는 4표 이상 받았다.

⑤ 2차 투표를 실시하는 경우가 있다.

약점 보완 해설집 p.72

취약 유형 진단 & 약점 극복

1 문항별 정오표

각 문항별로 정오를 확인한 후, 맞았으면 O, 풀지 못했으면 △, 틀렸으면 X로 표시해 보세요.

경우 파악형		경우 확정형	
번호	정오	번호	정오
01		01	
02		02	
03		03	
04		04	
05		05	
06		06	
07		07	
08		08	
09		09	
10		10	
11		11	
12		12	
13		13	
14		14	
15		15	
16		16	
		17	
		18	
		19	

2 취약 유형 분석표

유형별로 맞힌 문제 개수와 정답률을 적고, 취약한 유형이 무엇인지 파악해 보세요.

유형	맞힌 문제 개수	정답률
경우 파악형	/16	%
경우 확정형	/19	%

3 학습 전략

취약한 유형의 학습 전략을 확인한 후, 풀지 못한 문제와 틀린 문제를 다시 풀면서 취약 유형을 극복해 보세요.

경우 파악형	경우 파악형은 경우를 파악할 수 있는 도구(툴)가 문제에 제시되는 경우도 많지만, 아무런 도구 없이 가능한 모든 경우를 하나하나 떠올려야 하는 문제도 있습니다. 후자에 해당하는 문제는 많은 문제를 접해보면서 다양한 사고를 연습해 보아야 하고, 전자에 해당하는 문제는 기출에서 반복해서 출제되는 도구(툴)를 잘 발견하고 적용하는 연습을 해야 합니다. 즉, 문제를 처음 접했을 때 어떤 특징을 가진 문제에서 어떤 도구(툴)를 적용하는지 문제의 특징을 발견하는 연습과 실제 도구(툴)를 적용해서 정확히 해결하는 연습을 합니다.
경우 확정형	고정정보를 잘 찾아낼 수 있는지가 관건입니다. 다양한 문제를 풀어보면서 고정정보를 찾아내고 문제를 해결하는 과정을 연습하는 것이 필요합니다. 고정정보가 보이지 않을 때, 또는 고정정보를 통해 해결하는 과정이 중간에 멈추었을 때, 실마리를 잘 찾아내는 연습도 필요합니다. 소재를 다양하게 바꾸거나 여러 장치를 결합해 출제된 경우 문제의 난도는 높아질 수 있지만, 문제를 해결하는 스킬은 정해져있기 때문에 그 스킬을 체화시키는 것이 중요합니다. 따라서 다양한 문제를 풀어보면서 고정정보를 찾고, 실마리를 찾으면서 스킬을 체화하는 연습을 해야 합니다.

기출 재구성
모의고사

01. 다음 글을 근거로 판단할 때 옳은 것은?   22 7급공채

제00조 ① 선박이란 수상 또는 수중에서 항행용으로 사용하거나 사용할 수 있는 배 종류를 말하며 그 구분은 다음 각 호와 같다.
1. 기선: 기관(機關)을 사용하여 추진하는 선박과 수면비행선박(표면효과 작용을 이용하여 수면에 근접하여 비행하는 선박)
2. 범선: 돛을 사용하여 추진하는 선박
3. 부선: 자력(自力) 항행능력이 없어 다른 선박에 의하여 끌리거나 밀려서 항행되는 선박

② 소형선박이란 다음 각 호의 어느 하나에 해당하는 선박을 말한다.
1. 총톤수 20톤 미만인 기선 및 범선
2. 총톤수 100톤 미만인 부선

제00조 ① 매매계약에 의한 선박 소유권의 이전은 계약당사자 사이의 양도합의만으로 효력이 생긴다. 다만 소형선박 소유권의 이전은 계약당사자 사이의 양도합의와 선박의 등록으로 효력이 생긴다.

② 선박의 소유자(제1항 단서의 경우에는 선박의 매수인)는 선박을 취득(제1항 단서의 경우에는 매수)한 날부터 60일 이내에 선적항을 관할하는 지방해양수산청장에게 선박의 등록을 신청하여야 한다. 이 경우 총톤수 20톤 이상인 기선과 범선 및 총톤수 100톤 이상인 부선은 선박의 등기를 한 후에 선박의 등록을 신청하여야 한다.

③ 지방해양수산청장은 제2항의 등록신청을 받으면 이를 선박원부(船舶原簿)에 등록하고 신청인에게 신박국적증서를 발급하여야 한다.

제00조 선박의 등기는 등기할 선박의 선적항을 관할하는 지방법원, 그 지원 또는 등기소를 관할 등기소로 한다.

① 총톤수 80톤인 부선의 매수인 甲이 선박의 소유권을 취득하기 위해서는 매도인과 양도합의를 하고 선박을 등록해야 한다.

② 총톤수 100톤인 기선의 소유자 乙이 선박의 등기를 하기 위해서는 먼저 관할 지방해양수산청장에게 선박의 등록을 신청해야 한다.

③ 총톤수 60톤인 기선의 소유자 丙은 선박을 매수한 날부터 60일 이내에 해양수산부장관에게 선박의 등록을 신청해야 한다.

④ 총톤수 200톤인 부선의 소유자 丁이 선적항을 관할하는 등기소에 선박의 등기를 신청하면, 등기소는 丁에게 선박국적증서를 발급해야 한다.

⑤ 총톤수 20톤 미만인 범선의 매수인 戊가 선박의 등록을 신청하면, 관할 법원은 이를 선박원부에 등록하고 戊에게 선박국적증서를 발급해야 한다.

02. 다음 글을 근거로 판단할 때 옳지 않은 것은?   21 7급공채

제00조 ① 정보공개심의회(이하 '심의회'라 한다)는 다음 각 호의 구분에 따라 10인 이내의 위원으로 구성한다.
1. 내부 위원: 위원장 1인(○○실장)과 각 부서의 정보공개 담당관 중 지명된 3인
2. 외부 위원: 관련분야 전문가 중에서 총 위원수의 3분의 1 이상 위촉

② 위원은 특정 성별이 다른 성별의 2분의 1 이하가 되지 않도록 한다.

③ 위원장을 비롯한 내부 위원의 임기는 그 직위에 재직하는 기간으로 하며, 외부 위원의 임기는 2년으로 하되 2회에 한하여 연임할 수 있다.

④ 심의회는 위원장이 소집하고, 회의는 위원장을 포함한 재적위원 3분의 2 이상의 출석으로 개의하고 출석위원 3분의 2 이상의 찬성으로 의결한다.

⑤ 위원은 부득이한 이유로 참석할 수 없는 경우에는 서면으로 의견을 제출할 수 있다. 이 경우 해당 위원은 심의회에 출석한 것으로 본다.

① 외부 위원의 최대 임기는 6년이다.

② 정보공개심의회는 최소 6명의 위원으로 구성된다.

③ 정보공개심의회 내부 위원이 모두 여성일 경우, 정보공개심의회는 7명의 위원으로 구성될 수 있다.

④ 정보공개심의회가 8명의 위원으로 구성되면, 위원 3명의 찬성으로 의결되는 경우가 있다.

⑤ 위원장을 포함한 위원 5명이 직접 출석하여 이들 모두 안건에 찬성하고, 위원 2명이 부득이한 이유로 서면으로 의견을 제출한 경우, 제출된 서면 의견에 상관없이 해당 안건은 찬성으로 의결된다.

03. 다음 글과 <상황>을 근거로 판단할 때 옳지 않은 것은?

21 7급공채

제00조 ① 건축물을 건축하거나 대수선하려는 자는 특별 자치시장·특별자치도지사 또는 시장·군수·구청장의 허가를 받아야 한다. 다만 21층 이상의 건축물이나 연면적 합계 10만 제곱미터 이상인 건축물을 특별시나 광역시에 건축하려면 특별시장이나 광역시장의 허가를 받아야 한다.
② 허가권자는 제1항에 따른 허가를 받은 자가 다음 각 호의 어느 하나에 해당하면 허가를 취소하여야 한다. 다만 제1호에 해당하는 경우로서 정당한 사유가 있다고 인정되면 1년의 범위에서 공사의 착수기간을 연장할 수 있다.
  1. 허가를 받은 날부터 2년 이내에 공사에 착수하지 아니한 경우
  2. 제1호의 기간 이내에 공사에 착수하였으나 공사의 완료가 불가능하다고 인정되는 경우
제00조 ① ○○부 장관은 국토관리를 위하여 특히 필요하다고 인정하거나 주무부장관이 국방, 문화재보존, 환경보전 또는 국민경제를 위하여 특히 필요하다고 인정하여 요청하면 허가권자의 건축허가나 허가를 받은 건축물의 착공을 제한할 수 있다.
② 특별시장·광역시장·도지사(이하 '시·도지사'라 한다)는 지역계획이나 도시·군계획에 특히 필요하다고 인정하면 시장·군수·구청장의 건축허가나 허가를 받은 건축물의 착공을 제한할 수 있다.
③ ○○부 장관이나 시·도지사는 제1항이나 제2항에 따라 건축허가나 건축허가를 받은 건축물의 착공을 제한하려는 경우에는 주민의견을 청취한 후 건축위원회의 심의를 거쳐야 한다.
④ 제1항이나 제2항에 따라 건축허가나 건축물의 착공을 제한하는 경우 제한기간은 2년 이내로 한다. 다만 1회에 한하여 1년 이내의 범위에서 제한기간을 연장할 수 있다.

───────〈상황〉───────

甲은 20층의 연면적 합계 5만 제곱미터인 건축물을, 乙은 연면적 합계 15만 제곱미터인 건축물을 각각 A광역시 B구에 신축하려고 한다.

① 甲은 B구청장에게 건축허가를 받아야 한다.
② 甲이 건축허가를 받은 경우에도 A광역시장은 지역계획에 특히 필요하다고 인정하면 일정한 절차를 거쳐 甲의 건축물 착공을 제한할 수 있다.
③ B구청장은 주민의견을 청취한 후 건축위원회의 심의를 거쳐 건축허가를 받은 乙의 건축물 착공을 제한할 수 있다.
④ 乙이 건축허가를 받은 날로부터 2년 이내에 정당한 사유 없이 공사에 착수하지 않은 경우, A광역시장은 건축허가를 취소하여야 한다.
⑤ 주무부장관이 문화재보존을 위하여 특히 필요하다고 인정하여 요청하는 경우, ○○부 장관은 건축허가를 받은 乙의 건축물에 대해 최대 3년간 착공을 제한할 수 있다.

04. 다음 글과 <상황>을 근거로 판단할 때, 제사주재자를 옳게 짝지은 것은?

24 7급공채

사망한 사람의 제사를 주재하는 사람(이하 '제사주재자'라 한다)은 사망한 사람의 공동상속인들 간 협의에 의해 정하는 것이 원칙이다. 다만 공동상속인들 사이에 협의가 이루어지지 않을 때, 누구를 제사주재자로 결정할 것인지 문제가 된다.
종전 대법원 판례는, 제사주재자의 지위를 유지할 수 없는 특별한 사정이 없는 한 사망한 사람의 직계비속으로서 장남(장남이 이미 사망한 경우에는 장손자)이 제사주재자가 되고, 공동상속인들 중 아들이 없는 경우에는 장녀가 제사주재자가 된다고 하였다. 이 판례에 대해, 사망한 사람에게 아들, 손자가 있다는 이유만으로 여성 상속인이 자신의 의사와 무관하게 제사주재자가 되지 못한다는 점에서 양성평등의 원칙에 어긋난다는 비판이 있었다.
이를 반영해서 최근 대법원은 연령을 기준으로 하여 제사주재자가 결정되는 것으로 판례를 변경하였다. 즉, 공동상속인들 사이에 협의가 이루어지지 않으면, 제사주재자의 지위를 유지할 수 없는 특별한 사정이 없는 한 사망한 사람의 직계비속 가운데 남녀를 불문하고 최근친(最近親) 중 연장자가 제사주재자가 된다고 하였다.

───────〈상황〉───────

甲과 乙은 혼인하여 자녀 A(딸), B(아들), C(아들)를 두었다. B는 혼인하여 자녀 D(아들)가 있고, A와 C는 자녀가 없다. B는 2023. 5. 1. 43세로 사망하였고, 甲은 2024. 5. 1. 사망하였다. 2024. 6. 1. 현재 甲의 공동상속인인 乙(73세), A(50세), C(40세), D(20세)는 각자 자신이 甲의 제사주재자가 되겠다고 다투고 있다. 이들에게는 제사주재자의 지위를 유지할 수 없는 특별한 사정이 없다.

	종전 대법원 판례	최근 대법원 판례
①	A	C
②	C	A
③	C	乙
④	D	A
⑤	D	乙

05. 다음 글을 근거로 판단할 때 옳은 것은?　　24 7급공채

자기조절력은 스스로 목표를 설정하고 그 목표를 달성하기 위해 집념과 끈기를 발휘하는 능력을 말한다. 또한 자기조절력은 자기 자신의 감정을 잘 조절하는 능력이기도 하며, 내가 나를 존중하는 능력이기도 하다. 자기조절을 하기 위해서는 도달하고 싶으나 아직 구현되지 않은 나의 미래 상태를 현재 나의 상태와 구별해 낼 수 있어야 한다. 자기조절력의 하위 요소로는 자기절제와 목표달성 등이 있다. 이러한 하위 요소들은 신경망과도 관련이 있는 것으로 알려져 있다.

우선 자기절제는 충동을 통제하고, 일상적이고도 전형적인 혹은 자동적인 행동을 분명한 의도를 바탕으로 억제하는 것이다. 이처럼 특정한 의도를 갖고 자신의 행동이나 생각을 의식적으로 억제하거나 마음먹은 대로 조절하는 능력은 복외측전전두피질과 내측전전두피질을 중심으로 한 신경망과 관련이 깊다.

한편 목표달성을 위해서는 두 가지 능력이 필요하다. 첫 번째는 자기 자신에 집중할 수 있는 능력이다. 나 자신에 집중하기 위해서는 끊임없이 자신을 뇌돌아보며 현재 나의 상태를 알아차리는 자기참조과정이 필요하다. 자기참조과정에 주로 관여하는 것은 내측전전두피질을 중심으로 후방대상피질과 설전부를 연결하는 신경망이다. 두 번째는 자신이 도달하고자 하는 대상에 집중할 수 있는 능력이다. 특정 대상에 주의를 집중하는 데 필요한 뇌 부위는 배외측전전두피질로 알려져 있다. 배외측전전두피질은 주로 내측전전두피질과 연결되어 작동한다. 내측전전두피질과 배외측전전두피질 간의 기능적 연결성이 강할수록 목표를 위해 에너지를 집중하고 지속적인 노력을 쏟아 부을 수 있는 능력이 높아진다.

① 자기조절을 위해서는 현재 나의 상태와 아직 구현되지 않은 나의 미래 상태를 구분할 수 있어야 한다.

② 내측전전두피질과 배외측전전두피질 간의 기능적 연결성이 약할수록 목표를 위한 집중력이 높아진다.

③ 목표달성을 위해서는 일상적이고 전형적인 행동을 강화하는 능력이 필요하다.

④ 자신이 도달하고자 하는 대상에 집중하는 과정을 자기참조과정이라 한다.

⑤ 자기조절력은 자기절제의 하위 요소이다.

---

06. 재적의원이 210명인 ○○국 의회에서 다음과 같은 <규칙>에 따라 안건 통과 여부를 결정한다고 할 때, <보기>에서 옳은 것만을 모두 고르면?　　16 5급공채

〈규칙〉

○ 안건이 상정된 회의에서 기권표가 전체의 3분의 1 이상이면 안건은 부결된다.

○ 기권표를 제외하고, 찬성 또는 반대의견을 던진 표 중에서 찬성표가 50%를 초과해야 안건이 가결된다.

※ 재적의원 전원이 참석하여 1인 1표를 행사하였고, 무효표는 없다.

〈보기〉

ㄱ. 70명이 기권하여도 71명이 찬성하면 안건이 가결된다.

ㄴ. 104명이 반대하면 기권표에 관계없이 안건이 부결된다.

ㄷ. 141명이 찬성하면 기권표에 관계없이 안건이 가결된다.

ㄹ. 안건이 가결될 수 있는 최소 찬성표는 71표이다.

① ㄱ, ㄴ

② ㄱ, ㄷ

③ ㄴ, ㄷ

④ ㄴ, ㄹ

⑤ ㄷ, ㄹ

07. 다음 글을 근거로 판단할 때 옳지 않은 것은? 23 5급공채

> 승화는 100원 단위로 가격이 책정되어 있는 아이스크림을 5개 샀다. 5개 아이스크림 가운데 1개의 가격은 다른 4개의 아이스크림 가격을 합한 것과 같았다. 승화가 산 아이스크림 중 두 번째로 비싼 아이스크림 가격은 1,500원이었고, 이는 승화가 산 어떤 한 아이스크림 가격의 3배였다. 승화가 산 5개 아이스크림 가격의 합은 5,000원이었다.

① 승화는 500원짜리 아이스크림을 샀다.

② 승화는 400원짜리 아이스크림을 샀을 수도 있다.

③ 승화는 가격이 같은 아이스크림을 2개 샀을 수도 있다.

④ 승화가 산 아이스크림 가운데 가장 비싼 아이스크림의 가격은 2,500원이었다.

⑤ 승화가 산 가장 비싼 아이스크림의 가격은 승화가 산 가장 싼 아이스크림 가격의 20배를 넘었을 수도 있다.

08. 다음 글을 근거로 판단할 때, ㉠에 해당하는 수는? 23 7급공채

> ○ 산타클로스는 연간 '착한 일 횟수'와 '울음 횟수'에 따라 어린이 甲~戊에게 선물 A, B 중 하나를 주거나 아무것도 주지 않는다.
> ○ 산타클로스가 선물을 나눠주는 방식은 다음과 같다. 어린이별로 ('착한 일 횟수'×5)−('울음 횟수'× ⎡ ㉠ ⎤)의 값을 계산한다. 그 값이 10 이상이면 선물 A를 주고, 0 이상 10 미만이면 선물 B를 주며, 그 값이 음수면 선물을 주지 않는다. 이때, ㉠은 자연수이다.
> ○ 이 방식을 적용한 결과, 甲~戊 중 1명이 선물 A를 받았고, 3명이 선물 B를 받았으며, 1명은 선물을 받지 못했다.
> ○ 甲~戊의 연간 '착한 일 횟수'와 '울음 횟수'는 아래와 같다.

구분	착한 일 횟수	울음 횟수
甲	3	3
乙	3	2
丙	2	3
丁	1	0
戊	1	3

① 1

② 2

③ 3

④ 4

⑤ 5

※ 다음 글을 읽고 물음에 답하시오. [09~10]

24 7급공채

암호 기술은 일반적인 문장(평문)을 해독 불가능한 암호문으로 변환하거나, 암호문을 해독 가능한 평문으로 변환하기 위한 원리, 수단, 방법 등을 취급하는 기술을 말한다. 이 암호 기술은 암호화와 복호화로 구성된다. 암호화는 평문을 암호문으로 변환하는 것이며, 반대로 암호문에서 평문으로 변환하는 것은 복호화라 한다.

암호 기술에서 사용되는 알고리즘, 즉 암호 알고리즘은 대상 메시지를 재구성하는 방법이다. 암호 알고리즘에는 메시지의 각 원소를 다른 원소에 대응시키는 '대체'와 메시지의 원소들을 재배열하는 '치환'이 있다. 예를 들어 대체는 각 문자를 다른 문자나 기호로 일대일로 대응시키는 것이고, 치환은 단어, 어절 등의 순서를 바꾸는 것이다.

암호 알고리즘에서는 보안을 강화하기 위해 키(key)를 사용하기도 한다. 키는 암호가 작동하는 데 필요한 값이다. 송신자와 수신자가 같은 키를 사용하면 대칭키 방식이라 하고, 다른 키를 사용하면 비대칭키 방식이라 한다. 대칭키 방식은 동일한 키로 상자를 열고 닫는 것이고, 비대칭키 방식은 서로 다른 키로 상자를 열고 닫는 것이다. 비대칭키 방식의 경우에는 수신자가 송신자의 키를 몰라도 자신의 키만 알면 복호화가 가능하다. 그리고 비대칭키 방식은 서로 다른 키를 사용하기 때문에, 키의 유출 염려가 덜해 조금 더 보안성이 높다고 알려져 있다.

한편 암호 알고리즘에 사용하기 위해 만들 수 있는 키의 수는 키를 구성하는 비트(bit)의 수에 따른다. 비트는 0과 1을 표현할 수 있는 가장 작은 단위인데, 예를 들어 8비트로 만들 수 있는 키의 수는 2^8, 즉 256개이다. 키를 구성하는 비트의 수가 많으면 많을수록 모든 키를 체크하는 데 시간이 오래 걸려 보안성이 높아진다. 256개 정도의 키는 컴퓨터로 짧은 시간에 모두 체크할 수 있으나, 100비트로 구성된 키가 사용되었다면 체크해야 할 키의 수가 2^{100}개에 달해 초당 100만 개의 키를 체크할 수 있는 컴퓨터를 사용하더라도 상당히 많은 시간이 걸릴 것이다.

56비트로 구성된 키를 사용하여 만든 암호 알고리즘에는 DES(Data Encryption Standard)가 있다. 그런데 오늘날 컴퓨팅 기술의 발전으로 인해 DES는 더 이상 안전하지 않아, DES보다는 DES를 세 번 적용한 삼중 DES(triple DES)나 그 뒤를 이은 AES(Advanced Encryption Standard)를 사용하고 있다.

09. 윗글을 근거로 판단할 때, <보기>에서 옳은 것만을 모두 고르면?

〈보기〉

ㄱ. 복호화를 통하여 암호문을 평문으로 변환할 수 있다.
ㄴ. 비대칭키 방식의 경우, 수신자는 송신자의 키를 알아야 암호를 해독할 수 있다.
ㄷ. 대체는 단어, 어절 등의 순서를 바꾸는 것이다.
ㄹ. 삼중 DES 알고리즘은 DES 알고리즘보다 안전성이 높다.

① ㄱ, ㄴ
② ㄱ, ㄹ
③ ㄴ, ㄷ
④ ㄴ, ㄹ
⑤ ㄷ, ㄹ

10. 윗글과 <상황>을 근거로 판단할 때, (가)에 해당하는 수는?

〈상황〉

2^{56}개의 키를 1초에 모두 체크할 수 있는 컴퓨터의 가격이 1,000,000원이다. 컴퓨터의 체크 속도가 2배가 될 때마다 컴퓨터는 10만 원씩 비싸진다. 60비트로 만들 수 있는 키를 1초에 모두 체크할 수 있는 컴퓨터의 최소 가격은 [(가)] 원이다.

① 1,100,000
② 1,200,000
③ 1,400,000
④ 1,600,000
⑤ 2,000,000

11. 다음 글과 <상황>을 근거로 판단할 때 옳은 것은?

22 7급공채

제00조 ① 재외공관에 근무하는 공무원(이하 '재외공무원'이라 한다)이 공무로 일시귀국하고자 하는 경우에는 장관의 허가를 받아야 한다.

② 공관장이 아닌 재외공무원이 공무 외의 목적으로 일시귀국하려는 경우에는 공관장의 허가를, 공관장이 공무 외의 목적으로 일시귀국하려는 경우에는 장관의 허가를 받아야 한다. 다만 재외공무원 또는 그 배우자의 직계존·비속이 사망하거나 위독한 경우에는 공관장이 아닌 재외공무원은 공관장에게, 공관장은 장관에게 각각 신고하고 일시귀국할 수 있다.

③ 재외공무원이 공무 외의 목적으로 일시귀국할 수 있는 기간은 연 1회 20일 이내로 한다. 다만 다음 각 호의 어느 하나에 해당하는 경우에는 이를 일시귀국의 횟수 및 기간에 산입하지 아니한다.

  1. 재외공무원의 직계존·비속이 사망하거나 위독하여 일시귀국하는 경우

  2. 재외공무원 또는 그 동반가족의 치료를 위하여 일시귀국하는 경우

④ 제2항에도 불구하고 다음 각 호의 어느 하나에 해당하는 경우에는 장관의 허가를 받아야 한다.

  1. 재외공무원이 연 1회 또는 20일을 초과하여 공무 외의 목적으로 일시귀국하려는 경우

  2. 재외공무원이 일시귀국 후 국내 체류기간을 연장하는 경우

─〈상황〉─

A국 소재 대사관에는 공관장 甲을 포함하여 총 3명의 재외공무원(甲~丙)이 근무하고 있다. 아래는 올해 1월부터 7월 현재까지 甲~丙의 일시귀국 현황이다.

○ 甲: 공무상 회의 참석을 위해 총 2회(총 25일)

○ 乙: 동반자녀의 관절 치료를 위해 총 1회(치료가 더 필요하여 국내 체류기간 1회 연장, 총 17일)

○ 丙: 직계존속의 회갑으로 총 1회(총 3일)

① 甲은 일시귀국 시 장관에게 신고하였을 것이다.

② 甲은 배우자의 직계존속이 위독하여 올해 추가로 일시귀국하기 위해서는 장관의 허가를 받아야 한다.

③ 乙이 직계존속의 회갑으로 인해 올해 3일간 추가로 일시귀국하기 위해서는 장관의 허가를 받아야 한다.

④ 乙이 공관장의 허가를 받아 일시귀국하였더라도 국내 체류기간을 연장하였을 때에는 장관의 허가를 받았을 것이다.

⑤ 丙이 자신의 혼인으로 인해 올해 추가로 일시귀국하기 위해서는 공관장의 허가를 받아야 한다.

12. 다음 글을 근거로 판단할 때, <보기>에서 옳은 것만을 모두 고르면?

20 7급모의

○ △△부는 적극행정 UCC 공모전에 참가한 甲~戊의 영상을 심사한다.

○ 총 점수는 UCC 조회수 등급에 따른 점수와 심사위원 평가점수의 합이고, 총 점수가 높은 순위에 따라 3위까지 수상한다.

○ UCC 조회수 등급에 따른 점수는 조회수에 따라 5등급(A, B, C, D, E)으로 나누어 부여된다. 최상위 A를 10점으로 하며 인접 등급 간의 점수 차이는 0.3점이다.

○ 심사위원 평가점수는 심사위원 (가)~(마)가 각각 부여한 점수(1~10의 자연수)에서 최고점 및 최저점을 제외한 3개 점수의 평균으로 계산한다. 이때 최고점이 복수인 경우에는 그중 한 점수만 제외하여 계산한다. 최저점이 복수인 경우에도 이와 동일하다.

○ 심사 결과는 다음과 같다.

참가자	조회수 등급	심사위원별 평가점수				
		(가)	(나)	(다)	(라)	(마)
甲	B	9	(㉠)	7	8	7
乙	B	9	8	7	7	7
丙	A	8	7	(㉡)	10	5
丁	B	5	6	7	7	7
戊	C	6	10	10	7	7

─〈보기〉─

ㄱ. ㉠이 5점이라면 乙의 총 점수가 甲의 총 점수보다 높다.

ㄴ. 丁은 ㉠과 ㉡에 상관없이 수상하지 못한다.

ㄷ. 戊는 조회수 등급을 D로 받았더라도 수상한다.

ㄹ. ㉠>㉡이면 甲의 총 점수가 丙의 총 점수보다 높다.

① ㄱ, ㄴ

② ㄱ, ㄷ

③ ㄴ, ㄷ

④ ㄴ, ㄹ

⑤ ㄷ, ㄹ

13. 다음 글과 <상황>을 근거로 판단할 때, <보기>에서 옳은 것만을 모두 고르면? 20 7급모의

甲국에서는 4개 기관(A~D)에 대해 전기, 후기 두 번의 평가를 실시하고 있다. 전기평가에서 낮은 점수를 받은 기관이 후기평가를 포기하는 것을 막기 위해 다음과 같은 최종평가점수 산정 방식을 사용하고 있다.

최종평가점수 = Max[0.5 × 전기평가점수 + 0.5 × 후기평가점수, 0.2 × 전기평가점수 + 0.8 × 후기평가점수]

여기서 사용한 Max[X, Y]는 X와 Y 중 큰 값을 의미한다. 즉, 전기평가점수와 후기평가점수의 가중치를 50:50으로 하여 산정한 점수와 20:80으로 하여 산정한 점수 중 더 높은 것이 해당 기관의 최종평가점수이다.

─────〈상황〉─────

4개 기관의 전기평가점수(100점 만점)는 다음과 같다.

기관	A	B	C	D
전기평가점수	60	70	90	80

4개 기관의 후기평가점수(100점 만점)는 모두 자연수이고, C기관의 후기평가점수는 70점이다. 최종평가점수를 통해 확인된 기관 순위는 1등부터 4등까지 A-B-D-C 순이며 동점인 기관은 없다.

─────〈보기〉─────

ㄱ. A기관의 후기평가점수는 B기관의 후기평가점수보다 최소 3점 높다.

ㄴ. B기관의 후기평가점수는 83점일 수 있다.

ㄷ. A기관과 D기관의 후기평가점수 차이는 5점일 수 있다.

① ㄱ

② ㄴ

③ ㄱ, ㄴ

④ ㄱ, ㄷ

⑤ ㄴ, ㄷ

14. 다음 글과 <상황>을 근거로 판단할 때, A가 방문할 매장을 모두 고르면? 23 5급공채

A는 친구 5명(甲~戊)에게 줄 크리스마스 선물을 사려고 한다. 크리스마스 선물을 고르는 조건은 다음과 같다.

○ 예산은 20만 원이며, 모두 사용한다.

○ 매장은 2곳만 방문한다.

○ 모두에게 서로 다른 선물을 사준다. 단, 甲과 乙에게는 똑같은 선물을 사준다.

○ 丙에게는 건강식품을 선물한다.

─────〈상황〉─────

다음은 A가 방문할 수 있는 매장과 선물 품목 등에 관한 정보이다.

매장	판매품 종류	선물 품목	가격
홍삼전문점	건강식품	홍삼 절편	4만 원
		홍삼액	5만 원
녹차선문섬	음료 용품	녹차 티백	3만 원
		다도 세트	4만 원
인테리어 가게	인테리어 소품	램프	5만 원
		액자 세트	6만 원
문구점	필기구	만년필	4만 원

① 홍삼전문점, 녹차전문점

② 홍삼전문점, 인테리어 가게

③ 홍삼전문점, 문구점

④ 녹차전문점, 인테리어 가게

⑤ 녹차전문점, 문구점

15. 다음 글을 근거로 판단할 때, 다음 주에 戊가 A와 함께 먹을 음식의 종류는? '23 5급공채

> 甲~戊는 다음 주 월~금요일 중 각자 다른 요일에 A와 저녁을 먹으려 한다. A는 다양한 음식을 즐기기 위해서 한식, 중식, 일식, 양식, 퓨전음식을 한 번씩 먹는다. 甲은 A와 다음 주 월요일 저녁에 중식을 먹기로 약속을 잡았다. 乙은 출장 때문에 다음 주 목요일과 금요일에만 약속을 잡을 수 있고, 丙은 일식과 양식만 먹는다. 丁은 월요일과 화요일에는 금식하며, 수요일에는 한식을, 목요일에는 일식을, 금요일에는 다른 종류의 음식을 먹는다. 한편 한식 음식점은 화요일과 목요일에는 영업하지 않으며, 퓨전음식점은 수요일에만 영업한다.

① 한식
② 중식
③ 일식
④ 양식
⑤ 퓨전음식

16. 다음 글과 <상황>을 근거로 판단할 때, 甲~戊 중 사업자로 선정되는 업체는? '23 7급공채

> △△부처는 □□사업에 대하여 용역 입찰공고를 하고, 각 입찰업체의 제안서를 평가하여 사업자를 선정하려 한다.
>
> ○ 제안서 평가점수는 입찰가격 평가점수(20점 만점)와 기술능력 평가점수(80점 만점)로 이루어진다.
> ○ 입찰가격 평가점수는 각 입찰업체가 제시한 가격에 따라 산정한다.
> ○ 기술능력 평가점수는 다음과 같은 방식으로 산정한다.
>   – 5명의 평가위원이 평가한다.
>   – 각 평가위원의 평가결과에서 최고점수와 최저점수를 제외한 나머지 3명의 점수를 산술평균하여 산정한다. 이때 최고점수가 복수인 경우 하나를 제외하며, 최저점수가 복수인 경우도 마찬가지이다.
> ○ 기술능력 평가점수에서 만점의 85% 미만의 점수를 받은 업체는 선정에서 제외한다.
> ○ 입찰가격 평가점수와 기술능력 평가점수를 합산한 점수가 가장 높은 업체를 선정한다. 이때 동점이 발생할 경우, 기술능력 평가점수가 가장 높은 업체를 선정한다.

〈상황〉

○ □□사업의 입찰에 참여한 업체는 甲~戊이다.
○ 각 업체의 입찰가격 평가점수는 다음과 같다.

(단위: 점)

구분	甲	乙	丙	丁	戊
평가점수	13	20	15	14	17

○ 각 업체의 기술능력에 대한 평가위원 5명의 평가결과는 다음과 같다.

(단위: 점)

구분	甲	乙	丙	丁	戊
A위원	68	65	73	75	65
B위원	68	73	69	70	60
C위원	68	62	69	65	60
D위원	68	65	65	65	70
E위원	72	65	69	75	75

① 甲
② 乙
③ 丙
④ 丁
⑤ 戊

17. 다음 글과 <상황>을 근거로 판단할 때, 괄호 안의 ㉠과 ㉡에 해당하는 것을 옳게 짝지은 것은? 21 7급공채

> ○ 행정구역분류코드는 다섯 자리 숫자로 구성되어 있다.
> ○ 행정구역분류코드의 '처음 두 자리'는 광역자치단체인 시·도를 의미하는 고유한 값이다.
> ○ '그 다음 두 자리'는 광역자치단체인 시·도에 속하는 기초자치단체인 시·군·구를 의미하는 고유한 값이다. 단, 광역자치단체인 시에 속하는 기초자치단체는 군·구이다.
> ○ '마지막 자리'에는 해당 시·군·구가 기초자치단체인 경우 0, 자치단체가 아닌 경우 0이 아닌 임의의 숫자를 부여한다.
> ○ 광역자치단체인 시에 속하는 구는 기초자치단체이며, 기초자치단체인 시에 속하는 구는 자치단체가 아니다.

―――――〈상황〉―――――

> ○○시의 A구와 B구 중 B구의 행정구역분류코드의 첫 네 자리는 1003이며, 다섯 번째 자리는 알 수 없다.
> 甲은 ○○시가 광역자치단체인지 기초자치단체인지 모르는 상황에서, A구의 행정구역분류코드는 ○○시가 광역자치단체라면 (㉠), 기초자치단체라면 (㉡)이/가 가능하다고 판단하였다.

	㉠	㉡
①	10020	10021
②	10020	10033
③	10033	10034
④	10050	10027
⑤	20030	10035

18. 다음 글을 근거로 판단할 때, 하나의 단어를 표현하는 가장 긴 코드의 길이는? 21 5급공채

> 일반적으로 대화에는 약 18,000개의 단어가 사용된다. 항공우주연구소는 화성에 보낸 우주비행사와의 통신을 위해 아래의 〈원칙〉에 따라 단어를 코드로 바꾸어 교신하기로 하였다.
>
> 〈원칙〉
> ○ 하나의 코드는 하나의 단어만을 나타낸다.
> ○ 26개의 영어 알파벳 소문자를 사용하여 왼쪽에서부터 오른쪽으로 일렬로 나열한 코드를 만든다.
> ○ 코드 중 가장 긴 것의 길이를 최소화한다.
> ○ 18,000개의 단어를 표현할 수 있어야 한다.
>
> 〈단어 – 코드 변환의 예〉
>
> | 코드 | 단어 | 코드 | 단어 |
> |------|--------|------|--------|
> | a | 우주비행사 | aa | 지구 |
> | b | 우주정거장 | ab | 외계인 |
> | ⋮ | ⋮ | ⋮ | ⋮ |

※ 코드의 길이는 코드에 표시된 글자의 수를 뜻한다.

① 1
② 2
③ 3
④ 4
⑤ 5

19. 다음 글을 근거로 판단할 때, <보기>에서 옳은 것만을 모두 고르면?
23 5급공채

> 나이는 현재 연도에서 출생 연도를 뺀 '연 나이'와, 태어난 날을 0살로 하여 매해 생일에 한 살씩 더하는 '만 나이'로 구분된다. 연 나이와 만 나이에 따라 甲~丁이 각각 존댓말 사용 여부를 결정하는 방식은 다음과 같다.
>
> 甲: 만 나이 기준으로 자신보다 나이가 많으면 존댓말을 쓰고, 그렇지 않으면 존댓말을 쓰지 않는다.
>
> 乙: 연 나이 기준으로 자신보다 두 살 이상 많으면 존댓말을 쓰고, 그렇지 않으면 존댓말을 쓰지 않는다.
>
> 丙: 연 나이 기준으로 자신보다 두 살 이상 많거나 만 나이 기준으로 한 살 이상 많으면 존댓말을 쓰고, 그렇지 않으면 존댓말을 쓰지 않는다.
>
> 丁: 연 나이, 만 나이 모두 자신과 같으면 존댓말을 쓰지 않고, 그렇지 않으면 존댓말을 쓴다.
>
> 甲은 1995년 10월 21일에, 乙은 1994년 7월 19일에, 丙은 1994년 7월 6일에, 丁은 1994년 11월 22일에 태어났다.

─────────〈보기〉─────────

ㄱ. 甲은 乙에게 항상 존댓말을 쓴다.

ㄴ. 乙과 丙은 서로에게 존댓말을 쓰지 않는다.

ㄷ. 2022년 9월 26일에 丁은 甲에게 존댓말을 쓰지 않는다.

ㄹ. 乙은 丁에게 존댓말을 쓰지 않지만, 丁은 乙에게 존댓말을 쓰는 경우가 있다.

① ㄱ, ㄴ

② ㄴ, ㄷ

③ ㄷ, ㄹ

④ ㄱ, ㄴ, ㄹ

⑤ ㄱ, ㄷ, ㄹ

---

20. 다음 글과 <대화>를 근거로 판단할 때, 乙~丁의 소속 과와 과 총원을 옳게 짝지은 것은?
20 7급모의

> ○ A부서는 제1과부터 제4과까지 4개 과, 총 35명으로 구성되어 있다.
>
> ○ A부서 각 과 총원은 과장 1명을 포함하여 7명 이상이며, 그 수가 모두 다르다.
>
> ○ A부서에 '부여'된 내선번호는 7001번부터 7045번이다.
>
> ○ 제1과~제4과 순서대로 연속된 오름차순의 내선번호가 부여되는데, 각 과에는 해당 과 총원 이상의 내선번호가 부여된다.
>
> ○ 모든 직원은 소속 과의 내선번호 중 서로 다른 번호 하나를 각자 '배정'받는다.
>
> ○ 각 과 과장에게 배정된 내선번호는 해당 과에 부여된 내선번호 중에 제일 앞선다.
>
> ○ 甲~丁은 모두 A부서의 서로 다른 과 소속이다.

─────────〈대화〉─────────

甲: 홈페이지에 내선번호 알림을 새로 해야겠네요. 저희 과는 9명이고, 부여된 내선번호는 7016~7024번입니다.

乙: 甲주무관님 과는 총원과 내선번호 개수가 같네요. 저희 과 총원이 제일 많은데, 내선번호는 그보다 4개 더 있어요.

丙: 저희 과는 총원보다 내선번호가 3개 더 많아요. 아, 丁주무관님! 제 내선번호는 7034번이고, 저희 과장님 내선번호는 7025번이에요.

丁: 저희 과장님 내선번호 끝자리와 丙주무관님 과의 과장님 내선번호 끝자리가 동일하네요.

직원	소속 과	과 총원
① 乙	제1과	10명
② 乙	제4과	11명
③ 丙	제3과	8명
④ 丁	제1과	7명
⑤ 丁	제4과	8명

21. 다음 글과 <상황>을 근거로 판단할 때, <보기>에서 옳은 것만을 모두 고르면? <small>23 5급공채</small>

△△대륙의 국가들은 외교 조약을 체결한다. 외교 조약은 두 나라 사이에서만 직접 체결된다. 이때 그 두 나라는 '직접 조약' 관계에 있다고 한다.

한편 어떤 두 나라가 직접 조약 관계에 있지는 않지만, 그 두 나라와 공통으로 직접 조약 관계인 나라가 3개 이상인 경우 '친밀' 관계, 2개인 경우 '우호' 관계, 1개 이하인 경우 '중립' 관계라 한다.

─────〈상황〉─────

○ △△대륙의 국가는 A~E국으로 총 5개국이다.

○ A국과 직접 조약 관계인 어떤 나라도 D국과 직접 조약 관계에 있지 않다.

○ A국과 B국은 친밀 관계이다.

─────〈보기〉─────

ㄱ. D국과 E국은 우호 관계이다.

ㄴ. A국과 D국은 직접 조약 관계이다.

ㄷ. 중립 관계인 두 나라가 있다.

① ㄱ

② ㄷ

③ ㄱ, ㄴ

④ ㄴ, ㄷ

⑤ ㄱ, ㄴ, ㄷ

22. 다음 글을 근거로 판단할 때, <보기>에서 옳은 것만을 모두 고르면? <small>22 7급공채</small>

○ 甲, 乙, 丙 세 사람은 25개 문제(1~25번)로 구성된 문제집을 푼다.

○ 1회차에는 세 사람 모두 1번 문제를 풀고, 2회차부터는 직전 회차 풀이 결과에 따라 풀 문제가 다음과 같이 정해진다.

　- 직전 회차가 정답인 경우:
　　직전 회차의 문제 번호에 2를 곱한 후 1을 더한 번호의 문제

　- 직전 회차가 오답인 경우:
　　직전 회차의 문제 번호를 2로 나누어 소수점 이하를 버린 후 1을 더한 번호의 문제

○ 풀 문제의 번호가 25번을 넘어갈 경우, 25번 문제를 풀고 더 이상 문제를 풀지 않는다.

○ 7회차까지 문제를 푼 결과, 세 사람이 맞힌 정답의 개수는 같았고 한 사람이 같은 번호의 문제를 두 번 이상 푼 경우는 없었다.

○ 4, 5회차를 제외한 회차별 풀이 결과는 아래와 같다.

(정답: ○, 오답: ×)

구분	1	2	3	4	5	6	7
甲	○	○	×			○	×
乙	○	○	○			×	○
丙	○	×	○			○	×

─────〈보기〉─────

ㄱ. 甲과 丙이 4회차에 푼 문제 번호는 같다.

ㄴ. 4회차에 정답을 맞힌 사람은 2명이다.

ㄷ. 5회차에 정답을 맞힌 사람은 없다.

ㄹ. 乙은 7회차에 9번 문제를 풀었다.

① ㄱ, ㄴ

② ㄱ, ㄷ

③ ㄴ, ㄷ

④ ㄴ, ㄹ

⑤ ㄷ, ㄹ

23. 다음 글을 근거로 판단할 때 옳지 않은 것은? 22 7급공채

> △△팀원 7명(A~G)은 새로 부임한 팀장 甲과 함께 하는 환영식사를 계획하고 있다. 모든 팀원은 아래 조건을 전부 만족시키며 甲과 한 번씩만 식사하려 한다.
> ○ 함께 식사하는 총 인원은 4명 이하여야 한다.
> ○ 단둘이 식사하지 않는다.
> ○ 부팀장은 A, B뿐이며, 이 둘은 함께 식사하지 않는다.
> ○ 같은 학교 출신인 C, D는 함께 식사하지 않는다.
> ○ 입사 동기인 E, F는 함께 식사한다.
> ○ 신입사원 G는 부팀장과 함께 식사한다.

① A는 E와 함께 환영식사에 참석할 수 있다.

② B는 C와 함께 환영식사에 참석할 수 있다.

③ C는 G와 함께 환영식사에 참석할 수 있다.

④ D가 E와 함께 환영식사에 참석하는 경우, C는 부팀장과 함께 환영식사에 참석하게 된다.

⑤ G를 포함하여 총 4명이 함께 환영식사에 참석하는 경우, F가 참석하는 환영식사의 인원은 총 3명이다.

24. 다음 글을 근거로 판단할 때, <보기>에서 옳은 것만을 모두 고르면? 23 5급공채

> ○ △△강좌의 교수는 수강생을 3개의 팀으로 편성하려고 한다.
> ○ 모든 수강생들에 대한 정보는 다음 표와 같다. 빈칸은 현재 알 수 없는 정보이지만, 해당 정보가 무엇이더라도 '팀 편성 규칙'에 위배되지 않도록 팀을 편성해야 한다.

구분	수강생	학년	성별	학과
팀장	A	3		수학과
	B	2	남성	통계학과
	C		여성	화학과
팀원	甲	4	남성	경영학과
	乙	4	여성	영문학과
	丙	3	남성	국문학과
	丁	3	여성	경영학과
	戊	2	여성	물리학과
	己	2	여성	기계공학과

> ○ 팀 편성 규칙은 다음과 같다.
> – 각 팀은 팀장 1명과 팀원 2명으로 구성한다.
> – 4학년 학생 2명을 한 팀에 편성할 수 없다.
> – 동일 학과 학생을 한 팀에 편성할 수 없다.
> – 물리학과 학생과 화학과 학생은 한 팀에 편성한다.
> – 각 팀은 특정 성(性)의 수강생만으로 편성할 수 없다.
> – 丙과 丁은 한 팀에 편성할 수 없다.

───────〈보기〉───────
ㄱ. 乙과 丁은 한 팀에 편성한다.
ㄴ. 경영학과 학생과 기계공학과 학생은 한 팀에 편성할 수 없다.
ㄷ. 己는 A의 팀에 편성한다.

① ㄱ

② ㄴ

③ ㄱ, ㄷ

④ ㄴ, ㄷ

⑤ ㄱ, ㄴ, ㄷ

1 텍스트형

2 법조문형

3 계산형

4 규칙형

5 경우형

기출 재구성 모의고사

해커스PSAT 7급 PSAT 유형별 기출 200제 상황판단

25. 다음 글을 근거로 판단할 때, 甲이 통합력에 투입해야 하는 노력의 최솟값은?　　　　　　　　21 7급공채

○ 업무역량은 기획력, 창의력, 추진력, 통합력의 4가지 부문으로 나뉜다.
○ 부문별 업무역량 값을 수식으로 나타내면 다음과 같다.

> 부문별 업무역량 값
> =(해당 업무역량 재능×4)+(해당 업무역량 노력×3)
> ※ 재능과 노력의 값은 음이 아닌 정수이다.

○ 甲의 부문별 업무역량의 재능은 다음과 같다.

기획력	창의력	추진력	통합력
90	100	110	60

○ 甲은 통합력의 업무역량 값을 다른 어떤 부문의 값보다 크게 만들고자 한다. 단, 甲이 투입 가능한 노력은 총 100이며 甲은 가능한 노력을 남김없이 투입한다.

① 67

② 68

③ 69

④ 70

⑤ 71

약점 보완 해설집 p.84

부록

기출 출처 인덱스

기출 출처 인덱스

교재에 수록된 문제의 출처를 쉽게 확인할 수 있도록 출제 연도, 시험 유형, 책형, 문제 번호, 교재 수록 페이지 순으로 정리하였습니다. 기출문제 풀이 후 해당 유형을 찾아 학습할 때 활용할 수 있습니다.

외교관

입법고시

Notes

 **Notes**

2025 최신개정판

해커스PSAT
7급 PSAT
유형별 기출
200제 상황판단

개정 4판 1쇄 발행 2025년 1월 3일

지은이	길규범
펴낸곳	해커스패스
펴낸이	해커스PSAT 출판팀

주소	서울특별시 강남구 강남대로 428 해커스PSAT
고객센터	1588-4055
교재 관련 문의	gosi@hackerspass.com
	해커스PSAT 사이트(psat.Hackers.com) 1:1 문의 게시판
학원 강의 및 동영상강의	psat.Hackers.com

ISBN	979-11-7244-657-4 (13320)
Serial Number	04-01-01

PSAT 교육 1위,
해커스PSAT psat.Hackers.com

📖 해커스PSAT

· 해커스PSAT 학원 및 인강(교재 내 인강 할인쿠폰 수록)

해커스PSAT

7급 PSAT
유형별 기출
200제 상황판단

해커스 PSAT

약점 보완 해설집

해커스PSAT

7급 PSAT
유형별 기출
200제 상황판단

약점 보완 해설집

해커스

1 텍스트형

유형 1 | 발문 포인트형   p.17

01	02	03	04	05					
⑤	②	③	②	②					

01   정답 ⑤

정답 체크

지문을 통해 문화바우처사업의 문제점을 확인해 보면, 대상자의 문화카드 발급률과 사용률에 있어 양극화가 심각하게 나타나고 있다는 점이 문제임을 알 수 있다. 이는 대상자의 거주지역, 문화예술 교육경험, 나이, 학력 등에서 기인하며, 세대적 요인에 따른 격차가 크고, 지역 간 격차도 심각한 것으로 나타나고 있다. 이와 같이 문화카드의 발급률과 사용률이 저조한 것은
1) 농촌지역 주민 대부분이 사업 시행을 모르거나
2) 사업 자체에 대한 인식을 제대로 하지 못하고 있거나
3) 행정기관을 방문해 문화카드를 발급받아야 하는 등 절차가 까다로워 고령의 농촌지역 주민들이 이용을 꺼리기 때문이다.
따라서 이를 개선하기 위해서는 '사업의 홍보 확대 및 문화카드 발급절차 간소화 방안'이 가장 적절하다.

오답 체크

① 고학력자의 문화예술 체험이 부족하다는 문제점은 제시되어 있지 않다.

② 사업의 불법 수혜자가 문제되고 있는지는 지문을 통해 알 수 없다.

③ 지문에 따를 때 대상자의 문화카드 발급률과 사용률에 있어 지역 간 격차도 심각한 것으로 나타나는데, 도시의 경우 발급률과 사용률 평균이 전국 평균을 훨씬 웃도는 70% 이상이었으나, 농촌지역의 경우는 20%에도 못 미치는 경우가 대다수였다. 이로 인해 어느 지방자치단체에서는 이 사업에 책정된 예산의 80% 가까이를 집행하지 못하는 상황도 발생하고 있다. 예산을 집행하지 못하는 것이 문제인 것이지 예산이 부족한 것이 문제가 되고 있지는 않다.

④ 문화카드 발급률 및 사용률 실태조사에서 세대적 요인에 따른 격차가 크다는 점이 문제인데, 20대와 30대의 발급률과 사용률은 각각 90% 이상으로 나타나고 있다. 따라서 젊은 세대와 관련된 문제가 있다고 보기 어렵고, 50대와 60대의 경우 발급률과 사용률이 각각 50% 이하로 나타나므로 중장년 세대와 관련된 개선방안이 요구된다.

⏱ 빠른 문제 풀이 Tip

지문을 자세히 꼼꼼하게 읽기보다는 빠르게 개괄적으로 확인하는 것이 좋다.

02   정답 ②

정답 체크

甲의 관점에 따르면, 의석 배분에서는 각 지역별로 균등하게 배분되는 것보다 각 지역의 인구비례가 엄격하게 반영될수록, 선출방식에서는 간접적으로 선출하는 방식보다 주민들에 의해 직접 선출되는 상원의원의 비율이 높을수록 더 민주적이다. 가국의 상원의원과 관련한 정보를 정리해 보면 다음과 같다.

구분	배분방식	선출방식
X국	모든 주에서 동일하게 두 명씩 선출	1913년 이전에는 주의회가 선출, 1913년 헌법 개정 이후 주민들이 직접 선출
Y국	c주, d주, e주, f주에서 각각 24명씩 선출, g주, h주, i주에서 각각 1명씩 선출	지방의회가 선출
Z국	인구규모에 비례해서 각 주에서 3명~8명의 의원을 선출	-

ㄱ. X국의 경우 1913년 이전에는 주의회가 상원의원을 선출했으나 1913년 헌법 개정 이후에는 주민들이 직접 선출하고 있다. 甲은 주민들에 의해 직접 선출되는 상원의원의 비율이 높을수록 더 민주적이라고 생각하므로, X국의 경우 1913년 헌법 개정 이후의 상원의원 선출방식은 그 이전의 선출방식보다 더 민주적이다.

ㄷ. Z국은 인구규모에 비례해서 각 주에서 3명~8명의 의원을 선출하는 데 반해 X국은 인구규모와 무관하게 모든 주에서 동일하게 두 명씩 선출한다. 따라서 상원의석의 배분방식에서 Z국은 X국보다 더 민주적이다.

오답 체크

ㄴ. 상원의원의 배분방식을 보면, X국은 모든 주에서 동일하게 두 명씩 선출하는 데 비해, Y국은 인구비례가 어느 정도 반영되어 있으므로 Y국이 X국보다 더 민주적인 것이 옳다. 그러나 상원의원의 선출방식을 보면, X국은 1913년 헌법 개정 이후 주민들이 직접 선출하는 데 반해 Y국은 지방의회가 상원의원을 선출하고 있으므로 Y국이 더 민주적이라 말할 수 없다.

ㄹ. X국의 현재의 의석배분방식은 인구가 가장 많은 a주(인구수: 3,600만 명)와 가장 적은 b주(인구수: 60만 명)에서 똑같이 2명의 상원의원이 선출되는 것이다. 그런데 b주에서 선출되는 상원의원의 수를 a주에서 선출되는 상원의원수보다 더 많게 한다면 인구수가 더 적은 b주에서 a주보다 더 많은 상원의원이 선출되는 셈이다. 이는 오히려 인구수와 반비례하게 선출하는 것이므로 더 민주적이라 말할 수 없다.

03

정답 체크

협상원칙과 주어진 상황을 결합해 보면 다음과 같다.

협상원칙	상황에의 적용
합의에 도달하기 쉬운 것부터 우선 협상	특히 핵무기 문제는 양측이 가장 첨예하게 대립하는 의제
B국가의 회담대표와 친분이 두터운 인사와 비공식채널을 통한 협의를 맡김	B국가의 회담대표와 유학 시절 절친했던 경제 전문가에게 비공식채널의 협의를 맡김
협상력이 강한 분야는 협상시한을 미리 확정	A국가는 안보 분야에서 협상력이 강함
협상력이 약한 분야는 지연 전략을 구사	A국가는 경제 분야에서 협상력이 약함

ㄴ. 두 번째 협상원칙에 부합한다.

ㄷ. A국가는 안보 분야에서 협상력이 강하다. 협상력이 강한 분야는 협상시한을 미리 확정하므로, 안보 분야의 협상시한을 결정하여 B국가에 통지하는 것은 세 번째 협상원칙에 부합한다.

오답 체크

ㄱ. 첫 번째 협상원칙에 따를 때 협상의제가 여러 가지이므로 합의에 도달하기 쉬운 것부터 우선 협상한다. 지문을 통해 합의에 도달하기 쉬운 것이 무엇인지는 파악할 수 없지만, 특히 핵무기 문제는 양측이 가장 첨예하게 대립하는 의제이므로 합의에 도달하기 어려울 것임을 알 수 있다.

ㄹ. A국가는 경제 분야에서 협상력이 약하다. 따라서 네 번째 협상원칙에 따를 때 협상력이 약한 분야는 지연 전략을 구사해야 한다.

🕐 빠른 문제 풀이 Tip

A국의 협상원칙 중에는 '신속히 해결한다'는 원칙이 없다. 따라서 <보기> ㄹ이 A국의 협상원칙에 부합하지 않는다는 것을 먼저 파악한다면 보다 빠른 문제의 해결이 가능하다.

04

정답 체크

주어진 내용을 정리하면 다음과 같다.

도로명	전부요소		후부요소	
	- 대상물의 특성을 반영하여 이름붙인 것 - 다양한 어휘가 사용		'로, 길, 골목'이 많이 쓰임	
기본형		전부요소 + 후부요소		
확장형	일련번호형	'1, 2, 3, 4…' 등이 첨가	전부요소	후부요소
	방위형	'동, 서, 남, 북, 좌, 우, 윗, 아래, 앞, 뒷, 사이, 안, 중앙' 등의 어휘들이 첨가		

<○○시의 도로명 현황>
· 전부요소: 한글고유어 < 한자어
· 기본형 < 확장형
· 확장형의 후부요소: 일련번호형이 많이 발견, 일련번호는 '로'와만 결합
  방위형은 '골목'과만 결합되었으며 사용된 어휘는 '동, 서, 남, 북'으로만 한정

일련번호형이 많이 발견되고, 일련번호는 '로'와만 결합되었으므로 '대학2로'는 ○○시에서 발견될 수 있는 도로명이다.

오답 체크

① '행복1가'는 일련번호는 '로'와만 결합되었다는 조건에 위배된다.

③ '국민3길'은 일련번호는 '로'와만 결합되었다는 조건에 위배된다.

④ '덕수궁뒷길'은 방위형은 '골목'과만 결합되었으며 사용된 어휘는 '동, 서, 남, 북'으로만 한정되었다는 조건에 위배된다.

⑤ '꽃동네중앙골목'은 방위형에 사용된 어휘는 '동, 서, 남, 북'으로만 한정되었다는 조건에 위배된다.

🕐 빠른 문제 풀이 Tip

줄글 정보를 처리할 때는 '조사'까지 정확히 확인하여야 하고, 특히 '만'과 같은 한정조사를 조심히 처리해야 한다. '…더 많이 발견되었다.'라는 정보는 중요하게 활용할 수 없지만, '…와만 결합되었다.'라는 정보는 문제 해결에 중요하게 활용해야 한다.

05

정답 체크

지문의 내용을 정리해보면 다음과 같다.

· 외계행성의 명명방법: 외계행성을 발견하면, 그 행성이 공전하고 있는 항성의 이름 바로 뒤에 알파벳 소문자를 붙여 이름을 부여하게 되는데, 발견된 순서에 따라 알파벳 b부터 순서대로 붙인다.

· 외계행성의 분류

기준	분류	내용		
질량	지구형 행성	일반적으로 목성 질량의 0.9배 미만 (지구처럼 목성보다 작은 질량을 가진 행성)		
	목성형 행성	일반적으로 목성 질량의 0.9배 이상		
		다른 행성에 미치는 영향에 따라	사악한 행성	
			선량한 행성	
표면 온도	뜨거운 행성	골디락스 행성: 항성으로부터 적절한 거리를 유지하고 있어 표면이 지나치게 뜨겁지도 차갑지도 않아 생물이 생존하는 데 필요한 액체 상태의 물이 존재할 수 있는 표면온도를 갖는 행성		
	차가운 행성			

첫 번째 문단의 외계행성의 명명방법에 따를 때 외계행성을 발견하면, 그 행성이 공전하고 있는 항성의 이름 바로 뒤에 알파벳 소문자를 붙여 이름을 부여하게 되는데, 발견된 순서에 따라 알파벳 b부터 순서대로 붙인다. <정보>에서 최근 국제 공동연구팀이 고성능 망원경으로 핑크색 외계행성을 발견했으며, 이 핑크색 외계행성은 'GJ 504 b'로 명명되었다고 하였으므로, 'GJ 504' 항성 주변을 돌고 있는 행성 중 처음으로 발견된 것이고, 발견된 것은 총 1개이다.

오답 체크

① 두 번째 문단에서 보면, 일반적으로 목성 질량의 0.9배 이상은 목성형 행성으로 불리는데, <정보>에 따르면 최근 발견된 'GJ 504 b'는 목성 질량의 4배이므로, 목성형 행성이다.

③ 두 번째 문단에서 보면, 지구처럼 목성보다 작은 질량을 가진 행성을 지구형 행성이라고 부른다고 하고 있다. 그런데 <정보>에 따르면 역대 발견된 외계행성 중에서 가장 질량이 작은 외계행성인 'GJ 504 b'가 목성 질량의 4배이다. 따라서 역대 발견된 외계행성은 모두 지구보다 질량이 크다고 볼 수 있다.

④ 마지막 문단에서 보면, 골디락스 행성은 항성으로부터 적절한 거리를 유지하고 있어 표면이 지나치게 뜨겁지도 차갑지도 않아 생물이 생존하는 데 필요한 액체 상태의 물이 존재할 수 있는 표면온도를 갖는 행성이다. <정보>에서 'GJ 504 b'의 표면온도는 섭씨 약 238도이고, 물은 존재하지 않는 것으로 확인되었다고 했으므로 골디락스 행성이라 불릴 수 없다.

⑤ 두 번째 문단에서 보면 목성형 행성이 항성에서 멀리 떨어져 있는 경우, 내부의 다른 지구형 행성으로 날아가는 소행성이나 혜성을 막아주는 역할을 하므로 선량한 행성으로 불린다. 'GJ 504 b'는 선택지 ①에서 살펴봤듯이 목성형 행성이고, <정보>에 따라 목성이 태양 주위를 도는 궤도보다 9배 더 먼 거리에서 항성 주위를 공전하는 것으로 전해지므로 이에 더해 내부의 다른 지구형 행성으로 날아가는 소행성이나 혜성을 막아주는 역할을 하게 된다면, 선량한 행성으로 불릴 수 있다.

01	02	03	04	05	06	07	08	09	10
②	①	③	③	③	③	④	④	⑤	②

11									
④									

01
정답 ②

정답 체크

세 번째 문단에서 보면 1500~1509년 기간에 매년 7~8척의 배들이 3,000톤의 후추를 들여왔으므로 16세기 초에 3,000톤의 후추를 유럽에 들여온 것은 맞다. 하지만 두 번째 문단에서 16세기 포르투갈의 해외 유출인구는 10만 명으로 추산된다고 했으므로 매년 10만 명이 해외에 나간 것은 아니다. 즉, 16세기 전체 기간 동안에 해외에 나간 포르투갈의 해외 유출인구가 10만 명인 것이다.

오답 체크

① 두 번째 문단에서 보면, 16세기 포르투갈의 해외 유출인구는 10만 명으로 추산되는데, 이는 포르투갈 전체 인구의 10%에 해당한다. 따라서 16세기 포르투갈의 전체 인구는 약 100만 명이었을 것이다.

③ 첫 번째 문단에서 보면, 중세 이래의 꿈이었던 인도 항해가 바스쿠 다 가마(Vasco da Gama) 이후 가능해졌는데, 인도양을 중심으로 한 상업 체계는 무역풍과 몬순 때문에 이미 오래전부터 상당히 규칙적인 틀이 만들어져 있었다.

④ 두 번째 문단에서 보면, 포르투갈은 인도양 세계 전체를 상대로 보면 보잘것없는 세력에 불과했지만, 대포를 앞세워 아시아를 포함한 주요 거점 지역들을 무력으로 장악해 나갔다. 또한 마지막 문단에 따르면 포르투갈의 아시아 교역에서는 후추 등 향신료의 비중이 가장 컸다. 따라서 16세기에 포르투갈은 후추 등 향신료의 아시아 무역에서 상권을 장악하기 위해서 군사력을 사용했을 것임을 추론할 수 있다.

⑤ 마지막 문단에서 보면 포르투갈 상인들은 후추를 얻기 위해 인도로 구리를 가져가서 거래를 했는데, 구리 무게의 2.5~4배에 해당하는 후추를 살 수 있었다. 따라서 12만 톤의 후추를 유럽으로 들여오기 위해서는 최소 3만 톤~최대 4.8만 톤의 구리가 필요했을 것이다.

02
정답 ①

정답 체크

첫 번째 문단에서 보면, 공직부패는 공적 의무와 사적 이익이 충돌한다는 점에서 이해충돌과 공통점이 있지만, 공직부패는 사적 이익을 위해 공적 의무를 저버리고 권력을 남용하는 것이다. 공적 의무와 사적 이익이 대립하는 객관적 상황 자체를 의미하는 것은 '공직부패'가 아니라 '이해충돌'이다.

오답 체크

② 세 번째 문단에서 보면, 신뢰성 확보로 규제의 초점이 변화되면서 이해충돌의 개념이 확대되어, 외관상 이해충돌의 발생 가능성이 있는 것만으로도 이에 대해 규제하는 것이 정당화되고 있다.

③ 선택지 ①에서도 살펴봤듯이, 공직자의 이해충돌과 공직부패는 공적 의무와 사적 이익이 충돌한다는 점에서 공통점이 있다.

④ 두 번째 문단에서 보면, 공직부패는 드문 현상이지만 이해충돌은 일상적으로 발생하기 때문에 직무수행 과정에서 빈번하게 나타날 수 있다.

⑤ 두 번째 문단에서 보면, 공직부패는 드문 현상이지만 이해충돌은 일상적으로 발생하기 때문에 직무수행 과정에서 빈번하게 나타날 수 있다는 이유로 이해충돌에 대한 전통적인 규제는 공직부패의 사전예방에 초점이 맞추어져 있었다. 그리고 세 번째 문단에서 보면, 최근에는 이해충돌에 대한 규제의 초점이 정부의 의사결정 과정과 결과에 대한 신뢰성 확보로 변화되고 있다. 이를 종합해 볼 때, 이해충돌에 대한 규제의 초점은 공직부패의 사전예방에서 정부의 의사결정 과정과 결과에 대한 신뢰성 확보로 변화되고 있다.

03
정답 ③

정답 체크

두 번째 문단에 동등한 사생활 보호의 원칙을 지지하는 이유가 언급되어 있는데, 공직자가 시민을 대표하는 훌륭한 인간상이어야 하기 때문이라는 이유는 없다. 이는 세 번째 문단에서 축소된 사생활 보호의 원칙을 지지하는 이유로 언급되어 있다.

오답 체크

① 세 번째 문단에서 보면, 공직자는 일반시민보다 우월한 권력을 가지고 있다는 것과 시민을 대표한다는 것 때문에 축소된 사생활 보호의 원칙이 적용되어야 한다는 주장도 있다. 공직자는 일반시민이 아니기 때문에 동등한 사생활 보호의 원칙을 적용할 수 없다고 본다. 공직자가 행사하는 권력에 대해 책임을 묻기 위해서는 사생활 중 관련된 내용은 공개되어야 한다는 것이다. 즉, 축소된 사생활 보호의 원칙은 공직자와 일반시민의 사생활 보장의 정도가 달라야 한다고 본다.

② 두 번째 문단에서 보면, 동등한 사생활 보호의 원칙은 공직자의 사생활도 일반시민과 동등한 정도로 보호되어야 한다고 본다. 세 번째 문단에서 보면, 축소된 사생활 보호의 원칙은 일반시민보다 우월한 권력을 가지고 있다는 것과 시민을 대표한다는 것 때문에 공직자가 행사하는 권력에 대해 책임을 묻기 위해서는 사생활 중 관련된 내용은 공개되어야 한다고 본다. 또한 첫 번째 문단에서 보면, 최근 공직자의 재산상태와 같은 세세한 사생활 정보까지 공개하라는 요구가 높아지고 있는데, 공직자의 사생활은 일반시민의 사생활만큼 보호될 필요가 없다는 것이 그 이유이다. 비슷한 맥락에서 일찍이 플라톤은 통치자는 가족과 사유재산을 갖지 말아야 한다고 주장했다. 즉, 통치자의 사생활에 대한 플라톤의 생각은 동등한 사생활 보호의 원칙보다 축소된 사생활 보호의 원칙에 더 가깝다고 할 수 있다.

④ 두 번째 문단에서 보면, 동등한 사생활 보호의 원칙의 지지자들은 우선 공직자의 사생활 보호로 공적으로 활용가능한 인재가 증가한다는 점을 강조한다. 사생활이 보장되지 않으면 공직 희망자가 적어져 인재 활용이 제한되고 다양성도 줄어들게 된다고 본 것이다.

⑤ 세 번째 문단에서 보면, 공직자는 일반시민보다 우월한 권력을 가지고 있다는 것과 시민을 대표한다는 것 때문에 축소된 사생활 보호의 원칙이 적용되어야 한다는 주장도 있다.

04

정답 체크

ㄴ. 첫 번째 문단에서 필요한 내용을 정리하면 다음과 같다.

> 1개의 적혈구 = 3억 개 헤모글로빈
> 1개 헤모글로빈 = 4개의 헴
> 1개의 헴 = 산소 분자 1개를 운반

따라서 1개의 적혈구는 산소 분자 12억 개를 운반할 수 있다.

ㄹ. 두 번째 문단에서 보면, SPF 수치는 1부터 시작하며, SPF 1은 자외선 차단 시간이 15분임을 의미한다. SPF 수치가 1단위 올라갈 때마다 자외선 차단 시간은 15분씩 증가하여, SPF 4는 자외선을 1시간 동안 차단시켜 준다는 것을 의미한다. 따라서 SPF 40을 얼굴에 한 번 바르면 15분×40=600분=10시간 동안 자외선 B의 차단 효과가 있다.

오답 체크

ㄱ. 첫 번째 문단에서 보면, 멜라닌의 양이 많을수록 피부색이 황갈색에서 흑갈색을 띠고, 적을수록 피부색이 엷어진다. 따라서 지문을 통해서는 멜라닌의 양에 따라서 피부색이 결정된다는 것은 알 수 있지만, 멜라닌의 종류에 따라서 피부색이 결정되는지는 알 수 없다.

ㄷ. 두 번째 문단에서 보면, 자외선 차단제에 표시되어 있는 자외선 차단지수(sun protection factor: SPF)는 자외선 B를 차단해주는 시간을 나타낼 뿐 자외선 B의 차단 정도와는 관계가 없다.

> ⏱ **빠른 문제 풀이 Tip**
> 단위 변환은 단위별로 세로줄을 맞춰 적으면 보다 빠르게 파악이 가능하다.

05

정답 체크

두 번째 문단에서 보면, 식용 귀뚜라미 0.45kg을 생산하는 데 필요한 물은 3.8ℓ이지만, 닭고기 0.45kg을 생산하려면 1,900ℓ의 물이 필요하며 이는 동일한 양의 식용 귀뚜라미를 생산하는 데 필요한 물의 500배이다. 그런데 동일한 양의 쇠고기를 생산하기 위해서는 닭고기의 경우보다 4배 이상의 물(=7,600ℓ)이 필요하다. 따라서 식용 귀뚜라미와 동일한 양의 쇠고기를 생산하려면, 귀뚜라미 생산에 필요한 물보다 2,000배 이상의 물이 필요하다.

오답 체크

① 두 번째 문단에서 보면, 쇠고기 0.45kg을 생산하기 위해 필요한 자원으로 식용 귀뚜라미 11.33kg을 생산할 수 있는데, 이것이 가능한 가장 큰 이유는 귀뚜라미가 냉혈동물이라 돼지나 소와 같이 체내 온도 유지를 위해 먹이를 많이 소비하지 않기 때문이다. 따라서 쇠고기 생산보다 식용 귀뚜라미 생산에 자원이 덜 들고, 그 이유 중 하나는 귀뚜라미가 냉혈동물이기 때문이다.

② 세 번째 문단에서 보면 현재 곤충 사육은 많은 지역에서 이루어지고 있다. 첫 번째 문단에서 보면 유엔 식량농업기구(FAO)에 따르면 곤충의 종류는 2,013종인데, 그중 일부가 현재 식재료로 사용되고 있다. 이를 종합해 볼 때 현재 곤충 사육은 많은 지역에서 이루어지고 있지만, 식용으로 사용되는 곤충의 종류는 일부에 불과하다.

④ 선택지 ①에서 살펴본 바와 같이 식용 귀뚜라미 생산에는 쇠고기 생산보다 자원이 적게 든다. 또한 마지막 문단에 따르면 현재 식용 귀뚜라미는 주로 분말 형태로 100g당 10달러에 판매된다. 이는 같은 양의 닭고기나 쇠고기의 가격과 큰 차이가 없으므로 식용 귀뚜라미와 소고기 간의 100g당 판매 가격은 큰 차이가 없다.

⑤ 두 번째 문단에서 보면, 귀뚜라미를 사육할 때 발생하는 온실가스의 양은 가축을 사육할 때 발생하는 온실가스 양의 20%에 불과하다. 따라서 가축을 사육할 때 발생하는 온실가스의 양은 귀뚜라미를 사육할 때의 5배가 된다.

06

정답 체크

세 번째 문단에서 보면, 벌집에서 꿀이 발견된 장소까지의 거리는 단위 시간당 춤의 횟수로 나타낸다. 예를 들어 유럽 꿀벌이 약 15초 안에 열 번 돌면 100m 가량, 여섯 번 돌면 500m 가량, 네 번 돌면 1.5km 정도를 나타내며, 멀게는 11km 정도의 거리까지 정확하게 교신할 수 있다. 이를 통해 단위 시간당 춤을 추는 횟수가 적을수록 꿀이 있는 장소까지의 거리가 먼 것임을 추론할 수 있다.

오답 체크

① 세 번째 문단에서 보면, 유럽 꿀벌이 같은 ∞자 모양의 춤을 활기차게 출수록 꿀의 품질이 더 좋은 것임을 말해 준다. 따라서 고품질의 꿀을 발견하면 ∞자와 다른 모양의 춤을 추는 것은 아니다.

② 첫 번째 문단에서 보면, 꿀벌이 어디에선가 꿀을 발견하면 벌집에 돌아와서 다른 벌들에게 그 사실을 알리는데, 이때 춤을 통하여 꿀이 있는 방향과 거리 및 꿀의 품질을 비교적 정확하게 알려준다. 두 번째 문단에서는 꿀이 있는 방향을 알려주는 방법, 세 번째 문단에서는 꿀의 품질을 알려주는 방법이 더 부연 설명되어 있다. 그러나 꿀의 양에 대한 정보를 유럽 꿀벌이 춤으로 전달하는지 여부는 지문을 통해서는 확인할 수 없다.

④ 두 번째 문단에서 보면, 꿀이 발견된 장소의 방향은 ∞자 모양의 가운데 교차점에서의 꿀벌의 움직임과 관련돼 있다. 꿀의 방향이 태양과 같은 방향이면 아래에서 위로 교차점을 통과(∞)하고, 태양과 반대 방향이면 위에서 아래로 교차점을 통과(∞)한다.

⑤ 마지막 문단에서 보면, 벌 한 마리가 벌집으로 돌아가 정보를 전달한 뒤 설탕물을 같은 방향이지만 2km 떨어진 원지점보다 가까운 1.2km 거리에 설탕물을 옮겨 놓았을 때 벌들은 그곳을 그냥 지나쳐 버렸다. 따라서 유럽 꿀벌은 동료의 춤을 통해 꿀에 관한 정보를 전달받은 후 실제 꿀의 위치가 달라지면 방향이 같더라도 그 정보를 통하여 꿀이 있는 장소를 한 번에 정확히 찾을 수 없다는 것을 알 수 있다.

07

정답 체크

두 번째 문단에서 보면, 지구와 달의 평균 거리는 약 38만 km로, 이때 보름달을 바라보는 시각도는 0.52도 정도이고, 슈퍼문일 때는 그 거리가 35만 7,000km 정도로 가까워지는데 이때 시각도는 0.56도로 커진다. 보름달이 가장 작게 보일 때, 다시 말해 보름달이 지구에서 제일 멀 때는 그 거리가 약 40만 km이고, 이때는 보름달을 보는 시각도가 0.49도로 작아진다.

지구와 달의 거리	시각도
약 35만 7,000km	0.56도
약 38만 km	약 0.52도
약 40만 km	0.49도

즉, 지구에서 달까지의 거리와 지구에서 달을 바라보는 시각도는 반비례함을 알 수 있다. 따라서 지구와 달의 거리가 36만 km 정도인 경우, 지구에서 보름달을 바라보는 시각도는 0.49도보다 클 것임을 추론할 수 있다.

오답 체크

① 첫 번째 문단에서 보면, 달의 공전 궤도가 완벽한 원이라면 지구에서 달까지의 거리가 항상 똑같을 것이지만 실제로는 타원 궤도여서 달이 지구에 가까워지거나 멀어지는 현상이 생기는데, 유독 달만 그런 것은 아니고 태양계의 모든 행성이 태양을 중심으로 타원 궤도로 돈다. 따라서 지구에서 태양까지의 거리도 1년 동안 항상 일정한 것은 아니다.

② 세 번째 문단에서 보면, 밀물과 썰물이 생기는 원인은 지구에 작용하는 달과 태양의 중력 때문인데, 달이 태양보다는 지구에 훨씬 더 가깝기 때문에 더 큰 영향을 미친다. 달이 지구에 가까워지면 평소보다 더 강한 중력이 작용하고, 달의 중력이 더 강하게 작용하면 달을 향한 쪽의 해수면은 평상시보다 더 높아진다. 실제 우리나라에서도 달이 평소보다 지구에 가까이 있는 슈퍼문일 때 제주도 등 해안가에 바닷물이 평소보다 더 높게 밀려 들어와서 일부 지역이 침수 피해를 겪기도 했다. 이를 통해 해수면의 높이는 지구와 달의 거리와 관계가 있음을 알 수 있다.

③ 세 번째 문단에서 보면, 달이 지구에 가까워지면 평소 달이 지구를 당기는 힘보다 더 강하게 지구를 당긴다. 그러나 주어진 지문만으로는 달이 지구에서 멀어졌을 때, 궤도에서 벗어나지 않기 위해 평소보다 더 강하게 지구를 잡아당기는지까지는 정확하게 확인하기 어렵다.

⑤ 마지막 문단에서 보면, 달의 중력 때문에 높아진 해수면이 지구와 함께 자전을 하다보면 지구의 자전을 방해해서 지구의 자전 속도가 느려지게 되고 그 결과 하루의 길이에 미세하게 차이가 생긴다. 실제 연구 결과에 따르면 100만 년에 17초 정도씩 길어지는 효과가 생긴다. 따라서 지구가 자전하는 속도는 점점 느려지고 있음을 알 수 있다.

08   정답 ④

정답 체크

ㄱ. 두 번째 문단에서 보면, 일본은 임기 6년의 참의원을 매 3년마다 1/2씩 선출한다. 프랑스 역시 임기 6년의 상원의원을 매 3년마다 1/2씩 선출한다. 일본 참의원의 임기는 6년으로 프랑스 상원의원의 임기와 같다.

ㄷ. 세 번째 문단에서 보면, 우리나라에서는 선거 무효 판결, 당선 무효, 당선인의 임기 개시 전 사망 등의 사유가 있는 경우에 재선거를 실시한다. 따라서 우리나라에서는 국회의원 당선인이 임기 개시 전 사망한 경우 재선거가 실시된다.

ㄹ. 마지막 문단에서 보면, 보궐선거는 의원이 임기 중 직책을 사퇴하거나 사망하는 등 부득이한 사유로 의정 활동을 수행할 수 없는 경우에 이를 보충하기 위해 실시되는 선거이며 다수대표제를 사용하는 대부분의 국가는 보궐선거를 실시한다. 따라서 다수대표제를 사용하는 대부분의 국가에서는 의원이 임기 중 사망하였을 때 보궐선거를 실시한다.

오답 체크

ㄴ. 두 번째 문단에서 보면, 미국은 임기 6년의 상원의원을 매 2년마다 1/3씩 선출한다. 따라서 2년마다 상원의원 전체를 새로 선출하는 것은 아니다.

09   정답 ⑤

정답 체크

세 번째 문단에서 보면 甲국 하원의원의 임기는 2년으로 선거 때마다 전원을 새로 선출하지만, 첫 번째 문단에서 보면 甲국 상원의원의 임기는 6년이며, 2년마다 총 정원의 1/3씩 의원을 새로 선출한다. 따라서 甲국 상원의 모든 의석이 새로 선출된 의원으로 교체되는 경우는 없다.

오답 체크

① 甲국 의회에 속한 D주 의원의 정원 '총합'을 구해야 한다는 점에 주의한다. 甲국 의회는 상원과 하원으로 구성되므로, 상원과 하원 정원을 더해야 한다. 첫 번째 문단에서 보면 甲국 상원은 주(州) 당 2명의 의원이 선출되어 총 60명으로 구성되므로, D주의 상원의원은 2명이고, 세 번째 문단에서 보면 D주의 하원의원 정원은 53명이다. 따라서 甲국 의회에 속한 D주 의원의 정원 총합은 55명이다.

② 두 번째 문단에서 보면, 급박한 사항에 대해서는 상원이 직접 마련한 법안을 먼저 제출하여 처리하기도 한다.

③ 선택지 ①에서도 살펴봤듯이 甲국 상원은 주(州) 당 2명의 의원이 선출된다. 따라서 甲국의 모든 주의 상원은 2명이다. 그런데 세 번째 문단에 따르면 A주, B주, C주의 하원 정원이 각 1명이므로, 甲국에는 A주, B주, C주처럼 상원의원의 정원(2명)이 하원의원의 정원(1명)보다 많은 주가 있다.

④ 마지막 문단에서 보면 대통령 선거와 일치하지 않는 해에 실시되는 하원의원 및 상원의원 선거를 통칭하여 '중간선거'라고 부른다. 첫 번째 문단에서 보면 甲국의 상원의원의 임기는 6년이며, 2년마다 총 정원의 1/3씩 의원을 새로 선출한다. 마지막 문단에서 보면 하원의원 선거는 2년마다 상원의원 선거와 함께 실시되며, 대통령 선거는 4년마다 실시된다. 그리고 하원의원 선거가 대통령 선거와 같은 해에 치러지는 경우가 있다. 이를 종합해 볼 때, 대통령 선거가 2016년에 실시되었다면 그 이후 가장 빠른 '중간선거'는 2018년에 실시된다.

10   정답 ②

정답 체크

ㄱ. 하원의원 선거는 1970년에 처음 실시되었고, 상원의원 선거도 그로부터 2년 후(1972년)에 처음 실시되었다. 각주에서 보면, 상원의원 선거와 하원의원 선거는 매 4년마다 실시되었다. 이를 종합해 볼 때, 1980년에는 상원의원 선거가 실시되었다.

ㄹ. 지문을 통해 1990년 선거의 투표율에 대해서 알 수 있는 내용은 1990년 선거에서는 총 유권자의 80% 이상이 투표에 참여하지 않았으므로 투표율이 20% 이하라는 것이다. 그중 투표율이 가장 높은 선거구는 37%의 투표율을 보인 A선거구였고, 그 다음은 31%의 투표율을 보인 B선거구였다. 이때, 세 번째로 투표율이 높은 선거구가 C이고 C선거구의 투표율이 20%를 넘는 25%라고 가정하더라도, 나머지 23개의 선거구의 투표율이 매우 낮은 수준이라면 총 26개의 선거구의 투표율 전체 평균은 20% 이하가 될 수 있다.

오답 체크

ㄴ. ㄱ에서 확인한 바에 따를 때, 1984년 선거는 상원의원 선거이다. 지문에서는 상원의원 선거의 투표율에 대한 내용은 언급되어 있지 않으므로 알 수 없는 내용이다.

ㄷ. 지문을 통해 알 수 있는 내용은 1990년 선거에서 투표율이 가장 높은 선거구는 37%의 투표율을 보인 A선거구였고, 이 투표율은 1970년 이후 가장 높은 수치였다는 점뿐이다. 따라서 A선거구의 투표율이 매 선거마다 다른 선거구보다 더 높았는지는 알 수 없다.

1 탐스트형

2 빈칸추론형

3 계산형

4 규칙형

5 경우형

기출 재구성 모의고사

해커스PSAT 7급 PSAT 유형별 기출 200제 상황판단

ㅁ. 지문을 통해 '○○국의 하원의원 선거 투표율은 1982년부터 1990년까지 지속적으로 하락했음을 알 수 있다. 1982년 선거에서는 총 유권자의 30%가 투표에 참가하였고, 투표자의 59%가 여당을, 41%가 야당을 지지하였다. 하지만 1990년 선거에서는 총 유권자의 80% 이상이 투표에 참여하지 않았으며, 투표자 중 54%가 여당을, 46%가 야당을 지지하였다.'는 점을 알 수 있다. 즉, 1982년과 1990년 선거의 투표율에 대한 정보는 얻을 수 있지만, 그 사이의 1986년 선거와 관련된 정보가 없기 때문에 1986년 선거에서의 여당과 야당의 득표율 차이를 알 수 없으므로, '지속적으로' 여당과 야당의 득표율 차이가 줄어들었는지는 알 수 없다.

> ⏱ 빠른 문제 풀이 **Tip**
> ㄹ. A·B선거구를 제외한 나머지 24개 선거구 각각의 투표율은 1982년과 1986년의 해당 선거구의 투표율보다 더 낮았다고 지문에 언급되어 있기는 하지만, 이를 통해 A·B선거구를 제외한 나머지 24개 선거구의 투표율을 알아낼 수는 없다.

11
정답 ④

정답 체크

첫 번째 문단부터 각각 문단ⅰ)~ⅲ)이라고 한다.
문단ⅱ) 여섯 번째 문장에 따르면, 하면 발효의 방식으로 만든 맥주를 라거라고 하고, 마지막 문장에 따르면 라거를 생산할 때는 주로 연수를 사용한다. 따라서 하면 발효 맥주에는 연수가 주로 사용된다.

오답 체크

① 문단ⅲ) 첫 번째 문장에 따르면, 맥주의 색깔은 보리의 발아 온도가 아니라 몰트에 의해 결정된다.

② 문단ⅰ) 두 번째 문장의 고대 수메르인의 맥주 제조법에 따르면, 수메르인은 보리를 갈아 빵과 같은 형태로 만든 후 물을 부어 저장해 두는 방식으로 맥주를 제조하였고, 지문에서 고대 수메르인이 홉을 이용하여 맥주를 생산했다는 언급은 없다.

③ 문단ⅱ) 여섯 번째 문장에 따르면, 18~25℃에서 이루어지는 상면 발효와 5~15℃에서 이루어지는 하면 발효가 있는데, 전자의 방식으로 만든 맥주를 에일, 후자의 방식으로 만든 맥주를 라거라고 한다. 에일은 5~15℃에서 발효시켜 만든 맥주가 아니라 18~25℃에서 발효시켜 만든 맥주이다.

⑤ 문단ⅲ) 마지막 문장에 따르면, 산업혁명 이후 기술이 발달하여 원하는 정도로 맥아를 볶을 수 있게 되었지만, 지문에서 산업혁명 이후 낮은 온도보다는 높은 온도로 몰트를 만들었는지에 대해서는 명시적으로는 언급한 바는 없다.

01	02	03	04	05	06	07	08	09	10
④	②	④	⑤	③	②	①	②	⑤	②

11	12	13
①	③	②

1 팩스트형
2 빈출군형
3 계산형
4 규칙형
5 경우형
기출 재구성 모의고사
해커스PSAT 7급 PSAT 유형별 기출 200제 상황판단

01
정답 ④

정답 체크

ㄴ. 두 번째 문단에 따르면, 근로자의 직무만족도가 높을수록 업무실수 기록건수가 많았다. 따라서 업무실수 기록건수가 많다고 해서 근로자의 직무만족도가 낮은 것은 아닐 것이다.

ㄹ. 두 번째 문단에 따르면, 업무실수 기록건수가 적은 작업장에서는 근로자가 자신의 실수를 보고하면 상급자로부터 질책나 징계를 받을 것이라는 우려 때문에 가급적 실수를 감추었다. 반대로 근로자가 자신의 실수를 보고하면 상급자로부터 질책나 징계를 받을 것이라는 우려가 낮은 작업장에서는 업무실수 기록건수가 많을 것이다. 따라서 징계에 대한 우려가 약한 작업장보다 강한 작업장에서 업무실수 기록건수가 적을 것이다.

오답 체크

ㄱ. 두 번째 문단에 따르면, 근로자가 상급자의 실수 지적을 두려워하지 않고 자신의 실수를 인정하며 그것을 통해 학습하려는 직장문화에서는 업무실수 기록건수가 많았다. 따라서 업무실수 기록건수가 많은 작업장에서는 실수를 통해 학습하려는 직장문화가 약하지 않고 강할 것이다.

ㄷ. 두 번째 문단에 따르면, 관리자의 업무지시 능력이 우수할수록, 업무실수 기록건수가 많았다. 따라서 관리자의 업무지시 능력이 우수한 작업장일수록 업무실수 기록건수가 적은 것이 아니다.

⏱ 빠른 문제 풀이 Tip

두 번째 문단에서 분석 결과를 제시하고 있으므로 두 번째 문단을 중점적으로 읽는다.

02
정답 ②

정답 체크

ㄱ. 평균속력 식에서 분자인 A가 증가하고 B가 감소하면 평균속력은 증가한다. 따라서 甲은 평균속력이 더 높은 대안경로를 선택한다.

ㄷ. 평균속력 식에서 분자인 A와 분모인 B가 모두 감소하면, 분자인 A의 감소율이 분모인 B의 감소율보다 큰 경우 평균속력이 감소하므로 甲은 대안경로를 선택하지 않고 기존경로를 선택한다. 그러나 분자인 A의 감소율이 분모인 B의 감소율보다 작은 경우 평균속력이 증가하므로 이러한 경우 대안경로를 선택한다. 따라서 甲이 대안경로를 선택하는 경우가 있다.

오답 체크

ㄴ. 평균속력 식에서 분자인 A와 분모인 B가 모두 증가하면, 분자인 A의 증가율이 분모인 B의 증가율보다 높은 경우 평균속력이 증가하므로 甲은 대안경로를 선택한다. 반대로 A의 증가율이 B의 증가율보다 낮은 경우 평균속력은 감소하므로 甲은 기존경로를 선택한다. 따라서 甲이 항상 대안경로를 선택하는 것은 아니다.

ㄹ. 평균속력 식에서 분자인 A가 감소하고 분모인 B가 증가하면 평균속력은 감소한다. 따라서 甲은 평균속력이 더 높은 기존경로를 선택하고 대안경로를 선택하지 않는다.

⏱ 빠른 문제 풀이 Tip

거리·속력·시간에 대한 기본적인 식을 문제에 맞게 정리하면 평균속력 $= \frac{\text{잔여시간(A)}}{\text{잔여시간(B)}}$ 이지만, 해당 식을 시간 $= \frac{\text{거리}}{\text{속력}}$, 거리 $=$ 속력×시간과 같이 변형하는 것에 익숙해져야 한다.

03
정답 ④

정답 체크

ㄴ. 모든 해산물 및 해산물 가공제품의 소매가격이 상승한다면, 첫 번째 문단에 따라 김치재료 13개 품목 중 굴, 멸치액젓, 새우젓, 굵은소금 등의 가격이 상승할 것이다. 따라서 김치를 담그는 비용이 상승하게 될 것이므로 김치지수는 상승할 것이다.

ㄷ. 두 번째 문단에서 보면, 2008년부터 2012년 중 최고, 최저를 제외한 3개년의 김치를 담그는 평균 비용은 '김치지수 100'을 의미한다. 이에 따라 계산해 보면 약 213,816원으로 20만 원을 초과한다.

오답 체크

ㄱ. 첫 번째 문단에서 보면, 김치지수는 김치재료를 포괄하는 비용을 지수화한 것이고, 고춧가루를 포함하여 김치재료 13개 품목의 소매가격을 바탕으로 기준가격을 산출하였다. 따라서 고춧가루 소매가격이 하락한다면 기준가격이 하락하여 김치를 담그는 비용이 하락하게 될 것이므로 김치지수는 상승이 아니라 하락할 것이다.

04
정답 ⑤

정답 체크

세 번째에서 보면 2012년에 연방 하원의원 선거구를 재획정한 결과, 공화당 우세지역의 백인 유권자 비율은 73%에서 75%로 증가했고, 가장 결정적으로 선거구 개편 이후 민주당 우세 지역은 144곳에서 136곳으로 감소한 반면 공화당 우세 지역은 175곳에서 183곳으로 증가했다. 따라서 다른 조건의 변화가 없다고 가정한다면, 2016년 연방 하원의원 선거에서 공화당이 민주당보다 유리할 것이다.

오답 체크

① 첫 번째 문단에서 보면, 티파티(Tea Party)는 '증세를 통한 큰 정부'를 반대하는 보수성향 유권자들을 일컫는다. 이들은 세금인하, 건전한 재정 운영, 작은 정부, 국가안보 등 보수적인 가치를 내걸고 막대한 자금력을 동원해 공화당 내 강경파 보수 정치인들을 지원하고 있다.

두 번째 문단에서 보면, 민주당은 뉴딜정책의 성공으로 흑인과 빈곤층, 노동자의 전폭적인 지지를 받고 있었다. 즉, 빈곤층과 남부 흑인들의 전폭적인 지지를 받은 것은 티파티가 지원하는 공화당이 아니라 민주당이었다. 공화당의 대통령 선거 후보 닉슨은 흑인 투표율이 높아질 수 있다는 점, 흑인의 목소리가 정책에 더 많이 반영될 수 있다는 위기감을 이용하여 사회경제적 변화에 대한 백인의 두려움을 통해 대통령에 당선되었다. 이후 티파티가 지원하는 공화당 내 강경보수파는 증세를 통한 큰 정부 정책의 혜택이 흑인을 비롯한 소수자에게 더 많이 돌아갈 수 있다고 강조하면서, 정치적 기조를 작은 정부로 유지하였다. 따라서 티파티의 정치적 기반은 빈곤층과 남부의 흑인들이 아니라 백인이라고 보는 것이 타당하다.

② 세 번째 문단에서 보면, 2000~2010년 미국 전체 유권자 중 백인 유권자 비율은 선택지의 내용과 반대로 69%에서 64%로 오히려 줄었다. 공화당이 미국 선거에서 유리해진 이유는 2012년 연방 하원의원 선거구 재획정 시, 공화당 우세지역의 백인 유권자 비율이 73%에서 75%로 증가했기 때문이다.

③ 두 번째 문단에서 보면, 공화당의 대통령 선거 후보인 닉슨은 이른바 '남부전략'으로 일컬어지는 선거전략을 통해, 흑인의 목소리가 정책에 더 많이 반영될 수 있다는 위기감을 남부 백인에게 심어주었다. 사회경제적 변화에 대한 백인의 두려움을 이용하여 대통령에 당선된 이후, 공화당 내 강경보수파는 증세를 통한 큰 정부 정책의 혜택이 흑인을 비롯한 소수자에게 더 많이 돌아갈 수 있다고 강조하면서, 정치적 기조를 작은 정부로 유지하였다. 따라서 증세정책이 백인에게 유리한 것이 아니라 흑인을 비롯한 소수자에게 더 유리하다고 백인 유권자에게 위기감을 조성하였다.

④ 첫 번째 문단에서 보면, 티파티는 '증세를 통한 큰 정부'를 반대한다. 이들은 세금인하, 건전한 재정 운영, 작은 정부 등 보수적인 가치를 내걸고 있기 때문에 소수인종의 복지 증진을 위한 전반적인 세금인상에 반대할 것이다.

05

정답 ③

정답 체크

지문의 내용을 정리해 보면 다음과 같다.

Ⓐ 전용면적		• 아파트의 방이나 거실, 주방, 화장실 등을 모두 포함한 면적 • 개별 세대 현관문 안쪽의 전용 생활공간 　다만, 발코니 면적은 전용면적에서 제외
Ⓓ 공용면적	Ⓑ 주거공용 면적	• 세대가 거주를 위하여 공유하는 면적 • 세대가 속한 건물의 공용계단, 공용복도 등의 면적을 더한 것
	Ⓒ 기타공용 면적	• 주거공용면적을 제외한 지하층, 관리사무소, 노인정 등의 면적을 더한 것
Ⓔ 공급면적		Ⓐ 전용면적 + Ⓑ 주거공용면적
계약면적		Ⓔ 공급면적 + Ⓒ 기타공용면적
서비스면적		• 발코니 같은 공간의 면적 • Ⓐ 전용면적과 Ⓓ 공용면적에서 제외됨

Ⓔ 공급면적 = Ⓐ 전용면적 + Ⓑ 주거공용면적이므로 계약면적 = Ⓔ 공급면적 + Ⓒ 기타공용면적 = Ⓐ 전용면적 + Ⓑ 주거공용면적 + Ⓒ 기타공용면적이 된다.

오답 체크

① 계약면적 = Ⓔ 공급면적 + Ⓒ 기타공용면적 = Ⓐ 전용면적 + Ⓑ 주거공용면적 + Ⓒ 기타공용면적이고, 발코니 면적은 Ⓐ 전용면적에서 제외되므로 계약면적에 포함될 수 없다. 발코니 면적은 '서비스면적'에 포함된다.

② 관리사무소 면적은 Ⓒ 기타공용면적에 포함된다. Ⓔ 공급면적 = Ⓐ 전용면적 + Ⓑ 주거공용면적이고, Ⓔ 공급면적이 Ⓑ 주거공용면적만을 포함할 뿐 Ⓒ 기타공용면적을 포함하지 않으므로, 관리사무소 면적은 공급면적에 포함되지 않는다.

④ 공용계단과 공용복도의 면적은 Ⓑ 주거공용면적에 포함된다. Ⓔ 공급면적 = Ⓐ 전용면적 + Ⓑ 주거공용면적이므로, 공용계단과 공용복도의 면적은 공급면적에 포함된다.

⑤ 개별 세대 내 거실과 주방의 면적은 Ⓐ 전용면적에 포함된다. Ⓔ 공급면적 = Ⓐ 전용면적 + Ⓑ 주거공용면적에서 알 수 있듯이, Ⓐ 전용면적과 Ⓑ 주거공용면적은 다른 개념이므로 개별 세대 내 거실과 주방의 면적은 주거공용면적에 포함되지 않는다.

⏱ 빠른 문제 풀이 Tip

각 개념 간의 관계를 명확하게 파악할 수 있어야 한다.

계약면적 = Ⓔ 공급면적 + Ⓒ 기타공용면적
　　　　 = Ⓐ 전용면적 + Ⓑ 주거공용면적 + Ⓒ 기타공용면적
　　　　 = Ⓐ 전용면적 + Ⓓ 공용면적

06

정답 ②

정답 체크

주어진 개념을 정리해 보면 다음과 같다.

· 연결정도 중심성: 사회 네트워크 내의 행위자와 직접적으로 연결되는 다른 행위자 수의 합
· 근접 중심성: 네트워크 내에서 직·간접적으로 연결되는 모든 행위자들과의 최단거리의 합의 역수

행위자 A의 근접 중심성은 $\frac{1}{43}$이고, 행위자 B의 근접 중심성은 $\frac{1}{33}$이다. 따라서 행위자 A의 근접 중심성은 행위자 B의 근접 중심성과 동일하지 않다.

오답 체크

① 행위자 G와 네트워크 내에서 직·간접적으로 연결되는 모든 행위자들과의 최단거리의 합은 아래 그림에서 확인할 수 있듯이 37이다. 따라서 행위자 G의 근접 중심성은 $\frac{1}{37}$이다.

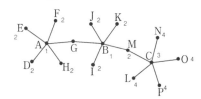

③ <그림>을 보면 행위자 G와 행위자 M이 좌우 대칭으로 위치하므로, 두 행위자의 근접 중심성은 동일하다.

④ 행위자 G와 행위자 M 둘 다 직접적으로 연결된 행위자의 숫자는 2이다. 따라서 두 행위자의 연결정도 중심성은 동일하다.

⑤ 행위자 A와 직접적으로 연결된 행위자의 숫자는 5이고, 행위자 K와 직접적으로 연결된 행위자의 숫자는 1이다. 따라서 행위자 A의 연결정도 중심성과 행위자 K의 연결정도 중심성의 합은 6이다.

⏱ 빠른 문제 풀이 Tip

대칭의 출제 장치를 활용하면 보다 빠른 문제 해결이 가능하다.

정답 체크

ㄱ. 첫 번째 문단에서 보면, 맥동변광성은 팽창과 수축을 되풀이하면서 밝기가 변하는 별로 '변광주기 ∝ 실제 밝기'이고, 이를 '주기-광도 관계'라 한다. 두 번째 문단에서 보면 세페이드 변광성은 보통 3일에서 50일 이내의 변광 주기를 갖는 맥동변광성이다. 세페이드 변광성의 경우는 주기-광도 관계를 이용하여 실제 밝기를 알 수 있다. 따라서 변광 주기가 10일인 I형 세페이드 변광성은 변광 주기가 50일인 I형 세페이드 변광성보다 어둡다.

ㄷ. 실제 밝기를 나타낸 것은 '절대등급'이고, 절대등급은 1등급 줄어들 때마다 2.5배 밝아진다. 마지막 문단에서 보면, I형 세페이드 변광성이 동일한 변광 주기를 갖는 II형 세페이드 변광성보다 1.5등급만큼 더 밝다. 따라서 1등급 차이에서 2.5배 밝아지므로, 1.5등급 차이라면 2.5배보다 더 밝을 것임을 추론할 수 있다. $2.5^{1.5} ≒ 3.95$이므로 정확하게는 약 3.95배 더 밝을 것이다.

오답 체크

ㄴ. 세 번째 문단에서 보면, 별의 밝기는 등급으로 표시하기도 하는데, 지구에서 측정한 밝기인 겉보기등급과 실제 밝기를 나타낸 절대등급이 있다. 두 경우 모두 등급의 수치가 작을수록 밝은데, 그 수치가 1 줄어들 때마다 2.5배 밝아진다. 겉보기등급이 절대등급과 다른 까닭은 별의 밝기가 거리의 제곱에 반비례하기 때문이다(별의 밝기 $∝ \dfrac{1}{(거리)^2}$). 이에 따라 겉보기등급이 1등급 차이나는 경우 별의 밝기는 2.5배 차이가 나고, 이는 거리의 제곱에 반비례하므로, 실제 거리의 비는 2.5가 아니라 $\sqrt{2.5}$여야 한다.

ㄹ. 겉보기등급은 지구에서 측정한 밝기이고, 절대등급은 실제 밝기를 나타낸 것이다. 모든 별이 지구로부터 10파섹(1파섹=3.26광년)의 일정한 거리에 있다고 가정하고 지구에서 관찰된 밝기를 산출한 것이 절대등급이다. 겉보기등급이 절대등급과 다른 까닭은 별의 밝기가 거리의 제곱에 반비례하기 때문이다. 즉, 거리가 가까워지면 별의 밝기는 더 밝아진다. 따라서 지구로부터 1파섹 떨어진 별의 겉보기등급은 지구로부터 10파섹에 있다고 가정하고 산출한 절대등급보다 더 밝을 것이다.

⏱ 빠른 문제 풀이 Tip

<보기> ㄴ, ㄷ은 정확한 값을 구하는 것보다는 정오 판단에 필요한 정도까지만 확인하면 보다 빠른 해결이 가능하다.

정답 체크

ㄱ. 첫 번째 문단에서 보면, A시리즈 용지들의 면적은 한 등급 올라갈 때마다 두 배로 커진다. 한 등급의 가로는 그 위 등급의 세로의 절반이고, 세로는 그 위 등급의 가로와 같으며, 모든 등급들의 가로 대 세로 비율은 동일하다. 국제표준 용지 중 A4 용지의 크기가 210mm×297mm이고, 한 등급(A4)의 가로(210mm)는 그 위 등급(A3)의 세로의 절반이므로 A3 용지의 세로는 420mm, 한 등급(A4)의 세로(297mm)는 그 위 등급(A3)의 가로와 같으므로 A3 용지의 가로는 297mm가 된다. 따라서 A3 용지의 크기는 297mm×420mm가 된다. 마찬가지로 구해보면, A2 용지의 크기는 420mm×594mm이다.

ㄴ. 첫 번째 문단에서 보면, A시리즈 용지들의 면적은 한 등급 올라갈 때마다 두 배로 커진다. 한 등급의 가로는 그 위 등급의 세로의 절반이고, 세로는 그 위 등급의 가로와 같으며, 모든 등급들의 가로 대 세로 비율은 동일하다. 이를 통해 A시리즈 용지의 경우, 한 용지의 세로를 절반으로 자르면 아래 등급 용지 두 장이 됨을 알 수 있다. 따라서 가장 높은 등급의 용지를 잘라서 바로 아래 등급의 용지 두 장을 만들 수 있다.

오답 체크

ㄷ. 두 번째 문단에서 보면, A3 용지를 A4 용지로 축소할 때의 비율은 복사기의 제어판에 70%로 표시된다. 즉, A3 용지가 100%일 때 A4 용지는 70%가 되는 셈이다. 따라서 반대로 A4 용지를 A3 용지로 확대할 때의 비율은 130%가 아니라 약 140%가 된다.

ㄹ. 세로를 가로로 나눈 값이 $\sqrt{2}$인 것은 미국표준협회 용지 규격이 아니라 국제표준 용지 규격이다. 마지막 문단에서 보면, 미국표준협회 규격 용지의 경우 세로를 가로로 나눈 값이 두 종류가 있어 일괄적으로 $\sqrt{2}$라고 말하기도 어렵다. 리걸용지와 D레저용지의 경우 세로를 가로로 나눈 값은 17/11=34/22≒약 1.55이고, 레터용지, 이그제큐티브 용지, E레저용지의 경우는 세로를 가로로 나눈 값은 11/8.5=22/17=44/34≒약 1.29이다.

⏱ 빠른 문제 풀이 Tip

ㄱ. 한 등급의 가로는 그 위 등급의 세로의 절반이고, 세로는 그 위 등급의 가로와 같기 때문에, 한 등급 위의 종이로 만들기 위해서는 가로 사이즈를 두 배하면서 가로와 세로의 사이즈를 바꿔주면 된다. A4 용지의 크기가 210mm×297mm이므로, A3 용지의 크기는 297mm×420mm가 되는 것이다. 마찬가지로 해보면, A2 용지의 크기는 420mm×594mm이다. A4 용지가 A2 용지가 되려면, 즉 두 등급 위의 종이가 되기 위해서는 가로와 세로의 사이즈가 모두 두 배가 되면 된다.

정답 체크

첫 번째 문단에서 보면, '기초 감염재생산지수(R_0)'는 질병에 대한 예방조치가 없을 때, 해당 질병에 감염된 사람 한 명이 비감염자 몇 명을 감염시킬 수 있는지를 나타낸다. 예를 들어 R_0가 4라고 하면 예방조치가 없을 때, 한 사람의 감염자가 질병에서 회복하거나 질병으로 사망하기 전까지 그 질병을 평균적으로 4명의 비감염자에게 옮긴다는 뜻이다. 이를 <상황>에 적용해 보면, B질병의 R_0는 15이고 D질병의 R_0는 3이므로, 예방조치가 없을 때 B질병에 감염된 사람 한 명은 평균적으로 비감염자 15명을 감염시킬 수 있고 D질병에 감염된 사람 한 명은 평균적으로 비감염자 3명을 감염시킬 수 있다. 따라서 B질병이 D질병의 5배일 것이다.

오답 체크

① 첫 번째 문단에서 보면, 치사율은 어떤 질병에 걸린 환자 중 그 질병으로 사망하는 환자의 비율을 나타내는 것으로 '기초 감염재생산지수(R_0)'의 크기와 반드시 비례하지는 않는다. <상황>에는 각 질병의 R_0만 제시되어 있으므로 예방조치가 없다면, 발병 시 가장 많은 사람이 사망하는 질병이 A인지는 추론할 수 없다. A는 단지 R_0가 가장 큰 질병일 뿐이다.

② 두 번째 문단에서 보면, 예방조치가 없을 때, R_0가 1보다 큰 질병은 전체 개체군으로 확산될 것이라고 한다. A~E질병의 R_0가 1보다 크기 때문에 예방조치가 없다면 전 국민을 감염시킬 수 있겠지만, F질병의 경우 R_0가 1보다 작은 0.5이기 때문에 예방조치가 없더라도 전 국민을 감염시키지는 않을 것이다.

③ 첫 번째 문단에서 보면, '기초 감염재생산지수(R_0)'는 질병의 전파 속도를 의미하지는 않는다. 질병에 대한 예방조치가 없을 때, 해당 질병에 감염된 사람 한 명이 비감염자 몇 명을 감염시킬 수 있는지를 나타내는 지수일 뿐이다. 따라서 C질병의 R_0인 6이 D질병의 R_0인 3의 두 배라고 해서 전국민을 감염시킬 때까지 걸리는 시간이 절반이라고는 말할 수 없다.

④ 마지막 문단에서 보면, R_0와 마찬가지로 치사율도 확산 초기 단계에서는 정확하게 알 수 없다고 한다. 특정 전염병이 한 차례 어느 지역을 휩쓸고 지나간 후 관련 통계 자료를 수집·분석할 수 있는 시간이 더 흐르고 난 뒤에야, 그 질병의 R_0에 대해 믿을 만한 추정치가 나올 수 있으므로 새로운 질병이 발생한 초기에는 얼마 되지 않는 자료를 바탕으로 추정을 할 수밖에 없다. 따라서 R_0와 치사율 모두 확산 초기 단계에서는 정확하게 알 수 없다.

10
정답 ②

정답 체크
첫 번째 문단에서 보면, A계수는 총 가계지출에서 차지하는 음식비의 비중을 백분율로 표시한 것으로 'A의 법칙' 가운데서 가계지출 중 음식비 지출 비중만을 따로 떼어 낸 것이다. 소득의 증가에 따라 총 가계지출 중 음식비 지출 비중은 점차 감소하는 '경향'이 있다고만 언급되어 있다. A의 법칙은 경향, 즉 추세에 불과하기 때문에 경향에서 벗어난 예외적인 상황도 얼마든지 가능하다. 따라서 소득이 높은 가계라도 가계구성원 모두가 값비싼 음식을 선호한다면 소득이 낮은 가계보다 A계수가 높을 수 있다.

오답 체크
① 첫 번째 문단에서 보면, 'A의 법칙' 가운데서 가계지출 중 음식비 지출 비중만을 따로 떼어 내어 'A계수'라고 한다. A계수는 총 가계지출에서 차지하는 음식비의 비중을 백분율로 표시한 것으로, 소득수준이 높을수록 낮아지고, 소득수준이 낮을수록 높아지는 경향을 보인다. 따라서 A계수는 소득수준과 반비례하므로 소득이 높을수록 높아지지 않는다.

두 번째 문단에서 보면 가계지출 중 자녀 교육비의 비중을 나타낸 수치를 'B계수'라고 한다. 첫 번째 문단에서 보면, 문화비에는 교육비, 공과금, 보건비, 기타 잡비가 포함된다. 'A의 법칙'은 문화비 지출 비중이 소득 증가에 따라 급속하게 증가한다는 것을 포함하고 있기는 하지만 문화비의 지출 비중이 증가한다는 것이 문화비 중 하나인 교육비의 증가를 반드시 의미하는 것은 아니다. 두 번째 문단 예시에서는 가계소득 하위 20%와 가계소득 상위 20% 가구의 정보만을 알 수 있으므로, 지문에 있는 정보만으로는 가계소득이 증가할 때 'B계수'가 높아진다고 확정적으로 말하기는 어렵다.

③ 첫 번째 문단에서 보면, 'A의 법칙' 가운데서 가계지출 중 음식비 지출 비중만을 따로 떼어 내어 'A계수'라고 한다. A계수는 총 가계지출에서 차지하는 음식비의 비중을 백분율로 표시한 것으로, 소득수준이 높을수록 낮아지고, 소득수준이 낮을수록 높아지는 경향을 보인다. '비중'은 줄어들지만 '음식비 지출액' 자체는 높아질 수 있다. 비중이 낮아지는 것을 통해 '액수'까지 낮아진다고는 확정적으로 말할 수 없다. 즉, '비중'의 상대적인 비율의 감소가 '지출액' 절대적인 액수의 감소를 의미하는 것은 아니다.

④ 두 번째 문단에 제시된 내용만으로는 월평균 소득을 알 수 없다. 지문의 내용을 통해 구할 수 있는 것은 가계지출액이다. 지난 1분기 가계소득 상위 20% 가구의 가계지출액은 360만 원으로 가계소득 하위 20% 가구의 가계지출액인 120만 원의 3배이지만, 이는 '가계지출액'이지 선택지에서 묻고 있는 '월평균 소득'이 아니다.

⑤ 두 번째 문단에서 보면, 지난 1분기 가계소득 하위 20% 가구의 월평균 교육비 지출액은 12만 원으로 가계지출의 10%였다. 반면 가계소득 상위 20% 가구의 월평균 교육비 지출액은 72만 원으로 가계소득 하위 20% 가구의 6배에 달했고 가계지출에서 차지하는 비중도 20%였다. 즉, 월평균 교육비 지출액의 절대적인 액수로 보더라도, 그리고 가계소득에서 차지하는 비중으로 보더라도 가계소득 상위 20% 가구가 가계소득 하위 20% 가구보다 높다. 따라서 지난 1분기 가계소득 분위별 교육비 지출액 현황을 볼 때 가계소득이 낮을수록 교육열이 높다고 보기는 어렵다.

⏱ 빠른 문제 풀이 Tip
③ '절대 금액'과 '비중'을 구분할 수 있어야 한다. 100만 원의 50%는 50만 원이지만, 1억 원의 10%는 1,000만 원이다. 10%가 50%보다 비중은 낮지만 절대 금액은 1,000만 원이 50만 원보다 훨씬 크다.

④ 단순히 '3배'라는 점에만 몰두하면 '월평균 소득 ≠ 가계지출'을 놓쳐서 옳은 것으로 잘못 생각하는 경우가 많다. '월평균 소득 ≠ 가계지출'임을 파악한다면 계산하지 않고도 틀린 선택지임을 알 수 있다.

11
정답 ①

정답 체크
ㄱ. 세 번째 문단에서 보면, 에스페란토의 문자는 영어 알파벳 26개 문자에서 Q, X, W, Y의 4개 문자를 빼고 영어 알파벳에는 없는 Ĉ, Ĝ, Ĥ, Ĵ, Ŝ, Ŭ의 6개 문자를 추가하여 만들어졌다. 따라서 26-4+6=28이므로, 에스페란토의 문자는 모두 28개로 만들어졌다.

ㄷ. 마지막 문단에서 보면, 단어의 강세는 항상 뒤에서 두 번째 모음에 있기 때문에 사전 없이도 쉽게 읽을 수 있다. 어머니는 patrino, 장모는 bopatrino이므로, 어머니를 에스페란토로 말할 때 강세는 뒤에서 두 번째 모음인 'i'에 있고, 장모를 말할 때 역시도 강세는 뒤에서 두 번째 모음인 'i'에 있다.

오답 체크
ㄴ. 세 번째 문단에서 보면, 각 어간에 품사 고유의 어미를 붙여 명사는 -o, 형용사는 -a, 부사는 -e, 동사원형은 -i로 끝난다. 예를 들어 '사랑'은 amo, '사랑의'는 ama, '사랑으로'는 ame, '사랑하다'는 ami이므로, 각 품사 고유의 어미를 고려하면 '사랑'의 어간은 'am'이다. 시제의 경우 과거형은 -is, 현재형은 -as, 미래형은 -os를 어간에 붙여 표현하므로, 미래형인 '사랑할 것이다'는 에스페란토로 amos가 되어야 한다.

ㄹ. 두 번째 문단에서 보면, 자멘호프의 구상은 '1민족 2언어주의'에 입각하여 같은 민족끼리는 모국어를, 다른 민족과는 중립적이고 배우기 쉬운 에스페란토를 사용하자는 것이었다. 따라서 자멘호프의 구상에 따를 때 동일한 언어를 사용하는 하와이 원주민끼리는 같은 민족이므로 모국어를 사용할 수 있다.

12
정답 ③

정답 체크
ㄱ. 첫 번째 문단에서 보면, LD50은 급성 반수 치사량으로 물질 투여 시 실험 대상 동물의 50%가 바로 죽는 치사량을 의미한다. LD50 값이 작다는 것은 그만큼 적은 양으로 실험 대상 동물의 50%를 바로 죽일 수 있다는 것을 의미하므로, 독성이 더 강하다는 것을 의미한다. 두 번째 문단에서 보면 독성이 강하다는 보톡스의 LD50 값은 1ng/kg으로 복어 독보다 1만 배 이상 강하다. 반대로 복어 독은 보톡스보다 1만 배 이상 약한 셈이다. 따라서 복어 독으로 실험 대상 동물의 50%가 바로 죽는 동일한 결과를 내기 위해서는 보톡스보다 1만 배 이상의 양을 사용해야 한다.

$$복어 독의 LD50 = 1ng/kg \times 10,000배 이상(=10^4 이상)$$
$$= 10^{-6}mg/kg \times 10^4 이상$$
$$= 10^{-2}mg/kg 이상 = 0.01mg/kg 이상$$

ㄴ. 치사량의 단위는 주로 LD50을 사용하는데, 'LD'는 Lethal Dose의 약어로 치사량을 의미하고, '50'은 물질 투여 시 실험 대상 동물의 50%가 죽는 것을 의미한다. 즉, LD50 값은 물질 투여 시 실험 대상 동물의 50%를 죽음에 이르게 하는 특정 물질의 치사량이다. 따라서 독성이 더 강하다면 더 적은 양으로도 같은 효과(목적)를 달성할 수 있을 것이다. 따라서 독성이 강할수록 치사량은 줄게 될 것이므로 LD50 값도 작아지게 될 것이다.

ㄷ. 두 번째 문단에서 보면, 카페인의 LD50 값은 200mg/kg이다. 또한 첫 번째 문단에 따를 때, LD50 값을 표기할 때는 보통 실험 대상 동물의 몸무게 1kg을 기준으로 하는 mg/kg 단위를 사용한다. 따라서 몸무게가 7kg인 실험 대상 동물의 50%가 즉시 치사하는 카페인 투여량은 200mg/kg×7kg=1,400mg(=1.4g)이다.

오답 체크

ㄹ. 니코틴의 LD50 값은 1mg/kg이다. 몸무게가 60kg인 실험 대상 동물의 50%가 즉시 치사하는 니코틴 투여량은 1mg/kg×60kg=60mg이다. 1개비당 니코틴 함량이 0.1mg인 담배 60개비에 들어 있는 니코틴의 양은 0.1mg×60개비=6mg이다. 따라서 두 값은 각각 60mg과 6mg으로 10배 차이가 나므로 같지 않다.

⏱ 빠른 문제 풀이 Tip

동일한 효과를 얻기 위해서 더 강력한 물질을 사용한다면, 사용량은 줄어들어야 한다.

13   정답 ②

정답 체크

첫 번째, 두 번째 문장을 다음과 같이 정리할 수 있다.

$$상대습도 = \frac{현재 대기 중의 수증기량}{포화 수증기량}$$
$$= \frac{현재 공기 중에 포함된 수증기량}{현재 온도에서 공기가 최대로 품을 수 있는 수증기량}$$

ㄴ. 세 번째 문장에 따르면 상대습도가 100%일 때를 포화 상태라고 한다. 즉 '현재 공기 중에 포함된 수증기량=현재 온도에서 공기가 최대로 품을 수 있는 수증기량'일 때를 포화 상태라고 하므로 현재 공기 중에 포함된 수증기량을 증가시켜 포화 상태로 만들 수 있다.

오답 체크

ㄱ. 포화 수증기량이 20% 증가하면, 위의 식에서 분모에 1.2를 곱한 것으로 생각할 수 있다. 따라서 상대습도는 20% 낮아지는 것이 아니라 $\frac{1}{1.2}$=0.833…을 곱한 것이 되므로 16.66…% 낮아진다.

ㄷ. 네 번째 문장에 따르면 포화 수증기량은 기온이 올라갈수록 증가한다. 따라서 밀폐된 공간의 공기 온도가 올라가면 포화 수증기량(=분모)이 증가하므로 상대습도는 높아지는 것이 아니라 낮아진다.

⏱ 빠른 문제 풀이 Tip

ㄴ. 상대습도가 100%일 때를 포화 상태라고 한다. 상대습도 공식에서 공기의 수증기량은 분자에 해당하므로, 분자를 키우면 분수값이 100%가 될 수 있다.

ㄷ. 분수식에서 분모가 커지면 분수값은 작아진다.

1 탐스형

2 밑줄문함

3 개념형

4 규칙형

5 경우형

기출 재구성 모의고사

01	02	03	04						
②	①	⑤	②						

01

정답 ②

정답 체크

지문의 문단을 순서대로 문단 i)~문단 iv)라고 정한다.

문단 iii) 일곱 번째 문장에 따르면 1911년에 휘발유 소비가 처음으로 등유를 앞질렀다. 따라서 1911년 이전인 1907년에는 휘발유보다 등유의 소비량이 더 많았음을 알 수 있다.

오답 체크

① 문단 iii) 여섯 번째 문장에 따르면 1886년에 휘발유 자동차가 생산되었다. 따라서 1890년 이전에 휘발유가 동력 기계를 움직이는 연료로 사용되었음을 알수 있다.

③ 문단 iv) 두 번째 문장에 따르면 경유가 자동차 연료로 처음 사용된 것은 1927년에 소형 연료 분사장치가 발명되면서부터이다. 따라서 1925년에는 경유가 자동차 연료로 사용되지 않았음을 알 수 있다.

④ 문단 i) 첫 번째, 두 번째 문장에 따르면 최초의 석유시추는 1859년인데, 문단 iii) 세 번째 문장에 따르면 최초의 석유시추는 휘발유와 경유를 생산하기 위한 것이 아니라 등유만을 생산하였다.

⑤ 문단 iv) 세 번째 문장에 따르면 1912년에 액화석유가스 생산 시굴이 처음으로 개발되었다. 따라서 1910년에는 액화석유가스가 자동차 연료로 사용될 수 없었음을 알 수 있다.

02

정답 ①

정답 체크

ㄱ. 문단 i) 두 번째 문장에 따르면 A는 시추 첫날부터 30배럴의 석유를 생산하였다. 그리고 문단 ii) 다섯 번째 문장에 따르면 A가 최초로 시추한 날의 평균가격에서 96%나 떨어진 가격이 배럴당 1.2달러이다. 즉, 4%가 1.2달러이므로 25를 곱하면 배럴당 30달러이었음을 알 수 있다. 따라서 A가 시추 첫날 생산한 석유가 그날 평균가격으로 모두 팔렸다면 판매액은 30배럴×30달러=총 900달러이다.

오답 체크

ㄴ. 문단 ii) 세 번째 문장에 따르면 ○○계곡의 연간 산유량은 1859년의 2천 배럴에서 10년 만에 250배가 되었다. 즉, 1859년으로부터 10년 뒤인 1869년 ○○계곡의 월 평균 산유량은 2만 배럴이 아니라 2천 배럴×250배÷12개월≒41,667배럴이다.

ㄷ. 문단 ii) 일곱 번째 문장에 따르면 1880년 甲국의 석유 수출량은 국내 소비량의 150%이다. 즉, 국내 소비량을 1이라고 하면 석유수출량은 1.5, 또는 석유 국내 소비량 대 수출량을 2 : 3으로 생각할 수 있다. 그리고 甲국에서 그해 생산된 석유의 총 가액은 3,500만 달러였다고 하므로 비축 및 수입된 석유가 없다고 가정할 때, 1880년 甲국의 국내 석유 소비량을 금액으로 환산하면 총 2,100만 달러가 아니라 $3,500만 달러 \times \frac{2}{2+3} = 1,400$만 달러이다.

⏱ 빠른 문제 풀이 Tip

ㄱ. 구체적인 계산식은 다음과 같다.

$$1.2(달러) \times \frac{100\%}{100\% - 96\%} = 1.2(달러) \times 25 = 30(달러)$$

ㄷ. 1880년 甲국의 국내 석유 소비량을 금액으로 환산한 가액을 x라고 하면 수출량을 금액으로 환산한 가액은 $1.5x$이다. 둘을 더한 $2.5x$가 3,500만 달러이므로 x는 1,400만 달러임을 알 수 있다. 실제 문제풀이에서는 비례식을 통해 바로 판단할 수 있도록 한다.

03

정답 ⑤

정답 체크

첫 번째 문단부터 각각 문단 i)~ v)라고 한다.

⑤ 문단 ii) 마지막 문장에 따르면 1801년에 이르러서야 프로이센에서 사탕무를 활용한 설탕의 대량생산에 성공했다고 한다. 1801년은 19세기이므로, 19세기가 되어서야 사탕무를 이용한 설탕의 대량생산이 가능해졌다.

오답 체크

① 문단 i) 두 번째 문장에 따르면 사탕수수가 처음 재배된 곳은 태평양 남서부의 뉴기니섬 지역이었고, 세 번째 문장에 따르면 이후 필리핀으로 전해졌다. 문단 i) 네 번째 문장에 따르면 350년경 굽타왕조 시대에 인도에서 사탕수수액을 활용한 설탕 결정법을 알아냈다고 한다. 그리고 다섯 번째 문장에 따르면 당태종 때는 7세기 중반이므로 처음 재배한 곳이 필리핀이 아니라는 것을 판단할 수 있다.

② 문단 i)에 따르면 사탕수수액을 이용한 설탕 결정법은 당태종 시기에 개발되지 않았다.

③ 문단 v) 마지막 문장에 따르면 1920~1930년대에 이르러서는 꿀이나 엿을 전혀 사용하지 않던 생선류, 김치류 등에도 설탕을 넣는 신식요리법이 개발되었다고 한다. 따라서 1920~1930년대보다 전인 1910년대 이전 우리나라에서는 생선류, 김치류에 꿀이나 엿을 넣지 않았다.

④ 문단 i) 마지막 문장에 따르면 인도의 외교사절단이 사탕수수 재배법을 중국에 전파한 것은 350년경이 아니라 7세기 중반 당태종 때이다.

04

정답 ②

정답 체크

문단iv) 첫 번째 문장에 따르면 1884년 설탕 가격은 같은 무게 소고기의 2.5배이고, 두 번째 문장에 따르면 1893년에는 설탕 가격이 1884년 대비 40% 하락했다. 즉, 1884년의 소고기 1근의 가격이 x라고 하면, 1884년의 설탕 1근의 가격은 $2.5x$이고 1893년 설탕 1근의 가격은 $2.5x$에서 40% 하락한 $1.5x$이다. <상황>에서 1893년에 설탕 1근의 가격이 12전이라고 가정하므로 $1.5x = 12$전, $x = 8$전임을 알 수 있다. 즉, 1884년의 소고기 1근의 가격은 8전, 1884년 설탕 1근의 가격은 20전임을 알 수 있다.

<상황>에서 甲이 1884년에 52전을 모두 써서 설탕 1근과 소고기를 구입하였다면, 설탕 1근에 20전을 지불한 것이고, 남은 32전은 소고기를 구입하는 데 사용한 것이다. 소고기는 32÷8=4근을 구입할 수 있었다.

	01	02											
	④	③											

01

정답 ④

정답 체크

<甲의 주장>을 원인과 결과로 구분하여 정리하면 다음과 같다.

· 원인(독립변수): A국가의 중학교 학급정원 감축
· 결과(종속변수): 중학교 3학년의 학력이 지속적으로 향상

ㄱ. 국어과목의 평균 점수는 2004년 68점에서 2011년에 73점으로 상승하였으나, 수학과목의 평균 점수는 2004년과 2011년 모두 62점이다. 따라서 학력이 향상되었다는 甲의 주장은 특정과목을 중심으로 결론을 주장한 것이다.

ㄴ. 2011년 국어과목의 평균 점수가 2004년 대비 상승하긴 하였으나 점수의 상승을 '학력'의 향상이라고 말하기에는 모의고사의 난이도를 고려하지 않았다는 반박이 가능하다. 2011년 모의고사가 2004년 모의고사보다 난이도가 쉽게 출제되었다면 학력이 향상되지 않았더라도 높은 점수가 나올 수 있다.

ㄹ. 甲의 주장 중 결과(종속변수)는 중학교 3학년의 학력이 '지속적으로' 향상되었다는 것이다. 그런데 <상황>에서는 2004년 모의고사의 결과를 2011년의 한 차례의 모의고사 결과와만 비교하고 있다. 따라서 한 차례의 비교 결과만 가지고 지속적으로 학력이 향상되었다고는 말하기는 어렵다.

오답 체크

ㄷ. A국가의 전체 중학교 3학년 학생의 숫자는 2004년 90만 명에서 2011년 85만 명으로 감소하였다. 그러나 전체 학생 숫자와 원인(독립변수)인 각 학급별 정원 감축과는 무관하다. 학급별 정원을 몇 명으로 정할지는 전체 학생 숫자와는 무관하게 결정된다. 따라서 甲이 A국가의 중학생 전체 숫자가 5만 명 감소한 사실을 고려하지 않았다고 반박할 수는 없다.

02

정답 ③

정답 체크

ㄴ. 첫 번째 문단에서 보면, 헌법재판소는 인구편차 기준이 가장 큰 선거구와 가장 작은 선거구가 인구비례 2:1을 넘지 않아야 한다는 입장이다. (4)를 보면, 인구편차의 허용기준을 엄격하게 하는 것이 외국의 판례와 입법추세임을 고려할 때, 우리도 인구편차의 허용기준을 엄격하게 하는 일을 더 이상 미룰 수 없다는 이유를 들고 있다. 국회의원 지역선거구를 획정할 때, 인구가 '최대인 선거구의 인구'를 '최소인 선거구의 인구'로 나눈 숫자가 2 이상이 되지 않는 것이 외국의 일반적인 경향이라는 사실은 헌법재판소의 입장(4)를 뒷받침하는 적절한 근거가 된다.

ㄹ. (1)에서 보면, 종래의 인구편차의 허용기준을 적용하게 되면 1인의 투표가치가 다른 1인의 투표가치에 비하여 세 배가 되는 경우도 발생하는데, 이는 투표가치의 지나친 불평등이라고 하고 있다. 인구편차의 허용기준을 전국 국회의원 지역선거구 평균인구 기준 상하 50%로 하는 경우 국회의원 지역선거구별 인구편차 기준이 가장 큰 선거구와 가장 작은 선거구가 인구비례 3:1가 되고 1인의 투표가치가 다른 1인의 투표가치에 비하여 세 배가 되는 경우가 생기는 것이다. 따라서 선거구별 인구의 차이가 커질

수록 인구가 많은 선거구에 거주하는 사람의 투표가치는 인구가 적은 선거구에 거주하는 사람의 투표가치보다 줄어든다는 것은 헌법재판소의 입장(1)을 뒷받침하는 근거로 적절하다.

오답 체크

ㄱ. (2)에서 보면, 현재는 지방자치제도가 정착되어 있으므로 지역대표성을 이유로 헌법상 원칙인 투표가치의 평등을 현저히 완화할 필요성이 예전에 비해 크지 않다. 따라서 지방자치제도가 정착되었기 때문에 국회의원의 지역대표성을 더욱 강화해야 한다는 것은 오히려 반대되는 내용이므로 적절한 근거가 될 수 없다.

ㄷ. '지역정당구조의 완화와 농어촌 지역 간 불균형을 극복하기 위하여'는 (3)과 연결되는 적절한 내용이다. 그런데 '국회의원 지역선거구 획정은 평균인구 기준 상하 66.6%를 기준으로 판단해야 한다.'는 내용이 적절한지를 검토해야 한다. 첫 번째 문단에서 하나의 선거구에서 1인을 선출하는 국회의원 지역선거구를 획정할 때, 과거 헌법재판소는 인구편차의 허용기준을 전국 국회의원 지역선거구 평균인구 기준 상하 50%로 제시한 바 있었다. 그 후 최근 국회의원 지역선거구별 인구편차 기준이 가장 큰 선거구와 가장 작은 선거구가 인구비례 2:1을 넘지 않아야 한다고 입장을 변경한 것이다. 전국 국회의원 지역선거구 평균인구 기준 상하 50%라는 의미는 다음 그림으로 설명할 수 있다.

국회의원 지역선거구별 인구편차 기준이 가장 큰 선거구와 가장 작은 선거구가 인구비례 3:1이 되고 이를 최근 인구비례 2:1을 넘지 않아야 한다고 입장을 변경한 것이다. 또한 국회의원 지역선거구 획정을 평균인구 기준 상하 66.6%를 기준으로 한다는 의미는 다음 그림으로 설명할 수 있다.

국회의원 지역선거구별 인구편차 기준이 가장 큰 선거구와 가장 작은 선거구가 인구비례 5:1이 되는 셈이다. 따라서 인구편차의 허용기준을 완화하면 할수록 과대대표되는 지역과 과소대표되는 지역이 생길 가능성 또한 높아지고, 이는 지역정당구조를 심화시키는 부작용을 야기할 수 있다는 (3)의 내용과 충돌한다.

유형 6 | 발문 포인트형

p.63

01	02	03	04	05					
①	③	①	③	④					

01

정답 ①

정답 체크

ㄱ. 세 번째 조문 제1항에서 보면, 누구든지 공표된 저작물을 저작권자의 허락없이 청각장애인을 위하여 한국수어로 변환할 수 있으며 이러한 한국수어를 복제·배포·공연 또는 공중송신할 수 있다. 각주에 따르면 소설은 어문저작물에 해당하고, 이를 종합해 볼 때 학교도서관이 공표된 소설을 청각장애인을 위하여 한국수어로 변환하고 이 한국수어를 복제·공중송신하는 행위는 저작권자의 허락없이 허용되는 행위이다.

오답 체크

ㄴ. 세 번째 조문 제2항에 해당하려면 영리를 목적으로 하지 않아야 한다. 청각장애인을 보호하고 있는 시설, 청각장애인을 위한 특수학교 또는 한국어수어통역센터는 영리를 목적으로 하지 아니하고 청각장애인의 이용에 제공하기 위하여, 공표된 저작물에 포함된 음성 및 음향 등을 저작권자의 허락없이 자막 등 청각장애인이 인지할 수 있는 방식으로 변환할 수 있으며 이러한 자막 등을 청각장애인이 이용할 수 있도록 복제·배포·공연 또는 공중송신할 수 있다. 따라서 영리를 목적으로 하는 경우 저작권자의 허락없이 허용되는 행위에 해당하지 않는다. 영화가 저작물에 해당하는지는 제시된 정보만으로 확인하기 어렵다.

ㄷ. 두 번째 조문 제2항에 해당하려면 어문저작물이어야 한다. 각주에서 보면 어문저작물은 소설·시·논문·각본 등 문자로 이루어진 저작물을 의미하므로 피아니스트의 연주 음악은 이에 해당하지 않는다. 따라서 점자도서관이 영리를 목적으로 하지 아니하고 시각장애인의 이용에 제공하기 위하여, 공표된 피아니스트의 연주 음악을 녹음하여 복제·전송하는 행위는 어문저작물에 해당하지 않으므로 저작권자의 허락없이 허용되는 행위에 해당하지 않는다.

02

정답 ③

정답 체크

발문의 단서에 따라 모든 사업장은 첫 번째 조문 제1항에 해당하고, 단서조항에는 해당하지 않으므로 모든 <보기>에 지문의 조문을 적용하여 판단할 수 있다.

ㄱ. 두 번째 조문 제1항에서 보면 2년을 초과하지 아니하는 범위 안에서(기간제 근로계약의 반복갱신 등의 경우에는 계속 근로한 총 기간이 2년을 초과하지 아니하는 범위 안에서) 기간제 근로자를 사용할 수 있다. 즉, 반복갱신을 포함하여 총 2년을 초과하지 아니하는 범위에서 근로하는 경우 기간제 근로자로 본다. 따라서 甲회사가 수습기간 3개월을 포함하여 1년 6개월간 A를 고용하기로 근로계약을 체결한 경우에는 근로한 총 기간이 1년 6개월이므로 기간제 근로자로 볼 수 있다.

ㄷ. 두 번째 조문 제1항 제3호에 해당하는 경우이다. 두 번째 조문 제1항의 각 호의 어느 하나에 해당하는 경우에는 2년을 초과하여 기간제 근로자로 사용할 수 있다. 따라서 박사 학위를 소지하고 해당 분야에 근무하고 있는 C는 현재 丙국책연구소에서 3년간 근무하고 있는 경우 기간제 근로자로 볼 수 있다.

ㄹ. 두 번째 조문 제1항 제1호에 해당하는 경우이다. 두 번째 조문 제1항의 각 호의 어느 하나에 해당하는 경우에는 2년을 초과하여 기간제 근로자로 사용할 수 있다. 따라서 건설업무의 완성에 필요한 3년의 기간을 징하고 그 기간 동안 丁건설회사가 D를 고용하기로 근로계약을 체결한 경우에는 2년을 초과하더라도 기간제 근로자로 볼 수 있다.

오답 체크

ㄴ. 두 번째 조문 제1항 제2호에 해당되는 경우이다. 두 번째 조문 제1항의 각 호의 어느 하나에 해당하는 경우에는 2년을 초과하여 기간제 근로자로 사용할 수 있지만, 동조 제2항에서 보면 사용자가 제1항 단서의 사유가 없거나 소멸되었음에도 불구하고 2년을 초과하여 기간제 근로자로 사용하는 경우에는 그 기간제 근로자는 기간의 정함이 없는 근로계약을 체결한 근로자, 즉 기간제 근로자가 아닌 것으로 본다. E가 복직하였으므로 제1항 단서의 사유가 소멸되었지만 2년을 초과하여 3년 이상 근무하고 있으므로 기간제 근로자로 볼 수 없다.

03

정답 ①

정답 체크

소장이 귀휴를 허가할 수 있는 경우를 정리해 보면 다음과 같다.

- 제1항
  - 6개월 이상 복역한 수형자
  - 그 형기의 3분의 1(21년 이상의 유기형 또는 무기형의 경우에는 7년)이 지남
  - 교정성적이 우수한 사람
  - 다음 각 호의 어느 하나에 해당하면 1년 중 20일 이내의 귀휴를 허가할 수 있다.
- 제2항 각 호의 어느 하나에 해당하는 사유가 있는 수형자에 대하여는 제1항에도 불구하고 5일 이내의 귀휴를 특별히 허가할 수 있다.

징역 1년을 선고받고 4개월 동안 복역 중인 甲은 '6개월 이상 복역한 수형자'의 요건을 충족하지 못한다. 제2항 각 호의 귀휴를 특별히 허가할 수 있는 사유에도 해당하지 않는다. 따라서 甲에게 귀휴를 허가할 수 없다.

② 乙은 10개월 동안 복역한 수형자이고, 2년(=24개월 중) 형기 중 3분의 1이 지났고, 교정성적이 우수하며, 제5호의 사유에 해당하므로 소장은 乙에게 귀휴를 허가할 수 있다. 제2항 단서인 직계비속의 혼례에 매칭하지 않도록 주의한다.

③ 丙은 4년 동안 복역한 수형자이고, 10년의 형기 중 3분의 1이 지났고, 교정성적이 우수하며, 제6호의 사유에 해당하므로 소장은 丙에게 귀휴를 허가할 수 있다.

④ 丁은 8년 동안 복역한 수형자이고, 30년 중 8년은 형기 중 3분의 1이 지나지 않았지만, 제1항 괄호 안 단서에 따라 21년 이상의 유기형 또는 무기형의 경우에는 7년이 경과하면 되므로 8년이 지났다. 또한 교정성적이 우수하고, 제1호의 사유에 해당하므로 소장은 丁에게 귀휴를 허가할 수 있다.

⑤ 제1항 괄호 안 단서에 따라 무기형의 경우에는 7년이 경과하여야 하므로 5년 동안 복역 중인 戊에게 원칙적으로 귀휴를 허가할 수 없으나, 제2항 제1호의 사유인 '가족 또는 배우자의 직계존속이 사망한 때'에 해당하므로, 소장은 丙에게 5일 이내의 귀휴를 특별히 허가할 수 있다.

⏱ 빠른 문제 풀이 Tip

법조문의 내용을 반대해석을 하면 선택지에 대한 정오 판단을 빠르고 정확하게 할 수 있다.

04 정답 ③

정답 체크

甲. 甲(56세)은 사업주가 근로자 대표의 동의를 받아 정년을 60세로 연장하면서 임금피크제를 실시하고 있는 사업장에 고용되어 있으므로 제1항 제1호에 해당한다. 상시 사용하는 근로자는 320명이므로 제2항 단서에 해당하지 않는다. 甲은 3년간 계속 근무하고 있으므로 해당 사업주에 고용되어 18개월 이상을 계속 근무한 자이어야 한다는 제2항 본문 요건을 충족한다. 甲의 피크임금은 4,000만 원이었고, 올해 임금은 3,500만 원이므로 10% 이상 낮아져 제2항 제1호 요건도 충족한다. 따라서 甲은 임금피크제 지원금을 받을 수 있다.

丙. 丙(56세)은 사업주가 정년을 55세로 정한 사업장에서 2년간 계속 근무하다 작년 12월 31일 정년에 이르렀으므로 18개월 이상을 계속 근무한 자이어야 한다는 제2항 본문 요건을 충족한다. 상시 사용하는 근로자는 400명이므로 제2항 단서에 해당하지 않는다. 丙은 올해 1월 1일 근무기간 1년, 주당 근로시간을 40시간에서 30시간으로 단축하는 조건으로 재고용되었으므로, 제2호의 요건을 충족하면서 주당 근로시간도 단축하여 제1항 제3호의 요건에 해당한다. 丙의 피크임금은 2,000만 원이었고, 올해 임금은 1,200만 원이므로 30% 이상 낮아져 제2항 제3호 요건도 충족한다. 따라서 丙은 임금피크제 지원금을 받을 수 있다.

오답 체크

乙. 乙(56세)은 사업주가 정년을 55세로 정한 사업장(상시 사용하는 근로자 200명)에서 1년간 계속 근무하다 작년 12월 31일 정년에 이르렀다. 乙은 올해 1월 1일 근무기간 10개월, 주당 근로시간은 동일한 조건으로 재고용되었다. 즉, 정년에 이른 후 재고용하면서 임금만을 줄이는 경우이므로 제1항 제2호에 해당한다. 그런데 이 때 재고용 기간이 1년 미만인 경우는 제외되는데, 乙의 재고용 기간이 1년 미만이므로 임금피크제 지원금 지급 대상이 아니다.

05 정답 ④

정답 체크

ㄱ. 제○○조 제2호에 따르면 가맹본부는 가맹희망자에게 정보공개서를 제공하지 아니하고 가맹희망자와 가맹계약을 체결하는 행위를 하여서는 아니 된다. 그리고 제△△조 제1호에 따르면 가맹본부가 제○○조를 위반한 경우로서 가맹희망자가 가맹계약의 체결일부터 4개월 이내에 가맹금의 반환을 서면으로 요구하는 경우, 가맹본부는 제△△조에 따라 가맹금을 반환하여야 한다. 가맹본부 A가 2023. 1. 18.에 가맹희망자 甲에게 정보공개서를 제공하고 14일이 지나지 아니한 2023. 1. 30.에 가맹계약을 체결한 경우, 제○○조 제2호에 해당하여 제○○조를 위반한 것이다. <상황>과 같이 甲이 2023. 2. 27.에 서면으로 가맹금의 반환을 요구하였다면, 가맹계약을 체결한 2023. 1. 30.으로부터 4개월 이내에 가맹금의 반환을 요구한 것으로 제△△조 제1호에 해당하므로, 가맹본부 A는 제△△조에 따라 가맹금을 반환하여야 한다.

ㄷ. 제□□조 제1호에 따르면 가맹본부는 가맹희망자에게 사실과 다르게 정보를 제공하는 행위를 하여서는 아니 된다. 그리고 제△△조 제2호에 따르면 가맹본부가 제□□조를 위반한 경우로서 가맹희망자가 가맹계약의 체결 전에 가맹금의 반환을 서면으로 요구하는 경우, 가맹본부는 제△△조에 따라 가맹금을 반환하여야 한다. 가맹본부 A가 2023. 2. 10.에 가맹희망자 丙에게 제공하였던 정보공개서상 정보의 내용이 사실과 다른 경우, 제□□조 제1호에 해당하여 제□□조를 위반한 것이다. <상황>과 같이 丙이 2023. 2. 27.에 서면으로 가맹금의 반환을 요구하였다면 가맹계약을 체결할 예정이었던 2023. 3. 7. 전에 가맹금의 반환을 요구한 것으로 제△△조 제2호에 해당하므로, 가맹본부 A는 제△△조에 따라 가맹금을 반환하여야 한다.

오답 체크

ㄴ. 제△△조 제3호에 따르면 가맹본부가 정당한 사유없이 가맹사업을 일방적으로 중단한 경우로서 가맹점사업자가 가맹사업의 중단일부터 4개월 이내에 가맹금의 반환을 서면으로 요구하는 경우, 가맹본부는 제△△조에 따라 가맹금을 반환하여야 한다. 그러나 가맹본부가 아니라 가맹계약을 체결한 乙이 건강상의 이유로 가맹점사업을 일방적으로 중단한 경우, 가맹본부 A가 가맹금을 반환하여야 한다는 규정은 없다.

01	02	03	04	05	06	07	08	09	
④	②	①	⑤	⑤	⑤	⑤	①	②	

01

정답 ④

정답 체크

첫 번째 조문 제1항의 단서가 마지막 조문과 연결되는 것임을 정확히 파악해야 한다.

ㄴ. 세 번째 조문 제1항 단서에 따라 각 호의 어느 하나에 해당하는 정보는 공개하지 아니할 수 있다. 그 중 제1호에 해당하는 헌법재판소규칙에 따라 비밀이나 비공개사항으로 규정된 정보는 공개하지 아니할 수 있다.

ㄷ. 첫 번째 조문 제1항 제2호에 해당하는 국가의 시책으로 시행하는 공사 등 대규모 예산이 투입되는 사업에 관한 정보는 정기적으로 공개하여야 한다. 첫 번째 조문 제1항 단서를 당해 조문의 예외사항으로 잘못 인식했다면 공개하지 않을 수 있다고 판단할 수 있으므로 주의한다. 국가의 시책으로 시행하는 공사 등 대규모 예산이 투입되는 사업에 관한 정보는 공개하여야 한다.

세 번째 조문 제2호에 따르면 해당 정보에 포함되어 있는 성명·주민등록번호 등 개인에 관한 사항으로서 공개될 경우 사생활의 비밀 또는 자유를 침해할 우려가 있다고 인정되는 정보는 공개하지 아니할 수 있다. 다만 단서에 따라 다음 각 목에 열거한 개인에 관한 정보는 공개할 수 있다. 그중 다목에 해당하는 직무를 수행한 공무원의 성명·직위는 공개할 수 있는 정보에 해당한다. 따라서 국가의 시책으로 시행하는 공사 등 대규모 예산이 투입되는 사업에 관한 직무를 수행한 공무원의 성명·직위는 공개할 수 있다.

오답 체크

ㄱ. 첫 번째 조문 제1항을 보면, 공공기관은 다음 각 호의 어느 하나에 해당하는 정보에 대해서는 공개의 구체적 범위와 공개의 주기·시기 및 방법 등을 미리 정하여 공표하고, 이에 따라 정기적으로 공개하여야 한다. 국민생활에 매우 큰 영향을 미치는 정책에 관한 정보는 제1호에 해당하고, 제1항에서 보면, 공개의 구체적 범위를 미리 정하여 공표하고, 이에 따라 정기적으로 공개하면 된다고 했으므로 일부만 공개하도록 범위를 미리 정하여 공표하면 반드시 모두 공개해야 하는 것은 아니다. 이때 첫 번째 조문의 단서 부분을 첫 번째 조문 제1항 각 호에 적용되는 것으로 잘못 이해해서, 제1항의 각 호가 공개해야 하는 대상에서 제외되는 것으로 보아 틀렸다고 판단할 수 있으므로 주의한다. 정오 판단의 결과는 맞지만, 정확하게 판단한 것은 아니다. 첫 번째 조문의 단서는 세 번째 조문, 즉 제□□조(비공개대상 정보)의 제1항 각 호에 해당하는 정보와 연결된다.

02

정답 ②

정답 체크

ㄴ. 마지막 조문 제2항에 따르면, 회의 구성원이 회의에 출석하지 못하는 경우에는 그 바로 하위직에 있는 자가 대리로 출석하여 그 직무를 대행할 수 있다. 따라서 회의 당일 해양수산부장관이 수산협력 국제컨퍼런스에 참석 중이라 회의에 출석하지 못하면 그 바로 하위직에 있는 해양수산부차관이 대신 출석할 수 있다.

오답 체크

ㄱ. 두 번째 조문 제1항에 따르면, 정해진 구성원 이외에도 회의에 상정되는 안건과 관련되는 부처의 장도 회의의 구성원이 될 수 있다. 따라서 보건복지와 관련된 안건이 상정된 경우, 보건복지부장관도 회의 구성원이 될 수 있다.

ㄷ. 두 번째 조문 제2항과 제3항에서 보면, 회의 의장은 기획재정부장관이고, 회의 의장이 회의에 상정할 안건을 선정하여 회의를 소집하고 이를 주재한다. 따라서 환경부의 A안건이 관계 부처의 협의를 거쳐 회의에 상정된 경우, 환경부장관이 아니라 회의 의장인 기획재정부장관이 회의를 주재한다.

ㄹ. 마지막 조문 제1항에서 보면, 회의는 구성원 과반수의 출석으로 개의하고, 출석 구성원 3분의 2 이상의 찬성으로 의결한다. 회의의 구성원은 두 번째 조문 제1항에 나열되어 있는데 민간전문가는 회의의 구성원이 아니다. 세 번째 조문에 의하면 민간전문가는 회의에 참석하여 의견을 말할 수 있지만 회의의 구성원은 아니다. 따라서 회의의 구성원은 민간전문가 3명을 제외한 10명이 출석 구성원이 되고, 출석 구성원(10명)의 3분의 2이상의 찬성으로 의결하므로, 7명 이상의 찬성으로 의결할 수 있다. 즉, 최소 7명의 찬성이 필요하다.

03

정답 ①

정답 체크

첫 번째 조문부터 각각 제1조~제3조라고 한다.

제1조 제3항에 따르면 행정안전부장관은 기본계획의 작성을 위해 필요한 경우, 관련 자료의 제출을 공공기관의 장에게 요청할 수 있다.

오답 체크

② 제2조 제2항 제1문에 따르면 지방자치단체의 장은 시행계획을 전략위원회에 제출하고, 전략위원회의 심의·의결을 거쳐 시행하여야 한다. 그리고 제2문에 따르면 시행계획 중 중요한 사항을 변경하는 경우에도 또한 같다. 따라서 지방자치단체의 장이 시행계획 중 중요한 사항을 변경하는 경우에는 공공데이터전략위원회의 심의를 거쳐 시행하여야 하고, 이를 생략할 수 없다.

③ 제3조 제1항에 따르면 행정안전부장관은 매년 공공기관을 대상으로 공공데이터의 제공기반조성, 제공현황 등 제공 운영실태를 평가하여야 하지만, 이러한 운영실태 평가 대상에서 헌법재판소는 제외한다.

④ 제3조 제2항에 따르면 공공데이터전략위원회가 공공데이터의 제공 운영실태 평가결과를 행정안전부장관에게 보고하는 것이 아니라, 행정안전부장관이 전략위원회에 보고한다.

⑤ 제3조 제3항에 따르면 공공데이터의 제공 운영실태 평가에 따른 포상 대상은 공무원에 한하지 않고 공공기관 임직원을 선정하여 포상할 수 있다.

정답 체크

허가와 관련된 제2항과 제3항 중 종합유원시설업과 관련된 조항은 제3항이다. 시행령 제1항에서 보면 법조문 제3항의 '대통령령으로 정하는 유원시설업'이란 종합유원시설업 및 일반 유원시설업을 말한다. 따라서 종합유원시설업은 제3항의 요건에 포함되고, 종합유원시설업을 경영하려는 자는 특별자치도지사·시장·군수·구청장의 허가를 받아야 하므로, 군산시에서 종합유원시설업을 경영하려는 자는 군산시장의 허가를 받아야 한다.

오답 체크

① 등록과 관련된 법조문 제1항에서 보면, 여행업, 관광숙박업, 관광객 이용시설업 및 국제회의업을 경영하려는 자는 특별자치도지사·시장·군수·구청장에게 등록하여야 한다. 따라서 관광극장유흥업은 등록해야 하는 업종이 아니다.

관광극장유흥업은 제5항의 요건인데, 제6항의 위탁할 수 있는 업종에는 포함되지 않으므로, 제5항에 따라 시·도지사 또는 시장·군수·구청장의 지정을 받아야 한다. 따라서 청주시에서 관광극장유흥업을 경영하려는 자는 청주시장의 지정을 받아야 한다.

② 신고와 관련된 법조문 제4항에서 보면, 제3항에 따른 유원시설업 외의 유원시설업을 경영하려는 자는 특별자치도지사·시장·군수·구청장에게 신고하여야 하고, 시행령 제2항에서 보면 제4항의 "제3항에 따른 유원시설업 외의 유원시설업"이란 기타 유원시설업을 말한다. 따라서 관광숙박업은 신고의 요건에 해당하는 업종이 아니다. 또한 신고를 하더라도 문화체육관광부장관이 아닌 특별자치도지사·시장·군수·구청장에게 신고하여야 한다.

관광숙박업은 제1항의 요건인데, 관광숙박업을 경영하려는 자는 특별자치도지사·시장·군수·구청장에게 등록하여야 하므로, 제주특별자치도에서 관광숙박업을 경영하려는 자는 문화체육관광부장관이 아닌 제주특별자치도지사에게 등록하여야 한다.

③ 지정은 우선 법조문 제5항과 관련되고, 제5항과 연결된 위탁 규정이 제6항에 있다. 제6항의 지정에 관한 권한 일부를 위탁할 수 있는 업종은 '관광 편의시설업'이고, 시행령 제3항에서 보면 법조문 제6항의 '관광 편의시설업'에는 관광식당업·관광사진업 및 여객자동차터미널시설업만 해당되므로 한옥체험업은 위탁이 가능한 업종이 아니다. 따라서 위탁이 불가능함에도 종로구청장이 위탁한 자로부터 지정을 받아야 한다는 것은 옳지 않다. 만약 한옥체험업이 위탁이 가능했다고 가정하더라도 위탁은 '위탁할 수 있다.'의 재량의 표현이므로 반드시 위탁을 해야 하는 것이 아니다. 따라서 위탁을 하지 않기로 결정한다면, 위탁한 자로부터 지정을 받아야 하는 상황은 발생하지 않는다.

④ 허가와 관련된 제2항과 제3항 중 카지노업 허가와 관련된 조항은 제2항이다. 카지노업을 경영하려는 자는 부산광역시장이 아닌 문화체육관광부장관의 허가를 받아야 한다.

⏱ 빠른 문제 풀이 Tip
요건이 아닌 효과로 접근해야 훨씬 빠른 해결이 가능하다.

정답 체크

첫 번째 조문 제3항을 보면, 시장·군수·자치구의 구청장이 공공하수도를 설치하려면 시·도지사의 인가를 받아야 한다.

오답 체크

① 두 번째 조문 제2항을 보면, 공공하수도가 둘 이상의 지방자치단체의 장의 관할구역에 걸치는 경우, 관리청이 되는 자는 공공하수도 설치의 고시를 한 시·도지사 또는 인가를 받은 시장·군수·구청장이다. 따라서 A자치구의 공공하수도가 B자치구에 걸치는 경우, 공공하수도가 둘 이상의 지방자치단체의 장의 관할구역에 걸치는 경우이므로 설치하려는 공공하수도의 관리청은 B자치구의 구청장이 아니라, 관할구역 내에 공공하수도를 설치하려고 인가를 받은 A자치구의 구청장이다.

② 첫 번째 조문 제5항에서 보면, 시·도지사는 국가의 보조를 받아 설치하고자 하는 공공하수도에 대하여 고시 또는 인가를 하고자 할 때에는 그 설치에 필요한 재원의 조달 및 사용에 관하여 환경부장관과 미리 협의하여야 한다. 따라서 시·도지사가 환경부장관의 인가를 받아야 하는 것이 아니라 미리 협의하면 된다.

③ 첫 번째 조문 제4항을 보면, 시장·군수·구청장은 제3항에 따라 인가받은 사항을 변경하거나 폐지하려면 시·도지사의 인가를 받아야 한다.

④ 첫 번째 조문 제2항을 보면, 시·도지사는 공공하수도를 설치하고자 하는 때에는 사업시행지의 위치 및 면적, 설치하고자 하는 시설의 종류, 사업시행기간 등을 고시하여야 한다. 고시한 사항을 변경 또는 폐지하고자 하는 때에도 같다. 즉, 고시한 사항을 변경하는 것이 가능하다.

⏱ 빠른 문제 풀이 Tip
광역지방자치단체(특별시·광역시·도·특별자치도·특별자치시)와 기초지방자치단체(시·군·자치구)를 구분해야 한다.

정답 체크

첫 번째 조문부터 각각 제1조, 제2조라고 한다.

제2조 제3항 제1문 및 제1호에 따르면 관할 지방산림청장은 산림병해충이 발생한 경우 수목의 소유자에게 산림병해충이 있는 수목 제거를 명할 수 있다. 그러나 제3항 제2문에 따르면 명령을 받은 자는 특별한 사유가 없으면 명령에 따라야 한다고 하므로, 특별한 사유가 있으면 그 명령에 따르지 않을 수 있다는 것을 알 수 있다.

오답 체크

① 제1조 제3호의 "방제"에는 산림병해충이 발생하지 않도록 예방하는 활동도 해당한다.

② 제2조 제1항에 따르면 산림병해충이 발생할 우려가 있는 경우, 수목의 판매자가 아니라 산림소유자가 예찰에 필요한 조치를 하여야 한다.

③ 제2조 제3항에 따르면 시·도지사 등은 산림병해충이 발생하였을 때 제3항 각호에 따른 조치 명령을 할 수 있고, 같은 조 제5항에 따르면 시·도지사 등은 제3항 각 호의 조치이행에 따라 발생한 인건비 등의 방제비용을 예산의 범위에서 지원할 수 있다. 따라서 산림병해충 발생으로 인한 조치 명령을 이행함에 따라 발생한 인건비는 시·도지사 등의 지원 대상이다.

④ 제2조 제4항에 따르면 시·도지사 등은 같은 조 제3항 제2호에 따라 산림용 종묘, 베어낸 나무, 조경용 수목 등의 이동 제한이나 사용 금지를 명한 경우에는 그 내용을 해당 기관의 게시판 및 인터넷 홈페이지 등에 10일 이상 공고하여야 한다. 그러나 산림병해충이 발생한 종묘에 대해 관할 구청장이 소독을 명한 경우는 제3항 제3호에 해당하므로 시·도지사 등이 그 내용을 구청 게시판 및 인터넷 홈페이지에 10일 이상 공고하여야 하는 것은 아니다. 10일 이상 공고해야 하는 요건에 관할 구청장이 소독을 명한 경우는 해당하지 않는다.

07 정답 ⑤

정답 체크

제시된 법조문을 순서대로 제1조~제3조라 한다.
자율방범대원이 자율방범대의 명칭을 사용하여 기부금품을 모집하는 행위를 하였다면 제3조 제1항 제3호를 위반한 것이고, 제1조 제3항에 따르면 경찰서장은 자율방범대원이 이 법을 위반하여 파출소장이 해촉을 요청한 경우, 해당 자율방범대원을 해촉해야 한다.

오답 체크

① 제1조 제2항에 따르면 파출소장이 아니라 경찰서장은 자율방범대장이 추천한 사람을 자율방범대원으로 위촉할 수 있다.

② 제2조 제2항에 따르면 자율방범대원이 제1항 각 호의 자율방범활동을 하는 때에는 자율방범활동 중임을 표시하는 복장을 착용해야 하지만, 제3항에 따르면 경찰과 유사한 복장을 착용해서는 안 된다. 따라서 자율방범대원이 제2조 제1항 제1호의 범죄예방을 위한 순찰을 하는 경우라고 하더라도 경찰과 유사한 복장을 착용해서는 안 된다.

③ 제3조 제1항 제2호에 따르면 자율방범대원은 영리목적으로 자율방범대의 명의를 사용하여서는 안 된다. 그러나 같은 조 제2항의 처벌 규정은 제1항 제3호를 위반한 자에 대한 것이므로 제1항 제2호에 해당하는 행위를 한 경우에는 3년 이하의 징역에 처할 수 없다.

④ 제2조 제2항에 따르면 자율방범대원이 제2조 제1항 제1호의 청소년 선도활동을 하는 경우, 자율방범활동 중임을 표시하는 복장을 착용하고 자율방범대원의 신분을 증명하는 신분증을 소지해야 한다.

08 정답 ①

정답 체크

첫 번째 조문부터 각각 제1조~제3조라고 한다.
제1조 제4항 단서에 따르면 A부장관은 김치산업 전문인력 양성기관이 부정한 방법으로 지정을 받아 제1호에 해당하는 경우에는 지정을 취소하여야 한다.

오답 체크

② 제3조 제2항에 따르면 A부장관은 김치의 품질향상과 국가 간 교역을 촉진하기 위하여 김치의 국제규격화를 지양하는 것이 아니라 추진하여야 한다.

③ 제1조 제2항에 따르면 A부장관은 같은 조 제1항에 따른 전문인력 양성을 위하여 적절한 시설과 인력을 갖춘 기관·단체를 전문인력 양성기관으로 지정·관리할 수 있다. 적절한 시설을 갖추지 못한 대학이라도 전문인력 양성을 위하여 해당 대학을 김치산업 전문인력 양성기관으로 지정할 수 있다고 판단해서는 안 된다.

④ 제2조 제1항에 따르면 국가는 김치종주국의 위상제고, 김치의 연구·전시·체험 등을 위하여 세계 김치연구소를 설립하여야 한다. 국가가 아닌 지방자치단체가 세계 김치연구소를 설립하여야 하는 것으로 판단해서는 안 된다.

09 정답 ②

정답 체크

첫 번째 조문부터 각각 제1조~제3조라고 한다.
제1조 제2항에 따르면 위원장은 상임으로 하고, 제3조 제2항에 따르면 감사도 상임으로 한다. 위원장과 감사 모두 상임으로 한다.

오답 체크

① 제1조 제4항에 따르면 위원의 임기는 3년이고, 제3조 제3항에 따르면 감사의 임기도 3년이다. 감사와 위원의 임기는 같다.

③ 제1조 제3항에 따르면 위원장은 A부장관이 위원 중에서 지명하는 것이 아니라 위원 중에서 호선한다.

④ 제1조 제2항에 따르면 위원회는 위원장 1명을 포함한 9명 이내의 위원으로 구성하므로, 반드시 9명일 필요는 없다. 또한 제3조 제1항에 따른 감사는 위원과 별개이다. 제1조 제3항에서 위원은 관련 단체의 장이 추천하는 사람을 A부장관이 위촉하고 제3조 제2항에서 감사는 A부장관이 임명하므로, 그 선임 방법이 다른 것에서도 위원과 감사가 별개임을 확인할 수 있다.

⑤ 제2조 제2항에 따르면 위원회의 성립은 A부장관의 인가 여부와 관계없는 것이 아니라, A부장관의 인가를 받아 주된 사무소의 소재지에서 설립등기를 함으로써 성립한다.

빠른 문제 풀이 Tip

위원회 소재지 이미 기출문제에서 매우 여러 번 출제된 적 있다. ① 임기, ② 상임, 비상임 여부, ③ 지명 ≠ 호선, ④ 위원회의 구성 등의 함정은 기존 문제에서 사용되었던 함정들이 다시 사용되어 출제된 문제이다.

01	02	03	04	05	06	07	08
②	①	⑤	⑤	⑤	②	②	⑤

1 텍스트형
2 법조문형
3 계산형
4 규칙형
5 경우형
기출 재구성 모의고사
해커스PSAT 7급 PSAT 유형별 기출 200제 상황판단

01
정답 ②

정답 체크
두 번째 조문(위증죄)를 보면, 이 법의 규정에 의하여 선서한 증인·감정인 또는 통역인이 특허심판원에 대하여 허위의 진술·감정 또는 통역을 한 때에는 5년 이하의 징역 또는 1천만 원 이하의 벌금에 처한다. 따라서 丙이 위증죄로 처벌되는 경우 1천만 원의 벌금형을 받을 수 있다.

오답 체크
① 두 번째 조문(위증죄)를 보면, 위증죄는 고소를 필요로 하지 않는다. 따라서 甲의 고소가 없더라도 丙이 위증죄로 처벌될 수 있다. 피해자나 기타 법률이 정한 자의 고소가 있어야 공소를 제기할 수 있는 범죄를 '친고죄'라고 하는데, 지문 중 친고죄는 위증죄가 아니라 특허침해죄이다.
③ 마지막 조문에서 보면, 법인의 대표자나 법인 또는 개인의 대리인, 사용인, 그 밖의 종업원이 그 법인 또는 개인의 업무에 관하여 특허침해죄, 사위행위의 죄의 어느 하나에 해당하는 위반행위를 하면 그 행위자를 벌하는 외에 그 법인에게는 다음 각 호의 어느 하나에 해당하는 벌금형을, 그 개인에게는 해당 조문의 벌금형을 과한다. 즉, 양벌규정이 적용되는 죄는 첫 번째 조문의 특허침해죄와 세 번째 조문의 사위행위의 죄이고, 위증죄는 양벌규정이 적용되지 않는다. 또한 丙은 양벌규정이 적용되는 대상인 乙의 대리인, 사용인, 그 밖의 종업원에도 해당되지 않는다.
④ 첫 번째 조문 제1항에서 보면, 특허권을 침해한 자는 7년 이하의 징역 또는 1억 원 이하의 벌금에 처한다. 또한 마지막 조문에서 보면, 양벌규정이 적용될 때 그 행위자를 벌하는 외에 그 법인에게는 다음 각 호의 어느 하나에 해당하는 벌금형을, 그 개인에게는 해당 조문의 벌금형을 과한다. 戊는 특허를 침해한 행위자이므로, 戊가 특허침해죄로 처벌되는 경우 첫 번째 조문 제1항이 적용되어 벌금형의 상한은 1억 원이다. 3억 원은 양벌규정에서 행위자가 아닌 법인에게 적용되는 벌금의 상한액이다.
⑤ 마지막 조문에서 보면, 법인의 대표자나 법인 또는 개인의 대리인, 사용인, 그 밖의 종업원이 그 법인 또는 개인의 업무에 관하여 특허침해죄, 사위행위의 죄의 어느 하나에 해당하는 위반행위를 하면 양벌규정이 적용된다. 따라서 戊에 대해서 특허침해죄가 성립되지 않는다면 양벌규정이 적용될 수 없고, 회사에게 벌금형을 부과할 수 없다.

02
정답 ①

정답 체크
첫 번째 문단에서 보면, 의원이 법률안을 발의할 때에는 그 법률안에 대하여 법률명의 부제로 발의의원의 성명을 기재한다. <상황>에서 A국 의회 의원 甲은 △△법률안을 의원 10인의 찬성을 얻어 발의하였다. 따라서 △△법률안 법률명의 부제로 의원 甲의 성명을 기재한다.

오답 체크
② 두 번째 문단에서 보면, 법률안이 어느 상임위원회의 소관인지 명백하지 않을 때 의장은 의회운영위원회와 협의하여 정한 소관상임위원회에 회부하되, 협의가 이루어지지 않을 때는 의장이 소관상임위원회를 결정한다.

따라서 △△법률안이 어느 상임위원회 소관인지 명확하지 않을 경우 본회의의 의결로 소관상임위원회를 결정하는 것이 아니라 의회운영위원회와 협의하여 정하거나 의장이 소관상임위원회를 결정한다.
③ 네 번째 문단에서 보면, 발의의원은 찬성의원 전원의 동의를 얻어 자신이 발의한 법률안을 철회할 수 있다. 단, 본회의 또는 소관상임위원회에서 그 법률안이 의제로 된 때에는 발의의원은 본회의 또는 소관상임위원회의 동의를 얻어야 한다. 따라서 의원 甲은 △△법률안이 소관상임위원회의 의제가 되기 전이면, 단독으로 철회할 수 없다.
④ 마지막 문단에서 보면, 본회의에서 번안동의는 법률안을 발의한 의원이 그 법률안을 발의할 때의 발의의원 및 찬성의원 총수의 3분의 2 이상의 동의로 하여야 한다. 이렇게 상정된 법률안을 본회의에서 의결하려면 재적의원 과반수의 출석과 출석의원 3분의 2 이상의 찬성이 필요하다. 따라서 △△법률안이 번안동의로 본회의에 상정되면 재적의원 200명 중 과반수의 출석이 필요하므로 최소 101명의 출석이 필요하고, 출석의원 3분의 2 이상의 찬성이 필요하므로 최소 68명의 찬성이 필요하다. 따라서 의원 60인의 찬성으로는 의결할 수 없다.
⑤ 세 번째 문단에서 보면, 소관상임위원회의 결정이 본회의에 보고된 날부터 7일 내에 의원 30인 이상의 요구가 있을 때는 그 법률안을 본회의에 부의해야 한다. 따라서 소관상임위원회가 △△법률안을 본회의에 부의할 필요가 없다고 결정하더라도 본회의에 부의하기 위해서는 의원 30인 이상의 요구가 있어야 하므로 △△법률안의 찬성의원 10인의 요구만으로는 본회의에 부의할 수 없다.

⏱ 빠른 문제 풀이 Tip
④ 정확히 68명을 구하지 않더라도, 60인은 쉬운 숫자인 100인 기준으로 2/3에도 못미치므로 101명 기준의 2/3에도 미치지 못할 것임을 빠르게 판단을 할 수 있다.

03
정답 ⑤

정답 체크
세 번째 문단에서 보면, 약식절차에 의한 과태료 재판에 불복하고자 하는 당사자 또는 검사는 결정문을 고지받은 날부터 1주일 내에 과태료 재판을 한 법원인 청주지방법원에 이의신청하여야 한다.

오답 체크
① 관할행정청으로부터 과태료 부과처분의 통지를 받은 사람, 즉 당사자가 그 처분을 다투기 위하여 관할행정청에 이의를 제기할 수 있고, 이의제기가 있으면 과태료 처분은 효력을 상실한다. 관할행정청이 당사자의 이의제기 사실을 관할법원에 통보하면, 그 법원은 당사자의 신청 없이 직권으로 과태료를 부과하는 재판을 개시한다. 따라서 과태료 부과처분의 통지를 받은 당사자인 甲이 관할행정청인 乙에 이의를 제기할 수 있는 것이지, 직접 청주지방법원에 과태료 재판을 신청할 수 있는 것은 아니다.

② 첫 번째 문단에서 보면, 관할행정청으로부터 과태료 부과처분의 통지를 받은 사람, 즉 당사자가 그 처분을 다투기 위하여 관할행정청에 이의를 제기하면 과태료 처분은 효력을 상실한다. 따라서 과태료 처분은 효력을 상실하므로 유효하지 않고, 그에 따른 과태료 징수도 할 수 없다.

③ 세 번째 문단에서 보면, 정식절차에 의한 과태료 재판에 불복하고자 하는 당사자 또는 검사는 결정문을 고지받은 날부터 1주일 내에 상급심 법원에 즉시항고하여야 한다. 정식절차에 불복하여 상급심 법원에 즉시항고할 수 있는 주체는 과태료 부과처분의 통지를 받은 사람, 즉 당사자인 甲 또는 검사이다. 乙은 과태료를 부과한다는 통지를 甲에게 한 관할행정청이므로 즉시항고를 할 수 있는 주체에 해당하지 않는다.

④ 두 번째 문단에서 보면, 정식재판절차로 진행하는 경우, 법원은 당사자 진술을 듣고 검사 의견을 구한 다음에 과태료 재판을 한다. 따라서 선택지에서 청주지방법원이 甲의 진술을 듣고 검사 의견을 구한 다음 과태료 재판을 한 경우이므로, 정식재판절차가 진행 중인 상황이다. 정식절차에 의한 과태료 재판에 불복하고자 하는 당사자 또는 검사는 그 재판의 결과, 즉 결정문을 고지받은 날부터 1주일 내에 상급심 법원에 즉시항고하여야 한다. 따라서 검사가 이 재판에 불복하려면 결정문을 고지받은 날부터 1주일 내에 청주지방법원이 아닌 상급심 법원에, 이의신청이 아닌 즉시항고를 해야 한다. 결정문을 고지받은 날부터 1주일 내에 청주지방법원에 이의신청을 하여야 하는 경우는 약식절차에 의한 재판에 불복하는 경우이다.

04

정답 ⑤

정답 체크

지문을 정리하면 다음과 같다.
· 민사소송의 1심은 피고의 주소지를 관할하는 지방법원 또는 그 지원이 재판을 담당한다. 다만 금전지급청구소송은 원고의 주소지를 관할하는 지방법원 또는 그 지원도 재판할 수 있다. 즉, 금전지급청구소송의 경우는 원고 또는 피고의 주소지를 관할하는 지방법원 또는 그 지원이 재판을 담당한다.
· 시·군법원은 지방법원 또는 그 지원이 재판하는 사건 중에서 소송물가액이 3,000만 원 이하인 금전지급청구소송을 전담하여 재판한다. 즉, 이러한 소송의 경우 원고 또는 피고의 주소지를 관할하는 시·군법원이 있으면 지방법원과 그 지원은 재판할 수 없고 시·군법원만이 재판한다.

<상황>을 정리하면 다음과 같다.
· A청구: 소송물가액 3,000만 원의 금전지급청구의 소
· B청구: 소송물가액 1억 원의 고려청자 인도청구의 소
두 소송 모두 甲이 乙에게 소송을 제기하는 것으로 소를 제기한 원고는 甲, 소를 당한 피고는 乙이다.
A청구는 소송물가액 3,000만 원의 금전지급청구의 소이므로, 원고 또는 피고의 주소지를 관할하는 시·군법원이 있으면 지방법원과 그 지원은 재판할 수 없고 시·군법원만이 재판한다. 甲의 주소지는 김포시이고 乙의 주소지는 양산시이므로 김포시를 관할하는 김포시법원과 양산시를 관할하는 양산시법원 두 곳에서만 재판할 수 있다. B청구는 인도청구의 소로 민사소송의 1심은 피고인 乙의 주소지를 관할하는 지방법원 또는 그 지원이 재판을 담당한다. 따라서 乙의 주소지는 양산시를 관할하는 울산지방법원에서만 재판할 수 있다. 인도청구의 소이기 때문에, 피고의 주소지를 관할하는 지방법원과 그 지원이 가능하다.
따라서 울산지방법원은 B청구를 재판할 수 있다.

오답 체크

①, ② A청구는 김포시법원 또는 양산시법원에서 재판할 수 있다.

③, ④ B청구는 울산지방법원에서 재판할 수 있다.

🕐 빠른 문제 풀이 Tip

선택지에서 A청구와 B청구, 두 가지 청구에 대해서 묻고 있다는 점을 활용해서 보다 빠른 해결이 가능하다.

05

정답 ⑤

정답 체크

지문을 정리하면 다음과 같다.
특허권이 부여되기 위해서는 신규성과 선출원주의 두 요건 모두를 충족해야 한다.
[신규성: 발명은 지금까지 세상에 없는 새로운 것, 즉 신규성이 있는 발명이어야 한다.]
· 발명이 신규인지 여부는 특허청에의 특허출원 시점을 기준으로 판단한다.
· 특허출원 전에 발명 내용이 널리 알려진 경우라든지, 반포된 간행물에 게재된 경우에는 특허출원 시점에는 신규성이 상실되었기 때문에 특허권이 부여되지 않는다.
· 발명자가 자발적으로 위와 같은 신규성을 상실시키는 행위를 하고 그날로부터 12개월 이내에 특허를 출원하면, 신규성을 상실시킨 행위를 한 발명자가 득허출원한 경우에만 신규성이 있는 것으로 간주된다.
[선출원주의: 여러 명의 발명자가 독자적인 연구를 하던 중 우연히 동일한 발명을 완성하였다면, 발명의 완성 시기에 관계없이 가장 먼저 특허청에 특허출원한 발명자에게만 특허권이 부여된다.]
· 특허청에 선출원된 어떤 발명이 신규성 상실로 특허권이 부여되지 못한 경우, 동일한 발명에 대한 후출원은 선출원주의로 인해 특허권이 부여되지 않는다.

이를 상황에 대입해 정리하면 다음과 같다.

구분	甲	乙	丙
발명 완성 시점	2020. 3. 1.	2020. 4. 1.	2020. 7. 1.
행위	그 발명 내용을 비밀로 유지	2020. 6. 1. 간행되어 반포된 학술지에 그 발명 내용을 논문으로 게재	A발명을 완성하자마자 바로 당일에 특허출원
특허출원 시점	2020. 9. 2.	2020. 8. 1.	2020. 7. 1.

특허출원 시점을 보면 丙이 가장 먼저 특허를 출원하였다. 그런데 그 전에 乙이 2020. 6. 1. 간행되어 반포된 학술지에 그 발명 내용을 논문으로 게재하였다. 따라서 특허출원 시점인 2020. 7. 1.에는 신규성이 상실되었고, 신규성을 상실시킨 행위를 한 발명자인 乙이 일정한 요건을 갖추어 특허출원한 경우에만 신규성이 있는 것으로 간주되므로, 丙에게는 신규성이 인정되지 못한다. 따라서 丙에게 특허권이 부여되지 않는다.
丙 다음으로 乙이 2020. 8. 1.에 특허출원을 하는데, 이 경우 신규성이 인정될 수 있을지는 모르나, 선출원주의에 의해서 특허청에 선출원된 어떤 발명이 신규성 상실로 특허권이 부여되지 못한 경우, 동일한 발명에 대한 후출원은 선출원주의로 인해 특허권이 부여되지 않는다. 따라서 2020. 8. 1.에 특허출원을 한 乙과 2020. 9. 2.에 특허출원을 한 甲 모두 특허권이 부여되지 않는다.
따라서 특허권이 부여되기 위해서는 신규성과 선출원주의 두 요건 모두를 충족해야 하는데, 甲과 丙은 신규성이 없고, 乙은 후출원이기 때문에 선출원주의의 요건을 갖추지 못해서 甲, 乙, 丙 중 어느 누구도 특허권을 부여받지 못한다.

정답 체크

지문의 내용을 정리해 보면 다음과 같다.

지역개발 신청을 하기 위해서는 두 가지 동의를 모두 받아야 한다.

총 토지면적	토지 소유자 총수
지역개발을 하고자 하는 지역의 총 토지면적의 3분의 2 이상에 해당하는 토지의 소유자의 동의	지역개발을 하고자 하는 지역의 토지의 소유자 총수의 2분의 1 이상의 동의

그리고 지역개발 신청을 하기 위해서 필요한 동의자의 수를 산정하기 위한 4가지 기준이 제시되어 있다.

우선 면적 관련 동의 요건을 충족했는지 보면, X지역에 대한 지역개발 신청에 甲~己 모두 동의하였으므로 이들이 소유한 토지면적의 합계를 구하면 甲은 X지역 총 토지면적(6km²)의 4분의 1을 소유하고 있으므로 1.5km²를 소유하고 있고, 乙은 총 2km²를, 丙, 丁, 戊, 己는 총 1km²를 소유하고 있으므로 이를 모두 더하면 4.5km²가 된다. 따라서 지역개발을 하고자 하는 지역의 총 토지면적 6km²의 3분의 2 이상인 4km² 이상에 해당하는 토지의 소유자의 동의가 필요하다는 조건은 충족한다.

소유자 관련 동의 요건을 충족했는지 보면, 丙, 丁, 戊, 己는 X지역에 토지 1개를 공동소유하고 있으므로 제2항 제2호에 따라 1개의 토지를 여러 명이 공동소유하는 경우에는 다른 공동소유자들을 대표하는 대표 공동소유자 1인만을 해당 토지의 소유자로 본다. 따라서 1명의 소유자만 인정된다. 따라서 甲, 乙, 丙~己 중 대표 공동소유자 1인 총 3인의 동의에 나머지 동의대상자 중 38인의 동의를 얻으면 총 41인의 동의를 받은 셈이므로 소유자 관련 동의 요건도 충족한다.

따라서 X지역에 대한 지역개발 신청에 甲~己 모두 동의한 경우, 나머지 동의대상자 중 38인의 동의를 얻으면 신청할 수 있다.

오답 체크

① 지역개발을 하고자 하는 지역의 토지의 소유자 총수의 2분의 1 이상의 동의를 받아야 한다. <상황>에서 보면 동의자 수 산정 기준에 따라 산정된 X지역 토지의 소유자, 즉 동의대상자는 모두 82인이다. 따라서 이 중 41인 이상의 동의를 받아야 한다. 동의자 수 산정 기준인 제2항 제3호를 보면 1인이 여러 개의 토지를 소유하고 있는 경우에는 소유하는 토지의 수와 무관하게 1인으로 본다. 乙은 X지역에 토지 10개를 소유하고 있지만 동의자 수를 산정할 때는 1인으로 본다. 따라서 乙이 동의대상자 31인의 동의를 얻더라도 총 32인의 동의를 받은 것이기 때문에 지역개발 신청을 위한 X지역 토지의 소유자 총수의 2분의 1 이상의 동의 조건을 갖춘 것이 아니다. 乙이 10개의 토지를 소유하고 있으므로 10인으로 계산하여 10+31=41인의 동의를 받은 것처럼 함정을 판 선택지이다.

③ <상황>에서 보면 X지역은 100개의 토지로 이루어져 있고, 그 중 <상황>을 통해 소유자를 확실히 알 수 있는 토지는 甲이 소유한 토지 2개, 乙이 소유한 토지 10개, 丙~己가 공동으로 소유하고 있는 토지 1개이다. 1개의 토지를 여러 명이 공동소유하는 경우에는 다른 공동소유자들을 대표하는 대표 공동소유자 1인만을 해당 토지의 소유자로 보기 때문에 丙~己가 공동으로 소유하고 있는 토지 1개는 대표 공동소유자 1인만을 소유자로 봐야 하고 따라서 총 13개의 토지를 3명이 소유하고 있는 셈이다. <상황>에서 동의자 수 산정 기준에 따라 산정된 동의대상자가 총 82인이라고 했으므로 100개-13개=87개의 토지를 82인-3인=79인이 소유하고 있는 셈이다. 따라서 甲, 乙 외에도 X지역에 토지 2개 이상을 소유하는 자는 반드시 존재한다.

④ X지역이 100개의 토지로 이루어져 있고, 토지면적 합계가 총 6km²이므로, X지역의 1필의 토지면적은 0.06km²로 모두 동일하다는 것은 단순히 6km²÷100개를 한 결과이다. X지역 1필의 토지면적이 균일하다는 조건은 없으며, 이는 오히려 주어진 <상황>에 위배된다. 제2항 제1호에서 토지는 지적도 상 1필의 토지를 1개의 토지로 하는데, 甲은 X지역에 토지 2개를 소유하고 있고, 해당 토지면적 합계는 X지역 총 토지면적의 4분의 1인 1.5km²이다. 乙은 X지역에 토지 10개를 소유하고 있고, 해당 토지면적 합계는 총 2km²이다. 丙, 丁, 戊, 己는 X지역에 토지 1개를 공동소유하고 있고, 해당 토지면적은 1km²이다. <상황>을 보면 X지역의 1필의 토지면적은 0.06km²로 모두 동일할 수 없다.

⑤ 이는 X지역의 토지면적 합계가 총 6km²인데 甲이 소유한 1.5km², 乙이 소유한 2km², 丙~己가 공동으로 소유한 1km²를 제외한 6km²-(1.5km²+2km²+1km²)=1.5km²를 모두 다 국유지의 면적으로 본 것이다. 甲~己와 국유지 재산관리청을 제외한 동의대상자가 있고, 그들이 소유한 면적도 있어야 하기 때문에, X지역 안에 있는 국유지의 면적이 1.5km²일 수 없다.

정답 체크

제3항에 따르면, 제2항에 따른 통보를 받은 소유자 등은 그 발굴에 대하여 문화재청장에게 의견을 제출할 수 있다. 따라서 丙은 A지역의 점유자로서 '소유자 등'에 해당하고, 의견을 제출할 수 있다.

오답 체크

① 제2항에 따르면, 문화재청장 甲은 제1항에 따라 발굴할 경우 발굴의 목적, 방법, 착수 시기 및 소요 기간 등의 내용을 발굴 착수일인 2021년 3월 15일 기준 2주일 전까지 해당 지역의 소유자, 관리자 또는 점유자(이하 '소유자 등'이라 한다)에게 미리 알려 주어야 한다. 날짜 계산을 정확히 하지 않더라도 3월 29일은 3월 15일 기준 '후'이지 '전'이 아니다.

③ 제7항에 따르면, 문화재청장은 제1항에 따른 발굴 현장에 발굴의 목적, 조사기관, 소요 기간 등의 내용을 알리는 안내판을 설치하여야 한다. 따라서 발굴 현장에 발굴의 목적 등을 알리는 안내판을 설치하여야 하는 주체는 소유자인 乙이 아니라 문화재청장 甲이다.

④ 제3항에 따르면, 제2항에 따른 통보를 받은 소유자 등은 발굴을 거부하거나 방해 또는 기피하여서는 아니 된다. 따라서 A지역의 발굴로 인해 乙에게 손실이 예상되는 경우이더라도 乙은 그 발굴을 거부할 수 없다.

⑤ 제5항에 따르면, 국가는 제1항에 따른 발굴로 손실을 받은 자에게 그 손실을 보상하여야 하고, 제6항에 따를 때 제5항에 따른 손실보상에 관하여는 문화재청장 甲과 손실을 받은 자가 협의하여야 한다. 보상금에 대한 합의가 성립하지 않은 때에는 관할 토지수용위원회에 재결을 신청할 수 있다. 따라서 A지역과 인접한 토지 소유자인 丁이 A지역의 발굴로 인해 손실을 받은 경우, 丁은 먼저 문화재청장 甲과 협의한 후 보상금에 대한 합의가 성립하지 않을 때 관할 토지수용위원회에 재결을 신청할 수 있으므로 보상금에 대해 甲과 협의하지 않고 관할 토지수용위원회에 재결을 신청할 수는 없다.

정답 체크

丁이 丙의 황금색 도자기를 포장하는 종이박스에 허위의 특허출원표시를 한 경우, 丁은 제□□조를 위반한 자로서 제△△조 제1항에 따라 허위표시의 죄로 처벌된다.

오답 체크

① <상황>에 따르면 甲의 잠금장치에 대한 특허는 물건의 특허발명에 해당하므로, 제○○조 제1항 제1호에 따르면 잠금장치에 "특허"라는 문자와 그 특허번호를 표시할 수 있다. 그리고 제□□조에 따르면 특허된 것이 아닌 방법에 특허표시를 하여서는 아니된다. 따라서 甲이 잠금장치에 "특허"가 아니라 "방법특허"라는 문자와 특허번호를 표시한 경우, 허위표시에 해당한다.

② 제○○조 제2항 제2호에 따르면 물건을 생산하는 방법의 특허출원의 경우 그 방법에 따라 생산된 물건에 "방법특허출원(심사중)"이라는 문자와 그 출원번호를 표시할 수 있다. <상황>에 따르면 丙은 황금색 도자기를 생산하는 방법에 대한 특허출원 중이고 물건의 특허출원이 아니다. 따라서 丙이 황금색 도자기의 밑부분에 물건의 특허출원에 해당하는 "특허출원(심사중)"이라는 문자와 출원번호를 표시한 경우, 제□□조의 특허출원 중이 아닌 물건에 특허출원표시를 한 것이므로 허위표시에 해당한다.

③ 제○○조 제1항에 따르면 특허권자는 특허표시를 할 수 있고, 반드시 하여야 하는 것은 아니다. 그리고 제△△조의 허위표시의 죄에 따라 처벌되기 위해서는 제□□조를 위반하여 특허된 것이 아닌 물건 등에 특허표시 또는 특허출원표시를 하거나 이와 혼동하기 쉬운 표시를 하는 행위를 한 경우이다. 따라서 甲이 잠금장치에 특허표시를 하지 않은 경우, 허위표시의 죄로 처벌되지 않는다.

④ 제△△조 제2항에 따르면 법인의 대표자나 법인 또는 개인의 대리인, 사용인, 그 밖의 종업원이 그 법인 또는 개인의 업무에 관하여 제□□조에 해당하는 위반행위를 하면 그 행위자를 벌한다. 甲은 乙을 고용하였으므로 乙은 甲의 사용인 또는 그 밖의 종업원으로 볼 수 있고, 乙은 잠금장치에 허위의 특허표시를 한 행위자이다. 따라서 행위자인 乙은 제□□조를 위반한 자로서 제△△조 제2항에 따라 허위표시의 죄로 처벌된다.

> ⏱ **빠른 문제 풀이 Tip**
>
> 특허발명도 특허출원도 '물건'에 대한 것과 '물건을 생산하는 방법'에 대한 것으로 구분된다. 이를 잘 구분하여 <상황>에 정확하게 적용·응용할 수 있어야 한다.
> 선택지 ④의 양벌규정은 5급 공채 14년 A책형 28번에서 출제된 바 있으므로, 기존의 기출분석을 통해 미리 준비되어 있었어야 한다.

01	02	03	04	05	06	07			
①	①	⑤	①	①	⑤	⑤			

01

정답 ①

정답 체크

<납부금 징수비율>에 따라 납부금을 계산해 보면 다음과 같다.

· 연간 총매출액이 10억 원 이하인 경우: 甲
  총매출액의 100분의 1 = 10억 원×1% = 1천만 원

· 연간 총매출액이 10억 원을 초과하고 100억 원 이하인 경우: 乙
  1천만 원 + (총매출액 중 10억 원을 초과하는 금액의 100분의 5)
  = 1천만 원+(80억 원×5%) = 4억 1천만 원

· 연간 총매출액이 100억 원을 초과하는 경우: 丙
  4억 6천만 원 + (총매출액 중 100억 원을 초과하는 금액의 100분의 10)
  = 4억 6천만 원+(100억 원×10%) = 14억 6천만 원

<보기> 내용을 정리하면 다음과 같다.

구분	연간 총매출액	납부금	기한 내 납부금액	체납금액
甲	10억 원	1천만 원	0원	1천만 원
乙	90억 원	4억 1천만 원	4억 원	1천만 원
丙	200억 원	14억 6천만 원	14억 원	6천만 원

납부기한까지 납부금을 내지 않으면, 체납된 납부금에 대해서 100분의 3(=3%)에 해당하는 가산금이 1회에 한하여 부과되므로, 甲, 乙의 가산금은 1천만 원×3% = 30만 원, 丙의 가산금은 6천만 원×3% = 180만 원이다. 따라서 A는 30, B는 30, C는 180이다.

⏱ 빠른 문제 풀이 Tip

<납부금 징수비율>에 따라 연간 총매출액이 10억 원일 때 납부금은 1천만 원이고, 연간 총매출액이 100억 원일 때 납부금은 4억 6천만 원이다.

02

정답 ①

정답 체크

세 번째 조문에서 보면, '과세표준=(납세의무자별로 주택의 공시가격을 합산한 금액-10억 원)'이고, 마지막 조문에서 보면, '종합부동산세=과세표준×과세표준별 세율'이다. 각각 단독세대주인 갑(공시가격 25억 원 주택소유)과 을(공시가격 30억 원 주택소유)이 만약 혼인하지 않았다면 갑과 을이 각각 납부하였을 2008년 종합부동산세액의 합계를 구하면 갑의 종합부동산세는 (25억 원-10억 원)×2% = 3천만 원이고, 을의 종합부동산세는 (30억 원-10억 원)×2% = 4천만 원이다. 마지막 조문 제2항 제1호에 따라서 2008년의 주택분 종합부동산세는 세액의 70%만 납부하므로 갑은 2천 1백만 원, 을은 2천 8백만 원을 납부하여 총 4천 9백만 원을 납부하였을 것이다. 혼인 후 납부하는 세액은 갑과 을의 종합부동산세= (25억 원+30억 원-10억 원)×2% = 45억 원×2% = 9천만 원이다. 마찬가지로 마지막 조문 제2항 제1호에 따라 2008년의 주택분 종합부동산세는 세액의 70%만 납부하므로 6천 3백만 원을 납부하였을 것이다. 따라서 세액이 동일하지 않다.

오답 체크

② 2008년 12월 31일 현재 A의 세대별 주택공시가격의 합산액이 15억 원일 경우 재산변동이 없다면 과세표준은 15억 원에서 10억 원을 공제한 5억 원이고, 5억 원에 적용되는 세율은 1천분의 10(=1%)이다. 2008년 12월 31일 기준 다음 해의 종합부동산세액은 2009년의 종합부동산세액을 구하는 것이고, 마지막 조문 제2항에서 연도별 적용비율을 확인하면 100분의 80이다. 이를 종합하여 계산하면 다음 해, 즉 2009년의 종합부동산세액은 (15억 원-10억 원)×1%×80% = 400만 원이다.

③ 첫 번째 조문에서 보면, 종합부동산세의 과세기준일이 재산세의 과세기준일인 6월 1일이므로, 종합부동산세를 줄이기 위해 주택을 처분하기로 결정하였다면, 당해 연도 6월 1일 이전에 처분하는 것이 유리하다.

④ 마지막 조문 제2항에서 보면 2008년부터 2010년까지의 적용비율이 70%, 80%, 90% 순으로 점차적으로 상승하고 있다. 이는 적용비율을 점차적으로 상승시킴으로써 시행 초기에 나타날 수 있는 조세저항을 줄이려고 함을 추론할 수 있다.

⑤ 두 번째 조문과 세 번째 조문을 보면 개인의 경우 세대별로 합산한 금액이 10억 원을 초과하는 자가 종합부동산세를 납부할 의무가 있는 납세의무자가 되고, 납세의무자가 되었을 때의 주택에 대한 종합부동산세의 과세표준은 납세의무자별로 주택의 공시가격을 합산한 금액에서 10억 원을 공제한 금액으로 한다. 따라서 종합부동산세를 줄이기 위해 기혼 무주택 자녀에게 주택을 증여하면 합산하는 금액도 줄고 과세표준에서 10억 원을 여러 번 공제받을 수 있게 된다. 선택지 ①에서의 상황도 과세표준에서 10억 원이 몇 번 공제되는가에 따라 유불리의 상황을 본 것이고, 또 다른 예로 각각 9억 원, 8억 원인 주택 두 채를 소유한 사람이 기혼 무주택 자녀에게 주택을 증여하기 전에는 17억 원에서 10억 원을 공제한 7억 원이 과세표준이 되지만, 자녀에게 두 채 중 한 채를 증여하는 경우 두 채 모두 종합부동산세의 과세대상이 아니게 된다. 따라서 종합부동산세를 줄이기 위해 기혼 무주택 자녀에게 주택을 증여하여 재산을 분할하는 일이 증가할 수 있다.

⏱ 빠른 문제 풀이 Tip

① 상대적인 비교는 차이 나는 부분으로만 판단하는 것이 가장 빠르다. 갑과 을이 혼인하지 않은 상황과 혼인한 상황에서 차이가 생기는 과세표준만 비교해 보면 정확한 세액까지 구하지 않더라도 정오판단이 가능하다.

03

정답 ⑤

정답 체크

<상황>을 반영하여 증권거래세를 계산해 보면 다음과 같다.
'세액=과세표준×세율'인데 세 번째 조문에 따르면, 주권을 양도하는 경우에 증권거래세의 과세표준은 그 주권의 양도가액(주당 양도금액에 양도 주권수를 곱한 금액)이다. 세율은 X증권시장에서 양도한 A회사와 Y증권시장에서 양도한 B회사의 주권에 대하여는 마지막 조문에 따라 탄력세율이 적용되고, X 및 Y증권시장을 통하지 않고 양도한 C회사의 주권에 대해서는 네 번째 조문에 따른 세율이 적용된다.

1 텍스트형

2 법조문형

3 계산형

4 규칙형

5 경우형

기출 재구성 모의고사

해커스PSAT 7급 PSAT 유형별 기출 200제 상황판단

구분	과세표준(양도가액)	증권거래세액
A회사	100주 × 30,000원/주	과세표준 × $\frac{1.5}{1,000}$ = 4,500원
B회사	200주 × 10,000원/주	과세표준 × $\frac{3}{1,000}$ = 6,000원
C회사	200주 × 50,000원/주	과세표준 × $\frac{5}{1,000}$ = 50,000원

기존에 C회사의 주권 200주를 X 및 Y증권시장을 통하지 않고 주당 50,000원에 양도한 경우에는 위 표에서 계산한 바와 같이 증권거래세액이 5만 원이다. 만약 甲이 乙을 통해 Y증권시장에서 C회사의 주권 200주 전량을 주당 50,000원에 양도할 수 있다면 증권거래세액은 200주 × 50,000원/주 × $\frac{3}{1,000}$ = 30,000원이므로, 5만 원에서 3만 원으로 2만 원 감소한다.

오답 체크

① 두 번째 조문을 보면, 주권을 양도하는 자는 납세의무를 진다. 다만 금융투자업자를 통하여 주권을 양도하는 경우에는 해당 금융투자업자가 증권거래세를 납부하여야 한다. 투자자 甲은 금융투자업자 乙을 통해 <상황>의 3건의 주권을 양도하였으므로, 단서에 의해 납세의무자는 금융투자업자인 乙이다.

② 위 표에 따르면 납부되어야 할 증권기래세액의 총합은 60,500원으로 6만 원 이상이다.

③ 네 번째 조문 및 다섯 번째 조문을 보면, X증권시장에서 양도한 A회사와 Y증권시장에서 양도한 B회사의 주권에 대하여는 탄력세율이 적용되지만, X 또는 Y증권시장을 통하지 않고 양도한 C회사에 대해서는 탄력세율이 적용되는 것이 아니라 네 번째 조문에 따른 세율이 적용된다.

④ 세 번째 조문을 보면, 주권을 양도하는 경우에 증권거래세의 과세표준은 그 주권의 양도가액 즉, 주당 양도금액에 양도 주권수를 곱한 금액이다. 위 표에서도 검토한 바와 같이 A회사 주권 양도에 따른 증권거래세 과세표준은 주권의 양도가액인 300만 원이다.

04
정답 ①

정답 체크

ㄱ. 탄핵소추는 제1항 제2호 및 제3호에 규정되어 있다. 그런데 동조 제2항에 따르면 제1항 제2호의 국무총리·국무위원·행정각부의 장·헌법재판소재판관·법관에 대한 탄핵소추는 재적의원 과반수의 찬성으로 의결하는 반면, 동조 제3항에 따르면 제1항 제3호의 대통령에 대한 탄핵소추는 재적의원 3분의 2 이상의 찬성으로 의결한다. 따라서 탄핵소추의 대상에 따라 탄핵소추를 의결하는 데 필요한 정족수가 다르다.

ㄴ. 제1항 제1호에 따를 때 국무위원의 '해임 건의'는 가능하지만 직접 국무위원을 '해임'시킬 수는 없다. 해임을 건의할 수 있는 것과 직접 해임을 할 수 있는 것은 다르다. 따라서 의회 재적의원 과반수의 찬성이 있더라도 의회는 해임 건의만 할 수 있을 뿐 직접 국무위원을 해임시킬 수 없다.

오답 체크

ㄷ. 제1항에서 보면, 의회는 기본적으로 재적의원 과반수의 출석과 출석의원 과반수의 찬성으로 안건을 의결한다. 그리고 제1호~제6호의 사유에 따라 의회의 의결정족수는 세 가지 경우로 나뉜다. 그중 대통령이 재의를 요구한 법률안을 의회가 재의결하는 데 필요한 의결정족수는 제1항 제6호 및 제4항에 따를 때, 재적의원 과반수의 출석과 출석의원 3분의 2 이상의 찬성으로 의결한다. 그러나 제1항 제3호 또는 제5호에 해당하는 경우에는 제3항에 따라 재적의원 3분의 2 이상의 찬성으로 의결하므로, 이 경우에 필요한 의결정족수가 더 크다.

ㄹ. 헌법개정안은 제1항 제4호에 해당하고, 제3항에 따르면 재적의원 3분의 2 이상의 찬성으로 의결한다.

05
정답 ①

정답 체크

지문을 <상황>에 적용해 보면 다음과 같다.
- A지방자치단체의 지방의회 최초 재적의원은 111명이다. 그중 2명은 사망하였고, 3명은 선거법 위반으로 구속되어 재판이 진행 중이며, 2명은 의회에서 제명되어 현재 총 104명이 의정활동을 하고 있다.
  - → 각주에 따라, 지방의회의원 중 사망한 자(2명), 제명된 자(2명), 확정판결로 의원직을 상실한 자는 재적의원에 포함되지 않으므로, 재적의원은 107명이 된다. 선거법 위반으로 구속되어 재판이 진행 중인 3명은 확정판결로 의원직을 상실한 자가 아니기 때문에 재적의원에 포함된다.
- A지방자치단체 ○○조례 제정안이 상정되었다.
  - → 마지막 조문에 따르면 지방의회는 다음 사항을 의결한다.
    - 조례의 제정·개정 및 폐지
    - 예산의 심의·확정
  따라서 조례 제정안은 A지방자치단체의 지방의회에서 의결할 수 있다.
- A지방자치단체의 지방의회는 의장을 포함한 53명이 출석하여 개의하였다.
  - → 의사정족수를 보면, 지방의회는 재적의원 3분의 1 이상의 출석으로 개의한다. 의결정족수를 보면, 의결사항은 재적의원 과반수의 출석과 출석의원 과반수의 찬성으로 의결한다. 재적의원인 107명의 과반수인 54명의 출석과 출석의원 과반수의 찬성으로 의결할 수 있는데, A지방자치단체의 지방의회는 의장을 포함한 53명이 출석하였기 때문에, 재적의원의 과반수인 54명의 출석 요건을 충족시키지 못하였으므로 의결할 수 없다.

정답 체크

제1항에 따라 해당 연도에 계상되는 여성추천보조금 예산을 구하면 (직전 실시한 임기만료에 의한 국회의원선거의 선거권자 총수)×100원=4,000만 ×100원=40억 원이고, 제2항에 따라 여성추천보조금 총액을 구하면 40억 원×100분의 50=20억 원이다.

<상황>에서 보면 여성후보자를 전국지역구총수인 200개 기준 100분의 30 이상 추천한 정당이 없으므로, 제2호가 적용된다. 2011년 지역구국회의원선거에서 여성후보자를 50명 추천한 A정당과 30명 추천한 B정당에는 제2항 제2호 가목이 적용되고, 20명을 추천한 C정당에는 제2항 제2호 나목이 적용된다.

· A정당, B정당

총액의 100분의 50은	지급 당시 정당별 국회의석수의 비율만큼		
20억 × 50% = 10억 원	A정당	50%	5억 원
	B정당	40%	4억 원
총액의 100분의 50은	직전 실시한 임기만료에 의한 국회의원 선거에서의 득표수의 비율만큼		배분 · 지급한다.
20억 × 50% = 10억 원	A정당	40%	4억 원
	B정당	40%	4억 원

따라서 A정당은 총 9억 원, B정당은 총 8억 원을 지급받는다.

· C정당

총액의 100분의 30은	지급 당시 정당별 국회의석수의 비율만큼		
20억 × 30% = 6억 원	C정당	10%	6천만 원
총액의 100분의 30은	직전 실시한 임기만료에 의한 국회의원 선거에서의 득표수의 비율만큼		배분 · 지급한다.
20억 × 30% = 6억 원	C정당	20%	1억 2천만 원

이 경우 하나의 정당에 배분되는 여성추천보조금은 '가목'에 의하여 각 정당에 배분되는 여성추천보조금 중 최소액인 8억 원을 초과할 수 없는데, C정당에 배분되는 여성추천보조금 1억 8천만 원이므로 단서 조건에 해당하지 않는다. 따라서 C정당은 총 1억 8천만 원을 지급받는다.

정답 체크

지문의 국고보조금 총액을 계산하는 방법을 정리해 보면 다음과 같다.

· 제4항에 따르면 국가보조금은 제1항의 규정에 의한 보조금인 '경상보조금'과 제2항의 규정에 의한 보조금인 '선거보조금'으로 구성된다.
국가보조금 = 경상보조금 + 선거보조금

· 경상보조금(제1항): 정당에 대한 보조금으로, 다음 공식에 따라 계산한 금액을 매년 예산에 계상하여야 한다.
(최근 실시한 임기만료에 의한 국회의원선거의 선거권자 총수)×(보조금 계상단가)

· 선거보조금(제2항): 대통령선거, 임기만료에 의한 국회의원선거 또는 동시지방선거가 있는 연도에 지급되는 보조금으로, 다음 공식에 따라 계산한 금액을 매년 예산에 계상하여야 한다. 단, 각 선거(동시지방선거는 하나의 선거로 본다)마다 보조금 계상단가를 추가한다.
(최근 실시한 임기만료에 의한 국회의원선거의 선거권자 총수)×(보조금 계상단가)

· 보조금 계상단가(제3항): 전년도 보조금 계상단가에 전전년도와 대비한 전년도 전국소비자물가 변동률을 적용하여 산정한 금액을 증감한 금액으로 한다.

이를 주어진 <상황>에 적용하면 다음과 같다.

· 보조금 계상단가: <상황>에서 보면, 2015년 정당에 지급된 국고보조금의 보조금 계상단가는 1,000원이고, 전국소비자물가 변동률을 적용하여 산정한 보조금 계상단가는 전년 대비 매년 30원씩 증가하였으므로 2016년의 보조금 계상단가는 1,030원이다.

· 경상보조금: 3,000만 명×1,030원=309억 원
제4항에서 보면, 경상보조금은 매년 분기별로 균등분할하여 정당에 지급하므로 2016년에 309억 원이 정당에 지급된다.

· 선거보조금: 2016년에는 5월에 대통령선거, 8월에 임기만료에 의한 동시지방선거가 있다. 즉, 선거가 2번 있으므로 보조금 계상단가도 2번 있기 때문에 1,030원의 보조금 계상단가가 2번 적용된다.
=3,000만 명×(1,030원+1,030원)=618억 원
선거보조금은 당해 선거의 후보자등록마감일 후 2일 이내에 정당에 지급하는데, <상황>에서 보면 각 선거의 한 달 전에 후보자등록을 마감하므로 2016년에 618억 원이 정당에 지급된다.

· <상황>에 따르면 2017년에는 대통령선거, 임기만료에 의한 국회의원선거 또는 동시지방선거가 없으므로, 2017년의 선거와 관련해서 2016년에 정당에 국고보조금이 지급되는 경우는 없다.

따라서 2016년의 국고보조금 총액은 309억 원+618억 원=927억 원이다.

1 탐스토형

2 법조문형

3 계산형

4 규칙형

5 경우형

기출 재구성 모의고사

해커스PSAT 7급 PSAT 유형별 기출 200제 상황판단

01	02								
④	①								

01
정답 ④

정답 체크

기초생활수급자 선정기준을 정리해 보면 다음과 같다.
- 부양의무자가 없는 자
- 부양의무자가 있어도 부양능력이 없거나 또는 부양을 받을 수 없는 자
- 소득인정액이 최저생계비 이하인 자

이때 부양의무자의 범위에 대해서는 '라.'에서 설명하고 있다. 소득인정액이 최저생계비 이하인 자는 '소득인정액 ≤ 최저생계비'여야 하는데 소득인정액은 '나.'에서, 최저생계비는 '다.'에서 설명하고 있다. 선택지 ④의 경우, D는 부양의무자의 범위에 포함되는 며느리와 함께 살고 있으므로, 위 기초생활수급자 선정기준 중 첫 번째와 두 번째 기준을 충족하지 못해 기초생활수급자로 선정될 수 없다.

오답 체크

위에서 파악한 기준 및 방법을 각 선택지에 적용해 보면 다음과 같다.

구분	최저생계비		소득인정액
①	3인가구이므로 94만 원	>	=100(수입)-20(지출)+12(소득환산액) =92만 원
	따라서 A는 선정된다.		
②	1인가구[1]이므로 42만 원	>	=36(소득환산액)-30(지출) =6만 원
	따라서 B는 선정된다.		
③	3인가구이므로 94만 원	>	=80(수입)-22(수업료)+24(소득환산액) =82만 원
	따라서 C는 선정된다.		
⑤	2인가구[2]이므로 70만 원	>	=60(수입)-30(수업료)+36(소득환산액) =66만 원
	따라서 E는 선정된다.		

1) 조카는 부양의무자 범위에 포함되지 않는다.
2) 고등학생 딸과 함께 2인가구이다. 군대 간 아들 둘은 부양의무자가 병역법에 의해 징집·소집되어 실질적으로 부양을 할 수 없는 경우에 해당하여 부양능력 있는 부양의무자가 있어도 부양을 받을 수 없는 경우이다.

> ⏱ **빠른 문제 풀이 Tip**
> 해결하기에 쉬운 조건부터 처리하면 복잡한 계산 없이 문제를 해결할 수 있다.

02
정답 ①

정답 체크

ㄱ. 네 번째 네모 '과업의 일반조건'에서 두 번째 동그라미를 보면, 연구진은 용역완료(납품) 후에라도 발주기관이 연구결과와 관련된 자료를 요청할 경우에는 관련 자료를 성실히 제출하여야 한다. 따라서 발주기관은 연구용역이 완료된 후에도 연구결과와 관련된 자료를 요청할 수 있다.

ㄴ. 첫 번째 네모 '과업수행 전체회의 및 보고'에서 보면, 착수보고는 계약일로부터 10일 이내에 1회, 중간보고는 계약기간 중 2회, 최종보고는 계약만료 7일 전까지 1회를 해야 한다. 이 외에도 연구 수행상황 보고 요청 시, 긴급을 요하거나 특이사항 발생 시 등에 해야 하는 수시보고가 있지만, 최소 보고 횟수를 구하는 경우에 수시보고는 없다고 가정한다. 따라서 보고 횟수는 최소 4회이다.
전체회의는 착수보고 전, 각 중간보고 전, 최종보고 전에 해야 한다. 앞서 살펴본 바와 같이 착수보고 1회, 중간보고 2회, 최종보고 1회, 총 최소 4회의 보고를 해야 하므로 전체회의 횟수도 최소 4회이다. 따라서 과업수행을 위한 전체회의 및 보고 횟수는 최소 8회이다.

오답 체크

ㄷ. 세 번째 네모 '연구진 구성 및 관리'를 보면, 연구진은 책임연구원, 공동연구원, 연구보조원으로 구성되고, 기본적으로 연구 수행기간 중 연구진은 구성원을 임의로 교체할 수 없다. 단, 부득이한 경우 사전에 변동사유와 교체될 구성원의 경력 등에 관한 서류를 발주기관에 제출하여 승인을 받은 후 교체할 수 있다. 따라서 연구진은 연구 수행기간 중 책임연구원과 공동연구원을 변경할 수 없는 것은 물론이고, 연구진에 포함되는 연구보조원 역시도 임의로 교체할 수 없다.

ㄹ. 네 번째 네모 '과업의 일반조건' 중 첫 번째 동그라미를 보면, 연구진은 연구과제의 시작부터 종료(최종보고서 제출)까지 과업과 관련된 제반 비용의 지출행위에 대해 책임을 지고 과업을 진행해야 한다. 따라서 중간보고서의 경우 그 출력과 제본 비용의 지출행위에 대해 발주기관이 아닌 연구진이 책임을 진다.

> ⏱ **빠른 문제 풀이 Tip**
> 규정을 전반적으로 다 읽고 해결하는 것보다는, 각 <보기>에 대응되는 문제 해결에 필요한 규정 위주로 확인하면 보다 빠른 문제 해결이 가능하다.

01	02	03	04						
①	⑤	③	⑤						

01

정답 ①

정답 체크

ㄱ. X학자금 대출의 신청대상 조건을 검토해 보면 다음과 같다.

구분		X학자금 대출	대학생 甲
신청 대상	신청 연령	35세 이하	34세
	성적 기준	직전 학기 12학점 이상 이수 및 평균 C학점 이상 (단, 장애인, 졸업학년인 경우 이수학점 기준 면제)	직전 학기에 14학점 이수 및 평균 B학점
	가구소득 기준	소득 1~8분위	소득 7분위
	신용 요건	제한 없음	-

따라서 모든 기준을 충족하므로 대학생 甲은 X학자금 대출을 받을 수 있다.

ㄴ. X학자금 대출의 대출한도는 등록금이 학기당 등록금 소요액 전액, 생활비가 학기당 150만 원이다. 따라서 X학자금 대출 대상이 된 乙의 한 학기 등록금이 300만 원일 때, 학기당 등록금 소요액 전액인 300만 원과 학기당 150만 원의 생활비를 합하여 한 학기당 총 450만 원을 대출받을 수 있다.

오답 체크

ㄷ. Y학자금 대출 신청대상의 신용 요건을 보면 금융채무불이행자나 저신용자는 대출이 불가하다. 따라서 대학원생 丙(장애인)의 신용 요건에 따라 금융채무불이행자나 저신용자인 경우에 대출이 불가하다.

ㄹ. 각 장학금의 상환사항을 보면, X학자금 대출의 경우는 연 □천만 원의 기준소득을 초과하는 소득이 발생되기 이전에는 상환이 유예되고, 기준소득을 초과하는 소득 발생 이후부터 기준소득 초과분의 20%가 원천 징수된다. 따라서 졸업 후 기준소득을 초과하는 소득이 발생하기 이전까지는 상환이 유예된다.

반면, Y학자금 대출의 경우는 원금균등분할상환과 원리금균등분할상환 중 선택하여 졸업 직후 매월 상환해야 한다. 따라서 대출금액이 동일하고 졸업 후 소득이 발생하지 않았다면, X학자금 대출의 경우는 기준소득을 초과하는 소득이 발생되기 이전으로 상환이 유예되어 매월 상환금액은 0원이지만, Y학자금 대출의 경우는 일정 액수의 상환금액이 발생한다. 따라서 두 장학금 대출의 매월 상환금액은 다르다.

🕐 빠른 문제 풀이 Tip

'~에 관계없이'라는 표현은 유의해서 보아야 하는 표현이다.

02

정답 ⑤

정답 체크

에너지이용권을 지급받을 수 있는지 판단하려면 가장 먼저 신청대상에 해당하는지를 검토해야 한다. 에너지이용권의 신청대상은 다음의 요건을 모두 갖추어야 한다.

· 생계급여 또는 의료급여 수급자
· 다음 각 호의 어느 하나에 해당하는 사람을 포함한 가구의 가구원
  - 1954. 12. 31. 이전 출생자
  - 2002. 1. 1. 이후 출생자
  - 등록된 장애인(1~6급)

ㄴ. 乙은 2005. 1. 1. 출생하였고 의료급여 수급자이므로, 신청대상의 요건을 모두 충족한다. 신청방법을 보면 수급자 본인 또는 가족이 신청해야 하지만, 담당공무원이 대리 신청도 가능하다. 따라서 담당공무원인 丁이 乙을 대리하여 신청 서류를 모두 제출하였다면 신청서류 및 신청방법도 문제되지 않는다. 乙은 4인 가구이므로 월별 지원금액은 114,000원이다. 아파트 거주자라면 관리비가 통합고지서로 발부되기 때문에 지원형태로 실물카드를 신청할 수 없으나, 단독 주택 거주자이므로 실물카드 형태로 에너지이용권을 지급받을 수 있다.

ㄷ. 丙은 1949. 3. 22. 출생하였고 생계급여 수급자이므로, 신청대상의 요건을 모두 충족한다. 2인 가구이므로 월별 지원금액은 102,000원이다. 아파트 거주자이므로 관리비가 통합고지서로 발부되기 때문에 지원형태로 실물카드를 신청할 수 없고, 가상카드로 선택해야 한다. 가상카드를 선택 시 전기·도시가스·지역난방 중 택일할 수 있으므로 도시가스를 선택할 수 있고, 매월 요금이 자동 차감될 것이다. 단, 발급일로부터 1개월의 사용기간 만료 시 잔액이 발생하면 전기요금이 차감된다.

오답 체크

ㄱ. 가장 먼저 甲이 신청대상에 해당하는지를 확인하여야 한다. 그런데 甲은 <상황>에 따르면 실업급여 수급자이기 때문에 신청대상 요건 중 생계급여 또는 의료급여 수급자여야 한다는 요건을 갖추지 못한다. 따라서 甲은 신청대상에 포함되지 않기 때문에 에너지이용권을 지급받을 수 없다.

03

정답 ③

정답 체크

ㄱ. 동산에 관한 소유권의 이전(양도)은 그 동산을 인도하여야 하는데, 각주에 따르면 물건에 대한 점유의 이전, 즉 사실상 지배의 이전을 하여야 효력이 생긴다. 따라서 乙이 甲소유의 동산을 증여받아 소유하기 위해서는 원칙적으로 甲이 乙에게 그 동산에 대한 사실상 지배를 이전하여야 한다.

ㄹ. 셋째에 해당한다. 제3자가 점유하고 있는 동산에 관한 소유권을 이전하는 경우에는 양도인이 그 제3자에 대한 반환청구권을 양수인에게 양도함으로써 동산을 인도한 것으로 본다. 따라서 甲이 乙에게 맡겨 둔 자신의 동산을 丙에게 현실적으로 인도하지 않더라도 甲이 乙에 대한 반환청구권을 丙에게 양도함으로써 동산을 인도한 것으로 보기 때문에, 소유권을 丙에게 이전할 수 있다.

1 텍스트형

2 법조문형

3 계산형

4 규칙형

5 경우형

기출 재구성 모의고사

해커스PSAT 7급 PSAT 유형별 기출 200제 상황판단

ㄴ. 첫째에 해당한다. 양수인이 이미 동산을 점유한 때에는 당사자 사이에 의사표시의 합치만 있으면 그 효력이 생긴다. 乙이 甲소유의 동산을 빌려서 사용하고 있는 경우는 이미 동산을 점유하고 있는 경우이므로 甲과 乙 사이에 그 동산에 대한 매매를 합의하면, 즉 당사자 사이에 의사표시의 합치만 있으면 그 효력이 생긴다. 따라서 甲이 현실적으로 인도하지 않더라도 乙이 동산의 소유권을 취득할 수 있다.

ㄷ. 둘째에 해당한다. 당사자 사이의 계약으로 양도인이 그 동산을 계속 점유하기로 한 때에는 양수인이 인도받은 것으로 본다. 따라서 甲이 자신의 동산을 乙에게 양도하기로 하면서 乙과의 계약으로 자신이 그 동산을 계속 점유한 때에는 양수인인 乙이 인도받은 것으로 보기 때문에, 乙이 그 동산의 소유권을 취득할 수 있다.

04 정답 ⑤

정답 체크

세 번째 문단에서 보면, 감치결정이 있으면 법원공무원 또는 국가경찰공무원이 증인을 교도소, 구치소, 경찰서 유치장에 유치함으로써 이를 집행한다. 따라서 감치결정을 받은 증인 戊에 대하여, 법원공무원은 그를 경찰서 유치장에 유치할 수 있다.

오답 체크

① 네 번째 문단에서 보면, 법원은 정당한 사유 없이 출석하지 아니한 증인을 구인하도록 명할 수 있고, 구인을 하기 위해서는 법원에 의한 구속영장 발부가 필요하다. 따라서 증인 甲이 정당한 사유 없이 출석하지 아니한 경우, 법원은 구속영장을 발부하여 증인을 구인할 수 있다.

② 두 번째 문단에서 보면, 법원은 과태료결정을 한 이후 증인의 증언이나 이의 등에 따라 그 결정 자체를 취소하거나 과태료를 감할 수 있다. 따라서 과태료결정을 받은 증인 乙이 증인신문기일에 출석하여 증언한 경우, 법원은 과태료결정을 취소할 수 있다.

③ 마지막 문단에서 보면, 증인을 구인하면 법원에 그를 인치하며, 인치한 때부터 24시간 내에 석방하여야 한다. 따라서 증인 丙을 구인한 경우, 법원은 증인신문을 마치지 못하더라도 인치한 때부터 24시간 이내에 그를 석방하여야 한다.

④ 세 번째 문단에서 보면, 증인이 감치의 집행 중에 증언을 한 때에는 법원은 바로 감치결정을 취소하고 그 증인을 석방하여야 한다. 따라서 7일의 감치결정을 받고 교도소에 유치 중인 증인 丁이 그 유치 후 3일이 지난 때에, 즉 감치의 집행 중에 증언을 했다면, 법원은 그를 석방하여야 한다.

> ⏱ **빠른 문제 풀이 Tip**
> 지문을 전반적으로 다 읽고 해결하는 것보다는, 각 선택지에 대응되는 문제 해결에 필요한 부분 위주로 확인하면 보다 빠른 문제 해결이 가능하다.

3 계산형

유형 12 | 정확한 계산형

p.111

01	02	03	04	05	06	07	08	09	10
①	③	④	④	④	①	④	①	①	②

11	12	13	14	15	16				
④	④	②	④	①	②				

01

정답 ①

정답 체크

문제에서 요구하는 풀이 단계는 다음과 같다.

평가지표별 순위 확인 → 순위에 따른 점수 부여 → 점수의 합이 큰 기업 순으로 평가순위 부여 → 평가순위에 따른 지원금액 확인 → 지원한도 등 예외 조건 검토

이에 따라 순위와 점수를 구분한다.

구분		A		B		C		D	
		순위	점수	순위	점수	순위	점수	순위	점수
평가지표	경상이익률(%)	5	1	4	2	3	2	1.5	4	1	3	2	3
	영업이익률(%)	5	1	4	1	4	1	2	2	3	1.5	3	2
	부채비율(%)	500	4	1	350	2	3	450	3	2	300	1	4
	매출액증가율(%)	8	4	1	10	2	3	9	3	2	11	1	4
합			10		9		8		13

점수의 합이 큰 D기업(13점) – A기업(10점) – B기업(9점) – C기업(8점) 순으로 평가순위를 부여한다.

· 지원한도

(1) 평가순위 1위 D기업에는 2,000억 원, 2위 A기업에는 1,500억 원, 3위 B기업에는 1,000억 원, 4위 C기업에는 500억 원까지 지원할 수 있다.

(2) 각 기업에 대한 지원한도는 순자산의 2/3로 제한된다.

구분	A	B	C	D
순자산(억 원)	2,100	600	900	3,000
지원한도(순자산의 2/3)	1,400	400	600	2,000

다만, 평가순위가 3위인 B기업과 4위인 C기업 중 부채비율이 400% 이상인 기업에는 순자산의 1/2만큼만 지원할 수 있다. B기업은 부채비율이 350%이지만, C기업은 부채비율이 450%이므로 이 조건의 적용을 받는다. 이에 따라 C기업에는 순자산 900억 원의 1/2만큼인 450억 원까지만 지원할 수 있다.

· 지원요구금액이 지원한도보다 적은 경우에는 지원요구금액만큼만 배정한다.

구분	A	B	C	D
순자산(억 원)	2,100	600	900	3,000
지원한도(억 원)	1,400	400	450	2,000
지원요구금액(억 원)	2,000	500	1,000	1,800

D는 2,000억 원까지 지원이 가능하지만 지원요구금액인 1,800억 원이 지원한도인 2,000억 원보다 적은 경우이므로 지원요구금액만큼인 1,800억 원을 배정한다.

따라서 A기업은 1,400억 원, B기업은 400억 원, C기업은 450억 원, D기업은 1,800억 원이다.

⏱ 빠른 문제 풀이 Tip

· 문제에서 요구하는 풀이 단계 '① 평가지표별 순위 확인 → ② 순위에 따른 점수 부여 → ③ 점수의 합이 큰 기업 순으로 평가순위 부여 → ④ 평가순위에 따른 지원금액 확인 → ⑤ 지원한도 등 예외조건 검토' 중 단축할 수 있는 단계가 있는지 고민해 보아야 한다.

· 선택지를 활용할 수 있는 방법을 고민해 보아야 한다.

02

정답 ③

정답 체크

주어진 〈포상금 사용기준〉을 정리하면 다음과 같다.

현금 배분	– 포상금의 40% 이상은 반드시 각 부서에 현금으로 배분 – 전체 15개 부서를 우수부서와 보통부서 두 그룹으로 나누어 우수부서에 150만 원, 보통부서에 100만 원을 현금으로 배분 – 우수부서는 최소한으로 선정
복지 시설 확충	– 포상금 중 2,900만 원 사용
기타	– 직원 복지 시설을 확충하고 부서별로 현금을 배분한 후 남은 금액을 모두 사용하여 개당 1만 원의 기념품을 구입

이를 문제 해결에 필요한 순서로 바꿔서 종합해 보면 다음과 같다.

1) 5,000만 원의 포상금 중 2,900만 원은 직원 복지 시설을 확충하는 데 사용한다.

2) 포상금의 40% 이상, 즉 2,000만 원 이상은 전체 15개 부서를 우수부서와 보통부서 두 그룹으로 나누어 우수부서에 150만 원, 보통부서에 100만 원을 현금으로 배분한다.

3) 남은 금액을 모두 사용하여 개당 1만 원의 기념품을 구입한다.

단, 2)에서 우수부서 수는 최소한으로 선정해야 한다.

<방법 1>

2)에서 부서에 배분되는 현금은 최소 2,000만 원에서 최대 2,100만 원이 됨을 알 수 있다. 이때 우수부서의 수는 최소가 되어야 한다. 전체 15개 부서가 우수부서 또는 보통부서로 구분되므로, 우수부서의 수를 x라 하면 보통부서의 수는 $(15-x)$가 된다. 이를 종합해서 식을 세우면 다음과 같다.

$2,000 \leq (150 \times x) + 100 \times (15-x) \leq 2,100$

$\rightarrow 10 \leq x \leq 12$

이에 따라 우수부서의 수는 최솟값인 10개, 보통부서의 수는 나머지 5개이고, 부서에 배분되는 현금은 $150 \times 10 + 100 \times 5 = 2,000$만 원이다. 따라서 남은 100만 원을 모두 사용하여 개당 1만 원의 기념품을 구입하면 100개를 구입하는 것이 가능하다.

<방법 2> 변화분의 확인

전체 15개 부서가 전부 우수부서라면 각 부서에 현금처럼 배분되는 금액은 150만 원×15개=2,250만 원이고, 이후 우수부서 수가 하나 줄고(-150만 원), 대신 보통부서 수가 하나 늘어날 때마다(+100만 원) 총 배분금액은 -50만 원이 된다. 우수부서 수를 최소한으로 선정하는 경우 부서에 배분되는 금액이 최소로 줄어들 것이므로 포상금의 40% 이상인 2,000만 원에 맞춰질 것이고, 따라서 (15개, 2,250만 원)에서 우수부서 수가 5개 줄어 10개가 되어야 -250만 원으로 2,000만 원에 맞춰질 것이다.

구분	우수부서 수+보통부서 수=15개						
우수부서 수 (150만 원)	15개	14개	13개	…	2개	1개	0개
보통부서 수 (100만 원)	0개	1개	2개	…	13개	14개	15개
배분 금액 (만 원)	2,250	2,200	2,150	…	1,600	1,550	1,500

이는 반대로 보통부서 수가 15개라고 가정하여 1,500만 원에서 시작한 후 보통부서 수가 하나 줄어들 때마다(-100만 원), 우수부서 수가 하나 늘어난다고 (+150만 원) 보는 것도 가능하다. 그렇다면 우수부서 수가 하나 늘어날 때마다 +50만 원이 되고, 포상금의 40% 이상(=2,000만 원)에 맞추기 위해서는 1,500만 원에서 +500만 원이 되어야 하므로 우수부서는 10개(=+50×10개)가 된다.

<방법 3> 선택지 활용

복지 시설 확충에 2,900만 원을 사용하는 것은 고정이므로, 남은 2,100만 원의 포상금을 어떻게 사용할지를 결정해야 한다. 이때 모두 직접 계산한 후 맞는 것을 고르지 말고, 먼저 선택지를 활용하여 검토한다. 우수부서 수는 최소가 되어야 하므로 가장 작은 값인 선택지 ① 또는 ②가 가능한지부터 검토한다.

· 선택지 ①, ② 검토: 우수부서 수가 9개일 때 (=보통부서 수는 6개) 현금 배분을 계산하면 (150×9)+(100×6)=1,950만 원이고, 이는 포상금의 40% 이상은 반드시 각 부서에 현금으로 배분한다는 조건에 위배되므로 불가능하다.

· 선택지 ③, ④ 검토: 우수부서 수가 10개일 때 (=보통부서 수는 5개) 현금 배분을 계산하면 (150×10)+(100×5)=2,000만 원이고, 남은 100만 원으로 개당 1만 원의 기념품을 구입하므로 총 100개의 기념품을 구입할 수 있다.

<방법 4> 방법 2+방법 4+비율 처리

우수부서에 배분하는 금액이 150만 원, 보통부서에 배분하는 금액이 100만 원이고, 전체 15개 부서 중 우수부서 수를 최소로 하면, 보통부서의 수가 최대가 되고, 각 부서에 현금처럼 배분되는 금액은 앞에서 살펴본 바와 같이 최소가 된다. 선택지 ①, ②를 검토하면, 우수부서 수가 9개라고 했으므로 보통부서 수는 6개가 된다. 이때 배분되는 금액이 2,000만 원이 되는지를 확인하면 된다. (9개×150만 원)+(6개×100만 원)=2,000만 원이고, 여기에 비율 처리를 하여 양변을 100으로 나눈다. (9×1.5)+(6×1)≠20이므로 선택지 ①, ②는 답이 될 수 없다. 이후 선택지 ③, ④의 우수부서 10개를 대입하여 위와 같이 따져보면 20이고, 이때 기념품 구입개수는 100개가 되므로 정답은 ③이다.

03   정답 ④

정답 체크

A놀이공원은 2명의 친구 단위 또는 4명의 가족 단위로만 입장이 가능하고, 발권기계는 2명의 친구 단위 또는 4명의 가족 단위당 1장의 표를 발권하므로, 1장의 표로 2명의 친구가 입장하거나 4명의 가족이 입장하여야 한다. 모두 50장의 표가 발권되었으므로, 2명의 친구가 입장한 표를 x장이라 하면, 4명의 가족이 입장한 표는 $(50-x)$장이 된다. x장으로는 2명씩, $(50-x)$장으로는 4명씩 입장한 결과 놀이공원의 입장객은 총 158명이다.

$2x+4(50-x)=158$

$\rightarrow x=21$

이에 따라 2명씩 입장한 표는 21장, 4명씩 입장한 표는 나머지 29장이 된다. 따라서 '친구 단위'로 입장한 사람의 수는 42명이고, '가족 단위'로 입장한 사람의 수는 116명이다.

⏱ 빠른 문제 풀이 Tip

선택지를 활용하면 보다 빠른 해결이 가능하다. 1장의 표로 2명의 친구 단위가 입장하므로 예를 들어 30명이 친구 단위로 입장했다면 표는 15장이 된다. 1장의 표로 4명의 가족 단위가 입장하므로 128명이 가족 단위로 입장했다면 표는 32장이 된다.

구분	친구 단위로 입장한 사람의 수	표 수	가족 단위로 입장한 사람의 수	표 수	총 표수
①	30	15	128	32	47
②	34	17	124	31	48
③	38	19	120	30	49
④	42	21	116	29	50
⑤	46	23	112	28	51

따라서 총 표 수가 50장이 되는 ④가 정답이다.

04   정답 ④

정답 체크

직원 수를 x로 두면, A는 1인당 1개씩 배분하므로 총 x개, B는 2인당 1개씩 배분하므로 $(x/2)$개, C는 4인당 1개씩 배분하므로 $(x/4)$개, D는 8인당 1개씩 배분하므로 $(x/8)$개가 배분된다. 그리고 甲기관이 배분한 사무용품의 개수는 총 1,050개였다. 이를 식으로 나타내면 다음과 같다.

$x+(x/2)+(x/4)+(x/8)=1,050$

$\rightarrow (8x+4x+2x+x)/8=1,050$

$\rightarrow x=560$

따라서 11월 1일 현재 甲기관의 직원 수는 560명이다.

- A는 1인당 1개씩 배분되고, B는 2인당 1개씩 배분되고, C는 4인당 1개씩 배분되며, D는 8인당 1개씩 배분된다. 1인, 2인, 4인, 8인의 최소공배수가 8인이므로, 8인 단위로 묶어서 생각해 보면 편하다. 8인 기준으로 1인당 1개씩 배분되는 A는 8개, 2인당 1개씩 배분되는 B는 4개, 4인당 1개씩 배분되는 C는 2개, 8인당 1개씩 배분되는 D는 1개가 배분된다. 따라서 8인 기준으로 총 8+4+2+1=15개의 사무용품이 배분되는 셈이다. 이 정보를 활용해서 비례관계로 나타내면 8인 : 15개이다. 그런데 배분된 사무용품의 개수가 총 1,050개이다.

8인	15개
	↓ × 70배
?	1,050개

따라서 8인에도 똑같이 ×70배의 배율조정을 해주면, 현재 甲기업의 직원 수는 560명이다.
- 반감기의 수구조를 활용해서 해결하는 방법도 가능하다.

05

정답 ④

정답 체크

지문의 내용에 따라 식을 세워서 판단한다. 甲은 용지 1박스를 사용하는 데 20일이 걸린다. 용지 1박스당 용지의 양을 x라고 하면 甲은 매일 $\frac{1}{20}x$의 용지를 사용하는 것이다. 乙은 甲의 4배의 시간이 걸린다고 하고, 丙은 乙과 같다고 하므로 乙, 丙은 각각 매일 $\frac{1}{80}x$의 용지를 사용한다. 그리고 丁은 丙이 사용하는 용지의 2배를 사용하므로 매일 $\frac{1}{40}x$의 용지를 사용한다.

甲~丁이 매일 사용하는 용지의 양을 모두 더해보면 $\frac{1}{20}x + \frac{1}{80}x + \frac{1}{80}x + \frac{1}{40}x = \frac{8}{80}x = \frac{1}{10}x$이다. A팀은 매일 1박스의 만큼의 용지를 사용하므로 1박스 분량의 용지를 사용하는데 걸리는 일수는 10일이다.

실제 문제 풀이에서는 분수 계산이 번거로우므로 용지 1박스당 용지의 양을 계산하기 편한 정수로 가정한다. 甲~丁은 20, 4 등의 숫자와 관련된 진술을 하고 있으므로 최소공배수인 80을 용지 1박스당 용지의 양이라고 가정해 보자.
甲은 매일 4장, 乙, 丙은 매일 1장, 丁은 매일 2장의 용지를 사용한다. 모두 더하면 A팀은 매일 8장의 용지를 사용하는 것이므로 1박스 분량의 용지를 사용하는 데는 10일이 걸린다.

06

정답 ①

정답 체크

먼저 합계 점수를 비교하여 승리한 사람을 확인한다. 甲의 합계 점수는 1,590점이고, 乙의 합계 점수는 다음을 통해 계산한다.

이동 점수	1미터당 1점	총 1,250미터 이동	1,250점
과일 점수	사과 1개당 5점	2개 채집	10점
	복숭아 1개당 10점	5개 채집	50점
동물 점수	토끼 1마리당 30점	–	–
	여우 1마리당 50점	1마리 사냥	50점
	사슴 1마리당 100점	2마리 사냥	200점
합계			1,560점

甲이 사냥한 동물의 종류 및 수량을 확인해 보면, 甲의 합계 점수 1,590점 중 과일 점수는 없고, 이동 점수는 1,400점이므로 동물 점수가 190점이어야 한다. 즉, 토끼 1마리당 30점, 여우 1마리당 50점, 사슴 1마리당 100점 중 4마리를 사냥하여 190점을 얻어야 한다. 이때 여우 1마리당 50점, 사슴 1마리당 100점에 주목한다. 50점과 100점은 모두 50점의 배수로 이 두 점수를 통해서는 50점, 100점, 150점, 200점 등 50점의 배수의 점수만 가능하다. 따라서 190점의 결과가 나오기 위해서는 30점, 50점, 100점 중 4번을 활용하되, 190점이 되는 조합 (50점+140점), (100점+90점), (150점+40점) 중 하나여야 한다. 이 중 가능한 것은 100점(사슴 1마리)+90점(토끼 3마리)인 경우이다.

따라서 승리한 사람은 甲이고, 甲이 사냥한 동물의 종류 및 수량은 토끼 3마리와 사슴 1마리이다.

직접 해결하기보다는 선택지를 활용하면 보다 빠르게 문제를 해결할 수 있다.

07

정답 ④

정답 체크

경우의 수를 셀 때, or는 더하고 and는 곱해서 구한다는 점을 응용한다. 예를 들어 다음의 그림을 보자.

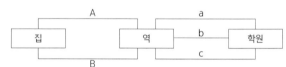

집에서 역까지 가는 경로는 A 또는 B이므로 총 2가지이고, 역에서 학원까지 가는 경로는 a 또는 b 또는 c이므로 총 3가지이다. 이때 집에서 역을 거쳐서 학원까지 가는 경로는 2×3=총 6가지이다. 이와 같이 경로 수를 구하는 방법을 도식화하여 나타내면 다음과 같다.

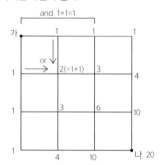

甲과 乙이 공격할 수 있는 경로 수 역시 위와 같은 원리를 적용하여 파악한다. 甲이 C 지점에 방어진지를 구축하면 D 지점을 경유하는 경로만이 가능하게 되고, E 지점에 방어진지를 구축하면 F 지점을 경유하는 경로만이 가능하게 된다. 이에 따라 D 지점을 경유하는 4개의 경로, F 지점을 경유하는 4개의 경로만이 가능하므로 총 8가지 경로가 남는다. 따라서 기존 총 경로 18가지에서 절반인 9가지로 줄어드는 것이 아니라 4/9로 줄어든다.

오답 체크

① 甲에서 乙로 이동할 수 있는 경로 수는 총 18가지이다. 반대로 乙에서 甲으로 이동하는 경로 수 역시 같은 경로를 이용하되, 우하향의 방향이 좌상향의 방향으로 방향만 바뀌면 되기 때문에 이동할 수 있는 경로 수는 총 18가지이다.

② 甲이 D 지점에 방어진지를 구축하면 G 지점을 경유하는 경로만이 가능하고, F 지점에 방어진지를 구축하면 E 지점을 경유하는 경로만이 가능하다. G 지점을 지나는 경로 수가 5가지에서 3가지로 줄어들게 되고 E 지점을 지나는 경로 수 역시 마찬가지로 5가지에서 3가지로 줄어들게 되므로, 총 경로는 6가지만 남게 되어 기존 총 경로 수 18가지에 비해서 1/3로 줄어든다.

③ 乙이 A 지점과 B 지점에 방어진지를 구축하게 되면, 甲이 이동하는 모든 경로를 차단할 수 있게 된다. 따라서 乙은 甲을 완벽하게 방어할 수 있다.

⑤ 乙이 I 지점에 방어진지를 구축하면, 甲은 A 지점을 지나는 4가지 경로만이 가능하다. 반대편에도 J 지점에 방어진지를 구축하면 B지점을 지나는 4가지의 경로만이 가능하므로 총 8가지의 경로가 남게 되어, 공격할 수 있는 경로는 4/9로 줄어든다.

⏱ 빠른 문제 풀이 Tip
그림에서 대칭의 성질을 이용하면 보다 빠른 해결이 가능하다.

표에서 굵은 테두리 안은 각기 5회 되풀이해서 치고, 마지막 오경 3점에만 북 5번과 징 3번을 되풀이하지 않고 1회만 친다. 이를 계산해 보면 다음과 같다.

· 북을 치는 횟수
  초경 3점~5점: 1×5×3=15
  이경 1점~5점: 2×5×5=50
  삼경 1점~5점: 3×5×5=75
  사경 1점~5점 : 4×5×5=100
  오경 1점~3점: 5×5×2+5=55 (오경 3점에는 북 5번을 1회만 침)
  따라서 인정부터 파루까지 북을 치는 총 횟수는 295번이다.

· 징을 치는 횟수
  초경 3점~5점: (3+4+5)×5=60
  이경 1점~5점: (1+2+3+4+5)×5=75
  삼경 1점~5점: (1+2+3+4+5)×5=75
  사경 1점~5점: (1+2 +3+4+5)×5=75
  오경 1점~3점: (1+2)×5+3=18 (오경 3점에는 징 3번을 1회만 침)
  따라서 인정부터 파루까지 징을 치는 총 횟수는 303번이다.

⏱ 빠른 문제 풀이 Tip
· 표의 형태로 정리한 후 표에서 대칭의 성질을 이용하면 보다 빠른 해결이 가능하다.
· 5의 배수의 성질을 이용하면 보다 빠른 해결이 가능하다.

---

08   정답 ①

정답 체크
밤시간은 일몰 후 1등성인 별들이 보이기 시작할 때까지의 혼각과 별이 보이지 않기 시작할 때부터 일출까지의 신각을 제외한 나머지 시간을 초경, 이경, 삼경, 사경, 오경까지 다섯으로 나누되 각 경은 5점으로 나누었다. 이를 정리해 보면 다음과 같다.

			밤시간		
		초경	이경	삼경	사경	오경	
혼각	1점	1점	1점	1점	1점	신각
	2점	2점	2점	2점	2점	
	3점	3점	3점	3점	3점	
	4점	4점	4점	4점	4점	
	5점	5점	5점	5점	5점	

인정부터 파루까지의 밤시간에는 매 점마다 북과 징으로 시간을 알렸는데, 북과 징을 치는 방법은 다음과 같다. 초경 3점에 북을 1번, 징을 3번 치되 각기 5회 되풀이하고, 다음에 4점으로 바뀌면 북을 1번, 징을 4번 치되 각기 5회 되풀이하고, 또 5점으로 바뀌면 북을 1번, 징을 5번 치되 각기 5회 되풀이하는 식으로 오경 3점에 이른다. 즉, 경의 수를 북으로, 점의 수를 징으로 하여 각기 5회 반복해서 치되, 마지막 오경 3점에는 북 5번과 징 3번을 각기 5회 되풀이하지 않고, 1회만 쳐서 시간을 알리는 것이다. 이를 위 표에 대입해 정리해 보면 다음과 같다.

구분	초경	이경	삼경	사경	오경
1점		북 2, 징 1	북 3, 징 1	북 4, 징 1	북 5, 징 1
2점		북 2, 징 2	북 3, 징 2	북 4, 징 2	북 5, 징 2
3점	북 1, 징 3	북 2, 징 3	북 3, 징 3	북 4, 징 3	북 5, 징 3
4점	북 1, 징 4	북 2, 징 4	북 3, 징 4	북 4, 징 4	
5점	북 1, 징 5	북 2, 징 5	북 3, 징 5	북 4, 징 5	

---

09   정답 ①

정답 체크
10분, 4분, 3분, 5분, 7분, 5분, 15분, 2분을 이용하여 중복 없이 합을 25분을 만들 수 있는지 묻는 문제이다. 이때 머리 감기 3분이 포함되는 경우 머리 말리기의 5분도 함께 포함되어야 한다. 따라서 3분만이 포함되는 경우가 없으므로 3분을 고려대상에서 제외하고 8분으로 바꾸어 고려해야 한다.

<방법 1>
25분을 모두 사용할 수 있는 일과를 확인해 보면 다음과 같다. 단, 머리 감기를 한 경우에 반드시 머리 말리기도 함께 해야 한다.
25분=주스 만들기 15분+샤워 10분
    =주스 만들기 15분+머리 감기 3분+머리 말리기 5분+양말 신기 2분
    =샤워 10분+머리 감기 3분+머리 말리기 5분+몸 치장하기 7분
    =샤워 10분+머리 감기 3분+머리 말리기 5분+구두 닦기 5분+양말 신기 2분

따라서 길동이가 오늘 아침에 수행한 아침 일과에 포함될 수 없는 것은 '세수'이다.

<방법 2>
각 선택지를 대입해서 해결한다. 선택지 ①의 경우, 4분이 소요되는 세수가 아침 일과에 포함되면 나머지 숫자를 이용하여 21분을 채워야 하는데 나머지 숫자를 이용하여 정확히 21분을 만드는 것이 불가능하다.

오답 체크

② 3분이 소요되는 머리 감기가 아침 일과에 포함되면 5분이 소요되는 머리 말리기도 아침 일과에 포함되어야 하고, 나머지 숫자를 이용하여 17분을 채워야 하는데, 이는 주스 만들기 15분, 양말 신기 2분을 하면 채울 수 있다.

③ 5분이 소요되는 구두 닦기가 아침 일과에 포함되면 나머지 숫자를 이용하여 20분을 채워야 하는데, 샤워 10분, 머리 감기 3분, 머리 말리기 5분, 양말 신기 2분을 하면 채울 수 있다.

④ 7분이 소요되는 몸치장 하기가 아침 일과에 포함되면 나머지 숫자를 이용하여 18분을 채워야 하는데, 샤워 10분, 머리 감기 3분, 머리 말리기 5분을 하면 채울 수 있다.

⑤ 15분이 소요되는 주스 만들기가 아침 일과에 포함되면 나머지 숫자를 이용하여 10분을 채워야 하는데, 샤워를 하면 10분을 채울 수 있다. 또는 머리 감기 3분, 머리 말리기 5분, 양말 신기 2분을 해서 채울 수도 있다.

🕐 **빠른 문제 풀이 Tip**

5의 배수+α 성질을 이용하여 빠른 해결이 가능하다.

10
정답 ②

정답 체크

다섯 자리 자연수로 된 올바른 우편번호가 ABCDE라고 하면, 甲은 올바른 우편번호의 끝자리 뒤에 2를 추가하였으므로 'ABCDE2' 이라고 실수한 셈이고, 乙은 올바른 우편번호의 첫 자리 앞에 2를 추가하였으므로 '2ABCDE'이라고 실수한 셈이다.

그 결과 甲이 잘못 표기한 우편번호 여섯 자리 수 'ABCDE2'는 乙이 잘못 표기한 우편번호 여섯 자리 수 '2ABCDE'의 3배가 되었다.

	2	A	B	C	D	E
×						3
	A	B	C	D	E	2

정확하게 해결하기 위해서는 곱해지는 과정을 추적하면서 1) 곱셈 결과의 끝자리와 2) 십의 자리의 숫자가 올라가서 다음 자리에서 더해지는 숫자 등을 정확하게 고려할 수 있어야 한다.

1) E 자리의 확인: E×3을 한 결과의 끝자리가 '2'가 나와야 한다. 3의 배수 중 끝자리가 2인 수는 3×4=12이다. 따라서 E는 4가 된다.

						+1	
	2	A	B	C	D		4
×							3
	A	B	C	D	4		2

2) D 자리의 확인 : D×3+1을 한 결과의 끝자리가 4가 나와야 한다. 즉, D는 1이 된다.

	2	A	B	C	1	4
×						3
	A	B	C	1	4	2

3) C자리의 확인 : C×3을 한 결과의 끝자리가 1이 나와야 한다. 따라서 C는 7이 된다.

				+2			
	2	A	B	7	1		4
×							3
	A	B	7	1	4		2

4) B자리의 확인 : B×3+2를 한 결과의 끝자리가 7이 나와야 하고, B×3을 한 결과의 끝자리는 5가 나와야 한다. 따라서 B는 5가 된다.

			+1				
	2	A	5	7	1		4
×							3
	A	5	7	1	4		2

5) A자리의 확인 : A×3+1을 한 결과의 끝자리가 5가 나와야 한다. 따라서 A × 3을 한 결과의 끝자리는 4가 나와야 하고 A는 8이 된다.

		+2					
	2	8	5	7	1		4
×							3
	8	5	7	1	4		2

6) 마지막으로 2×3+2=8이 되므로 찾아낸 올바른 우편번호 '85714'가 정확하다는 것을 확인할 수 있다.

따라서 올바른 우편번호의 첫 자리 숫자 '8'과 끝자리 숫자 '4'의 합은 '② 12'이다.

🕐 **빠른 문제 풀이 Tip**

· 선택지를 활용해서 해결하면 보다 빠른 해결이 가능하다.
· 우편번호 숫자를 전부 다 구하는 것보다 문제에서 묻는 바인 올바른 우편번호의 첫 자리와 끝자리 숫자 위주로 구하면 보다 빠른 해결이 가능하다.

11
정답 ④

정답 체크

甲의 기부액을 12,345,670+□원이라고 하자. 주어진 조건에 따라 乙, 丙, 丁의 기부액을 다음과 같이 정리할 수 있다.

乙: 3×(12,345,670+□)
丙: 9×(12,345,670+□)
丁: 27×(12,345,670+□)

丁의 기부액은 모든 자리 숫자가 3이라고 하므로, 27×□의 일의 자리 숫자도 3이어야 한다. 甲이 기부한 금액의 일의 자리 숫자, □=9이다.

丙의 기부액은 9×(12,345,670+9)=9×12,345,679이고, 십의 자리까지만 계산해 보면 9×12,345,679=…110이다. 丙이 기부한 금액의 십의 자리 숫자는 '1'이다.

따라서 甲이 기부한 금액의 일의 자리 숫자와 丙이 기부한 금액의 십의 자리 숫자의 합은 9+1=10이다. 정답은 ④이다.

🕐 **빠른 문제 풀이 Tip**

3의 배수의 끝자리(=일의 자리) 숫자는 모두 다르다. 3의 배수의 일의 자리 숫자를 보는 문제는 계산형에서 지금까지 빈출되어 온 장치의 문제이다.

12
정답 ④

정답 체크

제시된 조건을 정리해 보면 다음과 같다.
· 총합은 부서 전 직원 57명
· 5, 6, 7명으로 구성된 10개의 소조직 구성
· 각 소조직은 각각 하나 이상 존재
· 각 직원은 하나의 소조직에만 소속

우선 고정정보는 5, 6, 7명으로 구성된 각 소조직이 각각 하나 이상 존재한다는 것이다. 따라서 이를 제외한 나머지 39명만 고려하여 5의 배수+6의 배수+7의 배수의 합으로 39를 만든다. 이때 10개의 소조직을 구성해야 하는데 고정정보로 3개의 소조직이 구성되었으므로, 나머지 7개의 소조직을 구성해야 하고 따라서 5의 배수, 6의 배수, 7의 배수 각 배수 숫자의 총합은 7이 되어야 한다. 이는 아래 세 가지 방식을 통해서 해결할 수 있다.

<방법 1>
7=5+2, 6=5+1인 것처럼 5의 배수+α 성질을 이용한다.
<방법 2>
39=25+14처럼 합분해를 한다.
<방법 3>
방법 1과 방법 2를 동시에 고려한다.

39는 5의 배수 35에 4가 결합된 숫자이다. 6은 5의 배수 +1인 숫자이고 7은 5의 배수 +2인 숫자이므로 나머지 4는 6명 또는 7명으로 채울 수 있다. 즉, 나머지 4를 1 또는 2로 채워주는 방식이다. 예를 들어 4=2+2일 수도 있고, 4=1+1+1+1일 수도 있다.

이에 따라 5명의 소조직을 최소로 만드는 방법은 6명 또는 7명의 소조직을 최대로 만드는 것이다. 이 경우 4를 최대한 여러 번에 걸쳐서 채우는 것이 좋다. 즉, 6명의 소조직(+1)을 4개 만든다. 그러면 24명이 소속되고 나머지 15명은 5명의 소조직 3개에 소속되므로 소조직이 4개+3개 총 7개가 구성되어 앞서 고정정보 총 3개의 소조직에 더해 총 10개의 소조직이 구성되어야 한다는 조건도 충족한다.

	5명 (+0)	6명 (+1)	7명 (+2)	
고정	1개 (5명)	1개 (6명)	1개 (7명)	18명
최소	3개 (15명)	4개 (24명)	–	39명 (+4명)

5명의 소조직을 최대로 만드는 방법은 6명 또는 7명의 소조직을 최소로 만드는 것이다. 이 경우 4를 최대한 적은 횟수로 채우는 것이 좋다. 즉, 7명의 소조직(+2)을 2개 만든다. 그러면 14명이 소속되고 나머지 25명은 5명의 소조직 5개에 소속되므로 소조직이 2개+5개 총 7개가 구성되어 앞서 고정정보 총 3개의 소조직에 더해 총 10개의 소조직이 구성되어야 한다는 조건도 충족한다.

	5명 (+0)	6명 (+1)	7명 (+2)	
고정	1개 (5명)	1개 (6명)	1개 (7명)	18명
최대	5개 (25명)	–	2개 (14명)	39명 (+4명)

따라서 ㉠은 4, ㉡은 6이다.

⏱ **빠른 문제 풀이 Tip**
여러 문제 해결 방법 중에 방정식을 세워서 푸는 방법은 매우 느린 방법이다.

---

13 정답 ②

정답 체크

쉬운 수준의 '공정순서를 따지는 스킬'과 '날짜 계산 스킬'이 요구되는 문제이다. 순서 1~6에 따라 순차적으로 계약 체결을 위한 절차가 진행되며, 만약 3월 20일에 시작한 단계의 소요기간이 2일이라면 3월 20일과 21일 2일 동안 절차가 진행되어 3월 21일에 마치게 된다. 계약은 우선순위 대상자와 협상이 끝난 날의 다음 날에 체결되므로 정책연구용역 계약을 4월 30일에 체결하는 것을 목표로 계약부서에 긴급계약으로 의뢰하려 한다면 순서 6이 4월 29일에 끝날 수 있도록 계약 의뢰 날짜를 결정하여야 한다. 헷갈리지 않도록 순서 1~6을 각각 a~f로 다시 기호화하여 정리하면 다음과 같다.

3월		4월												
30	31	1	2	3	4	5	6	7	8	9	10	11	12	13	14
a	b					c							d	e

4월															
15	16	17	18	19	20	21	22	23	24	25	26	27	28	29	30
			e								f				

순서	단계	소요기간	
a	계약 의뢰	1일	3월 30일
b	서류 검토	2일	3월 31일 ~ 4월 1일
c	입찰 공고	긴급계약, 10일	4월 2일 ~ 11일
d	공고 종료 후 결과통지	1일	4월 12일
e	입찰서류 평가	10일	4월 13일 ~ 22일
f	우선순위 대상자와 협상	7일	4월 23일 ~ 29일
	계약 체결일		4월 30일

따라서 계약 의뢰 날짜(a)는 3월 30일이고, 공고 종료 후 결과통지 날짜(d)는 4월 12일이다.

⏱ **빠른 문제 풀이 Tip**
"3월 10일부터 5일 후"라는 말을 초일 산입 방식으로 계산하면 3월 10일+4일=3월 14일이고, 초일 불산입 방식으로 계산하면 3월 10일+5일=3월 15일임에 유의한다. 따라서 3월 30일에 계약의뢰를 한다면 3월 31일부터 시작하는 것이 아니라 3월 30일부터 시작하기 때문에 초일 산입의 방식으로 계산된다. 계약은 우선순위 대상자와 협상이 끝난 다음 날에 체결되므로 계약에도 하루가 소요된다는 사실에 주의한다. 따라서 a~f의 소요기간에 계약에 소요되는 기간까지 반영해 보면, 1일(a)+2일(b)+10일(c)+1일(d)+10일(e)+7일(f)+1일(∵계약)=총 32일이 소요되고, 이를 초일 산입의 방식으로 계약 체결일을 계산하면 3월 30일+31일=3월 61일=4월 30일이 된다.

---

14 정답 ④

정답 체크

면제기간은 입국한 날부터 기산하므로 초일 산입 계산법을 사용해야 한다. 외교관 여권을 가지고 A국에 체류하는 경우 이집트는 90일 동안, 파키스탄은 3개월 동안 비자 없이 체류하는 것이 가능하다. 이때 주의해야 하는 점이 3개월은 날짜로 환산하면 89일부터 92일까지일 수 있다는 점이다. 따라서 같은 기간을 A국에서 체류하더라도, 즉 91일 또는 92일을 체류하는 경우 이집트 외교관은 비자를 발급받아야 하지만, 파키스탄 외교관은 비자를 발급받지 않아도 되는 경우가 있을 수 있다.

오답 체크

① 포르투갈은 외교관·관용·일반 여권으로 60일까지만 비자 없이 체류할 수 있다. 따라서 2월 2일부터 같은 해 4월 6일까지 64일간 체류하기 위해서는 비자 발급이 필요하다.

② 우즈베키스탄은 외교관 여권의 경우에만 비자 없이 체류하는 것이 가능하다. 따라서 관용 여권을 발급받는 행정원의 경우에는 비자 면제 대상이 아니기 때문에 비자 발급이 필요하다. 한편, 에콰도르는 관용 여권의 경우 3개월까지 비자 없이 체류하는 것이 가능하다. 따라서 4개월 동안 행정원을 파견하기 위해서는 3개월을 초과하기 때문에 비자 발급이 필요하다.

③ 이탈리아는 외교관·관용·일반 여권 모두 90일까지는 비자 없이 체류할 수 있다. 그런데 2009년 5월 1일부터 같은 해 8월 15일까지는 107일의 기간으로 90일을 초과하기 때문에 비자 발급이 필요하다. 한편, 영국도 마찬가지로 외교관·관용·일반 여권 모두 90일까지는 비자 없이 체류할 수 있다. 2010년 1월 2일부터 같은 해 3월 31일까지는 89일의 기간으로 기간의 범위 안에 들어오기 때문에 비자 없이 체류하는 것이 가능하다.

1 탐스트형

2 법조문형

3 계산형

4 규칙형

5 경우형

기출 재구성 모의고사

⑤ 파키스탄은 관용 여권의 경우 3개월 동안 비자 없이 체류하는 것이 가능하다. 따라서 관용 여권을 가지고 2010년 5월 5일부터 같은 해 5월 10일까지 6일간 파키스탄을 방문했던 A국 국회의원은 비자를 취득하지 않더라도 체류할 수 있었을 것이다. 파키스탄에서의 예외규정은 2008.10.1부터 일반 여권 소지자에 대한 비자면제협정이 일시정지되었다는 점인데, 이는 일반 여권에 한정될 뿐, 관용 여권 또는 외교관 여권에 적용되는 것은 아니므로 혼동하지 않도록 주의한다.

15
정답 ①

정답 체크

주어진 정보를 정리하면 다음과 같다.

양력	절기		중기	양력	절기		중기
1월	소한	+14 →	대한	7월	소서	+16 →	대서
2월	입춘		우수	8월	입추	←+16	처서
3월	경칩		춘분	9월	백로	←+16	추분
4월	청명	+16 ↙	곡우	10월	한로	←+16	상강
5월	입하	↙ +16	소만	11월	입동		소설
6월	망종	+16 →	하지	12월	대설	←+14	동지

이를 반영해서 각 절기의 날짜를 구해보면 다음과 같다.

양력	간격	절기	날짜	간격	중기	날짜
1월	+15일	소한	1월 6일	+14일	대한	1월 20일
2월	+15일	입춘	2월 4일	+15일	우수	2월 19일
3월	+15일	경칩	3월 6일	+15일	춘분	3월 21일
4월	+15일	청명	4월 5일	+15일	곡우	4월 20일
5월	+16일	입하	5월 6일	+15일	소만	5월 21일
6월	+16일	망종	6월 6일	+16일	하지	6월 22일
7월	+15일	소서	7월 7일	+16일	대서	7월 23일
8월	+16일	입추	8월 8일	+15일	처서	8월 23일
9월	+16일	백로	9월 8일	+15일	추분	9월 23일
10월	+16일	한로	10월 9일	+15일	상강	10월 24일
11월	+15일	입동	11월 8일	+15일	소설	11월 23일
12월	+14일	대설	12월 7일	+15일	동지	12월 22일

따라서 올해 여름의 첫날, 즉 입하는 5월 5일이 아니라 5월 6일이다.

오답 체크

② 지문 맨 마지막에서 일부 절기 사이의 간격은 하루가 늘거나 줄기도 한다고 설명하고 있다. 또한 <상황>에서 '올해는' 입하, 망종, 하지, 대서, 입추, 백로, 한로가 앞 절기와 16일 간격이고, 대한과 대설은 앞 절기와 14일 간격이라고 설명하고 있다. 이는 매년 고정적인 것이 아니라 올해에 해당하는 설명임을 추론할 수 있다. 절기 간의 간격이 매년 조금이라도 달라질 수 있다면 절기의 양력 날짜는 매년 고정적인 것은 아니다. 마찬가지로 <상황>에 따르면 '올해' 춘분은 3월 21일인데, 절기의 양력 날짜가 매년 고정적이었다면 그냥 '춘분은 3월 21일이다.'라고 하거나, '매년 춘분은 3월 21일이다.'라고 설명했을 것이다. 또한 <상황>에 '올해 2월은 28일까지 있다.'라는 정보가 주어진다. 절기 사이의 간격이 고정적이라 하더라도 만약 윤달이 있는 윤년이라 2월이 29일까지 하루가 늘어난다면 절기의 양력 날짜가 달라질 수 있다.

③ 첫 번째 문단에서 보면, 춘분은 황경의 기점이 되며, 황경이 0도일 때이고, 정기법은 황도상의 해당 지점인 태양황경을 기준으로 태양이 동쪽으로 15도 간격으로 이동할 때마다, 즉 15도씩 증가할 때마다 절기와 중기를 매겨나가는 방법이다. 따라서 올해 태양황경이 60도가 되는 날은 춘분에서 15 × 4=60, 4번째 절기여야 하므로 5월 중기인 소만이다.

④ 태양황경이 120도일 때는 춘분에서 8번째 절기인 대서이고, 태양황경이 135도일 때는 춘분에서 9번째 절기인 입추이다. 위에서 계산한 결과 대서는 7월 23일이고 입추는 8월 8일이므로 올해 7월 24일은 태양황경이 120도에서 135도 사이에 있는 날이다.

⑤ 올해 입춘부터 곡우까지의 날짜 간격은 절기마다 15일 간격이 5번 반복되므로 75일의 간격이다. 한로부터 동지까지의 날짜 간격은 그 중간에 소설부터 대설까지의 간격이 14일이므로, 15일의 간격이 5번에 14일의 간격이 1번이라 74일의 간격이다. 따라서 올해 입춘부터 곡우까지의 날짜 간격 75일은 한로부터 동지까지의 날짜 간격 74일보다 길다.

> ⏱ **빠른 문제 풀이 Tip**
> ⑤ 기본적으로 절기 사이의 간격이 15일이므로 16일(+1) 또는 14일(−1)이 있는지 여부를 체크하면 보다 빠르게 확인 가능하다.

16
정답 ②

정답 체크

주어진 정보를 정리하면 다음과 같다.
· 매시 정각을 알리기 위해 매시 정각부터 일정한 시간 간격으로 해당 시의 수만큼 종을 친다.
· 7시 정각을 알리기 위해서는 7시 정각에 첫 종을 치기 시작 + 일정한 시간 간격으로 총 7번의 종을 친다.
· 이 괘종시계가 정각을 알리기 위해 2번 이상 종을 칠 때, 종을 치는 시간 간격은 몇 시 정각을 알리기 위한 것이든 동일하다.
· A 괘종시계가 6시 정각을 알리기 위한 마지막 6번째 종을 치는 시각은 6시 6초이다.
마지막 조건을 그림으로 나타내면 다음과 같다.

이에 따라 6시 정각을 알리기 위해 6번 종을 치는 것은 6개 사이 '간격 5개'의 길이가 6초이고, 11시 정각을 알리기 위해 11번 종을 치는 것은 11개 사이 '간격 10개'의 길이(= '간격 5개'의 길이의 두 배) 12초이다. 따라서 A 괘종시계가 11시 정각을 알리기 위한 마지막 종을 치는 시각은 11시 12초이다.

01	02	03	04	05	06	07	08	09	
③	④	②	③	④	①	⑤	①	④	

01   정답 ③

정답 체크

· 심사위원 점수

각 심사위원의 점수를 85점을 0점으로 기준 삼아 정리하면 다음과 같다. B의 '?'점수만 조심히 처리하면 된다.

구분	A	B	C	D
심사위원 점수	+8	0 +?	+11	+10

이때 '?'의 범위는 85점을 0점으로 기준을 삼으므로, 최고점인 100점을 받았을 때 +15, 최저점인 0점을 받았을 때 −85까지 가능하다. 따라서 B의 점수도 −85~+15의 범위를 갖는다.

· 국민참여 문자투표 득표수

국민참여 문자투표 득표수를 보면, 1,000표당 1점씩으로 환산됨을 알 수 있다. B와 D가 나누어 가지게 되는 환산점수는 A 25점 + B 17.5점=42.5점을 제외한 57.5점이다. 따라서 B와 D의 환산점수의 범위는 각각 0~57.5점이고, B와 D의 환산점수의 합은 57.5점이다.

구분	A	B	C	D
심사위원 점수	8	−85~15	11	10
문자투표 득표수 환산점수	25	0~57.5	17.5	0~57.5
-		이 둘의 합이 57.5		
총점	33	−85 ~ 72.5	28.5	10 ~ 67.5

B와 D의 문자투표 득표수 환산점수의 합이 57.5점이고, D가 문자투표에서 42,500표를 받았다면 환산점수는 42.5점이므로 B의 점수는 15점이 된다.

구분	A	B	C	D
심사위원 점수	8	−85~15	11	10
문자투표 득표수	25	15	17.5	42.5
총점	33	−70~30	28.5	52.5

이때 B의 총점이 29나 30점이라면, 28.5점인 C보다 높다. 따라서 반드시 B가 탈락하는 것은 아니다.

오답 체크

① 조건을 반영하여 확정적인 점수만 고려하더라도 A가 C보다는 점수가 높으므로 A는 탈락하지 않는다.

② D가 C보다 국민참여 문자투표를 1,500표 더 받았다는 것은 문자투표 득표수 환산점수에서 D가 1.5점 더 높다는 의미이다.

구분	C	D
심사위원 점수	11 +1	10 +0
문자투표 득표수 환산점수	+ 0	+1.5
총점	+ 1	+1.5

따라서 총점으로 보면 D가 C보다 0.5점 더 높다. 따라서 D는 탈락하지 않는다.

④ B와 D가 동일하게 각각 28,750표씩 얻게 되는 경우이다. 둘 다 동일하게 28.75점씩 얻게 되면, 총점은 다음과 같다.

구분	A	B	C	D
심사위원 점수	8	−85~15	11	10
문자투표 득표수 환산점수	25	28.75	17.5	28.75
총점	33	−56.25~43.75	28.5	38.75

확정적인 점수를 비교해 보면 C가 A나 D에 비해서 낮다. 그리고 B의 점수의 범위는 C보다 낮을 수도 높을 수도 있다. 따라서 B의 심사위원 점수가 어떻게 나오는지에 따라서 B와 C 중에서 탈락자가 결정된다.

⑤ <조건>에 따르면 총점이 가장 낮은 참가자가 2명 이상인 경우 그들 모두를 탈락자로 한다. 그런데 B의 점수의 범위에 따라서 B나 C 중에서 탈락자가 달라지게 되므로 B의 점수가 C와 같은 점수가 된다면 B와 C는 모두 탈락자가 된다. 둘의 점수를 같게 하기 위해 소수점 아래는 약간의 문자투표의 수치 조정을 통해서 B와 C의 점수를 동일하게 만들 수도 있고, 심사위원 점수도 반드시 정수여야 한다는 조건은 없으므로 심사위원 점수에서 소수점이 나올 수도 있다. 따라서 어떤 경우이든 B와 C가 동일한 가장 낮은 점수를 받게 되는 경우 공동탈락자는 생길 수 있다.

02   정답 ④

정답 체크

<감독의 말>을 요약하면 다음과 같다.

· 캐스팅 조건

  − 오디션 실시 후 오디션 점수를 기본 점수로 함

  − 다음 채점 기준의 해당 점수를 기본 점수에 가감하여 최종 점수를 산출

  − 최종 점수가 가장 높은 사람을 캐스팅

· 채점 기준

  − 28세를 기준으로 나이가 많거나 적은 사람은 1세 차이당 2점씩 감점

  − 이전에 군의관 역할을 연기해 본 경험이 있는 사람은 5점을 감점

  − 사극에 출연해 본 경험이 있는 사람에게는 10점의 가점

  − 최종 점수가 가장 높은 사람이 여럿인 경우, 그중 기본 점수가 가장 높은 한 사람을 캐스팅

이에 따라 甲~戊의 점수를 계산하면 다음과 같다.

구분	甲	乙	丙	丁	戊
오디션 점수	76	78	80	82	85
나이	32	30	28	26	23
나이 점수	−8	−4	0	−4	−10
군의관 역할 경험			−5		
사극 출연 경험	+10				
최종 점수	78	74	75	78	75

최종 점수가 78점으로 가장 높은 사람이 甲과 丁인데, 둘 중 丁이 기본 점수가 더 높다. 따라서 드라마에 캐스팅되는 배우는 丁이다.

03
정답 ②

정답 체크
조건에 따라 계산해 보면 다음과 같다.

구분		1/4분기	2/4분기	3/4분기	4/4분기
유용성	0.4	8	8	10	8
안전성	0.4	8	6	8	8
서비스 만족도	0.2	6	8	10	8
점수		7.6	7.2	9.2	8.0
등급(성과급)		C(80)	C(80)	A(100)	B(90)

3/4분기에는 A등급이므로 직전분기 차감액인 20만 원의 50%인 10만 원을 가산하여야 한다. 따라서 최종적으로 지급되는 성과급의 1년 총액은 360만 원이다.

⏱ 빠른 문제 풀이 Tip
가중치 계산을 할 때 가중평균의 개념을 활용해서 계산하면 보다 빠른 해결이 가능하다.

04
정답 ③

정답 체크
ㄴ. B와 C의 경우에는 운송비의 가중치가 0.1로 같고, 입지후보지의 선호도도 0.1로 같기 때문에 운송비는 두 입지후보지 간의 종합점수 순위에 영향을 주지 않는다.

ㄹ. 가중치를 보면 우편물량의 가중치가 0.5로 가장 높다.

ㅁ. 가중치를 고려하지 않고 각 입지후보지의 선정기준별 선호도를 비교하면, B와 C의 경우에는 거리 측면에서 선호도가 B는 0.5, C는 0.3으로 가장 높고, A의 경우 운송비의 측면에서 선호도가 0.8로 가장 높다.

오답 체크
ㄱ. 거리 측면에서 입지후보지 선호도를 비교하면, B>C>A 순이다.

ㄷ. 면적가중치를 인구가중치에 합산하여 인구가중치를 0.3으로 계산하면 다음 표와 같다.

가중치 조사		입지선호도 조사		
입지 선정기준	가중치	입지후보지 A	입지후보지 B	입지후보지 C
인구	0.3	0.6	0.2	0.2
우편물량	0.5	0.6	0.2	0.2
운송비	0.1	0.8	0.1	0.1
거리	0.1	0.2	0.5	0.3
종합점수		0.58	0.22	0.20

따라서 순위는 A>B>C 순이 된다.

⏱ 빠른 문제 풀이 Tip
ㄷ. 각 수치를 범위로 확인한다면 보다 빠른 해결이 가능하다.

05
정답 ④

정답 체크
첫 번째 각주에 따르면 근무 경력이 최소 5년 이상인 자만 선발 자격이 있으므로 정은 선발대상에서 제외된다. 나머지 신청자의 점수를 정리하면 다음과 같다.

구분	현행	개정안	갑	을	병	정
외국어 성적	30	50	50%	50%	80%	100%
근무 경력	40	20	100%	100%	70%	–
근무 성적	20	10	△ (100%×)	100%	△ (100%×)	–
포상	10	20	50%	100%	0%	–

· 현행 기준에 따를 때
  – 갑의 점수: 외국어 성적 15점+근무 경력 40점+근무 성적 20점 미만+포상 5점=80점 미만
  – 을의 점수: 외국어 성적 15점+근무 경력 40점+근무 성적 20점+포상 10점=85점
  – 병의 점수: 외국어 성적 24점+근무 경력 28점+근무 성적 20점 미만+포상 0점=72점 미만

따라서 현행 기준에 따르면 을이 선발된다.

· 개정안 기준에 따를 때
  – 갑의 점수: 외국어 성적 25점+근무 경력 20점+근무 성적 10점 미만+포상 10점=65점 미만
  – 을의 점수: 외국어 성적 25점+근무 경력 20점+근무 성적 10점+포상 20점=75점
  – 병의 점수: 외국어 성적 40점+근무 경력 14점+근무 성적 10점 미만+포상 0점=64점 미만

따라서 개정안에 따를 때에도 을이 선발된다.

⏱ 빠른 문제 풀이 Tip
을의 점수가 갑의 점수보다 네 가지 모든 구분에서 높기 때문에 현행 기준에 따르든 개정안 기준에 따르든 갑이 선발되는 경우가 없다. 이 결론과 선택지를 활용하면 복잡한 계산 없이 빠른 해결이 가능하다.

06
정답 ①

정답 체크
평가점수의 총점=Σ(각 평가항목에 대해 해당 시설이 받은 점수)×(해당 평가항목별 가중치)임을 적용하여 구한다. 평가점수의 총점을 기준으로 해당하는 결과를 정리하면 다음과 같다.

총점 90점 이상	1등급	특별한 조치를 취하지 않는다.
80점 이상 90점 미만	2등급	관리 정원의 5% 감축
70점 이상 80점 미만	3등급	관리 정원의 10%를 감축
70점 미만	4등급	정부의 재정지원도 받을 수 없다.

ㄱ. 현재 모든 평가항목의 가중치가 0.2로 동일하므로, 단순평균을 구하더라도 결과는 동일하다.
　・방법 1: 가평균 등을 활용하여 단순평균을 구하면 평균이 93점이다.
　・방법 2: 모든 항목의 점수가 90점 이상이다. 따라서 5개 평가항목 점수의 평균은 90점 이상일 수밖에 없다.
평가점수의 총점이 90점 이상으로 1등급 시설에 해당하므로, 특별한 조치를 취하지 않는다. 관리 정원의 감축은 2등급 이하일 때 해당하는 조치이다.

ㄴ. 관리 정원을 감축해야 하나 정부의 재정지원은 받을 수 있는 경우는 2등급 또는 3등급 시설인 경우이다. 즉, 평가점수의 총점이 70점 이상 90점 미만인 경우이다.
　・방법 1: 가평균 70을 기준으로 각 평가항목별 점수가 +20, +0, +0, +0, +25이므로 +45/5=+9, 즉 평가점수의 총점은 79점이다.
　・방법 2: B시설의 각 평가항목별 점수는 모두 70점 이상이므로 평가점수의 총점은 반드시 70점 이상이다.
90점을 가평균으로 해서 B시설의 각 평가항목별 점수를 봤을 때, 중장기 발전계획만 +5점이고, 복지관리, 복지지원, 복지성과 세 평가항목에서 모두 −20이다. 따라서 평가점수의 총점은 반드시 90점 미만이다. 이처럼 B시설의 평가점수의 총점은 반드시 70점 이상 90점 미만이이므로 관리 정원은 감축해야 하나 정부의 재정지원은 받을 수 있다.

오답 체크

ㄷ. 평가항목 중 환경개선의 가중치가 0.2에서 0.3으로, 복지성과의 가중치가 0.2에서 0.1로 변경될 경우 점수를 계산해 보면 다음과 같다.
$(80×0.3)+(65×0.2)+(55×0.2)+(60×0.1)+(50×0.2)=64$점
따라서 70점 미만에 해당하는 4등급이므로 C시설은 정부의 재정지원을 받을 수 없다.

ㄹ. 관리 정원을 감축해야 하고 정부의 재정지원도 받을 수 없는 경우는 평가점수의 총점이 70점 미만에 해당하는 4등급인 경우이다. 70점을 가평균으로 삼아서 각 항목별 점수를 보면, +20, +0, +10, −10, −5로 합산하면 +15이다. 즉, 70점보다 평균은 높아지게 된다. 구체적으로 계산하면, +15/5=+3이므로 총점은 73점이다. 따라서 4등급에 해당하지 않으므로 D시설이 관리 정원을 감축해야 하고 정부의 재정지원도 받을 수 없는 것은 아니다.

⏱ 빠른 문제 풀이 Tip
모든 평가항목의 가중치가 0.2로 동일한 경우에는 단순평균을 구하는 것과 동일하다는 점을 이용할 수 있어야 한다. 자료해석에서 연습한 가평균, 평균의 범위 등의 개념을 활용하면 보다 수월하게 문제를 해결할 수 있다.

07　　　　정답 ⑤

정답 체크
먼저 각 업체의 가격과 직원규모를 점수로 환산하여야 한다.

업체	가격		직원규모	
甲	575만 원	96점	93명	97점
乙	450만 원	100점	95명	97점
丙	580만 원	96점	85명	94점

이를 통해 <지원업체 정보>를 정리하면 다음과 같다.

업체	품질 점수	가격 점수	직원규모 점수
甲	88점	96점	97점
乙	85점	100점	97점
丙	87점	96점	94점
비율	50%	40%	10%

ㄱ. 甲~丙의 총점을 계산하면 다음과 같다.
甲: $88×0.5+96×0.4+97×0.1=92.1$점
乙: $85×0.5+100×0.4+97×0.1=92.2$점
丙: $87×0.5+96×0.4+94×0.1=91.3$점
乙의 총점이 92.2점으로 가장 높고, 丙이 91.3점으로 가장 낮다.

ㄴ. 가격 변화에 따른 甲의 점수 변동을 계산하면 다음과 같다.

업체	가격		점수 변동
甲	575만 원	96점	2점 상승
	545만 원	98점	

甲이 현재보다 가격을 30만 원 더 낮게 제시한다면, 기존 $8×0.5+96×0.4+97×0.1=92.1$점에서 $88×0.5+98×0.4+97×0.1=92.9$점으로 높아지게 된다. 0.4의 비율을 차지하는 영역에서 2점이 상승하므로, 기존 점수보다 0.8점 더 높아진다. 따라서 乙의 92.2점보다 더 높은 총점을 얻을 수 있다.

ㄹ. 가격 변화에 따른 丙의 점수 변동을 계산하면 다음과 같다.

업체	가격		점수 변동
丙	580만 원	96점	4점 상승
	480만 원	100점	

丙이 현재보다 가격을 100만 원 더 낮춘다면, 기존 $87×0.5+96×0.4+94×0.1=91.3$점에서 $87×0.5+100×0.4+94×0.1=92.9$점으로 높아지게 된다. 0.4의 비율을 차지하는 영역에서 4점이 상승하므로, 기존 점수보다 1.6점 더 높아진다. 따라서 이제는 甲의 92.1점, 乙의 92.2점보다 丙의 점수가 더 높아졌으므로 丙을 협력업체로 선정할 것이다.

오답 체크

ㄷ. 직원규모에 따른 丙의 점수 변동을 계산하면 다음과 같다.

업체	직원규모		점수 변동
병	85명	94점	3점 상승
	95명	97점	

丙이 현재보다 직원규모를 10명 더 늘린다면, 기존 $87×0.5+96×0.4+94×0.1=91.3$점에서 $87×0.5+96×0.4+97×0.1=91.6$점으로 높아지게 된다. 0.1의 비율을 차지하는 영역에서 3점이 상승하므로, 기존 점수보다 0.3점이 높아진다. 그러나 여전히 甲의 92.1점보다는 총점이 낮다.

⏱ 빠른 문제 풀이 Tip
상대적 계산 스킬인 차이값을 이용하여 각 업체의 상대적 우열을 가리면 훨씬 더 빠르게 결과를 구할 수 있다.

1 텍스트형

2 빈칸추론형

3 계산형

4 규칙형

5 경우형

기출 재구성 모의고사

08

정답 ①

정답 체크

프로그램별 전문가 및 학생 점수를 반영 비율에 따라 합산하여 나타내면 다음과 같다.

	분야	프로그램명	3:2				합산점수
			전문가 점수		학생 점수		
–	미술	내 손으로 만드는 동물	26	–	32	–	–
–	인문	세상을 바꾼 생각들	31	–	18	–	–
③	무용	스스로 창작	37	111	25	50	161
–	인문	역사랑 놀자	36	–	28	–	–
①	음악	연주하는 교실	34	102	34	68	170
④	연극	연출노트	32	96	30	60	156
⑤	미술	창의 예술학교	40	120	25	50	170
②	진로	항공체험 캠프	30	90	35	70	160

'연주하는 교실'과 '창의 예술학교'의 합산점수가 170점으로 동일한데, 하나밖에 없는 분야에 속한 프로그램인 '연주하는 교실'에 취득점수의 30%가 가산점으로 부여되므로 최종점수 222.3점이 된다. 따라서 '연주하는 교실'을 최종 선정하여 운영된다.

⏱ **빠른 문제 풀이 Tip**
· 표로 제시된 프로그램명이 선택지의 개수인 5개보다 많으므로 전부 다 계산할 것이 아니라 묻는 것만 확인해야 한다.
· 전문가 점수와 학생 점수의 반영 비율을 3:2를 보다 간단한 비로 줄여서 계산하는 것도 가능하다.
· 가산점이 부여되는 분야와 가산점이 부여되지 않는 분야로 구분하여 그룹간 비교를 하는 것도 가능하다.
· 차이값으로 계산하는 것도 보다 빠른 해결이 가능하다.
· 점수 계산 스킬인 감점으로 점수를 부여한 후 계산하는 것도 보다 빠른 해결이 가능하다.

09

정답 ④

정답 체크

첫 번째 동그라미에 주어진 표에 두 번째 동그라미의 점수를 가감해본다. 우선 스태프 인원이 50명 미만인 작품에 감점 10점을, 장르가 판타지인 작품에 가점 10점을 적용해보면 다음과 같다.

현황 \ 작품	기본 점수 (점)	스태프 인원 (명)	장르	감독의 최근 2개 작품 흥행 여부 (개봉연도)	
성묘	70	55	판타지 +10	성공 (2009)	실패 (2015)
서울의 겨울	85	45 –10	액션	실패 (2018)	실패 (2020)
만날 결심	75	50	추리	실패 (2020)	성공 (2022)
빅 포레스트	65	65	멜로	성공 (2011)	성공 (2018)

그리고 감독의 최근 2개 작품이 모두 흥행 성공한 작품에 가점 10점을, 감독의 직전 작품이 흥행 실패한 작품에 감점 10점을 적용해보면 다음과 같다.

현황 \ 작품	기본 점수 (점)	스태프 인원 (명)	장르	감독의 최근 2개 작품 흥행 여부 (개봉연도)	
성묘	70	55	판타지 +10	성공 (2009)	실패 (2015) –10
서울의 겨울	85	45 –10	액션	실패 (2018)	실패 (2020) –10
만날 결심	75	50	추리	실패 (2020)	성공 (2022)
빅 포레스트	65	65	멜로	성공 (2011)	성공 (2018) +10

각 작품의 최종점수를 확인해보면 '성묘'가 70+10-10=70점, '서울의 겨울'이 85-10-10=65점, '만날 결심'이 75점, '빅 포레스트'가 65+10=75점이다.

최종점수가 75점 이상인 작품에 투자하므로 '만날 결심'과 '빅 포레스트'에 투자한다. 정답은 ④이다.

⏱ **빠른 문제 풀이 Tip**
평이한 난도의 문제이므로, 감점과 가점을 혼동하지 않도록 주의한다.
실수할 수 있는 포인트가 몇 가지 있는 문제이므로 실수에도 주의하자.

42 PSAT 교육 1위, 해커스PSAT **psat.Hackers.com**

01	02	03	04	05	06	07	08	09	10
②	④	①	③	⑤	②	①	②	②	①

01

정답 ②

정답 체크

계산의 조건을 정확하게 파악해야 한다.

· 팀원은 총 8명
· 한 대의 렌터카로 모두 같이 이동
· 워크숍 기간은 1박 2일
· 워크숍 비용을 최소화
· 워크숍 비용 = 왕복 교통비 + 숙박요금

1) 왕복 교통비
  - 교통비는 렌터카 비용
  - 렌터카 비용은 거리 10km당 1,500원

구분	A 펜션	B 펜션	C 펜션
펜션까지 거리(km)	100	150	200
왕복 교통비(원)	30,000	45,000	60,000

2) 숙박요금
  - 숙박인원이 숙박기준인원을 초과할 경우, A~C 펜션 모두 초과 인원 1인당 1박 기준 10,000원씩 요금 추가
  - 팀원은 총 8명

구분	A 펜션	B 펜션	C 펜션
1박당 숙박요금(원)	100,000	150,000	120,000
숙박기준인원(인)	4	6	8
숙박요금(원)	140,000	170,000	120,000

워크숍 비용은 1)과 2)의 합이므로 계산하면 다음과 같다.

구분	A 펜션	B 펜션	C 펜션
왕복 교통비(원)	30,000	45,000	60,000
숙박요금(원)	140,000	170,000	120,000
워크숍 비용(원)	170,000	215,000	180,000

따라서 예약할 펜션은 A 펜션이고, 워크숍 비용은 170,000원이다.

⏱ 빠른 문제 풀이 Tip

2019년 5급 공채 가책형 9번 통역경비 문제와 유사한 문제로, 거리는 편도로 제시되어 있지만 왕복교통비를 구해야 한다는 점에 주의하여야 한다.

02

정답 ④

정답 체크

- 통역경비 = 통역료 + (교통비 + 이동보상비)
- <상황>을 정리해 보면 다음과 같다.

① 영어 통역사 2명: 통역사 1인당 4시간 통역 진행
   인도네시아어 통역사 2명: 통역사 1인당 2시간 통역 진행
② 甲시까지는 편도로 2시간이 소요
③ 개인당 교통비는 왕복으로 100,000원

[방법 1]

통역료	영어: 통역사 2명, 1인당 4시간 → (50만+10만)×2명=120만 원 인도네시아어: 통역사 2명, 1인당 2시간 → 60만×2명=120만 원
출장비	1) 교통비: 4명, 1인당 왕복 10만 원 → 10만×4명=40만 원 2) 이동보상비: 4명, 1인당 편도 2시간 소요(=왕복 4시간 소요) → 1만×4시간×4명=16만 원

따라서 총 통역경비는 120만+120만+40만+16만=총 296만 원이고, 정답은 ④이다.

[방법 2]

통역사 1인당 각각의 통역 경비를 구하면,
통역료 60만+교통비 10만+이동보상비 4만=총 74만 원이므로 4명의 총 통역경비는 74만×4=296만 원이다.

⏱ 빠른 문제 풀이 Tip

· 이동보상비를 구할 때 '왕복'으로 구해야 한다는 점에 주의하자.
· '1인당 통역료', '1인당 출장비'의 'A당 B'의 값이 주어지는 경우, A를 곱해주어야 전체 값을 구할 수 있다.
· '통역사 1인당'의 'a당 b' 출제장치가 활용된 문제이다.
· 통역료와 출장비 중에 동일한 기준이 적용되는 것과 차이나는 것을 잘 구분하여 실수하지 않도록 주의해야 한다.
· 정확한 계산 스킬을 사용하면 보다 빠른 해결이 가능하다.

03

정답 ①

정답 체크

첫 번째 동그라미부터 각각 조건 ⅰ)~ⅵ)이라고 한다.

조건 ⅱ), ⅲ)에 따르면 甲사무관은 오전 11시에 출발해 당일 오후 1시 30분까지 회의 장소에 도착하려고 한다. 즉, 총 2시간 30분의 시간이 있음을 확인한다. 조건 ⅵ)에 따르면 甲사무관은 B연구소 주차장에서 음식점까지 10분, 점심식사에 30분, 음식점에서 다시 주차장까지 10분, 주차장에서 회의 장소까지 5분이 소요된다고 한다. 모두 더하면 10분+30분+10분+5분=총 55분이 소요되므로, 甲사무관은 2시간 30분에서 55분을 뺀 1시간 35분 안에 A부처에서 B연구소 주차장까지 도착해야 한다. 따라서 조건 ⅳ) 표의 5가지 경로 중 소요시간이 1시간 35분을 초과하는 '최단거리경로'와 '초보자경로'를 선택할 수 없다. 이에 따라 선택지 ③, ⑤는 제거된다.
그리고 조건 ⅴ)에 따르면 甲사무관은 통행요금이 7,200원으로 5,000원이 넘는 '최소시간경로'를 이용하지 않는다. 이에 따라 선택지 ②는 제거된다.

또한 '최적경로'와 '무료도로경로'는 둘 다 통행요금이 5,000원을 넘지 않으므로, 피로도를 비교했을 때 '최적경로'의 피로도는 4, '무료도로경로'의 피로도는 5로 피로가 덜한 '최적경로'를 선택한다. 따라서 정답은 ①이다.

04
정답 ③

정답 체크

보수=착수금+사례금임을 적용하여 구한다.

· 착수금
  - 대리인이 작성한 출원서의 내용에 따라 <착수금 산정 기준>의 세부항목을 합산하여 산정
  - 단, 세부항목을 합산한 금액이 140만 원을 초과할 경우 착수금은 140만 원으로 함

세부항목에 따라 착수금을 계산하면 다음과 같다.

세부항목	금액(원)	甲	乙
기본료	1,200,000	1,200,000	1,200,000
독립항 1개 초과분(1개당)	100,000	1개 → 0	5개 → 400,000
종속항(1개당)	35,000	2개 → 70,000	16개 → 560,000
명세서 20면 초과분(1면당)	9,000	14면 → 0	50면 → 270,000
도면(1도당)	15,000	3도 → 45,000	12도 → 180,000

甲=120만+0+7만+0+4.5만=131.5만 원
乙=120만+40만+56만+27만+18만=261만 원
단, 세부항목을 합산한 금액이 140만 원을 초과할 경우 착수금은 140만 원으로 하기 때문에 乙의 착수금은 140만 원이다.

· 사례금
  甲은 등록결정되었으므로 131.5만 원, 乙은 거절결정되었으므로 0원이다.
따라서 甲의 보수 263만 원과 乙의 보수 140만 원의 차이는 123만 원이다.

⏱ 빠른 문제 풀이 Tip
착수금이 140만 원을 넘어가게 되는 경우 정확한 값을 구하지 않아야 더 빠른 문제 해결이 가능하다.

05
정답 ⑤

정답 체크

지문의 대화 내용 중 '연수를 희망하는 응답자는 43%였으며, 남자직원의 40%와 여자직원의 50%가 연수를 희망'했다는 진술에 따라 연수를 희망하는 남자직원과 여자직원의 수를 구해보면 다음과 같다. 남자직원의 수를 A, 여자직원의 수를 B라고 하면 연수를 희망하는 응답자 43%는 다음과 같이 구해진다.

· A+B=1,000
· $\frac{0.4A+0.5B}{A+B} \times 100 = 43\%$

두 식을 연립하면 A=700(명), B=300(명)이다. 이때 남자직원의 40%와 여자직원의 50%가 연수를 희망하므로 연수를 희망하는 남자직원은 280명, 여자직원은 150명임을 알 수 있다. 이를 토대로 연수를 희망하는 직원만을 대상으로 하여 표로 정리하면 다음과 같다.

구분	A지역	B지역	계
남	280×60%(ⓒ)	280×40%(ⓑ)	280명
여	150×20%(ⓒ)	150×80%(ⓐ)	150명
계	-	-	430명

표에는 乙의 두 번째 진술 '연수를 희망하는 여자직원 중 B지역 희망 비율은 연수를 희망하는 남자직원 중 B지역 희망 비율의 2배인 80%였습니다.'의 내용(ⓐ)에 음영처리하였다. 즉, 연수를 희망하는 남자직원 중 B지역 희망 비율은 40%(ⓑ)임을 알 수 있고 이에 따라 표의 나머지 부분(ⓒ)도 채울 수 있다. 모두 계산해서 표를 채우면 다음과 같다.

구분	A지역	B지역	계
남	168명	112명	280명
여	30명	120명	150명
계	198명	232명	430명

ㄱ. 남자직원의 수는 700명으로 전체 직원 중 남자직원의 비율은 70%이다.
ㄷ. A지역 연수를 희망하는 직원은 198명으로 200명을 넘지 않는다.
ㄹ. B지역 연수를 희망하는 남자직원은 112명으로 100명을 넘는다.

오답 체크

ㄴ. 연수 희망자 430명 중 여자직원은 150명으로 그 비율은 약 34.9%이다. 40%를 넘지 않는다.

⏱ 빠른 문제 풀이 Tip
실전에서는 가중평균을 위와 같이 식을 세워서 구하지 않고 비례식을 통해 해결하는 것이 효율적이다. 남자직원의 40%, 여자직원의 50%가 연수를 희망하였고 전체 직원의 43%가 연수를 희망하였다면, 남자직원과 전체 직원의 퍼센트 차가 3, 여자직원과 전체 직원의 퍼센트 차가 7로 남자직원의 수 : 여자직원의 수=7 : 3이므로 남자직원 수는 700명, 여자직원 수는 300명으로 빠르게 구한 후 풀이해야 한다.

06
정답 ②

정답 체크

<대화>의 의미를 파악해 보면 다음과 같다.
· 甲에 따르면, 甲>丁이어야 한다.
· 乙에 따르면, 乙>甲>丁이어야 한다.
· 주무관의 직급은 甲>乙>丙>丁 순이므로 丙에 따르면 성과점수는 甲, 乙>丙>丁이어야 한다. 이를 甲, 乙의 진술과 결합해 보면, 乙>甲>丙>丁 순이 된다.
· 丁에 따르면, 乙>甲>丙>4점이 된다.

성과점수 30점 중 丁의 4점을 제외한 나머지 26점을 자연수로 乙>甲>丙 순으로 분배해야 한다. 丙이 받을 수 있는 성과점수를 최대로 만들기 위해서는 세 주무관의 점수가 1점씩 차이 나는 경우가 가장 바람직하다. '乙(丙 성과점수+2), 甲(丙 성과점수+1), 丙 성과점수'인 경우가 丙의 성과점수를 가장 최대로 만들 수 있다. 丙의 성과점수가 8점인 경우, 乙의 성과점수는 10점, 甲의 성과점수는 9점으로 세 사람의 성과점수의 합이 27점이 되어 불가능하다. 따라서 丙의 최대 성과점수는 7점이다.

07

정답 체크

· 첫 번째 문장에 따르면 아기에게는 총 4mL의 해열시럽을 먹여야 한다. 나머지 문장에서 아기가 먹은 해열시럽의 양을 확인한다.

· 두 번째 문장에 따르면 아기는 배즙 4mL와 해열시럽 4mL를 균일하게 섞은 것의 4분의 1만 먹었다. 균일하게 섞었다고 하므로 아기는 배즙 1mL와 해열시럽 1mL를 먹은 것이고 배즙 3mL와 해열시럽 3mL가 남은 것이다.

· 세 번째, 네 번째 문장에 따르면 남은 배즙 3mL, 해열시럽 3mL와 사과즙 50mL를 다시 균일하게 섞었는데 그 절반을 먹었다고 하므로, 해열시럽은 1.5mL를 먹은 것이고 1.5mL가 남은 것이다. 따라서 아기에게 해열시럽 1.5mL를 더 먹여야 하므로 정답은 ①이다.

> ### ⏱ 빠른 문제 풀이 **Tip**
>
> 두 번째 문장에 따르면 아기는 배즙 4mL와 해열시럽 4mL를 균일하게 섞은 것의 4분의 1만 먹었다. 균일하게 섞었다고 하므로 아래와 같이 계산할 수 있다.
>
> – 아기가 먹은 해열시럽의 양: $4\text{mL} \times \dfrac{1}{4} = 1\text{mL}$
>
> – 남은 해열시럽의 양: $4\text{mL} - 1\text{mL} = 3\text{mL}$
>
> 세 번째, 네 번째 문장에 따르면 남은 배즙 3mL, 해열시럽 3mL와 사과즙 50mL를 다시 균일하게 섞었는데 그 절반을 먹었다고 했으므로 아래와 같이 계산할 수 있다.
>
> – 아기가 먹은 해열시럽의 양: $3\text{mL} \times \dfrac{1}{2} = 1.5\text{mL}$
>
> – 남은 해열시럽의 양: $3\text{mL} - 1.5\text{mL} = 1.5\text{mL}$
>
> 정답은 ①이다.

08

정답 체크

첫 번째 '–'부터 각각 조건 ⅰ)~ⅳ)라고 한다. 우선 조건 ⅱ)에 따라 원격지 전보에 해당하는 신청자를 판단하고, 조건 ⅳ)에 따라 지원액을 계산한다.

조건 ⅱ)에 따르면 원격지 전보에 해당하는 신청자만 배정대상자로 하므로 乙은 배정 대상자에서 제외된다.

조건 ⅰ)에 따르면 이전여비 지원 예산 총액은 160만 원인데 甲, 丙, 丁, 戊의 신청액 합은 70+50+30+50=200(만 원)으로 배정대상자 신청액의 합이 지원 예산 총액을 초과한다. 조건 ⅳ)에 따르면 배정대상자 신청액의 합이 지원 예산 총액을 초과할 경우에는 각 배정대상자의 '신청액 대비 배정액 비율'이 모두 같도록 삭감하여 배정한다. 甲, 丙, 丁, 戊의 배정액을 각각 a, b, c, d라고 하면 $a+b+c+d=160$만 원이고, 신청액 대비 배정액 비율은 모두 같다고 하므로 다음과 같이 계산할 수 있다.

$$\frac{a}{70} = \frac{b}{50} = \frac{c}{30} = \frac{d}{50}$$

$$b = \frac{50}{70}a, \ c = \frac{30}{70}a, \ d = \frac{50}{70}a$$

$$a + \frac{50}{70}a + \frac{30}{70}a + \frac{50}{70}a = 160$$

$$\left(1 + \frac{50}{70} + \frac{30}{70} + \frac{50}{70}\right)a = 160$$

$$\frac{200}{70}a = 160, \ a = \frac{70}{200} \times 160 = 56$$

따라서 甲에게 배정되는 금액은 560,000원이다.

> ### ⏱ 빠른 문제 풀이 **Tip**
>
> 70+50+30+50=200(만 원)이고, 160만 원에서 甲, 丙, 丁, 戊 모두 200만 원 대비 본인의 신청액만큼의 비율로 배정받는다. 따라서 다음과 같이 바로 계산할 수 있다.
>
> 甲: 160만 원 × $\dfrac{70}{200}$ = 56만 원
>
> 또는 '신청액 대비 배정액 비율'이 모두 같다면 甲의 신청액에 '전체 신청액 대비 전체 배정액 비율'을 곱해도 된다.
>
> 甲: 70만 원 × $\dfrac{160}{200}$ = 56만 원

09

정답 체크

발문에서는 (1) 식목일의 요일을 묻고 있고, (1)~(6)은 서로 다른 요일의 일기라고 한다. (1)~(6) 중 확정적인 정보부터 정리해 본다.

(3)은 수요일로 주어져 있다. (6)은 일요일이고 (5)는 (6)의 전날이므로 토요일이다. 다음과 같이 대략적인 달력을 정리할 수 있다.

월	화	수	목	금	토	일
		(3)				
					(5)	(6)

이에 따라 선택지 ⑤는 제거된다. 지문의 일기들은 날짜순으로 나열한 것이므로 (3) 이전에 (1), (2)가, (3)과 (5) 사이에 (4)가 들어가야 한다. (1)이 1) 월요일인 경우, 2) 화요일인 경우, 3) 목요일인 경우, 4) 금요일인 경우로 나눠서 생각한다.

[경우 1] (1) 4월 5일이 월요일이라고 가정

월	화	수	목	금	토	일
(1) 5일						(2) 11일
		(3)				
					(5)	(6)

4월 5일이 월요일이면 (2) 4월 11일은 일요일이 된다. (2)와 (6)이 같은 요일이 되므로 서로 다른 요일이라는 지문의 내용에 위배된다.

[경우 2] (1) 4월 5일이 화요일이라고 가정

월	화	수	목	금	토	일
	(1) 5일					
(2) 11일		(3)				
					(5)	(6)

4월 5일은 화요일이 될 수 있다.

[경우 3] (1) 4월 5일이 목요일이라고 가정

월	화	수	목	금	토	일
			(1) 5일			
		(2), (3)				
					(5)	(6)

4월 5일이 목요일이면 (2) 4월 11일은 수요일이 된다. (2)와 (3)이 같은 요일이 되므로 서로 다른 요일이라는 지문의 내용에 위배된다.

[경우 4] (1) 4월 5일이 금요일이라고 가정

월	화	수	목	금	토	일
				(1) 5일		
		(3)	(2) 11일			
					(5)	(6)

4월 5일이 목요일이면 (2) 4월 11일은 목요일이 된다. 달력상으로 (2)가 (3) 보다 늦은 날짜가 되므로 일기를 날짜순으로 나열한 것이라는 지문의 내용에 위배된다.

따라서 식목일은 화요일이다.

10
정답 ①

정답 체크

첫 번째 동그라미부터 각각 조건 ⅰ)~ⅳ)라고 한다.

조건ⅳ)에 따라 다음과 같이 네 번의 토요일과 다섯 번의 일요일이 있는 달력을 떠올려 본다.

일	월	화	수	목	금	토
1	2	3	4	5	6	7
8	9	10	11	12	13	14
15	16	17	18	19	20	21
22	23	24	25	26	27	28
29	30	(31)				

30일까지 있는 달도 조건ⅳ)를 충족할 수 있다.

조건ⅱ), ⅲ)을 다음과 같이 나타낼 수 있다.

전통시장
유학생
도서기증

조건ⅱ)~ⅳ)를 조합해서 생각해보면 31일까지 있는 달에는 일요일, 월요일과 화요일, 30일까지 있는 달에는 일요일과 월요일, 29일까지 있는 달에는 일요일이 가능하다. 주어진 선택지 중에서는 화요일만 가능하다. 정답은 ①이다.

> ⏱ **빠른 문제 풀이 Tip**
>
> 계산형 중 '달력 응용' 소재로 분류하는 문제이다. 해당 유형을 연습해 두었다면 매우 수월하게 풀 수 있는 평이한 난도의 문제이다.

4 규칙형

유형 15 | 규칙 단순확인형 p.155

01	02	03							
③	④	①							

01 정답 ③

정답 체크

이륙 중량, 자체중량, 사업자/비사업자 여부에 따라 기체검사, 비행승인, 사업등록 요건이 다르므로 각 선택지별 사례에 해당하는 요건을 정확하게 확인해야 한다. 각 중량은 초과/이하로 구분되어 있으므로 혼동하지 않도록 주의한다.

구분		기체검사	비행승인	사업등록		구분		장치신고	조종자격	
이륙중량 25kg 초과	사업자	○	○	○	④	자체중량 12kg 초과	사업자	○	○	④ ⑤
	비사업자	○	○	×	②		비사업자	○	×	
이륙중량 25kg 이하	사업자	×	△	○	③, ⑤	자체중량 12kg 이하	사업자	○	×	③
	비사업자	×	△	×	①		비사업자	×	×	①, ②

사업자인 丙이 이륙중량 25kg, 자체중량 12kg인 드론을 비행하려면 사업등록, 장치신고 요건을 갖추어야 하고, 공항 또는 비행장 중심 반경 5km 이내에서는 비행승인도 필요하다. 그런데 丙은 사업등록, 장치신고는 하였지만 비행장 중심으로부터 4km 떨어진 지역에서 비행승인 없이 비행하였으므로, 비행승인을 받지 않아 규칙 위반에 해당한다.

오답 체크

① 비사업자인 甲이 이륙중량 20kg, 자체중량 10kg인 드론을 비행하려면, 공항 또는 비행장 중심 반경 5km 이내에서는 비행승인이 필요하다. 따라서 공항 중심으로부터 10km 떨어진 지역에서는 비행승인이 없더라도 드론을 비행할 수 있다.

② 비사업자인 乙이 이륙중량 30kg, 자체중량 10kg인 드론을 비행하려면 기체검사와 비행승인 요건을 갖추어야 한다. 따라서 기체검사, 비행승인을 받았다면 드론을 비행할 수 있다.

④ 사업자인 丁이 이륙중량 30kg, 자체중량 20kg인 드론을 비행하려면 기체검사, 비행승인, 사업등록, 장치신고, 조종자격의 다섯 가지 모든 요건을 갖추어야 한다. 따라서 기체검사, 사업등록, 장치신고, 조종자격을 갖추고 비행승인을 받았다면 드론을 비행할 수 있다.

⑤ 사업자인 戊가 이륙중량 20kg, 자체중량 13kg인 드론을 비행하려면 사업등록, 장치신고, 조종자격 요건을 갖추어야 하고, 공항 또는 비행장 중심 반경 5km 이내에서는 비행승인도 필요하다. 사업등록, 장치신고, 조종자격을 갖추었으니 문제되지 않고, 공항 또는 비행장 중심 반경 5km를 초과한 지역에서 비행하였으므로 비행승인이 없더라도 문제되지 않는다.

02 정답 ④

정답 체크

다음 요건에 모두 부합하는 경우 국내이전비를 지급받는다.

· 첫째, 전임지에서 신임지로 거주지를 이전하고 이사화물도 옮겨야 한다.
  → 거주지를 이전하지 않는 丙, 이사화물을 이전하지 않는 乙은 제외된다. 다만 동일한 시(특별시, 광역시 및 특별자치시 포함)·군 및 섬(제주특별자치도 제외) 안에서 거주지를 이전하는 공무원에게는 국내이전비를 지급하지 않는다.
  → 울산광역시 중구에서 동일한 울산광역시 내 북구로 이전하는 甲은 제외된다.
· 둘째, 거주지와 이사화물은 발령을 받은 후에 이전하여야 한다.
  → 이전일자는 발령일자보다 늦은 시점이어야 하므로 이전일자가 '20.4.1.이고 발령일자가 '20.4.25.로 이전일자가 발령일자보다 빠른 근는 제외된다.

따라서 국내이전비를 지급받는 공무원은 丁, 戊임을 알 수 있다.

⏱ 빠른 문제 풀이 Tip

모든 요건에 부합하여야 국내이전비를 지급받을 수 있으므로, 하나라도 요건에 위배되는 공무원을 제거해 나가면 어렵지 않게 정답을 찾아낼 수 있다.

03 정답 ①

정답 체크

첫 번째 동그라미의 표에 따르면 점검대상 건축물의 연면적에 따라 책임자와 점검자의 수가 정해지지만, 모든 연면적의 경우 책임자는 1명이다. <보기>에서 주어진 연면적에 따라 점검자 수를 빠르게 판단하고 교육시간을 계산한다.

ㄱ. 연면적 2천 m^2인 건축물은 2천 m^2 미만이므로 점검기관은 책임자를 1명, 점검자는 2명을 두어야 한다. 책임자는 매년 35시간, 점검자는 매년 7시간의 기본교육을 이수해야 하므로, 매년 35시간 + 7시간 × 2명 = 총 49시간의 기본교육을 이수해야 한다. 보수교육을 고려하지 않고도 책임자와 점검자가 이수해야 할 연간 교육시간의 총합은 49시간 이상임을 알 수 있다. 보수교육은 3년마다 이수해야 하므로 보수교육을 이수해야 하는 연도에만 연간 교육시간에 포함된다.

오답 체크

ㄴ. 각층 바닥면적이 5천 m²인 2층 건축물은 연면적이 1만 m²이다. 점검 기관은 책임자를 1명, 점검자는 4명을 두어야 한다. 책임자 1명, 점검자 3명으로 구성된 점검기관은 해당 건축물을 점검할 수 없고, 점검자 1명을 더 두어야 한다.

ㄷ. 연면적 2만 m²인 건축물을 점검하는 점검기관은 책임자를 1명, 점검자는 4명을 두어야 한다. 책임자와 점검자 모두 보수교육을 받아야 하는 해에는 7시간씩 이수해야 하므로 5명×7시간=총 35시간의 보수교육을 이수해야 하지만, 매년 이수해야 하는 것은 아니고 3년마다 이수한다.

1 텍스트형

2 발문조건형

3 계산형

4 규칙형

5 경우형

기출 재구성 모의고사

해커스PSAT 7급 PSAT 유형별 기출 200제 상황판단

01	02	03	04	05	06	07	08	09	10
①	②	②	②	③	④	③	③	⑤	②

11	12
①	⑤

01　　　　정답 ①

정답 체크

ㄱ. 농약을 전혀 사용하지 않고, 화학비료 역시 사과 무농약농산물 기준에 맞게 사용하였으므로 인증이 가능하다.

구분	인증기준	<보기>
농약	사용하지 않음	전혀 사용하지 않음
화학비료	권장량의 2분의 1 이하로 사용(사과 권장량: 100kg/ha)	면적 5km²=5,000,000m²=500ha에서 20t=20,000kg의 화학비료를 사용 → 20,000/500=40kg/ha 사용

ㄹ. 농약과 화학비료를 감 저농약농산물 기준에 맞게 사용하였으므로 인증이 가능하다.

구분	인증기준	<보기>
농약	1) 살포시기를 지켜 살포 2) 최대횟수의 2분의 1 이하로 사용	1) 마지막 살포시기가 수확 약 두 달 전 2) 살포횟수 2회
화학비료	권장량의 2분의 1 이하로 사용(감 권장량: 120kg/ha)	면적 100m×500m=50,000m²=5ha에서 200kg의 화학비료를 사용 → 200/5=40kg/ha 사용

오답 체크

ㄴ. 화학비료는 기준에 맞게 사용하였으나, 복숭아 농약 살포시기 기준을 만족하지 못하므로 저농약농산물 인증이 불가능하다.

구분	인증기준	<보기>
농약	1) 살포시기를 지켜 살포 2) 최대횟수의 2분의 1 이하로 사용	1) 마지막 살포시기가 수확 열흘 전 2) 살포횟수 2회
화학비료	권장량의 2분의 1 이하로 사용(복숭아 권장량: 50kg/ha)	면적 3ha에서 50kg의 화학비료 사용 → 50/3≒17kg/ha 사용

ㄷ. 유기농산물의 인증기준을 충족하지 못하므로 인증이 불가능하다.

인증기준	<보기>
일정 기간(다년생 작물 3년, 그 외 작물 2년) 이상 농약과 화학비료를 사용하지 않음	작년에 화학비료를 사용

> ⏱ **빠른 문제 풀이 Tip**
> 친환경농산물의 종류 3가지 중 어떤 종류부터 처리하는지가 중요하다. 판단하기 편한 종류부터 해결한 후 선택지 조합을 같이 고려한다면 보다 빠르고 정확한 해결이 가능하다.

02　　　　정답 ②

정답 체크

지문의 구분 기준에 따라 공공기관 A~D를 구분해 보면 다음과 같다.

공공기관	직원 정원	자산규모	자체수입비율	구분
A	80명	3조 원	85%	시장형 공기업
B	40명	1.5조 원	60%	기타공공기관
C	60명	1조 원	45%	준정부기관
D	55명	2.5조 원	40%	준정부기관

ㄱ. 구분 기준에 따를 때 기관 A는 시장형 공기업이다.
ㄹ. 구분 기준에 따를 때 기관 D는 준정부기관이다.

오답 체크

ㄴ. 기관 B는 준시장형 공기업이 아니라 기타공공기관이다.
ㄷ. 기관 C는 기타공공기관이 아니라 준정부기관이다.

> ⏱ **빠른 문제 풀이 Tip**
> 공공기관의 구분 개념 중 어떤 개념부터 처리하는지가 중요하다. 판단하기 편한 개념부터 해결한 후 선택지 조합을 같이 고려한다면 보다 빠르고 정확한 해결이 가능하다.

03　　　　정답 ②

정답 체크

ㄴ. 乙이 승리하기 위해서 4점 숏에 도전해야만 하는 상황인지 확인한다. 즉, 乙이 4점 숏에 도전하지 않고는 甲의 최소 합계 점수를 넘을 수 없는지 확인한다. 甲이 3점 숏에 2번 도전하였을 때 최소 합계 점수가 나오는 경우를 정리하면 다음 표와 같다.

구분	1회	2회	3회	4회	5회	합계 점수
경우 1	○ (3점)	× (3점)	○ (2점)	○ (2점)	○ (2점)	9점
경우 2	○ (3점)	× (-1점)	○ (3점)	○ (2점)	○ (2점)	9점

경우 2는 2회차 도전에서 4점 슛에 도전하고 실패한 경우이다. 乙이 4점 슛에 도전하지 않고 얻을 수 있는 최대 합계 점수는 1, 2, 5회차 모두 3점 슛에 도전하여 성공한 경우인 9점이다. 甲의 최소 합계 점수와 乙의 최대 합계 점수가 9점으로 같은 상황인데 지문에서는 점수가 같은 경우 누가 승리하는지에 대해 언급이 없다. 다만 합계 점수가 더 높은 사람이 승리한다고 했으므로 乙이 승리하기 위해서는 甲의 9점보다 높은 점수가 필요하다. 따라서 乙이 승리하기 위해서는 던지기에 성공한 1, 2, 5회차 도전 중 1번은 4점 슛에 도전하여 성공해야 한다.

오답 체크

ㄱ. 甲의 합계 점수를 가능한 낮게 만들어서 반례를 찾는다. 예를 들어 甲이 성공한 1, 3, 4, 5회차 도전이 모두 2점 슛이었다면 甲은 8점을 획득한다. 그러나 甲이 실패한 2회차 도전이 4점 슛 도전이었다면 실패한 경우 1점을 잃게 된다. 이 경우 甲의 합계 점수는 7점으로 8점 미만이 된다.

ㄷ. 甲이 승리하기 위해서는 甲의 최소 합계 점수가 乙의 최대 합계 점수 이상이어야 한다. 甲의 최소 합계 점수를 구하면 1, 3, 4, 5회차 도전에는 모두 2점 슛을 도전하여 성공하고, 2회차 도전에서는 슛에 실패하여 1점을 잃은 7점이 된다. 乙의 최대 합계 점수를 구하면 성공한 회차인 1, 2, 5회차에 1회는 4점 슛, 2회는 3점 슛을 도전하여 총 10점을 획득하고, 실패한 회차인 3, 4회차에는 슛에 실패하여 총 2점을 잃은 8점이 된다. 따라서 모든 슛에 대해 실패 시 1점을 차감한다면 반드시 甲이 승리하였을 것이라고는 할 수 없다.

04

정답 ②

정답 체크

ㄱ. 숫자판 하나당 전구 하나씩이 있고 전구로 표현 가능한 경우는 on/off 두 가지 경우이다. 따라서 여섯 개의 전구를 동시에 고려할 경우, 표현할 수 있는 총 경우의 수는 $2 \times 2 \times 2 \times 2 \times 2 = 2^6 = 64$가지이다. 숫자판으로 표현할 수 있는 숫자의 범위를 보면 모든 전구가 꺼진 경우에 가장 작은 수인 0을 표현할 수 있고, 반대로 모든 전구가 켜진 경우에 가장 큰 수인 63을 표현할 수 있다. 즉, 최소 0부터 최대 63까지 표현할 수 있다. 숫자판은 전구가 켜진 칸에 있는 숫자를 더하여 결괏값을 표현하므로 각 숫자판으로 표현할 수 있는 숫자는 다음과 같다.

32	16	8	4	2	1	숫자
					○	1
				○		2
				○	○	3
			○			4
			○		○	5
			○	○		6
			○	○	○	7
		○				8
		○			○	9
		○		○		10
		○		○	○	11
		○	○			12
		○	○		○	13

⋮

따라서 각 숫자판으로 표현할 수 있는 숫자의 범위를 보면 다음과 같다.

32	16	8	4	2	1
					1
				1 ~ 3	
			1 ~ 7		
		1 ~ 15			
	1 ~ 31				
1 ~ 63					

숫자판으로 표현할 수 있는 경우의 수가 총 64가지이고, 숫자판으로 표현할 수 있는 숫자의 범위도 0부터 63까지 총 64개의 숫자이다. 따라서 이 숫자판을 사용하면 1부터 63까지의 모든 자연수를 결괏값으로 표현할 수 있다.

ㄹ. 숫자판에서 32 하나의 전구가 켜진 경우의 결괏값 32는 숫자판에서 그 외 다섯 개의 전구 1, 2, 4, 8, 16이 모두 켜진 경우의 결괏값 31보다 크다.

오답 체크

ㄴ. 숫자판에 한 개의 전구를 켜서 표현한 결괏값인 1, 2, 4, 8, 16, 32는 두 개 이상의 전구를 켜서, 즉 숫자판의 숫자 중 두 개 이상의 숫자를 더해서 표현할 수 없다. ㄱ에서 검토했듯이 숫자판으로 표현할 수 있는 숫자는 서로 중복되지 않는다.

ㄷ. 숫자 1의 전구가 고장 나서 안 켜질 때 남은 다섯 개의 전구로 숫자를 표현해야 하므로 $2 \times 2 \times 2 \times 2 \times 2 = 2^5 = 32$가지를 표현할 수 있고, 숫자 32의 전구가 고장 나서 안 켜질 때 역시 남은 다섯 개의 전구로 숫자를 표현해야 하므로 $2 \times 2 \times 2 \times 2 \times 2 = 2^5 = 32$가지를 표현할 수 있다. 따라서 두 경우 모두 표현할 수 있는 결괏값의 개수는 32가지로 동일하다.

> ⏱ **빠른 문제 풀이 Tip**
> 2진법을 소재로 한 문제임을 파악한다면 <보기>를 보다 빠르게 해결할 수 있다.

05

정답 ③

정답 체크

ㄴ. 말의 최종 위치가 4시인 경우는 주사위를 24번 던진 결과가 최종적으로 +4, +16, -8, -20이 되어야 한다. 말의 최종 위치가 8시인 경우는 주사위를 24번 던진 결과가 최종적으로 +8, +20, -4, -16이 되어야 한다. 이때 +4가 나온 경우에서 홀수와 짝수의 횟수가 바뀐다면 -4가 된다. 이를 정리하면 다음과 같다.

4시인 경우			8시인 경우		
결과	짝수 (+1시간)	홀수 (-1시간)	결과	짝수 (+1시간)	홀수 (-1시간)
+4	+14	-10	-4	+10	-14
+16	+20	-4	-16	+4	-20
-8	+8	-16	+8	+16	-8
-20	+2	-22	+20	+22	-2

결국 주사위를 던졌을 때 홀짝만 바뀌면 4시와 8시는 서로 대칭이 된다. 주사위를 던졌을 때 짝수가 나올 확률과 홀수가 나올 확률은 $\frac{1}{2}$로 서로 동일하다. 따라서 말의 최종 위치가 4시일 확률과 8시일 확률은 같다.

1 텍스트형
2 법조문형
3 계산형
4 규칙형
5 경우형
기출 재구성 모의고사
해커스PSAT 7급 PSAT 유형별 기출 200제 상황판단

ㄹ. 甲이 승리하기 위해서는 말의 최종 위치가 1~5시에 있어야 한다. 22번째 주사위를 던져 말을 이동시킨 결과가 12시라면 앞으로 두 번의 주사위를 더 던져야 하고, 주사위를 두 번 더 던졌을 때 나오는 결과는 (짝수, 짝수), (짝수, 홀수), (홀수, 짝수), (홀수, 홀수) 네 가지 경우가 가능하다. 이때 각 경우의 결과를 정리해 보면 다음과 같다.

(짝수, 짝수)	+ 2시간 이동	2시에 최종 위치	甲 승리
(짝수, 홀수)	그대로 유지	12시에 최종 위치	무승부
(홀수, 짝수)	그대로 유지	12시에 최종 위치	무승부
(홀수, 홀수)	− 2시간 이동	10시에 최종 위치	乙 승리

네 가지 경우의 수의 확률은 각각 $\frac{1}{4}$로 동일하다. 따라서 乙이 22번째 주사위를 던져 말을 이동시킨 결과 말의 위치가 12시라면, 甲이 승리할 확률 $\frac{1}{4}$은 무승부가 될 확률 $\frac{1}{2}$보다 낮다.

오답 체크

ㄱ. 1개의 말을 12시에 놓고 게임을 시작한 후 甲과 乙이 번갈아 주사위를 각 12번씩 총 24번 던진다. 주사위를 던져 짝수가 나오면 말을 시계 방향으로 1시간 이동시키며, 홀수가 나오면 말을 반시계 방향으로 1시간 이동시킨다.

구분	짝수 (+1시간)	홀수 (−1시간)	결과	말의 위치
짝수+홀수 = 24	24	0	+ 24시간 =12+12	12시
	23	1	+ 22시간 =12+10	10시
	22	2	+ 20시간 =12+8	8시
	21	3	+ 18시간 =12+6	6시
			⋮	
	12	12	+ 0시간	12시
			⋮	
짝수 + 홀수 = 24	3	21	− 18시간 =−12−6	6시
	2	22	− 20시간 =−12−8	4시
	1	23	− 22시간 =−12−10	2시
	0	24	− 24시간 =−12−12	12시

말의 최종 위치가 3시가 되려면 주사위를 24번 던진 결과가 최종적으로 +3, + 15, − 9, − 21 중 하나가 나와야 하는데 그런 경우는 불가능하다. 말의 최종 위치가 홀수 숫자의 시각에 있으려면 주사위를 던져서 짝수가 나온 횟수와 홀수가 나온 횟수의 차이가 홀수여야 하지만 이는 불가능하므로, 말의 최종 위치가 홀수 숫자의 시각에 있는 경우는 없다. 홀수와 짝수가 어떤 횟수만큼 나오더라도 결과적으로는 짝수 숫자의 시각에 위치하게 된다. 따라서 말의 최종 위치가 3시일 확률은 0이다.

ㄷ. 말의 최종 위치가 1~5시이면 甲이 승리하고, 7~11시이면 乙이 승리한다. 6시 또는 12시이면 무승부가 된다. 乙이 마지막 주사위를 던질 것을 앞두고 있다면 현재까지는 주사위를 23번 던진 셈이고, 말은 홀수 숫자의 시각에 위치해 있다. 이때 만약 말이 5시에 위치해 있다면 甲의 입장에서 홀수가 나와서 '반시계 방향으로 1시간 이동해 4시에 말이 최종적으로 위치하는 것'보다 짝수가 나와서 '시계 방향으로 1시간 이동해 6시에 말이 최종적으로 위치하는 것'이 유리하지 않다. 즉, 홀수가 나오는 것이 짝수가 나오는 것보다 더 유리하다.

만약 말이 7시에 위치해 있더라도 甲의 입장에서 홀수가 나와서 '반시계 방향으로 1시간 이동해 6시에 말이 최종적으로 위치하는 것'보다 짝수가 나와서 '시계 방향으로 1시간 이동해 8시에 말이 최종적으로 위치하는 것'이 유리하지 않다. 6시로 이동하면 무승부가 되는데 8시로 이동하면 乙의 승리로 끝나게 되므로 7시에 있는 경우에도 홀수가 나오는 것이 짝수가 나오는 것보다 더 유리하다.

따라서 乙이 마지막 주사위를 던질 때, 홀수가 나오는 것보다 짝수가 나오는 것이 甲에게 항상 유리한 것은 아니다.

> ⏱ **빠른 문제 풀이 Tip**
> ㄴ. 대칭의 성질을 이용하면 빠른 해결이 가능하다.

06
정답 ④

정답 체크

ㄱ. A팀이 C팀과의 경기에서 이긴다면 승점은 현재 6점에서 3점을 더해 9점이 되고, C팀의 승점은 현재 3점에서 0점을 더해 3점이 된다. B팀과 D팀의 승점은 경기 결과에 따라 다음과 같은 경우가 가능하다.

구분	B팀(현재 승점 3점)	D팀(현재 승점 0점)
B팀이 이기는 경우	6	0
서로 비기는 경우	4	1
D팀이 이기는 경우	3	3

따라서 A팀은 B팀과 D팀의 경기 결과에 상관없이 16강에 진출한다.

ㄴ. A팀이 C팀과 1:1로 비기고 B팀이 D팀과 0:0으로 비기면 네 팀이 모두 승점을 1점씩 가지게 된다. 이때 현재 승점 6점인 A팀은 16강에 진출하고 그다음으로 승점이 3점으로 같은 B팀과 C팀이 승점−골득실차−다득점−승자승−추첨의 순서에 의해 2위팀을 가리게 된다.

· 골득실차: A팀이 C팀과 1:1로 비기고 B팀이 D팀과 0:0으로 비겼으므로 마지막 경기에서 B팀과 C팀 모두 골득실차가 0이다. 따라서 <마지막 경기를 남겨 놓은 각 팀의 전적>에서의 골득실차가 그대로 유지된다. B팀은 3/4로 −1, C팀 역시 2/3으로 −1이다.
· 다득점: B팀은 3골, C팀 역시 3골로 같다.
· 승자승: 승자승 원칙은 두 팀이 경기했을 때 이긴 팀이 유리하다. B팀과 C팀이 경기했을 때 결과가 B:C = 2:0이었으므로 B팀이 16강에 진출하게 된다.

따라서 A팀과 B팀이 16강에 진출한다.

ㄷ. C팀과 D팀이 함께 16강에 진출하기 위해서는 조 1, 2위를 가리는 첫 번째 기준이 승점이므로 남은 A팀과 C팀, B팀과 D팀의 경기에서 C팀과 D팀이 가장 높은 승점을 얻어야 한다. C팀과 D팀이 모두 승리했을 때 각 팀의 승점은 다음과 같다.

구분	현재 승점	마지막 경기 승점	최종 승점
A팀	6	+0	6
B팀	3	+0	3
C팀	3	+3	6
D팀	0	+3	3

따라서 D팀은 승점이 낮기 때문에 16강에 진출할 가능성은 없다.

오답 체크

ㄹ. D팀이 16강에 진출하기 위해서는 조 1, 2위를 가리는 첫 번째 기준이 승점이므로 D팀은 남은 경기에 승리하여 승점 3점을 얻어 최종 승점이 3점이 되어야 한다. D팀이 따라잡을 가능성이 있는 승점 3점의 B팀과 C팀이 남은 경기에서 패배하면 B, C, D팀은 모두 승점이 3점이 된다. 다음으로 골득실차를 따질 때는 극단적인 사례 또는 반례를 파악한다. 남은 경기인 B팀과 D팀 간의 경기에서 D팀이 10,000 : 0의 스코어로 이겼다고 가정하면 골득실차에서 10,000골 가까이 (+)가 된다. 따라서 마지막 경기의 결과에 따라 D팀이 16강에 진출할 수도 있다.

⏱ 빠른 문제 풀이 Tip

ㄷ. C팀과 D팀이 함께 16강에 진출하기 위해서는 승점이 조 1, 2위를 해야 하므로 두 팀 모두 적어도 현재 승점 1위인 A팀의 승점 이상이 될 수 있어야 한다. 하지만 D팀의 현재 승점은 0점으로 최종 경기에서 승리하더라도 A팀의 승점을 따라잡을 수 없다. 따라서 두 팀이 함께 16강에 진출하기는 어렵다.

07   정답 ③

정답 체크

△△배 씨름대회는 각 경기를 거듭할 때마다 패자는 제외시키면서 승자끼리 겨루어 최후에 남은 두 참가자 간에 우승을 가리는 승자 진출전 방식으로 대회를 진행한다고 했으므로 토너먼트 방식임을 알 수 있다.

ㄷ. 총 4번의 경기를 치러야 우승할 수 있는 자리는 E, F, G, H, I, J 6개이고, 총 3번의 경기를 치르고 우승할 수 있는 자리는 A, B, C, D, K 5개이다. 이때 분모인 '전체 자리 수'가 공통이므로 분자 비교만으로도 비교가 가능하다. 따라서 총 4번의 경기를 치러야 우승할 수 있는 자리가 총 3번의 경기를 치러야 우승할 수 있는 자리에 배정될 확률보다 높다.

오답 체크

ㄱ. 각 경기 번호=각 경기일이므로 이틀 연속 경기를 하지 않으려면 한 참가자 기준으로 경기 번호가 연이어 나오면 안 된다. 이때 8경기, 9경기, 10경기는 연달아 경기를 하게 되므로 이 대진표에 해당되는 E~K를 제외한다. 남은 A~D는 최소한의 경기인 3경기로 우승할 수 있으므로 이틀 연속 경기를 하지 않으면서 최소한의 경기로 우승할 수 있는 자리는 A~D 총 4개이다.

ㄴ. 첫 번째 경기에 승리한 경우 두 번째 경기 전까지 3일 이상을 경기 없이 쉴 수 있는 자리는 경기 순서의 차이가 4 이상인 자리이다. 이는 A~E 6개이며 이 자리에 배정될 확률은 6/11로 50% 이상이다.

08   정답 ③

정답 체크

<상황>의 첫 번째 동그라미부터 각각 ⅰ)~ⅳ)라고 한다. ⅰ), ⅱ), ⅳ)의 내용을 정리해보면 다음과 같다.

1위	2위	3위	4위	5위	6위	7위	8위	9위	10위
	B팀				B팀		B팀		

그리고 ⅲ)에 따르면 C팀 선수 중 국내 순위가 가장 낮은 선수가 A팀 선수 중 국내 순위가 가장 높은 선수보다 국내 순위가 높다고 하므로 다음과 같이 정리할 수 있다.

1위	2위	3위	4위	5위	6위	7위	8위	9위	10위
C팀	B팀	C팀	C팀	B팀	A팀	A팀	B팀	A팀	A팀

지문에 따르면 4명의 국가대표는 국내 순위가 높은 선수가 우선 선발되나, A, B, C팀 소속 선수가 최소한 1명씩은 포함되어야 한다. 따라서 국가대표로 선발되는 선수를 음영 처리해보면 다음과 같다.

1위	2위	3위	4위	5위	6위	7위	8위	9위	10위
C팀	B팀	C팀	C팀	B팀	A팀	A팀	B팀	A팀	A팀

ㄱ. 국내 순위 1위 선수의 소속팀은 C팀이다.

ㄹ. 국내 순위 3위 선수와 4위 선수는 같은 C팀이다.

오답 체크

ㄴ. A팀 소속 선수 중 국내 순위가 가장 낮은 선수는 9위가 아니라 10위이다.

ㄷ. 국가대표 중 국내 순위가 가장 낮은 선수는 7위가 아니라 6위이다.

09   정답 ⑤

정답 체크

지문에 따르면 개별 게임에서 두 선수 중 한 명만이 1점을 얻게 된다. 즉 게임 수가 두 사람 득점의 합계가 된다. 예를 들어 지금까지 총 다섯 번의 개별 게임을 했다면 두 명의 점수 합은 5점이 된다. (예. 1점 & 4점, 2점 & 3점 등) 개별 게임을 반복적으로 진행하여 한 선수의 점수가 다른 선수보다 2점 많아지면 그 선수가 경기의 승자가 되고 경기가 종료된다고 하므로 홀수 번째 게임에서 두 선수의 점수 차는 1점이고 경기가 종료되는 경우는 없다. 그리고 경기가 종료되지 않은 짝수 번째 게임에서 두 선수의 점수는 같고, 경기가 종료되는 짝수 번째 게임에서는 두 선수의 점수 차는 2점이라는 것을 이해한다. 한 선수가 두 게임을 연달아 승리해야 게임이 종료되는 것으로 이해해도 좋다.

<상황>에서는 n번째 게임을 끝으로 甲이 경기의 승자가 되고 경기가 종료되었다고 한다.

ㄷ. $(n-2)$번째 게임 종료 후 두 선수의 점수가 같아야 $(n-1)$번째, n번째 게임을 하게 된다.

ㄹ. $(n-3)$번째 게임에서는 甲 또는 乙 누구나 이겼을 수 있다. <보기> ㄴ에서 확인한 바와 같이 n번째 게임의 승자와 $(n-1)$번째 게임의 승자는 甲이어야 하고, <보기> ㄷ에서 확인한 바와 같이 $(n-2)$번째 게임 종료 후 두 선수의 점수는 같았다. 그러므로 다음과 같이 생각해 볼 수 있다.

게임	…	(n-3)번째	(n-2)번째	(n-1)번째	n번째
점수 차	…	1	0	1	2
승자		?	?	甲	甲

그러나 (n−2)번째 이전 게임의 승자는 n번째, (n−1)번째 게임의 승자와 무관하고 승자가 누구인지는 알 수 없다.

오답 체크

ㄱ. n이 홀수인 경우, 두 선수의 점수 차는 1점이다. 두 선수의 점수 차가 1점인 경우 경기가 종료되지 않는다.

ㄴ. 甲이 경기의 승자가 되었으므로, (n−1)번째 게임에서는 甲이 승리하였어야 n번째 게임에서 점수 차가 2점이 된다.

⏱ 빠른 문제 풀이 Tip

기존 기출문제에서 활용된 적 있는 '짝수 성질의 표현'과 '듀스 소재'가 결합되어 출제된 문제이다. 기존 기출문제 분석을 잘 해두면 새롭게 출제될 수 있는 문제를 효율적으로 풀 수 있다.

10
정답 ②

정답 체크

ㄷ. 11번째 경기 직전 10개 경기 전적이 '6승 4패'인데, 1번째 경기 결과가 빠지고 11번째 경기 결과가 반영된 ⓒ이 '6승 4패'라면 1번째 경기 결과와 11번째 경기 결과가 똑같이 '승'이어야 한다. 예를 들면 다음과 같은 경우가 가능하다.

1번째	2번째	3번째	4번째	5번째	6번째	7번째	8번째	9번째	10번째	11번째	12번째
승	승	승	승	승	승	패	패	패	패	승	ⓒ

㉠이 '승'이라면 시즌 1번째 경기의 결과는 '승'이다.

오답 체크

ㄱ. 甲 스포츠 팀의 시즌 첫 번째 경기의 결과가 '패'라면 ㉠이 '패'인 경우에도 ⓒ이 '6승 4패'가 될 수 있다. 예를 들면 다음의 경우가 가능하다. 표에서 음영 처리된 경기 결과가 ⓒ이어야 한다.

1번째	2번째	3번째	4번째	5번째	6번째	7번째	8번째	9번째	10번째	11번째	12번째
패	승	승	승	승	승	승	패	패	패	패	ⓒ

ㄴ. ㉠이 '승'이고 ⓒ이 '7승 3패'인 것과 ⓒ의 결과가 무엇이어야 하는지는 무관하다. 예를 들면 다음과 같은 경우, ㉠이 '승'이고 ⓒ이 '7승 3패'이지만 ⓒ은 '승' 또는 '패' 어떤 것이든 무방하다.

1번째	2번째	3번째	4번째	5번째	6번째	7번째	8번째	9번째	10번째	11번째	12번째
패	승	승	승	승	승	승	패	패	패	승	ⓒ

ㄹ. ㉠, ⓒ이 모두 '패'이고 ⓒ이 '5승 5패'이면서 시즌 13번째 경기의 직전 10개 경기 전적이 '4승 6패'가 아닌 다음과 같은 경우가 가능하다. 표에서 음영 처리된 경기 결과가 시즌 13번째 경기의 직전 10개 경기이다.

1번째	2번째	3번째	4번째	5번째	6번째	7번째	8번째	9번째	10번째	11번째	12번째
승	패	승	승	승	승	승	패	패	패	패	패

⏱ 빠른 문제 풀이 Tip

이와 유사한 문제는 자료해석에서 평균값의 변화 소재로 여러 번 출제된 적 있는 문제이다. 최근 자료해석과 상황판단의 출제가 서로 더 영향을 주고 있는 추세이다. 자료해석과 상황판단에서 시너지가 날 수 있는 문제가 많다.

11
정답 ①

정답 체크

<상황>의 첫 번째 동그라미부터 각각 ⅰ)~ⅳ)라고 한다. ⅱ)에 따르면 챔피언십 대회는 랭킹 1~4위의 선수만 참가한다. 따라서 <2023년 12월 1일> 기준 랭킹 1~4위인 A~D 선수를 제외하면 나머지 다른 선수는 총점수가 상승할 수 없다. 그리고 ⅳ)에 따르면 ⅲ)의 <2024년 1월 1일> 총점수는 2022년 챔피언십 대회에서 획득한 점수는 빠지고, 2023년 챔피언십 대회에서 획득한 점수가 산입된 결과이다.

ㄱ. A의 총점수는 <2023년 12월 1일> 7500점에서 <2024년 1월 1일> 6000점이 되었다. 1500점이 떨어진 셈이다. 점수 중에 1500점은 없기 때문에 A가 2020년 챔피언십 대회에서 우승한 2000점이 빠지고 2023년에는 3위로 500점을 획득하여 결론적으로 1500점이 하락하였음을 알 수 있다.

ㄴ. B의 총점수는 <2023년 12월 1일> 7000점에서 <2024년 1월 1일> 7250점이 되었다. 250점이 상승하기 위해서는 B가 1) 2022년에는 챔피언십 대회에 참여하지 않았고 2023년에 4위를 한 경우, 2) B가 2022년에 4위를 하고 2023년에 3위를 하는 경우가 가능하다. <보기> ㄱ에 따르면 A가 2023년에 3위를 하였으므로 2)의 경우는 불가능하다. 따라서 B는 2023년 챔피언십 대회 4위를 하였다.

오답 체크

ㄷ. D의 총점수가 <2023년 12월 1일> 5000점에서 <2024년 1월 1일> 7000점이 되었으므로, 2000점이 오르기 위해서는 2023년 챔피언십 대회에서 D가 우승했음을 알 수 있다.

ㄹ. <보기> ㄷ에서 확인한 바와 같이 D의 총점수가 2000점 상승하기 위해서는 2022년 챔피언십 대회에서 D가 획득한 점수가 있어서는 안 된다. D는 2022년 챔피언십 대회에 참가하지 못했을 것이다. 빠지는 점수 없이 2024년 챔피언십 대회의 1위 점수 2000점이 더해질 때만 2000점의 점수 상승이 가능하다.

⏱ 빠른 문제 풀이 Tip

이전 점수가 빠지고 새로운 점수가 들어올 때의 변화를 본다는 아이디어(= 출제장치)는 5급 공채 24년 나책형 36번 문제와 유사할 수 있다. 이는 자료해석에서 평균의 변화를 묻는 문제에서 충분히 연습했어야 한다.

정답 체크

지문의 첫 번째 동그라미부터 각각 조건 ⅰ)~ⅳ)라고 한다. 선택지에서 묻는 대로 조건을 적용한다.

두 자리 자연수 A를 '10a+b'라고 하자.

1) b≠0인 경우 '→ A'는 '10b+a'이다. 따라서 (→ A)+A=10b+a+10a+b =11a+11b=11(a+b)이므로 11의 배수이다.

2) b=0인 경우 '→ A'는 'a'이다. (→ A)+A=a+10a=11a이므로 11의 배수이다. 모든 두 자리 자연수에 대해 (→ A)+A의 결과는 11의 배수이다.

오답 체크

① '43'에 '→' 기호를 적용해 보면 조건 ⅰ)에 따라 맨 앞 숫자 4를 맨 뒤로 보내 34가 된다. 결과는 짝수이다.

② 두 자리 자연수를 '10a+b'와 같이 나타낼 수 있다. 이때 a는 1~9까지의 자연수 중 하나이고, b는 0~9까지의 정수 중 하나이다. b가 0이 아닌 일반적인 두 자리 자연수 '10a+b'에 '→'를 적용하면 조건 ⅰ)에 따라 '10b+a'가 되고 '←'를 적용하면 조건 ⅱ)에 따라 '10a+b'가 되어 원래 수와 같다. 그러나 b가 0인 경우, '10a+0'에 '→'를 적용하면 조건 ⅰ), ⅲ)에 따라 맨 앞의 0을 제거하여 'a'가 된다. 한 자리 숫자가 된 경우 조건을 어떻게 적용해야 하는지 명확하게 주어져 있지 않지만 한 자리 숫자 'a'에 '←'를 적용하면 a를 맨 앞으로 보내도 a라고 생각할 수 있다. 원래 수와 같지 않다.

③ 세 자리 자연수를 '100a+10b+c'와 같이 나타낼 수 있다. 선택지 ②에서 살펴본 바와 같이 예를 들어 b가 0인 경우, 세 자리 자연수에 → → →를 적용하면 조건 ⅰ), ⅲ)에 따라 맨 앞의 0을 제거하여 '10c+a'가 된다. 두 자리 숫자가 되었으므로 나머지 '→ →'를 적용한다고 해도 원래 수와 같지 않다. c가 0인 경우도 마찬가지이다.

④ 1) 두 자리 자연수 '10a+b'(b≠0)에 '→ ←'를 적용하면 조건 ⅰ), ⅱ)에 따라 '10a+b'가 되고, '← →'를 적용하면 조건 ⅰ), ⅱ)에 따라 '10a+b'가 된다. 결과가 같다.

　 2) 두 자리 자연수 '10a+b'(b=0)에 '→ ←'를 적용하면 조건 ⅰ), ⅱ), ⅲ)에 따라 'a'가 되고, '← →'를 적용하면 조건 ⅰ), ⅱ), ⅲ)에 따라 'a'가 된다. 결과가 같다. 모든 두 자리 자연수에 '→ ←'를 적용한 결과와 '← →'를 적용한 결과는 같다.

> ### ⏱ 빠른 문제 풀이 Tip
>
> 선택지 ②, ③, ④의 해설에서는 증명이라고 할 수 있는 풀이 과정을 설명한 것이다. 실제 문제 풀이에서는 반례를 찾아 문제를 빠르게 해결한다. 예를 들어 선택지 ②의 경우 10. 선택지 ③의 경우 100, 선택지 ④의 경우 11이 반례가 된다.

1 텍스트형

2 밑줄조문형

3 계산형

4 규칙형

5 경우형

기출 재구성 모의고사

해커스PSAT 7급 PSAT 유형별 기출 200제 상황판단

01	02	03	04	05	06	07	08	09	10
①	③	③	④	②	⑤	④	③	①	①

11	12	13	14	15	16	17	18	19	20
⑤	①	⑤	⑤	③	③	③	②	③	⑤

01　　정답 ①

정답 체크

· 주 40시간을 근무하되, 근무시간을 유연하게 관리하여 1주일에 5일 이하로 근무하는 제도
  → 丁은 복무관리에 따라 계산한 결과 총 근무시간이 주 39시간이므로 승인될 수 없다.
· 근무일의 경우, 1일 최대 근무시간은 12시간으로 하고 최소 근무시간은 4시간으로 함
  → 수요일에 3시간만 근무하게 되는 甲, 월요일과 화요일에 14시간을 근무하게 되는 丙은 승인될 수 없다.
乙은 <유연근무제>에 부합하고 근무계획은 승인된다.

오답 체크

甲. 수요일의 근무계획이 09:00~13:00인데, 근무 시작과 종료 시각에 관계없이 점심시간은 12:00~13:00 각 1시간으로 하고 근무시간으로는 산정하지 않으므로 3시간만 근무하게 되는 셈이다. 근무일의 경우, 1일 최소 근무시간은 4시간으로 하므로 1일 3시간 근무는 <유연근무제>에 부합하지 않고, 따라서 근무계획은 승인될 수 없다. 또한 총 근무시간을 계산하더라도 40시간에 못 미친다.

丙. 월요일과 화요일의 근무계획이 08:00~24:00인데, 근무 시작과 종료 시각에 관계없이 점심시간은 12:00~13:00, 저녁시간은 18:00~19:00의 각 1시간으로 하고 근무시간으로는 산정하지 않는다. 점심시간과 저녁시간을 제외하고 14시간을 근무하게 되는데, 근무일의 경우 1일 최대 근무시간은 12시간으로 하므로 <유연근무제>에 부합하지 않고, 따라서 근무계획은 승인될 수 없다.

丁.

06:00 ~ 16:00	08:00 ~ 22:00	-	09:00 ~ 21:00	09:00 ~ 18:00
점심시간 제외하고 9시간	점심시간, 저녁시간 제외하고 12시간		점심시간, 저녁시간 제외하고 10시간	점심시간 제외하고 8시간

총 근무시간이 9+12+10+18=39시간으로 주 40시간을 근무해야 한다는 조건에 부합되지 않으므로 근무계획은 승인될 수 없다.

⏱ 빠른 문제 풀이 Tip

甲~丁 중에 누구부터 처리하는지가 중요하다. 판단하기 편한 직원부터 해결한 후 선택지 조합을 함께 고려한다면 보다 빠르고 정확한 해결이 가능하다.

02　　정답 ③

정답 체크

첫 번째 동그라미의 첫 번째 '-'부터 각각 조건 ⅰ)~ⅲ)이라고 한다. 두 번째 동그라미의 표에 조건 ⅰ)부터 순서대로 적용해 본다.
두 번째 동그라미의 표 금요일 부분에 조건 ⅰ)~ⅲ)을 적용해 출근시각과 퇴근시각에서 일과시간(월~금, 09:00~18:00)을 제외한 실적시간을 정리해 보면 다음과 같다.

구분	출근시각	퇴근시각		실적시간	비고
甲	08:55	20:00	00:05+02:00	02:05	
乙	08:00	19:55	01:00+01:55	02:55	
丙	09:00	21:30	03:30-00:30	03:00	개인용무시간 제외
丁	08:30	23:30		-	재택근무
戊	07:00	21:30	02:00+03:30	04:00	최대 4시간

그리고 토요일 부분에 조건 ⅰ)~ⅲ)을 적용해 보면 다음과 같다.

구분	출근시각	퇴근시각		실적시간	비고
甲	10:30	13:30	03:00	02:00	최대 2시간
乙	-	-		-	
丙	13:00	14:30	01:30	01:30	
丁	-	-		-	
戊	-	-		-	

甲~戊의 금요일과 토요일의 초과근무 인정시간의 합을 정리해 보면 다음과 같다.
· 甲: 02:05+02:00=04:05
· 乙: 02:55
· 丙: 03:00+01:30=04:30
· 丁: -
· 戊: 04:00

따라서 금요일과 토요일의 초과근무 인정시간의 합이 가장 많은 근무자는 丙이다.

03　　정답 ③

정답 체크

인사교류란 동일 직급 간 신청자끼리 1:1로 교류하는 제도로서, 각 신청자가 속한 두 기관의 교류 승인 조건을 모두 충족해야 한다는 조건에 주의한다.

<경우 1> 甲(○○기관)이 A, B, C(□□기관)와 교류하는 경우

신청자	연령(세)	현 소속 기관	최초임용년월	현직급임용년월
甲	32	○○	2015년 9월	2015년 9월
A	30	□□	2016년 5월	2019년 5월
B	37	□□	2009년 12월	2017년 3월
C	32	□□	2015년 12월	2015년 12월

○○기관: 신청자 간 현직급임용년월은 3년 이상 차이 나지 않고, 연령은 7세
이상 차이 나지 않는 경우
→ 신청자 간 현직급임용년월이 3년 이상 차이 나는 A가 제외된다.
□□기관: 신청자 간 최초임용년월은 5년 이상 차이 나지 않고, 연령은 3세 이
상 차이 나지 않는 경우
→ 신청자 간 최초임용년월이 5년 이상 차이 나고 연령도 3세 이상
차이 나는 B가 제외된다.

<경우 2> 甲(○○기관)이 D, E(△△기관)와 교류하는 경우

신청자	연령(세)	현 소속 기관	최초임용년월	현직급임용년월
甲	32	○○	2015년 9월	2015년 9월
D	31	△△	2014년 1월	2014년 1월
E	35	△△	2017년 10월	2017년 10월

○○기관: 신청자 간 현직급임용년월은 3년 이상 차이 나지 않고, 연령은 7세
이상 차이 나지 않는 경우
→ 모두 조건을 충족한다.
△△기관: 신청자 간 최초임용년월은 2년 이상 차이 나지 않고, 연령은 5세 이
상 차이 나지 않는 경우
→ 신청자 간 최초임용년월이 2년 이상 차이 나는 E가 제외된다.

따라서 조건에 따를 때, A, B, E가 제외되므로 甲과 인사교류를 할 수 있는
사람은 C, D이다.

04
정답 ④

정답 체크
(라)에 의해 반드시 G는 상영되어야 하고, (다)에 의해 B와 F가 동시에 상영
될 수 없으며 (가)에 의해 A, D, F가 동시에 상영될 수 없다. 또한 (나)에 의해
C, H 중에 최소 1개, B, E 중에 최소 1개가 상영되어야 한다.

<경우 1> B가 상영되는 경우
많은 조건이 겹치는 B가 상영되는 것을 먼저 가정한다. (라)에 의해 반드시 G
는 상영되며, (다)에 의해 F는 상영될 수 없다. 4편 더 상영여부를 결정해야
하는데, 남은 A, C, D, E, H 중에 4개가 상영되는 경우의 수는 (A, B, C, D,
E, G), (A, B, C, D, G, H), (A, B, C, E, G, H), (A, B, D, E, G, H), (B, C, D,
E, G, H)로 총 다섯 가지이다.

<경우 2> F가 상영되는 경우
(라)에 의해 반드시 G는 상영되며, (다)에 의해 B는 상영될 수 없다. B가 상
영되지 않으므로 (나)에 의해 E는 반드시 상영된다. 남은 A, C, D, H 중 3편
이 추가로 더 상영되면 되는데, (가)에 따라 A, D가 모두 상영되는 경우를 제
외하면 (A, C, E, F, G, H), (C, D, E, F, G, H)의 두 가지 경우가 가능하다.

<경우 3> B와 F가 모두 상영되는 경우
이 경우 6편을 상영하기 위해서는 나머지가 모두 상영되어야 하고 조건에 위
배되지 않으므로 (A, C, D, E, G, H)의 한 가지 경우가 가능하다.

따라서 이번 주에 상영 가능한 영화는 A, C, E, F, G, H이다.

05
정답 ②

정답 체크
· 심현석: 시간 외 근로에 동의하였고, <근로조건> '나'에 따를 때 시간 외 근
로는 1주 12시간을 초과하지 못하는데, 월요일에 2시간, 화요일에 3시간,
수요일에 3시간, 목요일에 3시간의 시간 외 근로를 하여 총 11시간의 시간
외 근로를 하였기 때문에 아직 1시간 더 시간 외 근로가 가능하다. A프로젝
트 완수 소요시간은 1시간이므로, 甲회사 김과장이 18시부터 시작하는 시
간 외 근로를 요청하면 오늘 내로 A프로젝트를 완수할 수 있다.
· 차효인: 시간 외 근로에 동의하였고, <근로조건> '나'에 따를 때 시간 외 근
로는 1주 12시간을 초과하지 못하는데, 월요일에 1시간, 수요일에 5시간,
목요일에 1시간의 시간 외 근로를 하여 총 7시간의 시간외 근로를 하였기
때문에 아직 5시간 더 시간 외 근로가 가능하다. A프로젝트 완수 소요시간
은 3시간이므로, 甲회사 김과장이 18시부터 시작하는 시간 외 근로를 요청
하면 오늘 내로 A프로젝트를 완수할 수 있다.

오답 체크
· 김상형: 시간 외 근로에 동의하지 않았으므로, <근로조건> '다'에 의해서
시간 외 근로에 참여할 수 없고, 따라서 오늘 내로 A프로젝트를 완수할
수 없다.
· 전지연: 각주에 따르면 4개월 전에 둘째 아이를 출산하고 이번 주 화요일
에 복귀하였으므로 출산 이후 1년이 지나지 않은 여성에 해당한다. 따라서
<근로조건> '나'의 단서조건이 적용되어 1일 2시간, 1주 6시간을 초과하
는 시간 외 근로를 시키지 못한다. 그런데 이미 화요일부터 목요일까지 총
6시간의 시간 외 근로를 한 상황이기 때문에 더 이상의 시간 외 근무를 할
수 없다. 따라서 오늘 내로 A프로젝트를 완수할 수 없다.
· 조경은: A프로젝트를 완수하는 데 소요되는 시간이 5시간이기 때문에,
A프로젝트를 완수하면 23시가 된다. 22시 이후로는 야간근로에 해당하고
<근로조건> '다'에 따를 때 여성의 경우에는 야간근로에 대해서 별도의 동
의를 요한다. 그런데 조경은의 경우 야간 근로에 동의하지 않으므로 23
시까지 소요되는 A프로젝트를 완수할 수 없다.

따라서 甲회사 김과장이 18시부터 시작하는 시간 외 근로를 요청하면 오늘
내로 A프로젝트를 완수할 수 있는 직원은 '차효인, 심현석'이다.

⏱ **빠른 문제 풀이 Tip**
A프로젝트를 완수할 수 없는 직원을 소거해 나가는 방법으로 선택지를
잘 활용하여 해결한다면 모든 직원의 정보를 확인하지 않고도 정답을 찾
아낼 수 있다.

06
정답 ⑤

정답 체크
선택지를 활용하여 선발 조건을 적용해 보면 다음과 같다.
· 과장을 선발하는 경우 동일 부서에 근무하는 직원을 1명 이상 함께 선발한
다. 따라서 A과장을 선발하는 경우 C와 F 중 1명 이상을 함께 선발하고,
B과장을 선발하는 경우 G를 함께 선발해야 하므로 선택지 ③은 제거된다.
· 동일 부서에 근무하는 2명 이상의 팀장을 선발할 수 없다. 따라서 D와
E를 함께 선발할 수 없다.

1 텍스트형
2 법조문형
3 계산형
4 규칙형
5 경우형
기출 재구성 모의고사
해커스PSAT 7급 PSAT 유형별 기출 200제 상황판단

- 과학기술과 직원을 1명 이상 선발한다. 따라서 A, C, F 중 1명 이상 선발하므로 선택지 ②는 제거된다.
- 근무 평정이 70점 이상인 직원만을 선발한다. 따라서 근무 평정이 65점인 A는 선발할 수 없고, 선택지 ①은 제거된다.
- 어학 능력이 '하'인 직원을 선발한다면 어학 능력이 '상'인 직원도 선발한다. 따라서 B 또는 G를 선발한다면 D도 선발해야 한다.
- 직전 인사 파견 기간이 종료된 이후 2년 이상 경과하지 않은 직원을 선발할 수 없다. 2017년 3월 기준이므로 2015년 3월 이전에 직전 인사 파견이 종료되었어야 한다. 이때 두 번째 항목 '인사 파견은 지원자 중 3명을 선발하여 1년간 이루어지고 파견 기간은 변경되지 않는다.'를 놓치지 않도록 주의해야 한다. C는 직전 인사 파견 종료 시점이 2015년 7월이기 때문에 선발될 수 없다. 이에 선택지 ④가 제거된다.

따라서 D, F, G가 2017년 3월 인사 파견에서 선발될 직원임을 알 수 있다.

07

정답 ④

정답 체크

선택지를 활용하여 출장을 함께 갈 수 있는 직원들의 조합을 찾아보면 다음과 같다.

- 08시 전가 출발이 확정되어 있으며, 출발 후 R지점에 복귀하기까지 총 8시간이 소요된다. 단, 비가 오는 경우 1시간이 추가로 소요되어 17시에 종료된다. 그런데 3월 11일은 하루 종일 비가 오므로, 총 9시간이 소요된다.
- 출장인원 중 한 명이 직접 운전하여야 하며, '운전면허 1종 보통' 소지자만 운전할 수 있다. 따라서 甲과 丁 중 한 명은 반드시 포함되어야 하므로 선택지 ③은 제거된다.
- 출장시간에 사내 업무가 겹치는 경우 출장을 갈 수 없다.
- 출장인원 중 부상자가 포함되어 있는 경우, 30분이 추가로 소요된다. 甲이 출장을 가면 30분 추가되어 17시 30분에 종료된다. 따라서 甲은 乙 또는 丁과 함께 출장을 갈 수 없으므로 선택지 ①, ②는 제거된다.
- 차장은 책임자로서 출장인원에 적어도 한 명 포함되어야 한다. 따라서 甲 또는 乙이 포함되어야 하므로 선택지 ⑤는 제거된다.

> ⏱ **빠른 문제 풀이 Tip**
> 주어진 조건에 따를 때 출장을 함께 갈 수 있는 직원들의 조합으로 가능한 경우는 (甲, 丙, 戊), (乙, 丙, 丁), (乙, 丁, 戊) 총 3가지이다.

08

정답 ③

정답 체크

지문에 따르면 수평축 풍력발전기는 바람의 방향이 일정한 지역에만 설치 가능한 반면에, 수직축 풍력발전기는 모든 지역에 설치 가능하다.
<상황>에 주어진 내용을 정리해 보면 다음과 같다.

구분	X지역	Y지역	Z지역
시간당 발전량	최소 150kW 이상 필요	–	600kW 이상 필요
높이	–	70m 이하	–
바람의 방향	일정	변화	변화
설치 가능	수평축, 수직축	수직축	수직축

- X지역에서는 바람의 방향이 일정하기 때문에 수평축 또는 수직축 풍력발전기를 모두 설치할 수 있다. 최소 150kW 이상의 시간당 발전량이 필요하기 때문에 U-88과 U-93이 설치 가능하다. <상황> 마지막 문장에 따를 때 복수의 모델이 각 지역의 조건을 충족할 경우, 에너지 변환효율을 높이기 위해 수평축 모델을 설치하므로, 수평축 풍력발전기에 해당하는 U-93을 설치한다.
- Y지역에서는 바람의 방향이 일정하지 않기 때문에 수직축 모델만 설치할 수 있다. 발전기 높이가 70m 이하여야 한다는 조건을 충족하는 U-50을 설치한다.
- Z지역에서는 바람의 방향이 일정하지 않기 때문에 수직축 모델만 설치할 수 있다. 정격 풍속에서 600kW 이상의 시간당 발전량이 필요한데 지문 두 번째 문단에서 각 풍력발전기는 정격 풍속에서 최대 발전량에 도달한다고 설명하고 있으므로 각 모델별 시간당 최대 발전량을 고려하여 조건에 충족하는 U-88을 설치한다.

09

정답 ①

정답 체크

총 4명이 장거리 이동이 가능해야 하므로 승차 정원이 2명인 차량 C는 제외된다. 주어진 조건에 따라 실구매 비용을 계산해 보면 다음과 같다.

차량	A	B	C	D	E
최고속도 (km/h)	130	100	120	140	120
완전충전 시 주행거리(km)	250	200	250	300	300
충전시간 (완속 기준)	7시간	5시간	8시간	4시간	5시간
충전기	급속 +2,000	완속 + 0		완속 + 0	완속 + 0
승차 정원	6명	8명	2명	4명	5명
차종	승용 -2,000	승합 -1,000	승용 (경차)	승용 -2,000	승용 -2,000
가격(만 원)	5,000	6,000	4,000	8,000	8,000
실구매 비용 (만 원)	5,000	5,000		6,000	6,000

차량 A~E 중에서 실구매 비용이 가장 저렴한 차량을 선택하려고 하는데, 차량 A와 B의 실구매 비용이 5,000만 원으로 동일하므로 두 차량의 점수를 비교해야 한다. 점수 계산 방식은 최고속도가 120km/h 미만일 경우에는 120km/h를 기준으로 10km/h가 줄어들 때마다 2점씩 감점하고, 승차 정원이 4명을 초과할 경우에는 초과인원 1명당 1점씩 가점한다. 차량 A는 정원에서 2점이 가점되고, 차량 B는 속도에서 4점이 감점되고 정원에서 4점이 가점되므로 총 점수가 더 높은 차량 A를 구매하게 된다.

10

정답 ①

정답 체크

규칙에 따르면 다음의 세 경우가 가능하다.
<경우 1> 두 권을 빌린 경우
- 대여 일수는 (2×2-1)=3일이다.
- 만약 월요일부터 3일 동안 빌린다면 '월, 화, 수요일'이 대여 기간이고 월요일부터 2일 후인 수요일에 반납을 하게 된다.

<경우 2> 세 권을 빌린 경우

· 대여 일수는 (2×3-1)=5일이다.

· 만약 월요일부터 5일 동안 빌린다면 '월, 화, 수, 목, 금요일'이 대여 기간이고 월요일부터 4일 후인 금요일에 반납을 하게 된다.

<경우 3> 네 권을 빌린 경우

· 대여 일수는 (2×4-1)=7일이다.

· 만약 월요일부터 7일 동안 빌린다면 '월, 화, 수, 목, 금, 토, 일요일'이 대여 기간이고 월요일부터 6일 후인 일요일에 반납을 하게 된다. 단, 일요일은 반납과 대여가 불가능하므로 다음날인 월요일에 반납한다.

빌린 권수	빌린 요일	대여 일수	반납 요일
한 권	토요일	다음날 반납	일요일 → 월요일
두 권	월요일	2일 후 반납	수요일
세 권	수요일	4일 후 반납	일요일 → 월요일
네 권	월요일	6일후 반납	일요일 → 월요일

따라서 9월 17일(토)부터 책을 대여하기 시작한 甲이 마지막 편을 도서관에 반납할 요일은 '월요일'이다.

11
정답 ⑤

정답 체크

뒤로 2칸 이동은 앞으로 2칸 이동과 상쇄될 수 있고, 뒤로 1칸 이동은 앞으로 1칸 이동과 상쇄될 수 있다. 즉, 숫자 1, 3은 숫자 4, 6과 상쇄될 수 있고, 숫자 5는 숫자 2와 상쇄될 수 있다. 이에 따라 차이가 3인 숫자들 (1, 4), (2, 5), (3, 6) 또는 합이 7인 숫자들 (1, 6), (2, 5), (3, 4)는 서로 상쇄되어 제자리에 그대로 있게 된다.

선택지에서 상쇄할 수 있는 숫자를 최대한 상쇄하고 나면 다음과 같다.

선택지	남은 숫자	이동 칸 수	최종 도착지
①	1	-2	8
②	1, 1, 2	-2, -2, +1	7
③	6	+2	2
④	4, 4, 2	+2, +2, +1	5
⑤	5	+1	9

따라서 주사위를 7번 던진 결과 최종 도착지의 숫자가 가장 큰 것은 9이다.

12
정답 ①

정답 체크

JK3이 보낸 6자리의 신호 중 한 자리는 우주잡음에 의해 오염되고, 이 경우 오염된 자리의 숫자 0은 1로, 1은 0으로 바뀐다. 오염된 수신 신호를 오염 전의 원래의 전송 신호로 바꾼 후 이동 방향을 해석하면 다음과 같다.

<수신 신호>

(수신 신호) 010111, 000001, 111001, 100000

(전송 신호) 000111, 000000, 111000, 000000

　　　　　　동　　　북　　　서　　　북

따라서 수신 신호에 따라 동 → 북 → 서 → 북 순으로 이동하게 되고, 이동한 결과는 다음과 같다.

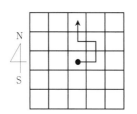

13
정답 ⑤

정답 체크

각 선택지별 이동과정은 다음과 같다.

① ■, △: 오른쪽 4, 아래 1

② △, ○, △, △, △, △: 아래 1, 왼쪽 2, 아래 1, 아래 1, 아래 1, 아래 1

③ △, △, △, ■, ◇: 아래 1, 아래 1, 아래 1, 오른쪽 4, 위 2

④ ○, ○, ◇, ■, ★: 왼쪽 2, 왼쪽 2, 위 2, 오른쪽 4, 위 1

⑤ ◇, ○, ○, ◇: 위 2, 왼쪽 2, 왼쪽 2, 위 2

선택지 ①, ②, ③, ④는 아래 각 선택지별로 표시한 1에서 출발하면 8까지 갈 수 있다.

1 (①, ③)	2	1 (②)	4	5
4	3	2	3	5
5	4	3	2	1
3	5	4	3	5
7	6	3	2	1 (④)
8	5	4	1	7

따라서 정답은 '◇, ○, ○, ◇'이다.

14
정답 ⑤

정답 체크

이동 규칙을 정리하면 다음과 같다.

· 맨 처음 이동

　⬅ 버튼: 반시계방향으로 1칸 이동

　➡ 버튼: 시계방향으로 1칸 이동

· 두 번째 이후 이동

누른 버튼	직전에 누른 버튼	말의 이동
⬅	⬅	반시계방향으로 2칸 이동
	➡	움직이지 않음
➡	⬅	움직이지 않음
	➡	시계방향으로 2칸 이동

시계방향을 (+), 반시계 방향을 (−), 제자리를 '0'으로 나타내 보면,

누른 순서	1	2	3	4	5	
누른 버튼	⬅					− 1
누른 버튼	⬅	➡				0
누른 버튼		➡	➡			+2
누른 버튼			➡	⬅		0
누른 버튼				⬅	⬅	−2

1 텍스트형

2 빈칸추론형

3 계산형

4 규칙형

5 경우형

기출 재구성 모의고사

해커스PSAT 7급 PSAT 유형별 기출 200제 상황판단

따라서 (– 1) → 0 → (+ 2) → 0 → (– 2) 순으로 이동하게 되고, 최종 위치는 –1, 즉 반시계방향으로 1칸 이동한 결과이다. A칸에 말을 놓고 시작하므로 반시계방향으로 1칸 이동하게 되면, 甲의 말이 최종적으로 위치하는 칸은 'L칸'이다.

15 정답 ③

정답 체크

A → B → C → D → E 순으로 반시계방향으로 동그랗게 앉아있다고 했으므로 이를 평면으로 생각하면 왼쪽부터 오른쪽으로 A → B → C → D → E 순으로 앉아있으며 E의 오른쪽에는 다시 A의 자리가 반복되는 형태이다. 술래를 기준으로 호명된 숫자에 따라 배정되는 자리를 다시 정리하면 다음과 같다.
4 → 1 → 1의 순서로 숫자가 호명되었으므로 세 번째까지의 술래는 다음과 같다.

숫자 5	오른쪽으로 2칸 이동
숫자 4	오른쪽으로 1칸 이동
숫자 3(술래)	이동 없음
숫자 2	왼쪽으로 1칸 이동
숫자 1	왼쪽으로 2칸 이동

· 첫 번째 술래 A: 4를 호명 → 오른쪽으로 1칸 이동 → 두 번째 술래는 B
· 두 번째 술래 B: 1을 호명 → 왼쪽으로 2칸 이동 → 세 번째 술래는 E
· 세 번째 술래 E: 1을 호명 → 왼쪽으로 2칸 이동 → 네 번째 술래는 C
따라서 네 번째 술래는 C이다.

> ⏱ **빠른 문제 풀이 Tip**
> 4 → 1 → 1의 순서로 숫자가 호명되어 게임이 진행되었다. 즉, '오른쪽으로 1칸 이동 → 왼쪽으로 2칸 이동 → 왼쪽으로 2칸 이동'을 한 것이다. 이를 한꺼번에 상쇄시켜 보면 처음 위치에서 왼쪽으로 3칸 이동한 결과일 것이다. 'A → B → C → D → E → A'에서 왼쪽으로 3칸 이동하면 네 번째 술래는 C이다.

16 정답 ③

정답 체크

폭탄 전달 시 Ⓐ 왼쪽 Ⓑ 오른쪽 Ⓒ 맞은편으로 전달한다고 가정한다. 아래 표에서 ①~⑥ 순서대로 폭탄이 전달된다.

참여자	첫 번째 차례			①~⑥ 순	이동방향	누적시간
	첫 번째 주사위		두 번째 주사위			
A	2	<	5	⑤ 7초 후	Ⓑ 오른쪽 F에게	34초
B	1	<	4	④ 5초 후	Ⓑ 오른쪽 A에게	27초
C	2	>	1	① 3초 후	Ⓐ 왼쪽 D에게	3초
D	6	>	3	② 9초 후	Ⓐ 왼쪽 E에게	12초
E	5	=	5	③ 10초 후	Ⓒ 맞은편 B에게	22초
F	4	=	4	⑥ 8초 후	Ⓒ 맞은편 C에게	42초

이어서 아래 표에서 ⑦~⑩ 순으로 폭탄이 전달된다.

참여자	두 번째 차례			⑦~⑩ 순	이동방향	누적시간
	첫 번째 주사위		두 번째 주사위			
A	3	=	3	⑨ 6초 후	Ⓒ 맞은편 D에게	59초
B	6	>	1			
C	2	=	2	⑦ 4초 후	Ⓒ 맞은편 F에게	46초
D	5	<	6	⑩ 누적 59초부터 11초 동안 가지고 있음		
E	3	>	1			
F	4	>	3	⑧ 7초 후	Ⓐ 왼쪽 A에게	53초

따라서 제한시간이 경과하는 순간에 폭탄을 가지고 있는 사람은 D이다.

17 정답 ③

정답 체크

<상황>에 제시된 조건을 정리하면 다음과 같다.
· A를 제외한 나머지 팀은 12팀이다.
· 자신을 제외한 다른 모든 팀과 한 번씩 경기를 하므로 총 12경기를 한다.
· A팀을 제외한 나머지 12팀 중 A팀에 진 다섯 팀과 A팀에 이긴 7팀이 있다.
· A팀과의 경기를 제외한 12팀 간의 경기는 모두 무승부이다.
· 기존의 승점제는 승리 시 2점, 무승부 시 1점, 패배 시 0점을 부여한다.
· 새로운 승점제는 승리 시 3점, 무승부 시 1점, 패배 시 0점을 부여한다.
계산 조건과 <상황>을 정리하면 다음과 같다.

구분	최종성적	승점							
		기존의 승점제				새로운 승점제			
		승	무	패	총점	승	무	패	총점
		2점	1점	0점		3점	1점	0점	
A팀에 이긴 7팀	1승 11무 0패	1	11	0	13	1	11	0	14
A팀에 진 5팀	0승 11무 1패	0	11	1	11	0	11	1	11

이때 기존의 승점제에 따라 A팀의 총점은 (2×5)+(1×0)+(0×7)=10점이고, 따라서 기존의 승점제에 따를 때는 A팀에 이긴 7팀(13점)>A팀에 진 5팀(11점)>A팀(10점) 순이므로 A팀의 순위는 13위이다. 반면 새로운 승점제에 따르면 A팀(15점)>A팀에 이긴 7팀(14점)>A팀에 진 5팀(11점) 순이므로 A팀의 순위는 1위이다.
따라서 A팀의 순위는 기존의 승점제로 13위, 새로운 승점제로 1위이다.

18 정답 ②

정답 체크

해독규칙을 적용해 보면 처음에 1번 정간을 읽게 되고 방향은 동쪽이 된다. 이후 1번 정간으로부터 우측으로 4칸 이내까지 이어서 해독할 수 있다. 그런데 林·無는 연이어 해독할 수 없으므로 3번 정간을 이어서 해독해야 한다. 따라서 동쪽으로 2칸 이동한다. 3번 정간으로부터 우측으로 4칸 이내까지 이어서 해독할 수 있다. 太·黃은 연이어 해독할 수 없으므로 5번 정간 또는 6번 정간을 이어서 해독할 수 있다. 5번 정간은 순방향(좌 → 우)으로 해독하지만, 6번 정간은 역방향(우 → 좌)으로 해독해야 하므로 6번 정간 → 5번 정간 순으로 해독해야 한다. 5번 정간부터 해독한다면 이미 1번, 3번, 5번 정간을 다 해독했기 때문에 6번 정간 다음으로 역방향으로 해독한 정간이 남아있지 않게 된다. 같은 방식으로 계속 해독해 나가면 다음과 같다.

1 淋 동	2	3 汰 북	4	5 無 서	6 無 서	7 潢 남	8 淋 동	9 㵎 동	10	11	12 ⊙

순서	①		②		④	③	⑤	⑦	⑥			⑧
결과	동2		북3		서2	서1	남2	동4	동1			

결과에 따르면 동2 → 북3 → 서1 → 서2 → 남2 → 동1 → 동4 순으로 이동하게 되고, 그 결과 최종적인 위치는 동쪽으로 4칸, 북쪽으로 1칸 이동하게 되므로 추적이동이 종료되는 지점은 '나'이다.

⏱ 빠른 문제 풀이 Tip

· 정간암호문 해독규칙을 이해할 때 각주의 개념 설명을 정확히 이해해야 한다.
· 정간암호문의 한자를 그대로 두고 풀지 말고 한자를 전부 방향으로 치환하여 확인하면 보다 빠른 해결이 가능하다.
· 동 ↔ 서, 남 ↔ 북의 반대방향을 서로 상쇄시키면 보다 빠른 결과 확인이 가능하다.

19   정답 ③

정답 체크

주어진 조건을 정리하면 다음과 같다.
· 카드 게임 대회는 리그 방식으로 진행되고, 총 게임 수는 $_5C_2 = 10$게임이다.
· 한 선수는 총 4게임을 하게 된다.
· 게임의 결과는 (승리, 패배) = (2점, 0점)이거나 (무승부, 무승부) = (1점, 1점)이다. 따라서 한 게임의 결과 항상 2점의 점수가 발생한다.
· 총 게임 수가 10게임이므로 총 점수는 20점이 되고, 총 승점 20점을 다섯 명의 선수(甲~戊)가 나누어 가지게 된다.

<대회 종료 후 대화>를 반영하면 乙이 한 게임도 안 진 유일한 사람이므로, 乙을 제외한 나머지 선수는 패가 있어야 한다. 따라서 다음 표와 같이 정리할 수 있다.

구분	甲	乙	丙	丁	戊
승					
무					
패	1 이상	0	1 이상	1 이상	1 이상
총	4	4	4	4	4

또한 戊가 한 게임도 못 이긴 유일한 사람이므로, 戊을 제외한 나머지 선수들은 승이 있어야 한다. 따라서 다음 표와 같이 정리할 수 있다.

구분	甲	乙	丙	丁	戊
승	1 이상	1 이상	1 이상	1 이상	0
무					
패	1 이상	0	1 이상	1 이상	1 이상
총	4	4	4	4	4

· 甲의 승점 찾아내기
이 카드 게임 대회에서 각 선수가 얻은 점수의 총합이 큰 순으로 매긴 순위는 甲, 乙, 丙, 丁, 戊 순이고, 동점은 존재하지 않는다. 한 선수당 4게임을 하게 되고, 甲은 패가 1게임 이상이기 때문에 최대 3승까지 가능하고 이때 최대 점수는 6점이다. 각 선수가 얻은 점수의 총합이 큰 순으로 매긴 순위가 甲, 乙, 丙, 丁, 戊 순이므로 甲의 점수를 6점으로 가정하고, 6점부터 1점씩 낮게 조정해보면, 6점-5점-4점-3점-2점 순이 되고, 이때 점수의 총점은 20점이다. 이 경우에서 甲~戊의 승점을 지금보다 낮게 만들면 총점이 20점에 못 미치게 된다. 甲의 점수가 5점 이하가 되면 5점 이하-4점 이하-3점 이하-2점 이하-1점 이하가 되기 때문에 점수는 최대 15점밖에 되지 않으므로 점수의 총합이 20점이어야 한다는 조건을 충족시킬 수 없다. 따라서 다섯 명의 선수의 점수는 甲이 6점, 乙이 5점, 丙이 4점, 丁이 3점, 戊이 2점으로 확정된다.

· 각 선수별 승-무-패 경기 수의 확인
1) 甲의 점수가 6점이 되려면 3승 1패가 되어야 한다.

구분	게임		점수
승(2점)	1 이상	3	6점
무(1점)		0	0점
패(0점)	1 이상	1	0점
총	4 게임		6점

2) 乙의 점수는 5점이므로 승리한 게임은 최대 2게임(4점)까지 가능하다. 승리한 게임이 2게임(4점)이라면 총 승점이 5점이 되기 위해서는 비긴 게임이 1게임(1점)이어야 한다. 여기까지 3게임이므로 1게임이 패한 게임이 되는데 이는 乙의 <대회 종료 후 대화>에 모순된다. 따라서 승리한 게임은 1게임(2점)이 되고, 나머지 결과는 아래 표와 같다.

구분	게임		점수
승 (2점)	1 이상	1	2점
무 (1점)		3	3점
패 (0점)	0	0	0점
총	4		5점

乙의 비긴 게임이 3게임이라는 점이 중요한데, 甲은 비긴 게임이 없으므로 丙, 丁, 戊와 한 게임씩 비긴 셈이 된다.

구분	丙	丁	戊
승	1이상	1이상	0
무	1이상	1이상	1이상
패	1이상	1이상	1이상
총	4	4	4

3) 丙과 丁은 승, 무, 패가 각각 1게임 이상이 있어야 한다. 동시에 丙의 점수는 4점이어야 하고, 丁의 점수는 3점이어야 한다. 따라서 丙은 1승 2무 1패가 되고, 丁은 1승 1무 2패가 되어야 한다. 戊는 이긴 게임 없이 승점이 2점이 되려면 2무 2패가 되어야 한다.
4) 甲~戊의 결과를 종합하면 다음과 같다.

구분		甲	乙	丙	丁	戊
승(2점)		3	1	1	1	0
무(1점)		0	3	2	1	2
패(0점)		1	0	1	2	2
총	게임	4	4	4	4	4
	승점	6점	5점	4점	3점	2점

1 탐스트형

2 밧조건형

3 개산형

4 규칙형

5 경우형

기출 재구성 모의고사

해커스PSAT 7급 PSAT 유형별 기출 200제 심화편 상권 따라서 甲은 0무, 乙은 3무, 丙은 2무, 丁은 1무, 戊는 2무로 총 8번의 비긴 게임이 기록되었다. 이때 조심해야 하는 것은 1번의 비긴 게임으로 게임에 참가한 두 명의 선수에게 두 번의 무승부가 기록된다는 점이다.

따라서 비긴 카드 게임의 총 수는 4번이다.

⏱ 빠른 문제 풀이 **Tip**

<보기> ㄹ의 매치업은 ㄷ의 매치업과 동일하다. 기존에 구해 놓은 것을 활용하면 보다 빠른 해결이 가능하다.

20   정답 ⑤

정답 체크

ㄱ. B팀도 첫 번째 경기에 장사를 출전시킨다면 남은 선수는 두 팀 모두 왼손잡이 1명과 오른손잡이 2명이다. B팀의 승점을 최대로 하기 위해서는 이기는 게임이 있어야 하고, 그러기 위해서는 왼손잡이로 오른손잡이를 만나 1승을 거두어야 한다. 이렇게 매치업이 결정되면 B팀은 최대 5점의 승점을 얻을 수 있다.

팀 순서	A팀	B팀	B팀의 결과	B팀의 승점
1	장사	장사	무승부	1
2	오른손	왼손	승	3
3	왼손	오른손	패	0
4	오른손	오른손	무	1

ㄷ. B팀이 첫 번째 경기에 오른손잡이를 출전시키면, 다음과 같은 매치업일 때 B팀은 최대 7점의 승점을 얻을 수 있다.

팀 순서	A팀	B팀	B팀의 결과	B팀의 승점
1	장사	오른손	패	0
2	왼손	장사	승	3
3	오른손	왼손	승	3
4	오른손	오른손	무	1

ㄹ. A팀이 첫 번째 경기에 장사를 출전시키고 두 번째 경기에 왼손잡이를 출전시킨다는 확실한 정보를 B팀이 입수한다면 B팀은 다음과 같은 순서로 출전시켜 우승할 수 있으며 이때의 승점은 7점이다.

팀 순서	A팀	B팀	B팀의 결과	B팀의 승점
1	장사	오른손	패	0
2	왼손	장사	승	3
3	오른손	왼손	승	3
4	오른손	오른손	무	1

오답 체크

ㄴ. B팀이 첫 번째 경기에 왼손잡이를 출전시키면 장사를 만나서 패하게 된다. B팀은 장사 1명과 오른손잡이 2명이 남고, A팀은 왼손잡이 1명과 오른손잡이 2명이 남는다. B팀의 승점이 최대가 되려면 최대한 이기거나 비겨야 하고 다음과 같이 매치업이 결정되었을 때 최대 승점 5점을 얻을 수 있다.

팀 순서	A팀	B팀	B팀의 결과	B팀의 승점
1	장사	왼손	패	0
2	왼손	장사	승	3
3	오른손	오른손	무	1
4	오른손	오른손	무	1

5 경우형

유형 18 │ 경우 파악형

p.199

01	02	03	04	05	06	07	08	09	10
④	③	④	③	①	⑤	①	②	④	③

11	12	13	14	15	16				
⑤	①	①	④	②	①				

01
정답 ④

정답 체크

지문에 따르면 A공원의 다람쥐 열 마리는 각자 서로 다른 개수의 도토리를 모았는데, 한 다람쥐가 모은 도토리는 최소 1개부터 최대 10개까지였다고 한다. 열 마리의 다람쥐를 가~차라고 하고 각각 모은 도토리의 개수를 다음과 같이 생각할 수 있다.

A	B	C	D	E	F	G	H	I	J
1	2	3	4	5	6	7	8	9	10

그리고 두 마리의 다람쥐가 쌍을 이루어 모은 도토리 개수를 비교해 그 차이 값에 해당하는 개수의 도토리를 함께 먹는다고 한다. 그런데 '첫째 날 각 쌍이 먹은 도토리 개수'는 모두 동일했고, '둘째 날 각 쌍이 먹은 도토리 개수'도 모두 동일했다고 한다. 이러한 방식으로 도토리를 먹는 것이 가능하기 위해서는

1) (A, B), (C, D), (E, F), (G, H), (I, J)가 쌍을 이루어 각 쌍이 1개씩 먹는 경우
2) (A, F), (B, G), (C, H), (D, I), (E, J)가 쌍을 이루어 각 쌍이 5개씩 먹는 경우

만 가능하다. '첫째 날 각 쌍이 먹은 도토리 개수'와 '둘째 날 각 쌍이 먹은 도토리 개수'는 서로 달랐다고 하므로 첫째 날과 둘째 날 각각 1), 2) 중 어느 한 방법으로 먹은 것이다. 그 차이는 5-1=4개이다. 정답은 ④이다.

⏱ 빠른 문제 풀이 Tip
'간격'의 출제장치가 활용된 문제이다. 그런데 경우가 아예 그려지지 않거나 체계적으로 파악되지 않는 경우 빠르게 넘기는 것이 필요한, 경우 파악형에 해당하는 문제이다.

02
정답 ③

정답 체크

이 문제는 甲~戊 모두 3점이 2개, 2점이 3개씩이다. 따라서 항목가중치가 동일하다면 총점은 모두 동일할 것이고, 항목가중치에 따라 등수가 결정될 것이다. 반대로 등수를 통해서 항목가중치를 알아낼 수도 있다.

(단위: 점)

구분	甲	乙	丙	丁	戊
가치관	3	2	3	2	2
열정	2	3	2	2	2
표현력	2	3	2	2	3
잠재력	3	2	2	3	3
논증력	2	2	3	3	2

- 1등(乙) vs 2등(戊) 비교
  표현력에서 받은 3점은 동일하기 때문에 두 사람 간 차이가 발생하지 않는다. 乙은 열정에서 3점, 戊는 잠재력에서 3점을 받았는데 乙이 1등이고 戊가 2등이므로, 항목가중치는 열정>잠재력임을 알 수 있다.
- 2등(戊) vs 3등(甲) 비교
  잠재력에서 받은 3점은 동일하기 때문에 두 사람 간 차이가 발생하지 않는다. 戊는 표현력에서 3점, 甲은 가치관에서 3점을 받았는데 戊가 2등이고 甲이 3등이므로, 항목가중치는 표현력 > 가치관임을 알 수 있다.
- 3등(甲) vs 4등(丁) 비교
  잠재력에서 받은 3점은 동일하기 때문에 두 사람 간 차이가 발생하지 않는다. 甲은 가치관에서 3점, 丁은 논증력에서 3점을 받았는데 甲이 3등이고 丁이 4등이므로, 항목가중치는 가치관 > 논증력임을 알 수 있다.
- 4등(丁) vs 5등(丙) 비교
  논증력에서 받은 3점은 동일하기 때문에 두 사람 간 차이가 발생하지 않는다. 丁은 잠재력에서 3점, 丙은 가치관에서 3점을 받았는데 丁이 4등이고 丙이 5등이므로, 항목가중치는 잠재력 > 가치관임을 알 수 있다.

따라서 옳은 것은 '잠재력이 가치관보다 항목가중치가 높다.'이다.

03
정답 ④

정답 체크

각 과목 점수에 관한 내용을 정리하면 다음과 같다.
- 전공시험 점수: A < B < E ⋯ ㉠
              C > D ⋯ ㉡
- 영어시험 점수: E > F > C ⋯ ㉢
- 적성시험 점수: G > B ⋯ ㉣
              G > C ⋯ ㉤

B가 합격하였다면 ㉣에 의해 G도 합격한 것이고, G가 합격하였다면 ㉤에 의해 F도 합격하였다. 또한 E가 합격하였다면 ㉠에 의해 B가 합격, ㉣에 의해 G도 합격, ㉢에 의해 F도 합격하였다.

① A가 합격하였다면 어느 한 과목에서라도 A보다 높은 점수를 받은 응시자는 합격한 것이다. 그러나 B가 A보다 어느 한 과목에서 높은 점수를 받았는지는 알 수 없다.

② C가 G보다 어느 한 과목에서 높은 점수를 받았는지는 알 수 없다.

③ C와 D가 A, B보다 어느 한 과목에서 높은 점수를 받았는지는 알 수 없다.

⑤ B가 합격하였다면 ㉠에 의해 A가 합격하였고 ㉣에 의해 G도 합격하였다. 또한 G가 합격하였다면 ㉢에 의해 E와 F도 합격하였다. 그러나 C와 D가 어느 한 과목에서라도 지금까지 추론한 합격자 A, B, E, F, G보다 높은 점수를 받았는지는 알 수 없다. 따라서 B를 포함하여 적어도 5명이 합격하였다.

> ⏱ **빠른 문제 풀이 Tip**
>
> ④, ⑤ 두 명의 응시자 A, B가 있을 때 모두 합격자라면 어느 과목에서는 점수가 A > B이고, 다른 과목에서는 점수가 B > A일 수 있다. 그리고 모두 불합격자인 경우에도 동일하다. 그러나 마지막 문단에 의하면 위와 같은 관계는 한 명은 합격자, 한 명은 불합격자인 경우에는 성립할 수 없다. ㉠의 B > E, ㉢의 E > F > G, ㉣의 G > B를 종합적으로 고려하면 B, E, F, G의 관계는 일정 과목에서는 다른 응시자보다 점수가 높으면서 다른 과목에서는 다른 응시자보다 점수가 낮은 관계임을 알 수 있다. 즉, B, E, F, G는 모두 합격자이거나 모두 불합격자이어야 한다.

04　　　　　　　　　　　　정답 ③

정답 체크

선택지를 활용해서 풀어보면, 상품의 무게가 무거운 것부터 가벼운 순으로 A, B, C, D 순이고, 甲은 가장 무거운 상품과 가장 가벼운 상품을 제외하고 두 상품을 구매하기로 하였기 때문에 그중에서 B, C를 구매한다. 그리고 그 결과는 선택지 중에 있다. A, B, C, D 중 두 상품을 선택해서 함께 저울에 올린 결과는 각각 35kg, 39kg, 44kg, 45kg, 50kg, 54kg이므로 甲이 구매한 B, C를 함께 저울에 올린 결과도 이 중에 있어야 한다.

① 19kg+25kg=44kg으로 결과 중에 있다.
② 19kg+26kg=45kg으로 결과 중에 있다.
③ 20kg+24kg=44kg으로 결과 중에 있다.
④ 21kg+25kg=46kg으로 결과 중에 없다.
⑤ 22kg+26kg=48kg으로 결과 중에 없다.

따라서 선택지 ④, ⑤가 제거된다.

A, B, C, D 중 두 상품을 선택해서 함께 저울에 올린 결과는 각각 35kg, 39kg, 44kg, 45kg, 50kg, 54kg인데 이 중 54kg이 가장 무거우므로 이는 상품 중에서 가장 무거운 두 개를 함께 저울에 올린 결과여야 한다. 반대로 결과 중 35kg이 가장 가벼우므로 이는 상품 중에서 가장 가벼운 두 개를 함께 저울에 올린 결과여야 한다. 따라서 A+B의 결과가 54가 되도록 A를 구하고, C+D의 결과가 35가 되도록 D를 구해보면 다음과 같다.

구분	A+B=54		C+D=35	
	A	B	C	D
①	29	25	19	16
②	28	26	19	16
③	30	24	20	15

이 네 상품의 무게를 통해 그중 두 상품을 선택해서 함께 저울에 올린 결과가 각각 35kg, 39kg, 44kg, 45kg, 50kg, 54kg일 수 있는지 확인하면 선택지 ①, ②가 제거된다.

따라서 甲이 구매하려는 두 상품의 무게는 20kg, 24kg이다.

> ⏱ **빠른 문제 풀이 Tip**
>
> · 방정식을 세워서 푸는 방법은 느리기 때문에 되도록 지양하는 것이 좋다.
> · A+B=54와 C+D=35를 모두 구한 후에 정답을 찾는 것보다, 둘 중 하나를 해결한 후 결과를 확인해 보면 보다 빠르게 정답을 찾아낼 수 있다. 예를 들어 선택지 ①에서 C+D=35를 통해 D 무게가 16kg인 것을 찾아냈다면 B 25kg, C 19kg, D 16kg이므로 그중 두 상품 무게의 중에 B+D=25+16인 41kg이 있어야 하는데 문제에 주어진 35kg, 39kg, 44kg, 45kg, 50kg, 54kg 결과 중에는 41kg이 없으므로 선택지 ①은 정답이 될 수 없다.
> · 끝자리 '0'을 만드는 것에 주목한다면 보다 빠른 해결이 가능하다.

05　　　　　　　　　　　　정답 ①

정답 체크

ㄱ. A부족과 B부족의 셈법과 계산 결과는 다음과 같다.

구분	셈법	계산결과
A부족	손바닥이 보이면 펴져 있는 손가락 개수만큼 더한다.	손가락 다섯 개가 세 번 모두 펴져 있다면 5+5+5=15가 된다.
B부족	엄지가 펴져 있으면 엄지를 제외하고 펴져 있는 손가락 개수만큼 더한다.	엄지를 제외한 나머지 손가락 4개를 더하므로, 4+4+4=12가 된다.

ㄴ. B부족의 셈법에 따르면, 엄지가 펴져 있는지 접혀 있는지에 따라 더하거나 빼고, 더하거나 빼는 숫자는 엄지를 제외한 나머지 손가락이다. 그런데 세 번 다 엄지만이 펴져 있다면 엄지를 제외한 나머지 손가락은 다 접혀 있는 셈이다. 세 번 다 주먹이 쥐어졌다면 마찬가지로 엄지를 제외한 나머지 손가락은 다 접혀 있는 셈이다. 따라서 더하든 빼든 0+0+0과 0-0-0의 결과는 모두 0이 되므로, 두 셈의 결과는 동일하다.

오답 체크

ㄷ. 손바닥이 보이므로 A부족은 세 번 모두 펴져 있는 손가락 개수만큼 더한다. 첫 번째는 세 개의 손가락, 두 번째는 두 개의 손가락, 세 번째는 한 개의 손가락이 펴져 있으므로 3+2+1=6이다. B부족은 엄지가 펴져 있는 첫 번째와 세 번째는 엄지 외의 나머지 손가락 개수만큼 더하고 엄지가 접혀 있는 두 번째는 엄지 외의 나머지 손가락 개수만큼 빼야 한다. 첫 번째는 엄지 외의 검지·중지의 2를 더하고, 두 번째는 엄지 외의 검지·중지의 2를 빼고, 세 번째는 엄지 외에 펴진 손가락이 없으므로 0을 더한다. 따라서 2-2+0=0이다.

ㄹ. 다음 3가지 방법을 통해 검토할 수 있다.
　<방법 1> 합분해
　A부족은 손바닥이 보이는지 손등이 보이는지로 더할지 뺄지를 정하는데 이와 관련되어서는 알 수 없다. 반면 세 번 내내 엄지는 꼭 펴져 있었기 때문에 B부족 셈법에 따르면 항상 더해야 한다. 따라서 먼저 B부족의 방식으로 계산한 결과가 9가 나올 수 있는지 검토한다. 세 개의 숫자를 더해서 9가 나오는 경우는 (4, 4, 1), (4, 3, 2), (3, 3, 3) 세 가지 뿐이다. 이제 이를 토대로 A부족의 셈법을 해본다. B부족과 달리 A부족은 엄지손가락도 계산할 때 포함시킨다. 즉, B부족의 (4, 4, 1), (4, 3, 2), (3, 3, 3)에는 세 경우 모두 엄지를 제외한 것이므로 여기에 엄지도 포함하여 손가락 개수를 세면 (5, 5, 2), (5, 4, 3), (4, 4, 4)가 된다. 이 숫자들을 더하거나 빼서 9를 만들 수 있는지 검토하면 가능하지 않음을 알 수 있다. 따라서 B부족의 셈법을 통해 9를 만들 수 있는 손가락 개수를 가지고 A부족의 셈법으로는 9를 만들 수 없다.

<방법 2> 홀·짝 성질

B부족의 셈법에 따라 9가 나온다는 것은, 엄지를 제외하고 세 번의 과정에서 펼친 손가락 개수의 총합이 9라는 의미이다. 여기에 엄지까지 포함한다면 세 번의 과정에서 펼친 손가락의 개수의 총합은 12가 된다. 이를 ○, △, □ 세 개의 숫자로 나누면 홀수가 아예 없거나 ○, △, □ 중 두 개의 숫자가 홀수여야 한다.

· 홀수가 없는 경우 세 개의 짝수를 더하거나 빼서는 홀수가 나올 수 없기 때문에 '9'라는 홀수를 만들 수 없다.
· 홀수 2개+짝수 1개인 경우 역시도 이 숫자들을 더하거나 빼서는 홀수가 나올 수 없기 때문에 마찬가지로 '9'라는 홀수를 만들 수 없다.

이를 종합하면 A부족의 셈법에 따르면 12를 세 개의 숫자로 나누어 이를 더하거나 뺄 수 있는데, 이 과정을 통해서 홀수를 만드는 것이 불가능하다.

<방법 3> 수식 접근

B부족은 항상 더하는데 A부족은 더하거나 빼는 경우가 모두 존재한다. 그리고 그 결과는 두 부족 다 9가 나와야 한다. A부족에서 세 번의 과정동안 펼친 손가락의 개수를 각각 a, b, c라고 하면, 세 번 내내 엄지는 꼭 펴져 있었다는 조건이 주어졌으므로 이 a, b, c에는 엄지가 포함되어 있다. a, b, c를 더하거나 빼는 경우는 다음의 총 8가지 경우가 있다.

· +가 3개, -가 0개인 경우의 $(+a+b+c)$ 1가지
· +가 2개, -가 1개인 경우의 $(-a+b+c)$, $(+a-b+c)$, $(+a+b-c)$ 3가지
· +가 1개, -가 2개인 경우의 $(-a-b+c)$, $(-a+b-c)$, $(+a-b-c)$ 3가지
· +가 0개, -가 3개인 경우의 $(-a-b-c)$ 1가지

이를 B부족 셈법으로 살펴보면 a, b, c에서 각각의 경우에 펼쳐 있는 엄지는 제외하고 나머지 손가락의 개수만 더해야 한다. 즉, 엄지를 제외하고 나면 $(a-1)+(b-1)+(c-1)=a+b+c-3$이 된다.

이때 A부족의 셈법의 결과와 B부족의 셈법의 결과가 같아질 수 있는지 확인해 보면 다음과 같다.

B부족의 셈법		A 부족의 셈법	정리 (A부족의 셈법=B부족의 셈법)
$(a+b+c)-3$	$=$	$(+a+b+c)$	$0=3$
		$(-a+b+c)$	$2a=3$
		$(+a-b+c)$	$2b=3$
		$(+a+b-c)$	$2c=3$
		$(-a-b+c)$	$2a+2b=3$
		$(-a+b-c)$	$2a+2c=3$
		$(+a-b-c)$	$2b+2c=3$
		$(-a-b-c)$	$2a+2b+2c=3$

맨 오른쪽 열의 결과를 보면 좌변은 계속 짝수이고, 우변은 3으로 홀수이므로 짝수=홀수라는 모순이 생긴다. 따라서 두 부족의 셈법의 결과가 같아지는 경우는 있을 수 없다.

06

정답 ⑤

정답 체크

· 甲이 다른 사람의 점수를 모르고 자신의 점수만을 알고 있는 상태에서 <대화>처럼 확정적으로 셋 중에서 가장 높은 점수를 받았다고 말할 수 있으려면 甲의 점수는 50점 이상이어야 한다.
  - 甲의 점수가 정확히 50점인 경우에 乙과 丙의 점수의 합이 나머지 50점이 되고, 각자의 점수는 서로 다른 자연수여야 하기 때문에 乙과 丙의 점수 중 최댓값은 50=1+49일 때 최대 49점밖에 안 된다. 따라서 甲이 확정적으로 가장 높은 점수를 받은 셈이 된다.

  - 甲의 점수가 51점인 경우에 乙과 丙의 점수의 합이 나머지 49점이 되므로 합분해를 하지 않더라도 甲이 확정적으로 가장 높은 점수를 받은 셈이 된다.
  - 즉, 甲이 자신의 점수만 보고도 셋 중에 가장 높은 점수를 받았다고 확실하게 말할 수 있다는 것은 甲의 점수가 50점 이상이라는 의미이다.

· 甲의 대화를 들은 乙은 甲의 점수가 50점 이상이라는 것을 알게 된다. 이것만을 알게 되어도 乙은 세 사람의 점수를 모두 확정할 수 있어야 한다. 앞에서 甲의 점수를 따질 때 확인했듯이 乙의 점수의 최댓값은 49점이 된다.
  - 乙의 점수가 49점이라면 甲의 점수가 50점 이상이고, 병의 점수는 1점 이상이 되도록 충족시키는 경우는 甲 50점, 乙 49점, 丙 1점인 경우밖에 없고 세 사람의 점수를 확정할 수 있다.

甲의 점수 : 50점 이상	乙의 점수	丙의 점수 : 1점 이상
50	49	1

  - 乙의 점수가 48점이라면 甲의 점수가 50점 이상이고, 丙의 점수는 1점 이상이 되도록 충족시키는 경우는 두 가지 경우가 존재하므로 세 사람의 점수를 확정할 수 없다.

甲의 점수 : 50점 이상	乙의 점수	丙의 점수 : 1점 이상
50	48	2
51		1

  - 만약 乙의 점수가 47점, 46점, 45점…으로 점점 더 낮아진다면 경우의 수는 점점 더 많아지게 되고, 세 사람의 점수를 확정할 수 없다.

따라서 乙의 점수는 49점이어야 한다.

07

정답 ①

정답 체크

ㄱ. 누군가 ⑦카드를 2장 갖고 있다는 것은 다른 2명은 ⑦카드를 1장 가지고 있거나 ⑦카드가 1장도 없다는 의미이다. 이들 3명이 게임을 진행할 때 ⑦카드가 1장도 없는 사람이 우승할 수 있을지는 고려하지 않아도 된다. 전 사람이 낸 카드의 숫자와 같거나 더 큰 숫자의 카드만 낼 수 있으므로 게임이 끝나기 위해서는 ⑦카드를 내야 하는 순간이 반드시 생기게 되는데, ⑦카드가 1장이라도 있다면 자기 차례가 왔을 때 넘길 수 있지만 ⑦카드가 1장도 없다면 자기 차례가 왔을 때 낼 카드가 손에 없어 게임에서 빠지게 된다. 따라서 ⑦카드가 있는 2명만 고려하면 되고, ⑦카드가 2장 있는 사람과 ⑦카드가 1장 있는 사람이 게임을 진행하게 된다. 이때 게임이 진행되는 경우는 두 가지가 가능하다. ⑦카드가 2장 있는 사람이 먼저 카드를 내거나, ⑦카드가 1장 있는 사람이 먼저 카드를 내거나 둘 중에 하나일 수밖에 없다.

<경우 1> ⑦카드가 2장 있는 사람이 먼저 7카드를 내는 경우

⑦, ⑦카드	⑦		⑦		우승
⑦카드		⑦		제외	

<경우 2> ⑦카드가 1장 있는 사람이 먼저 7카드를 내는 경우

⑦, ⑦카드		⑦		우승
⑦카드	⑦		제외	

따라서 누구든 ⑦카드를 2장 갖고 있으면 반드시 우승할 수 있다.

오답 체크

ㄴ. 甲이 게임 시작과 동시에 ⑦카드를 냈다면 乙과 丙도 ⑦카드만 낼 수 있다. 甲은 ⑦카드를 1장만 가지고 있으므로 남은 두 장을 乙과 丙이 나누어 가져야 하며, 乙 기준으로 ⑦카드 2장을 가질 수도, 1장을 가질 수도, 한 장도 못 가질 수도 있다.

<경우 1> 乙이 ⑦카드 2장을 가진 경우, 丙은 ⑦카드를 1장도 못 가진다.

<경우 2> 乙이 ⑦카드 1장을 가진 경우, 丙은 ⑦카드를 1장 가진다.

<경우 3> 乙이 ⑦카드를 1장도 못 가진 경우, 丙은 ⑦카드를 2장 가진다.

이에 따라 게임을 진행해 본 결과는 다음과 같다. <경우 2>는 ⑦카드를 3명이 1장씩 가지고 있는 경우에, 제일 마지막으로 ⑦카드를 낸 丙이 우승한다.

구분	甲	乙	丙	우승
<경우 1>	⑦	⑦, ⑦	없음	乙 우승
<경우 2>	⑦	⑦	⑦	丙 우승
<경우 3>	⑦	없음	⑦, ⑦	丙 우승

따라서 甲이 게임 시작과 동시에 ⑦카드를 냈을 때 우승하는 경우는 없으므로 우승할 확률은 약 0%이다.

ㄷ. 甲이 게임 시작과 동시에 ⑥카드를 냈다면, 이후 ⑥카드와 ⑦카드를 내는 것만 가능하다. 甲이 받은 카드 중 6 이상의 카드는 ⑥, ⑥, ⑦이므로, 나머지 ⑥, ⑥, ⑦카드 3장을 乙과 丙이 나누어 갖게 된다. 이때 세 사람이 ⑥카드 3장과 ⑦카드 3장을 나누어 갖는 경우는 다음과 같다.

구분	甲	乙	丙	우승
<경우 1>		⑥, ⑦, ⑦	없음	乙 우승
<경우 2>		⑦, ⑦	⑥	乙 우승
<경우 3>	⑥, ⑥, ⑦	⑥, ⑦	⑦	?
<경우 4>		⑦	⑥, ⑦	?
<경우 5>		⑥	⑦, ⑦	丙 우승
<경우 6>		없음	⑥, ⑦, ⑦	丙 우승

ㄱ에서 검토했듯이 ⑦카드가 2장 있으면 반드시 우승할 수 있으므로 <경우 1>, <경우 2>는 乙이 우승하게 되고, <경우 5>, <경우 6>은 丙이 우승한다. 남은 <경우 3>, <경우 4>를 검토하면 되는데 甲이 게임 시작과 동시에 ⑥카드를 냈을 때 우승할 확률이 약 33%가 되려면 <경우 3>, <경우 4>는 모두 甲이 우승해야 한다. <경우 3>, <경우 4>는 3명이 ⑦카드를 1장씩 가졌고, ㄴ에서 검토했듯이 이 경우 ⑦카드를 가장 늦게 내는 사람이 우승하게 된다. 따라서 <경우 3>은 乙이 우승하고, <경우 4>는 甲이 우승하게 된다.

구분	甲	乙	丙	우승
<경우 3>	⑥, ⑥, ⑦	⑥, ⑦	⑦	乙 우승
<경우 4>		⑦	⑥, ⑦	甲 우승

6가지 중 1가지 경우에서만 甲이 우승하게 되므로, 그때의 우승 확률은 $\frac{1}{6}$ = 약 16.7%이다.

⏱ 빠른 문제 풀이 Tip

ㄷ. <경우 3>, <경우 4> 중 <경우 3>을 먼저 검토했다면 남은 <경우 4>를 고려하지 않더라도 甲의 우승 확률이 33%가 되지 않음을 확인할 수 있다.
· <보기> 조합을 잘 고려한다면 <보기>를 다 보지 않고도 정답을 찾을 수 있다.

정답 체크

지문의 표에서 매 경기 순위에 따라 부여되는 점수를 확인한다. <상황>에 따르면 甲은 3경기에서 총 157점을 획득하였으며, 공동 순위는 한 번 기록하였다고 한다. 지문의 표에서 점수의 일의 자리가 7이 될 수 있는 순위의 조합을 찾아야 한다.

직관적으로 157점은 상당히 높은 점수이고, 점수가 큰 순위를 고려해보면 1위 또는 2위 없이는 획득할 수 없는 점수이다. 甲의 3경기 중에 1위가 없다면 최대 점수는 50+30+20=100점이다. 甲의 3경기 중에 2위가 없다면 최대 점수는 100+30+20=150점이다. 따라서 1위와 2위는 반드시 필요하고, 여기에 일의 자리 7을 만들어야 한다. 일의 자리가 7이 될 수 있는 경우는 2명이 공동 6위인 경우 (8+6)÷2=7이다. 따라서 甲이 치른 3경기의 순위를 모두 합한 수는 1+2+6=9이다. 정답은 ②이다.

가능한 모든 경우를 확인해보면 다음과 같다. 공동 순위가 한 번이라는 사실은 확정된 사실이므로, 이를 실마리 삼아 1) 甲 포함 2명이 공동 순위인 경우, 2) 甲 포함 3명이 공동 순위인 경우를 나누어 점수를 정리해보면 다음과 같다.

1) 甲 포함 2명이 공동 순위인 경우

아래 표에서, 예를 들어 甲 포함 2명이 공동 순위 2위이면 (50+30)/2=40점을 획득한다.

공동 순위	점수	순위	점수
1	75	6	7
2	40	7	5
3	25	8	3
4	15	9	
5	9	10	

가능하지 않은 경우나 점수 계산 결과 나누어 떨어지지 않는 경우는 생략하였다. 157점에서 이상의 점수를 빼주어 나머지 두 경기로 획득해야 하는 점수를 정리해보면 다음과 같다.

공동 순위	점수	순위	점수
1	157-75=82	6	157-7=150
2	157-40=117	7	157-5=152
3	157-25=132	8	157-3=154
4	157-15=142	9	
5	157-9=148	10	

공동 순위가 6위인 경우를 제외하고는 단독 순위 2경기로 157점을 획득하는 것은 가능하지 않다.

1) 甲 포함 3명이 공동 순위인 경우

아래 표에서, 예를 들어 甲 포함 3명이 공동 순위 3위이면 (30+20+10)/3=20점을 획득한다.

공동 순위	점수	순위	점수
1	60	6	6
2		7	4
3	20	8	
4		9	
5	8	10	

1)의 경우와 마찬가지로 가능하지 않은 경우나 점수 계산 결과 나누어 떨어지지 않는 경우는 생략하였다. 157점에서 이상의 점수를 빼주어 나머지 두 경기로 획득해야 하는 점수를 정리해보면 다음과 같다.

1 텍스트형

2 법조문형

3 계산형

4 규칙형

5 경우형

기출 재구성 모의고사

해커스PSAT 7급 PSAT 유형별 기출 200제 상황판단

공동 순위	점수	순위	점수
1	157−60=97	6	157−6=151
2		7	157−4=153
3	157−20=137	8	
4		9	
5	157−8=149	10	

단독 순위 2경기로 157점을 획득하는 것은 가능하지 않다.

09
정답 ④

정답 체크
각 경로를 따라 데이터가 이동할 때, 1회 이동 시간은 1시간이며, 데이터의 총 이동시간은 10시간을 초과할 수 없다. A에서 1이 입력되었을 때 F에서의 결과를 가장 크게 만들기 위해서는 10시간=10회를 이동하는 것이 유리하다. A → B, E → F의 이동 경로는 고정이고, 곱해지는 수도 1로 결과에 영향을 미치지 못하므로 B부터 E까지 8회 이동하는 경로만을 고려한다. 8회 이동하면 8번 곱해진 결과가 도출된다. 곱해진 과정은 인수분해를 하면 알아낼 수 있다. 가장 큰 수를 물었으므로 가장 큰 수부터 검토한다.
$864 = 3^3 \times 2^5 = 2 \times 2 \times 2 \times 3 \times -2 \times 3 \times -2 \times 3$이므로 B → B → B → C → E → D → E → D → E로 이동한 결과가 도출된다.

오답 체크
① $256 = 2^8$
② $384 = 3 \times 2^7$
③ $432 = 3^3 \times 2^5$
⑤ $1296 = 3^4 2^4 = 2 \times 3 \times -2 \times 3 \times -2 \times 3 \times -2 \times 3$이므로 B → C → E → D → E → D → E → D → E로 이동한 결과가 도출되고, +1296이 아닌 −1296의 음수가 도출된다.

> ⏱ 빠른 문제 풀이 Tip
> A에서 1이 입력되었을 때 F에서의 결과가 가장 크게 되는 값을 찾아야 하기 때문에 가장 큰 수인 선택지 ⑤가 가능한지부터 검토해 보는 것이 좋다.

10
정답 ③

정답 체크
乙이 오전 7시 30분에 일어나고, 甲이 오전 6시 30분 전에 일어나면 반드시 甲이 이긴다고 했으므로 반례가 있는지 검토한다. 乙이 오전 7시 30분에 일어난 경우 시계에 표시된 각 숫자의 합은 '10'이다. 이때 甲이 오전 6시 30분 전인 6시 29분에 일어난 경우 시계에 표시된 각 숫자의 합은 0+6+2+9=17이다. 따라서 乙이 오전 7시 30분에 일어나고, 甲이 오전 6시 30분 전에 일어났을 때 甲이 반드시 이기는 것은 아니다.

오답 체크
① 甲이 오전 6시 정각에 일어나면 시계에 표시된 4개 숫자의 합은 '6'이다. 乙의 시계에 표시된 숫자의 합을 줄이기 위해서 시계 각 자리의 숫자를 최대한 낮추더라도 07:00이므로 숫자의 합은 '7'이 된다. 따라서 乙의 시계에 표시된 숫자의 합은 최소 7이고 합이 더 커질 수도 있다. 즉, 甲이 6시 정각에 일어나면 어떠한 경우에도 乙의 시계에 표시된 숫자의 합보다 甲의 시계에 표시된 합이 항상 더 작으므로 반드시 甲이 이기게 된다.

② 시계에 표시된 4개 숫자의 합은 '21'이다. 甲의 시계에 표시된 숫자의 합을 크게 만들기 위해서 시계 각 자리의 숫자를 최대한 크게 가정하더라도 06:59이므로 숫자의 합은 '20'이다. 따라서 甲의 시계에 표시된 숫자의 합은 최대 '20'이고, 합이 더 작아질 수도 있다. 즉, 乙이 오전 7시 59분에 일어나면 어떠한 경우에도 甲의 시계에 표시된 숫자의 합보다 乙의 시계에 표시된 숫자의 합이 항상 더 크므로 반드시 乙이 지게 된다.

④ 甲이 오전 6시에서 오전 6시 59분, 乙이 오전 7시에서 오전 7시 59분에 甲과 乙이 정확히 1시간 간격으로 일어나면 '분'을 나타내는 숫자는 동일하고, '시'를 나타내는 숫자만 甲이 乙보다 1이 작을 것이다. 따라서 시계에 표시된 숫자의 합도 甲이 乙보다 1이 작으므로 반드시 甲이 이긴다.

⑤ 甲이 오전 6시에서 오전 6시 59분, 乙이 오전 7시에서 오전 7시 59분에 甲이 정확히 50분 간격으로 일어나면 '시'를 나타내는 숫자는 甲이 乙보다 1 작지만, '분'을 나타내는 숫자 중 십의 자리에 해당하는 숫자는 반대로 乙이 甲보다 1 작게 된다. 따라서 甲과 乙의 숫자의 합은 동일하므로 甲과 乙은 비긴다.

> ⏱ 빠른 문제 풀이 Tip
> 제시된 조건에 따라 결과로 가능한 범위를 미리 파악해 두는 것도 문제 해결에 도움이 된다. 시계에 표시된 4개의 숫자를 합산했을 때 甲은 6~20까지, 乙은 7~21까지 가능하다는 것을 미리 구해둔다면 일부 선택지를 해결할 때 도움이 된다.

11
정답 ⑤

정답 체크
ㄴ. 甲은 121쪽으로 1+2+1=4점의 점수가 나오고, 乙은 211쪽으로 2+1+1=4점의 점수가 나오기 때문에, 둘 다 4점으로 점수가 같으므로 무승부이다.

ㄹ. 乙이 100쪽을 펼친 경우 오른쪽 면의 101쪽으로 1+0+1=2점이 나온다. 이때 乙이 승리하게 만들려면 甲이 쪽 번호로 만들 수 있는 점수가 0점 또는 1점이 되어야 하는데, 책의 시작 면이 1쪽이긴 하지만 조건에서 시작 면이 나오게 책을 펼치지는 않으므로 그런 경우를 만들 수 없다. 甲의 점수를 가장 작게 만든다 하더라도 10쪽과 11쪽과 펼쳤을 때 11쪽으로 1+1=2점이 최소이다. 따라서 乙은 100쪽을 펼쳤을 때 승리할 수 없다.

오답 체크
ㄱ. 甲은 99쪽으로 9×9=81점의 점수가 나오고, 乙은 199쪽으로 1×9×9=81점의 점수가 동일하게 나온다. 따라서 둘 다 81점으로 점수가 같으므로 무승부가 된다.

ㄷ. 甲은 369쪽으로 3×6×9=162점의 점수가 나온다. 162를 소인수 분해해보면 162=2×3×3×3×3=2×9×90이다. 따라서 乙이 299쪽을 펼쳐서 162점의 동일한 결과를 얻으면 무승부가 되므로, 甲이 369쪽을 펼쳤을 때 甲이 반드시 승리하는 것은 아니다.

> ⏱ 빠른 문제 풀이 Tip
> · 책을 임의로 펼쳤을 때 왼쪽 면 쪽 번호보다 오른쪽 면 쪽 번호를 구성하는 숫자가 항상 더 크다. 따라서 오른쪽 면 번호로만 계산해 보면 된다.
> · 면 번호에 0이 포함된 경우에는 숫자를 곱한 결과 0이 나오기 때문에, 각 자리 숫자를 곱한 것보다 더했을 때 결과가 더 크다.
> · 쪽 번호에 1이 많은 경우에는 덧셈이 더 유리한 경우가 있다.
> · 쪽 번호를 더했을 때 최댓값은 21이다. 따라서 곱셈을 했을 때 이보다 큰 결과가 나올 수 있다면 곱한 결과가 점수가 된다.

12

정답 체크

지문에 제시된 조건을 순서대로 조건 ⅰ), ⅱ)라고 한다.

조건 ⅰ)에 따르면 1, 2, 3, 4 중에서 숫자를 고른다고 하는데 중복이 허용되는지 언급하고 있지 않다. 그러나 조건 ⅱ)에 따르면 비밀번호 각 자리의 숫자를 '모두 더한 값'과 '모두 곱한 값'이 같다고 하므로 중복이 허용되지 않는다면 조건 ⅱ)를 충족시킬 수 없다. 따라서 숫자를 중복해서 고를 수 있음을 확인한다.

[방법 1] 직접 여러 비밀번호를 조합해 보는 방법

극단적으로 작은 값을 떠올려 본다. 고른 숫자가 (1, 1, 1, 1)이라면 '모두 더한 값'은 4이고, '모두 곱한 값'은 1이다. (1, 1, 1, 2), (1, 1, 1, 4)와 같은 숫자 조합을 떠올려 본다면 여전히 '모두 더한 값'이 '모두 곱한 값'보다 크다. 그러므로 $(1, 1, x, y)$와 같이 '모두 곱한 값'을 증가시킬 수 있는 숫자 조합을 생각해 본다. (1, 1, 2, 2), (1, 1, 2, 3), (1, 1, 2, 4)와 같은 숫자 조합을 떠올려 보면 (1, 1, 2, 4)는 '모두 더한 값'과 '모두 곱한 값'이 같다는 것을 알 수 있다. 이에 따라 정답은 ①임을 알 수 있다.

극단적으로 큰 값부터 시작해 보면 (4, 4, 4, 4)의 경우 '모두 더한 값'은 최대 16이고 '모두 곱한 값'은 256이므로 '모두 곱한 값'이 훨씬 크다는 것을 알 수 있다. $(x, y, 4, 4)$와 같은 숫자 조합은 조건 ⅱ)를 충족시킬 수 없다는 것을 확인한다. (2, 2, 2, 2)와 같은 비밀번호도 여전히 '모두 더한 값' 8보다 '모두 곱한 값' 16이 크다. '모두 곱한 값'이 더 작은 숫자 조합을 떠올려보면서 (1, 1, 2, 4)를 찾아야 한다.

[방법 2] 일부 숫자 조합을 배제하는 방법

홀수, 짝수를 기준으로 다음과 같이 생각해 본다.

1) 숫자 조합 중 홀수가 4개인 경우
   '모두 더한 값'은 짝수인데 '모두 곱한 값'은 홀수이다. 성립할 수 없다.

2) 숫자 조합 중 홀수가 3개, 짝수가 1개인 경우
   '모두 더한 값'은 홀수인데 '모두 곱한 값'은 짝수이다. 성립할 수 없다.

3) 숫자 조합 중 홀수가 2개, 짝수가 2개인 경우
   '모두 더한 값'은 짝수, '모두 곱한 값'도 짝수이다. 성립할 수 있다.

4) 숫자 조합 중 홀수가 1개, 짝수가 3개인 경우
   '모두 더한 값'은 홀수인데 '모두 곱한 값'은 짝수이다. 성립할 수 없다.

5) 숫자 조합 중 짝수가 4개인 경우
   '모두 더한 값'은 짝수, '모두 곱한 값'도 짝수이다. 성립할 수 있다.

이때 5)의 경우 가장 작은 경우인 (2, 2, 2, 2)도 '모두 더한 값'보다 '모두 곱한 값'이 크고, 2를 대신해 다른 짝수인 4를 조합할 경우 그 격차는 더 커진다. 따라서 5)의 경우도 조건 ⅱ)를 충족시킬 수 없다.

3)의 경우는 (홀수, 홀수, 짝수, 짝수) 순으로 생각했을 때 (홀수, 홀수, 2, 2)와 같이 작은 짝수 2로만 조합해도 홀수는 3이 되어서는 안 된다. 따라서 홀수는 모두 1이다. (1, 1, 2, 2), (1, 1, 2, 4) 중 (1, 1, 2, 4)가 조건 ⅱ)를 충족한다.

따라서 甲이 만든 비밀번호 각 자리의 숫자를 모두 곱한 값은 8이다.

> ⏱ **빠른 문제 풀이 Tip**
>
> 곱한 결과를 따져야 하므로, 3의 배수는 각 자리수 숫자의 합이 3의 배수인 것처럼, 배수의 성질을 활용해 보는 것도 좋다.

13

정답 체크

제시된 조건을 표로 다시 정리하면 다음과 같다.

과목명	수강시간	甲의 직전 수강일자	권장 수강주기	권장 수강주기 적용 시 일자
통일교육	2	2020년 2월 20일	12개월	2021년 2월 20일
청렴교육	2	2020년 4월 11일	9개월	2021년 1월 11일
장애인식교육	3	2020년 6월 7일	6개월	2020년 12월 7일
보안교육	3	2020년 9월 3일	3개월	2020년 12월 3일
폭력예방교육	5	2020년 8월 20일	6개월	2021년 2월 20일

위 표에 따르면 통일교육과 폭력예방교육이 권장 수강주기 이내에 수강하게 되는 상시학습 과목이고, 이때 학습점수는 수강시간의 두 배로 통일교육은 4점, 폭력예방교육은 10점이 인정된다.

각 선택지별로 학습점수를 구하면 다음과 같다.

선택지	과목명(수강시간)	학습점수
①	통일교육(2), 폭력예방교육(5)	4+10=14
②	통일교육(2), 장애인식교육(3), 보안교육(3)	4+3+3=10
③	통일교육(2), 청렴교육(2), 보안교육(3)	4+2+3=9
④	청렴교육(2), 장애인식교육(3), 폭력예방교육(5)	2+3+10=15
⑤	보안교육(3), 폭력예방교육(5)	3+10=13

선택지 ④는 학습점수가 높지만 총 교육시간이 10시간으로 8시간을 초과하기 때문에 제거된다. 따라서 甲이 학습점수를 최대화하기 위해 수강할 과목은 통일교육과 폭력예방교육이다.

> ⏱ **빠른 문제 풀이 Tip**
>
> 통일교육과 폭력예방교육은 권장 수강주기 이내에 수강하여 수강시간의 두 배를 학습점수로 인정받을 수 있기 때문에, 동일하게 1시간 동안 수강하더라도 두 배의 학습점수를 얻을 수 있는 셈이다. 따라서 되도록 이 두 과목을 포함시켜 상시학습 과목을 수강하는 것이 유리하다. 통일교육과 폭력예방교육을 수강하는 경우에 7시간만 활용하기 때문에 1시간이 남게 된다. 8시간을 모두 활용하는 경우는 2시간의 통일교육 대신에 수강시간이 3시간인 장애인식교육 또는 보안교육을 수강하는 경우인데 이때의 학습점수는 3점으로 오히려 통일교육의 학습점수 4점보다 낮다. 따라서 1시간의 수강으로 두 배의 학습점수를 얻을 수 있는 선택지 ①의 경우가 甲에게 더 유리하다.

14

정답 체크

예산 10만 원을 모두 사용하여 외식, 전시회 관람, 쇼핑을 한 번씩 한다. 항목별로 최소 1만 원, 최대 6만 원까지 지출하며, 만족도 점수의 합이 최대가 되도록 한다.

<방법 1> 합분해+경우의 수

· 외식에 6만 원을 지출하는 경우

   전시회 관람과 쇼핑에 4만 원을 지출할 수 있다.

외식	전시회 관람	쇼핑	총 만족도
6만 원(16점)	3만 원(6점)	1만 원(1점)	23점
	2만 원(3점)	2만 원(2점)	21점
	1만 원(1점)	3만 원(6점)	23점

총 만족도가 가장 높은 경우는 23점이다.

· 외식에 5만 원을 지출하는 경우
전시회 관람과 쇼핑에 5만 원을 지출할 수 있다.

외식	전시회 관람	쇼핑	총 만족도
5만 원(15점)	4만 원(9점)	1만 원(1점)	25점
	3만 원(6점)	2만 원(2점)	23점
	2만 원(3점)	3만 원(6점)	24점
	1만 원(1점)	4만 원(8점)	24점

총 만족도가 가장 높은 경우는 25점이다.

· 외식에 4만 원을 지출하는 경우
전시회 관람과 쇼핑에 6만 원을 지출할 수 있다.

외식	전시회 관람	쇼핑	총 만족도
4만 원(13점)	5만 원(12점)	1만 원(1점)	26점
	4만 원(9점)	2만 원(2점)	24점
	3만 원(6점)	3만 원(6점)	25점
	2만 원(3점)	4만 원(8점)	24점
	1만 원(1점)	5만 원(10점)	24점

총 만족도가 가장 높은 경우는 26점이다.

· 외식에 3만 원을 지출하는 경우
전시회 관람과 쇼핑에 7만 원을 지출할 수 있다.

외식	전시회 관람	쇼핑	총 만족도
3만 원(7점)	6만 원(13점)	1만 원(1점)	21점
	5만 원(12점)	2만 원(2점)	21점
	4만 원(9점)	3만 원(6점)	22점
	3만 원(6점)	4만 원(8점)	21점
	2만 원(3점)	5만 원(10점)	20점
	1만 원(1점)	6만 원(13점)	21점

총 만족도가 가장 높은 경우는 22점이다.

· 외식에 2만 원을 지출하는 경우
전시회 관람과 쇼핑에 8만 원을 지출할 수 있다.

외식	전시회 관람	쇼핑	총 만족도
2만 원(5점)	6만 원(13점)	2만 원(2점)	20점
	5만 원(12점)	3만 원(6점)	23점
	4만 원(9점)	4만 원(8점)	22점
	3만 원(6점)	5만 원(10점)	23점
	2만 원(3점)	6만 원(13점)	21점

총 만족도가 가장 높은 경우는 23점이다.

· 외식에 1만 원을 지출하는 경우
전시회 관람과 쇼핑에 9만 원을 지출할 수 있다.

외식	전시회 관람	쇼핑	총 만족도
1만 원(3점)	6만 원(13점)	3만 원(6점)	22점
	5만 원(12점)	4만 원(8점)	23점
	4만 원(9점)	5만 원(10점)	22점
	3만 원(6점)	6만 원(13점)	22점

총 만족도가 가장 높은 경우는 23점이다.

모두 종합하면, 외식 4만 원, 전시회 관람 5만 원, 쇼핑 1만 원을 지출했을 때의 만족도가 26점으로 최대이다.

<방법 2> 가성비
각 항목에 지출한 비용이 각각 만 원당 얼마의 만족도를 가져오는지 검토하는 것이다. 즉, 단위비용당 만족도를 구한다. 예를 들어 외식에 5만 원을 지출해서 15점의 만족도를 얻었다면 1만 원당 3점의 만족도를 얻은 셈이다. 즉, 표에서 각 항목별 만족도를 표 맨 윗줄의 지출금액으로 나누어, 단위비용당 만족도를 계산해 보면 다음과 같다.

구분	1만 원	2만 원	3만 원	4만 원	5만 원	6만 원
외식	3점	5점	7점	13점	15점	16점
	3	2.5	2.33	3.25	3	2.66
전시회 관람	1점	3점	6점	9점	12점	13점
	1	1.5	2	2.25	2.4	2.17
쇼핑	1점	2점	6점	8점	10점	13점
	1	1	2	2	2	2.17

이를 토대로 판단하면 1만 원당 가장 만족도가 높은 지출은 외식에 4만 원을 지출했을 때로, 1만 원당 3.25점의 만족도를 가져온다. 다음으로 1만 원당 만족도가 높은 지출은 전시회 관람에 5만 원을 지출했을 때로, 1만 원당 2.4점의 만족도를 가져온다. 남은 금액은 1만 원이므로 쇼핑에 1만 원을 지출하여 1점의 만족도를 얻는다. 외식 4만 원+전시회 관람 5만 원+쇼핑 1만 원의 총 10만 원의 지출을 하여 외식 13점+전시회 관람 12점+쇼핑 1점으로 총 26점의 만족도를 얻을 수 있다.

<방법 3> 가성비+합분해
가성비가 가장 높은 외식에 4만 원을 지출하는 것을 찾아낸 후, <방법 1>에서의 세 번째 경우로 검토하는 방법이다.

<방법 4> 한계효용 ①
각 항목별로 최소 1만 원의 지출은 해야 한다. 이를 기준으로 하여 각 항목당 추가 지출이 얼마의 한계효용을 갖는지 검토하는 것이다. 예를 들어, 외식에 1만 원 지출을 할 때 1만 원으로 3점의 만족도를 얻는데, 외식에 5만 원을 지출해서 15점의 만족도를 얻는다면 +4만 원의 지출로 +12점의 만족도가 추가 된 셈이므로 1만 원당 3점의 만족도를 얻는다. 이 방법대로 각 한계효용을 계산해 보면 다음과 같다.

구분	1만 원	2만 원	3만 원	4만 원	5만 원	6만 원
외식	3점	5점	7점	13점	15점	16점
		2	2	3.3	3	2.6
전시회 관람	1점	3점	6점	9점	12점	13점
		2	2.5	2.67	2.75	2.4
쇼핑	1점	2점	6점	8점	10점	13점
		1	2.5	2.33	2.25	2.4

이때 가장 높은 한계효용을 보이는 방법을 찾아 <방법 2>처럼 구할 수도 있고, <방법 3>처럼 외식 4만 원 지출을 찾은 후 합분해를 통해 경우의 수를 찾는 것도 가능하다.

<방법 5> 한계효용 ②
이전 지출에 비해 1만 원을 추가로 지출할 때 추가로 얻게 되는 만족도 점수의 변화, 즉 한계효용을 보는 방법도 있다. 각 항목별로 최소 1만 원 지출은 해야 하는 상황에서 1만 원씩 지출을 늘려갈 때 얼마의 추가적인 만족도 변화가 생기는지 보는 것이다.

구분	1만 원	→	2만 원	→	3만 원	→	4만 원	→	5만 원	→	6만 원
외식	3점	+2	5점	+2	7점	+6	13점	+2	15점	+1	16점
전시회 관람	1점	+2	3점	+3	6점	+3	9점	+3	12점	+1	13점
쇼핑	1점	+1	2점	+4	6점	+2	8점	+2	10점	+3	13점

이때 +6의 변화가 가장 크기 때문에 외식에 4만 원의 지출을 찾아내는 것인데, +6의 변화가 가장 크다는 것이 10만 원을 지출할 때 1만 원을 쓰더라도 가장 가치 있게, 가장 만족도를 높이는 방법으로 사용했다는 것을 담보하는 것은 아니기 때문에 유의할 필요가 있다.

15
정답 ②

정답 체크

주어진 조건을 정리하면 다음과 같다.
· 60억 원의 건축 예산 범위 내에서 시설을 신축한다.
· 시민 만족도가 가장 높도록 어린이집과 복지회관을 신축하려고 한다.
· 시민 만족도는 각 시설에 대한 만족도의 합으로 계산한다.
· 각 구에는 최소 1개의 시설을 신축하되, 하나의 구에 동일 종류의 시설을 2개까지 신축할 수 있다. 단, 하나의 구에 동일 종류의 시설을 2개 신축할 경우, 그 시설 중 한 시설에 대한 만족도는 20% 하락한다.

<방법 1> 경우의 수 구하기

구분		A구 어린이집 (20억 원, 35)	A구 복지회관 (15억 원, 30)	B구 어린이집 (15억 원, 40)	B구 복지회관 (20억 원, 50)	총
a	건축비	–	2개	2개	–	60억 원
a	만족도	–	30, 24	40, 32	–	126
b	건축비	2개	–	–	1개	60억 원
b	만족도	35, 28	–	–	50	113
c	건축비	1개	–	–	2개	60억 원
c	만족도	35	–	–	50, 40	125
d	건축비	1개	1개	–	1개	55억 원
d	만족도	35	30	–	40	105
e	건축비	1개	–	1개	1개	55억 원
e	만족도	35	–	40	50	125
f	건축비	1개	1개	1개	–	50억 원
f	만족도	35	30	40	–	105
g	건축비	–	1개	1개	1개	50억 원
g	만족도	–	30	40	50	120

경우 a가 만족도가 가장 크다.

<방법 2> 가성비를 기준으로 판단하기

지역	시설 종류	건축비(억 원)	만족도	가성비
A구	어린이집	20	35	1.75
A구	복지회관	15	30	2
B구	어린이집	15	40	2.66
B구	복지회관	20	50	2.5

각 구에는 최소 1개의 시설을 신축해야 하므로 가성비를 기준으로 판단할 때, A구에서는 복지회관을, B구에서는 어린이집을 신축하는 것이 좋다. 남은 30억 원의 예산으로 시민 만족도의 총합을 가장 높이는 방법은 A구에서는 복지회관을, B구에서는 어린이집을 하나씩 더 신축하는 것이다. 최종적으로 A구에서는 복지회관을 2개, B구에서는 어린이집을 2개 신축하는 것이 시민 만족도의 총합을 가장 높일 수 있다.
따라서 시민 만족도의 총합을 가장 높게 만들기 위해서는 A구에서는 어린이집을 신축하지 않고, 복지회관만 2개 신축해야 한다.

오답 체크

① A구에서는 15억 원의 복지회관을 2개, B구에서 15억 원의 어린이집을 2개 신축하므로 60억 원의 예산은 모두 사용될 것이다.
③ B구에서는 어린이집 2개의 시설이 신축된다.
④ 甲시에 신축되는 시설의 수는 총 4개이다.
⑤ <조건> 5)가 없다면, <방법 1>에서 구해 놓은 것을 활용했을 때, 두 번째 시설에서 하락한 만족도를 더해서 시민 만족도의 총합을 구하면 된다. 예를 들어 경우 a에서는 <조건> 5)를 고려하여 계산한 시민 만족도의 총합이 126인데, 이때 두 번째로 신축된 복지회관에서 6, 두 번째로 신축된 어린이집에서 8의 만족도가 하락한 것이므로 +14를 해주면 시민 만족도의 총합은 140이 된다. <방법 1>의 경우 a에서 동일한 시설을 2개 신축한 경우가 가장 많으므로, a를 제외한 다른 경우에서는 a보다 만족도의 상승폭이 적을 것이다. 따라서 <조건> 5)가 없더라도 신축되는 시설의 수는 달라지지 않을 것이다.

⏱ 빠른 문제 풀이 Tip

하나하나 계산하는 것보다는 가성비의 사고를 할 수 있다면 문제의 빠른 해결이 가능하다.

16
정답 ①

정답 체크

甲은 정확히 1kg의 보석만 맡길 수 있으며, 모든 종류의 보석을 하나씩은 포함하여 최대 금액이 되도록 맡기는 것을 확인한다. 최대 금액이 되도록 맡겨야 하므로 각 보석의 무게당 가격을 비교해보면 다음과 같다.

$$C: \frac{3}{3} > A: \frac{10}{12} > B: \frac{7}{10} > D: \frac{1}{2}$$

따라서 C를 다른 보석에 우선하여 최대한 맡기는 것으로 생각해본다. 그렇다면 150개를 모두 맡기고, 맡긴 보석의 무게는 총 3×150＝450g이다. 두 번째로 A를 모두 맡긴다고 생각해보면 무게는 총 12×52＝624g이다. B, D도 최소 하나씩은 포함하여야 하고 1kg를 초과할 수는 없으므로, A를 빼면서 B, D를 추가하는 것으로 생각해본다. 일단 A의 무게가 550g 이하가 되도록 충분히 빼준다면 7개를 빼는 것으로 생각해보자. 12×45＝540g이지만 이 경우 B, D를 하나씩 맡길 수 없다. 8개를 빼는 것으로 생각해본다. 12×44＝528g이고 이 경우 B 2개, D 1개를 맡겨 정확히 1kg을 맡길 수 있다. 정답은 ①이다.

⏱ 빠른 문제 풀이 Tip

'정확히' 1kg의 보석을 맡겨야 한다는 조건과, '모든' 종류의 보석을 '하나씩은' 포함시켜야 한다는 조건을 놓쳐서 틀리는 경우가 꽤 있는 문제이다. 짧은 문제라고 방심하지 말고 단어 하나하나를 더 정확하게 인식하여야 한다.
1kg＝1,000g의 단위 환산 비율은 알려주지 않기 때문에, 이 정도의 기초적인 단위 환산 비율은 알고 있는 것이 좋다. 1t＝1,000kg인 것은 5급 공채 16년 4책형 8번 문제에서 각주로 준 적이 있다.

1 딸스트링
2 딸조건링
3 계산링
4 규칙링
5 경우링
기출 재구성 모의고사

01	02	03	04	05	06	07	08	09	10
④	①	④	⑤	①	⑤	③	①	③	③

11	12	13	14	15	16	17	18	19
①	①	③	②	⑤	④	④	①	③

01

정답 ④

정답 체크

주어진 조건을 정리하면 다음과 같다.

· 甲은 가위 6회, 바위 1회, 보 3회를 냈다.
 → 임의로 甲이 가위 6회, 바위 1회, 보 3회 순으로 냈다고 가정한다.

회차	1	2	3	4	5	6	7	8	9	10
甲	가위	가위	가위	가위	가위	가위	바위	보	보	보
乙										
승패										

· 甲과 乙이 서로 같은 것을 낸 적은 10회 동안 한 번도 없었다.
 → 甲이 가위를 내는 6회 동안, 乙은 바위 또는 보를 내야 한다.

· 乙은 가위 4회, 바위 3회, 보 3회를 냈다.
 → 앞의 내용과 연결시키면 乙은 바위 3회, 보 3회를 냈고, 이는 甲이 가위를 내는 6회 동안 乙은 바위 또는 보를 낸 것이 된다. 이를 반영해 보면 다음과 같다.

회차	1	2	3	4	5	6	7	8	9	10
甲	가위	가위	가위	가위	가위	가위	바위	보	보	보
乙	바위	바위	바위	보	보	보				
승패	甲패배	甲패배	甲패배	甲승리	甲승리	甲승리				

乙은 낼 수 있는 것이 가위 4회밖에 남지 않았다. 따라서 나머지 7회차부터 10회차까지는 남은 가위 4회를 낸 것이 되고, 최종 결과는 다음과 같다.

회차	1	2	3	4	5	6	7	8	9	10
甲	가위	가위	가위	가위	가위	가위	바위	보	보	보
乙	바위	바위	바위	보	보	보	가위	가위	가위	가위
승패	甲패배	甲패배	甲패배	甲승리	甲승리	甲승리	甲승리	甲패배	甲패배	甲패배

따라서 甲의 승패 결과는 4승 6패가 된다.

⏱ 빠른 문제 풀이 Tip

甲과 乙이 서로 같은 것을 낸 적은 10회 동안 한 번도 없었다는 조건을 甲이 가위를 낼 때는 乙이 가위를 내서는 안 된다고 이해하면 보다 빠른 해결이 가능하다.

02

정답 ①

정답 체크

지문에 제시된 조건을 순서대로 ⅰ)~ⅲ)이라고 한다.
조건 ⅰ)에 따르면 수업시간은 30분이다. 조건 ⅲ)에 따르면 A와 C가 접속해 있던 시간은 서로 겹치지 않았다고 하는데, 조건 ⅰ)의 표에 따르면 A가 접속해 있던 시간은 13분, C가 접속해 있던 시간은 17분이다. 둘의 접속시간을 더하면 정확히 30분이므로 예를 들어 다음과 같이 나타낼 수 있다.

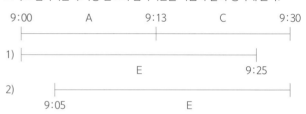

C가 먼저, A가 나중에 접속한 경우도 상관없다.
그리고 접속시간이 가장 긴 E의 접속시간을 다음과 같이 생각해 본다.

2)의 경우, E가 접속해 있던 시간에 B, D가 접속해 있었다면 9:04에 A 한 명만 화상강의 시스템에 접속해 있는 것이 가능하다.

오답 체크

② 1), 2) 어떤 경우에도 최소 A, E 두 명이 접속해 있다.
③ 1), 2) 어떤 경우에도 최소 C, E 두 명이 접속해 있다.
④ 1), 2) 어떤 경우에도 최소 C, E 두 명이 접속해 있다.
⑤ 1), 2) 어떤 경우에도 최소 C, E 두 명이 접속해 있다.

03

정답 ④

정답 체크

· 제약조건
 – 시험 전날, 발표 수업이 있는 날에는 청소당번을 하지 않는다.
 – 한 사람이 이틀 연속으로는 청소당번을 하지 않는다.

1) A 두 번 중 한 번, D 확정
 대화를 통해 확정적인 것은 A가 월요일, D가 금요일에 청소당번을 한다는 것이다. A만 두 번 청소당번을 하므로 A는 한 번의 청소당번을 더 해야 한다. 따라서 화, 수, 목의 청소당번은 A, B, C가 한 번씩 하게 된다. 조건에 따라 한 사람이 이틀 연속으로는 청소당번을 하지 않으므로, A는 수요일 또는 목요일에 청소당번을 하게 된다.

월	화	수	목	금
A				D

2) C 확정

C의 발언을 보면 '발표 수업=시험 보는 날'이 두 번인데, 해당일과 그 전날도 청소당번을 하지 않는다. 그 결과 청소당번을 할 수 있는 날이 하루밖에 없어야 하고, 해당 요일의 청소당번이 된다.

월	화	수	목	금

위 상태에서  을 두 번 배치해서 청소당번이 가능한 요일이 하나로 확정되어야 한다.

	월	화	수	목	금
경우 1)		발표 수업 시험	발표 수업 시험		
경우 2)		발표 수업 시험		발표 수업 시험	
경우 3)		발표 수업 시험			발표 수업 시험
경우 4)				발표 수업 시험	발표 수업 시험
경우 5)			발표 수업 시험		발표 수업 시험
경우 6)				발표 수업 시험	발표 수업 시험

청소당번이 가능한 요일이 하나만 남는 경우는 경우 2), 3), 5)이다. 그런데 경우 2)는 금요일만, 경우 5)는 월요일만 가능하므로 앞에서 A가 월요일, D가 금요일에 청소당번을 한다는 조건과 충돌한다. 따라서 경우 3)이어야 하고 C는 수요일에 청소당번을 한다.

월	화	수	목	금
A		C		D

3) 나머지의 확정

A는 수요일 또는 목요일에 청소당번이 가능했는데, C가 수요일로 확정되었으므로, A는 목요일에 청소당번을 한다.
나머지 B가 화요일에 청소당번을 한다.
따라서 수요일은 C, 목요일은 A이다.

04

정답 ⑤

정답 체크

각 과의 배치 요구를 정리해 보면 다음과 같다.
· '甲'과: 7급 1명
· '乙'과: 7급 1명 or 9급 2명
· '丙'과: B or (A와 E)
· '丁'과: (E와 F 중 1명) and (C와 D 중 1명)

이 중에서 직원을 구체적으로 요구하는 '丙'과와 '丁'과 중에 실마리를 잡는 것이 좋다. 그중 갈림길이 더 적은 편, 즉 경우의 수가 적은 '丙'과의 요구부터 실마리로 해결하는 것이 좋다.

<경우 1> '丙'과에 B가 배정되는 경우
· '丙'과에 B가 배정되면, 7급 직원 1명이 '丙'과에 배정된 셈이고 7급 직원은 A 1명만 남는다.

· 7급 직원을 요청하는 과가 '甲'과와 '乙'과인데, '乙'과는 7급 직원이 반드시 배정되지 않아도 되지만 '甲'과는 7급 1명만 가능하므로 '甲'과에 A가 배정되고, 이제 9급 직원 4명만 남게 된다. '乙'과에 7급 1명이 배정되는 것이 불가능하므로 '乙'과에는 9급 2명이 배정되어야 한다.
· '丁'과에서 (E와 F 중 1명) and (C와 D 중 1명)을 요청하는 것도 9급 직원 2명을 요청하는 것이므로, '丁'과의 요청에 따라 2명의 직원이 배정되고 나면, 나머지 9급 직원이 '乙'과에 배정된다.

<경우 2> '丙'과에 (A와 E)가 배정되는 경우
· '丙'과에 (A와 E)가 배정된다면 '丙'과에 7급 직원 1명과 9급 직원 1명이 배정되는 셈이고, 7급 직원 1명과 9급 직원 3명이 남게 된다.
· <경우 1>과 마찬가지로 7급 직원 1명을 배정하는 경우밖에 없는 '甲'과에 A가 배정되고 나면, 9급 직원이 3명만 남게 되는데 남은 '乙'과와 '丁'과 둘 다 2명의 직원을 요구한다. 그런데 남은 3명의 직원으로는 '乙'과에 2명, '丁'과에 2명 총 4명의 직원을 배정하는 것이 불가능하다. 따라서 '丙'과에 (A와 E)를 배정할 수 없다.
ㄴ. <경우 1>만 가능하므로 이 때 A는 언제나 '甲'과에 배정된다.
ㄷ. <경우 1>에 따를 때, '丁'과의 요청에 따라 2명의 직원이 배정되고 나면, 나머지 9급 직원이 '乙'과에 배정된다. 'E와 F 중 1명, C와 D 중 1명을 배정'해 달라는 기존의 요구나 'E와 F가 함께 배정되어야 함'이라는 바뀐 요구나 9급 직원 2명을 배정해 달라는 의미에는 변함이 없다. 따라서 바뀐 요구에 따를 때에도 '丁'과의 요청에 따라 2명의 직원이 배정되고 나면, 나머지 9급 직원이 '乙'과에 배정된다. '丁'과의 요구에 따라 E와 F가 함께 '丁'과에 배정되고 나면, '乙'과에는 남은 9급 직원 2명인 C와 D가 배정된다.

오답 체크

ㄱ. '丙'과에 2명이 배정될 수 있다는 것은 '丙'과에 A와 E가 함께 배정될 수 있다는 것인데, 앞서 <경우 2>에서 살펴본 바와 같이 불가능하다.

> ⏱ **빠른 문제 풀이 Tip**
>
> 경우형은 고정정보를 찾아서 해결하거나 고정정보를 찾을 수 없다면 갈림길이 적은 부분부터 실마리를 찾아가야 한다.

05

정답 ①

정답 체크

각자의 <성향>에 따른 숨겨진 의미를 파악해 보면 다음과 같다.

甲	B만 내 짝이 아니면 된다고 생각한다. → A, C 선호 단, 네 번 이상 거절하지 않는다. → 최대 거절 횟수 3회
乙	내 짝으로 삼고 싶은 사람은 A뿐이다. → A 선호 단, 세 번 이상 거절하지 않는다. → 최대 거절 횟수 2회
丙	내 짝으로 삼고 싶은 사람은 C뿐이다. → C 선호 단, 두 번 이상 거절하지 않는다. → 최대 거절 횟수 1회

주어진 조건의 숨겨진 의미를 통해서 B를 선호하는 사람이 없다는 것을 알아내는 것이 중요하다. 따라서 각자의 최대 거절 횟수를 모두 사용한 사람이 더 이상 거절하는 것이 불가능할 때 B의 짝으로 확정된다.

ㄱ. B를 선호하는 사람이 없기 때문에 각자의 최대 거절 횟수를 모두 사용한 사람이 더 이상 거절하는 것이 불가능할 때 B의 짝으로 확정된다는 점을 활용하여 짝이 확정되기 위한 최소의 거절 횟수 및 최대의 거절 횟수를 구한다.

・최소의 거절 횟수

　甲에게 C 쪽지를, 乙에게 A쪽지를, 丙에게 B쪽지를 나누어 주는 경우, 甲과 乙은 선호하는 짝이므로 순서대로 둘 다 수락할 것이고, 그 다음 차례인 丙은 자신의 최대 거절 횟수인 1회까지는 거절하겠지만, 두 번째에는 거절할 수 없기 때문에 B의 파트너로 확정된다. 따라서 짝이 확정되기 위한 최소의 거절 횟수는 1회이다.

・최대의 거절 횟수

　거절 횟수가 남은 사람에게 계속 B의 쪽지를 나누어 주면 된다. 따라서 甲은 최대 3회, 乙은 최대 2회, 丙은 최대 1회까지 거절할 수 있으므로 총 6회까지 거절할 수 있다. 6회까지 거절한 후에는 甲, 乙, 丙 모두 더 이상 거절이 불가능하므로 7번째에는 미팅의 짝이 반드시 결정된다. 따라서 짝이 확정되기 위한 최소의 거절 횟수 1회와 최대의 거절 횟수 6회를 합하면 총 7회이다.

ㄷ. 甲, 乙, 丙, 甲 순으로 거절한 이후 짝이 확정되었다면 甲은 2회, 乙은 1회, 丙도 1회를 거절한 이후에 짝이 확정되었다는 것이다. 아직 甲과 乙은 가능한 거절 횟수가 남았다는 점에서 B의 짝으로 확정된 것이 아니다. 앞에서 살펴본 바와 같이 자신의 최대 거절 횟수를 모두 사용한 사람이 B의 짝으로 확정되므로 자신의 거절 횟수를 모두 사용한 丙의 짝이 B이다.

오답 체크

ㄴ. 甲, 甲, 乙, 乙 순으로 거절한 이후 짝이 확정되었다면 甲은 2회, 乙도 2회, 丙은 0회를 거절한 이후에 짝이 확정되었다는 것이다. 아직 甲과 丙은 가능한 거절 횟수가 남았다는 점에서 B의 짝으로 확정된 것이 아니다. 앞에서 살펴본 바와 같이 자신의 최대 거절 횟수를 모두 사용한 사람이 B의 짝으로 확정되므로 乙의 짝은 A가 아니라 B이다.

ㄹ. ㄴ, ㄷ에서 판단하는 것과 다른 것을 묻고 있다. 조건에 따르면 甲, 乙, 丙 순으로 각자의 <성향>에 따라 짝 후보를 거절하거나 수락하고, 만일 한 명이라도 거절할 경우, 그 즉시 세 장의 쪽지를 무작위로 다시 나누어 주어 甲, 乙, 丙 순으로 거절하거나 수락하기 때문에, 丙에게 수락 또는 거절의 기회가 주어졌다는 것은 丙보다 앞선 순서인 甲과 乙이 수락을 했다는 의미이다. 甲은 A와 C를 선호하고 乙은 A만을 선호하기 때문에 甲의 짝 후보는 C, 乙의 짝 후보는 A일 때만 丙에게도 기회가 주어진다. 甲의 짝 후보가 A였다면 乙의 짝 후보는 A일 수 없으므로, 乙이 거부했을 것이고 그렇다면 丙에게는 수락 또는 거절의 기회가 주어지지 않았을 것이다. 甲, 乙, 甲, 丙 순으로 거절한 이후 짝이 확정되었다면, 甲은 2회, 乙도 1회, 丙은 0회를 거절한 이후에 짝이 확정되었다는 것이다. 아직 甲과 丙은 가능한 거절 횟수가 남았다는 점에서 B의 짝으로 확정된 것이 아니다. 앞에서 살펴본 바와 같이 자신의 최대 거절 횟수를 모두 사용한 사람이 B의 짝으로 확정되므로 乙의 짝은 A가 아니라 B이다.

⏱ 빠른 문제 풀이 Tip

・문제에서 요구하는 경우만 따지면 되기 때문에 미리 하나하나 경우를 따지고 푸는 방법은 되도록 지양해야 한다.
・주어진 조건의 숨겨진 의미를 파악할 수 있어야 문제의 빠른 해결이 가능해진다.
ㄹ. 문제에서 묻는 바를 정확히 확인해야 한다. 잘못된 풀이로 시간을 낭비하지 않도록 주의한다.

06

정답 ⑤

정답 체크

참가자들이 자신들이 가진 카드에 대해 말한 내용에서 숨겨진 정보를 찾아낼 수 있어야 한다.

甲	겨울 카드는 내가 모두 갖고 있다. → 각 계절 카드가 각각 3장씩 있으므로, 겨울 카드 3장은 모두 甲이 가지고 있고, 甲이 가지고 있는 카드 중 1장의 카드만 어떤 계절인지 모른다.
丙	나는 여름 카드가 없다. → 丙은 여름 카드도 없지만, 겨울 카드는 모두 甲이 가지고 있기 때문에 겨울 카드도 없다. 따라서 丙이 가지고 있는 카드는 여름과 겨울 카드를 제외한 봄 카드와 가을 카드이다.

ㄴ. 조건에 따르면 참가자들은 게임을 시작할 때 무작위로 4장씩 카드를 나누어 갖는다. <보기>에 주어진 대로 게임 시작시 참가자 모두 봄 카드를 받았다는 것은, 계절 카드가 각각 3장씩 있으므로, 甲, 乙, 丙이 봄 카드를 1장씩 가지고 있다는 의미이다. 丙의 발언에서 丙은 봄 카드와 가을 카드만 가지고 있다는 숨겨진 정보를 찾아냈기 때문에, 丙의 봄 카드가 1장이라는 것은 나머지 3장의 카드는 모두 가을 카드여야 한다는 의미이다. 따라서 게임 시작시 참가자 모두 봄 카드를 받았다면, 가을 카드 3장은 모두 丙이 갖고 있다.

ㄷ. 조건에 따르면 가장 먼저 봄, 여름, 가을, 겨울 카드를 모두 갖게 된 사람이 우승한다. 그리고 참가자들은 자신의 카드를 확인한 후 1대 1로 카드를 각자 2장씩 맞바꿀 수 있다. <보기>에 주어진 대로 첫 번째 맞바꾸기에서 甲과 乙이 카드를 맞바꾼다는 것은 甲과 乙이 서로 카드를 2장씩 맞바꾼다는 의미이다. 이를 통해 甲이 바로 우승했다면, 乙에게서 가져올 수 있는 계절 카드는 봄과 여름 카드만 가능하므로, 나머지 가을과 겨울 카드는 甲이 자체적으로 가지고 있어야 한다는 의미이다. 즉, 甲은 3장의 겨울 카드와 1장의 가을 카드를 가지고 있었음을 알 수 있다. 乙은 가을 카드를 가지고 있지 않고, 丙은 봄 카드와 가을 카드만을 가지고 있으므로 남은 가을 카드 2장은 丙이 받은 것이고, 이에 따라 丙의 나머지 카드 2장은 봄 카드가 된다. 따라서 게임 시작 시 丙은 봄 카드를 2장 받았다.

오답 체크

ㄱ. 甲의 발언에서 겨울 카드와 1장의 다른 계절 카드를 가지고 있다는 것을 알아냈다. 乙은 봄과 여름 2가지 종류의 계절 카드만 갖고 있다고 직접 말했다. 丙의 발언에서 봄 카드와 가을 카드 2가지 종류에 계절 카드만 갖고 있다는 숨겨진 정보를 찾아냈다. 따라서 3명 모두 2가지 종류의 계절 카드만 갖고 있으므로 게임 시작 시 3가지 종류의 계절 카드를 받은 사람은 없다.

⏱ 빠른 문제 풀이 Tip

경우형 문제는 특히 숨겨진 조건을 얼마나 잘 찾아내는지가 중요하다. 숨겨진 정보를 찾음으로써 해결 시간을 현저히 줄일 수 있다.

07

정답 ③

정답 체크

2010년 제1기 확정신고분 부가가치세를 당해 9월에 무납부고지한 경우, 납부번호는 ××××-×××-1009-5-41이다.

납부연월	9월은 고지한 달일 뿐 납부연월 또는 납부기한이 아님	알 수 없음
결정구분코드	확정신고분 자진납부는 코드 1, 코드 1의 확정분 자진납부에 대한 무(과소)납부고지는 코드 5	5
세목코드	부가가치세	41

따라서 납부연월과 결정구분코드가 잘못되었다.

오답 체크

① 결정구분코드를 보면, 코드 1의 확정분 자진납부, 코드 3의 중간예납 및 예정신고, 코드 4의 원천분 자진납부 이외 모든 자진납부는 코드 2에 해당한다. 코드 1과 코드 3에서 '수정신고분 제외'라고 수정신고분을 제외하고 있고, 코드 4 모든 원천세 자진납부분에도 수정신고 자진납부분이 해당하지 않는다. 따라서 수정신고 자진납부분은 결정구분코드 2에 해당한다.

② 2011년 3월확정분 개별소비세를 4월에 자진신고 납부한 경우, 납부번호는 ××××－×××－1104－1－47이다.

납부연월	2011년 4월에 납부	1104
결정구분 코드	확정분 자진신고납부	1
세목코드	개별소비세	47

④ 2012년 10월에 양도소득세를 예정신고 자진납부하는 경우, 납부번호의 마지막 7자리는 1210－3－22이다.

납부연월	2012년 10월에 납부	1210
결정구분 코드	중간예납 및 예정신고	3
세목코드	양도소득세	22

⑤ 2010년 2월에 2009년 갑종근로소득세를 연말정산하여 원천징수한 부분을 자진납부한 경우, 납부번호의 마지막 7자리는 1002－4－14이다.

납부연월	2010년 2월에 납부	1002
결정구분 코드	원천징수한 부분을 자진납부 한 원천분 자진납부	4
세목코드	갑종근로소득세	14

🕐 빠른 문제 풀이 Tip

사례별(선택지별)로 해결을 할지 조건별로 처리를 할지 고민해 보아야 한다.

08   정답 ①

정답 체크

정답을 구하는 데 중요한 조건을 따로 정리해 보면 다음과 같다.
· 조건 1. 하루에 붉은색 음식이 3가지 이상 오를 시에는 흰색 음식 2가지가 함께 나온다.
· 조건 2. 목요일에만 검은색 음식이 없다.
· 조건 3. 금요일에는 노란색 음식이 2가지 나온다.
· 조건 4. 일주일 동안 2번 나오는 후식은 식혜뿐이다.
· 조건 5. 후식에서 같은 음식이 이틀 연속 나올 수 없다.
· 고정정보. 김치는 붉은색이다.

<방법 1>
· 조건 1이 적용되는 요일은 목요일이다.
· 목요일의 밥과 후식은 흰색이어야 하고, 흰색인 밥은 백미밥, 흰색인 후식은 숭늉과 식혜이다.
· 만약 목요일의 후식이 숭늉이라면 선택지 ①이 제거된다.
· 만약 목요일의 후식이 식혜라면 조건 5에 의해서 월요일의 후식이 식혜가되기 때문에 역시 선택지 ①이 제거된다.

<방법 2>
· 조건 3에 따를 때 금요일에 노란색 음식이 2가지 나와야 한다.
· 금요일에 확정된 음식을 보면 짜장덮밥은 검은색이고, 김치는 배추김치든 깍두기든 붉은색이고, 잡채는 노란색이다. 따라서 아직 확정되지 않은 국과 후식에서 노란색 음식이 1가지 더 있어야 한다.
· 국은 종류가 5가지이고 모든 음식이 적어도 1번씩 식단에 올라야 하므로 5가지 음식이 1번씩만 올라올 수 있다. 그런데 노란색인 된장국이 화요일에 식단에 올랐으므로 금요일에는 오를 수 없다.
· 후식에 노란색이 올라야 하고 단호박샐러드가 오르게 된다.
· 조건 4와 조건 5를 함께 고려하면, 식혜가 식단에 오르는 방법은 월요일에 1번, 수요일 또는 목요일에 1번 올라야 한다.
따라서 월요일의 후식이 식혜가 되고, 선택지 ①이 제거된다.

🕐 빠른 문제 풀이 Tip

모든 항목을 확정하지 않아도 정답을 찾을 수 있는 문제이다. 끝까지 완벽하게 해결하지 않고도 정답을 찾을 수 있는 기출문제가 많다는 것을 알면 정답을 찾아내기까지의 시간이 단축될 수 있다. 조건에 따라서 최대한 끝까지 해결해 보면 다음과 같다.

요일 종류	월요일	화요일	수요일	목요일	금요일
밥	잡곡밥	백미밥	흑미밥	백미밥	짜장덮밥
국	미역국	된장국	김칫국	육개장	북엇국
김치	배추김치	배추김치	깍두기	배추김치/깍두기	
기타 반찬	계란찜	돈육장조림	호박전	김치전	잡채
후식	식혜	수정과	숭늉 / 식혜		단호박

목요일과 금요일의 김치 종류, 수요일과 목요일의 후식 종류만 확정되지 않는다.

09   정답 ③

정답 체크

정답과 관련된 중요한 정보를 정리해 보면 다음과 같다.
· 조건 1. 전 해에 장미를 심었던 밭에는 아무 것도 심지 않거나 진달래를 심고, 진달래를 심었던 밭에는 아무 것도 심지 않거나 장미를 심어야 한다.
· 조건 2. 각각의 밭은 4년에 한 번만 아무 것도 심지 않아야 한다.
· 조건 3. 전 해에 심지 않은 꽃 중 적어도 한 가지는 심어야 한다.
· 조건 4. 튤립은 2년에 1번씩 심어야 한다.
발문에 주어진 정보를 시각화하면 다음과 같다.

구분	A	B	C	D
첫 해	장미	진달래	튤립	심지 않음
2년차			심지 않음	

2년차에 심을 꽃을 확정해 보면, 조건 1에서 전 해에 장미를 심었던 밭에는 아무 것도 심지 않거나 진달래를 심어야 하는데, 매년 한 군데 밭에만 아무 것도 심지 않아야 하고 C에 아무것도 심지 않았으니 2년차의 A에는 진달래를 심는다. 조건 1에서 전 해에 진달래를 심었던 밭에는 아무 것도 심지 않거나 장미를 심어야 하는데, C에 아무것도 심지 않았으니 2년차의 C에는 장미를 심는다. 조건 3에서 전 해에 심지 않은 꽃 중 적어도 한 가지는 심어야 하므로 D에는 백합 또는 나팔꽃을 심어야 한다.
이를 반영해서 정리하면 다음과 같다.

구분	A	B	C	D
첫 해	장미	진달래	튤립	심지 않음
2년차	진달래	장미	심지 않음	백합/나팔꽃

지금까지 도출한 것을 토대로 3년차에 심을 꽃을 확인해 보면 다음과 같다.
· A, B에는 조건 1이 적용된다.
· 조건 4에 의해서 C 또는 D에 튤립을 반드시 심어야 한다.
· 조건 3도 적용해야 하는데, 2년차에 심은 꽃이 확정되지 않아 적용이 어렵다.
이를 정리하면 다음과 같다.

구분	A	B	C	D
첫 해	장미	진달래	튤립	심지 않음
2년차	진달래	장미	심지 않음	백합/나팔꽃
3년차	심지 않음 or 장미	심지 않음 or 진달래	튤립 and 조건 3에 따른 꽃	

⏱ 빠른 문제 풀이 Tip
· 선택지를 활용해 정답을 찾아내면서 조건을 역순으로 적용해 본다면 1분 이내로도 정답을 찾아낼 수 있다.
· 조건 4에 의해서 3년차에 튤립을 반드시 심어야 하므로, 튤립을 심지 않는 ②, ④는 소거된다.
· 조건 2에 의해서 3년차에 C 또는 D에 꽃을 심지 않는 ①, ⑤를 소거한다.

10

정답 ③

정답 체크
제시된 <상황>을 조건화하여 정리하면 다음과 같다.
· 조건 1. 토끼 인형을 준비한 사람과 고양이 인형을 준비한 사람은 마주보고 앉아있다.
· 조건 2. 이나울은 토끼 인형을 준비하지 않았으며, 강아지 인형을 준비한 사람과 접하여 앉아있다.
· 조건 3. 프러포즈 반지를 선물한 사람과 받은 사람은 옆으로 나란히 앉지 않았다.
· 조건 4. 최규리는 토끼 인형을 준비하지 않았으며, 김가영은 고양이 인형을 준비하였다.
· 조건 5. 같은 성별의 사람들은 접하여 있지 않으며, 프러포즈 반지는 이성에게 선물하였다.
조건 3과 조건 5를 결합해 보면, 프로포즈 반지는 마주보고 있는 사람들끼리 주고받았음을 알 수 있다. 조건 1을 통해 강아지 인형과 호랑이 인형을 준비한 사람들끼리 프로포즈 반지를 주고받았음을 알 수 있다.
조건 2를 반영해 보면 다음과 같다.

토끼 인형	강아지 인형	고양이 인형	호랑이 인형
이나울 X	이나울 X		

조건 4를 반영해 보면 다음과 같다.

토끼 인형	강아지 인형	고양이 인형	호랑이 인형
		김가영	
이나울 X 최규리 X	이나울 X		

나머지를 확정해 보면, 다음과 같다.

토끼 인형	강아지 인형	고양이 인형	호랑이 인형
박혁준	최규리	김가영	이나울
이나울 X 최규리 X	이나울 X		

따라서 프러포즈 반지를 선물한 사람은 강아지 인형을 준비한 최규리이고, 받은 사람은 호랑이 인형을 준비한 이나울이다.

⏱ 빠른 문제 풀이 Tip
· 좌석 1~좌석 4를 확정하는 문제가 아니다. 문제에서 묻는 것만 확인할 때 가장 빠르게 정답을 찾아낼 수 있다.
· 기본조건, 세부조건을 구분해서 기본조건을 먼저 확인할 수 있다면 조건을 보다 빠르고 정확하게 이해할 수 있다.
· 일대일 대응 문제에서 표를 그려서 푸는 방법은 느린 방법이므로, 보다 시간을 단축해서 풀 수 있는 스킬을 연습해야 한다.

11

정답 ①

정답 체크
문제 풀이에 활용할 수 있는 방법은 두 가지가 있다.
<방법 1> 직접 해결하는 방법
· 은정의 처방전은 B에 해당하는 것이었고, 그녀는 몸살이나 배탈 환자가 아니었다.

A	B	C	D
	은정		
	몸살 X, 배탈 X		

· A는 배탈 환자에 사용되는 약이 아니다.

A	B	C	D
	은정		
배탈 X	몸살 X, 배탈 X		

· D는 연고를 포함하고 있는데, 이 연고는 피부병에만 사용된다.

A	B	C	D
	은정		
배탈 X	몸살 X, 배탈 X		피부병

따라서 D는 피부병, B는 치통, A는 몸살, C는 배탈로 확정된다.

A	B	C	D
	은정		
몸살	치통	배탈	피부병

· 희경은 임산부이고, A와 D에는 임산부가 먹어서는 안 되는 약품이 사용되었다.

A	B	C	D
희경 X	은정		희경 X
몸살	치통	배탈	피부병

· 소미는 몸살 환자가 아니었다.

A	B	C	D
희경 X, 소미 X	은정		희경 X
몸살	치통	배탈	피부병

따라서 A는 정선, D는 소미, C는 희경으로 확정된다. 최종 결과는 다음과 같다.

A	B	C	D
정선	은정	희경	소미
몸살	치통	배탈	피부병

<방법 2> 선택지를 활용하는 방법
· 조건 1. 은정의 처방전은 B에 해당하는 것이었고, 그녀는 몸살이나 배탈 환자가 아니었다.
· 조건 2. A는 배탈 환자에 사용되는 약이 아니다.
· 조건 3. D는 연고를 포함하고 있는데, 이 연고는 피부병에만 사용된다.
· 조건 4. 희경은 임산부이고, A와 D에는 임산부가 먹어서는 안 되는 약품이 사용되었다.
· 조건 5. 소미는 몸살 환자가 아니었다.

우선 조건 4를 통해 선택지 ②, ④, ⑤가 소거된다. 소거 후 선택지를 보면, B는 은정, C는 희경으로 확정되고, A와 D만 확정하면 된다. A와 D에서 정선 또는 소미를 확정할 수 있는 조건은 조건 5이다. 따라서 A~D의 병명을 빠르게 확정해야 한다. 조건 3을 통해 D가 피부병, 조건 1을 통해 B가 치통, 조건 2를 통해 A가 몸살로 확정된다.

따라서 조건 5에 의해서 소미는 A일 수 없으므로 정답이 도출된다.

⏱ 빠른 문제 풀이 Tip
· 1:1 매칭해야 하는 항목이 사람 이름, 처방전, 병명까지 세 가지이다. 이를 표를 그려서 해결하는 것은 매우 느린 방법이다. 따라서 보다 시간을 단축해서 풀 수 있는 스킬을 연습해야 한다.
· <방법 2>처럼 선택지를 활용한다면 어떤 조건을 먼저 확인하는지도 중요하다. 선택지에는 처방전과 사람 이름이 매칭되어 있음을 활용한다.

12
정답 ①

정답 체크
매칭해야 하는 항목은 다음과 같다.
· 이름: 좀쇠, 작은놈, 어인놈, 상득, 정월쇠
· 성씨: 김씨, 김씨, 이씨, 박씨, 윤씨
· 직업: 목수, 단청공, 벽돌공, 대장장이, 미장공
<방법 1> A, B, C, D, E를 활용한 해결
1:1 매칭 정보는 다음과 같다.

· 목수는 이씨이다. → A로 표시

좀쇠	작은놈	어인놈	상득	정월쇠
김씨	김씨	이씨 A	박씨	윤씨
목수 A	단청공	벽돌공	대장장이	미장공

· 좀쇠는 박씨도 이씨도 아니다. → 좀쇠는 김씨 또는 윤씨이다.

좀쇠 김씨, 윤씨	작은놈	어인놈	상득	정월쇠
김씨	김씨	이씨 A	박씨	윤씨
목수 A	단청공	벽돌공	대장장이	미장공

· 어인놈은 단청공이다. → B로 표시

좀쇠 김씨, 윤씨	작은놈	어인놈 B	상득	정월쇠
김씨	김씨	이씨 A	박씨	윤씨
목수 A	단청공 B	벽돌공	대장장이	미장공

· 대장장이와 미장공은 김씨가 아니다. → 대장장이와 미장공은 박씨와 윤씨이다.

좀쇠 김씨, 윤씨	작은놈	어인놈 B	상득	정월쇠 벽 or 대
김씨	김씨	이씨 A	박씨	윤씨
목수 A	단청공 B	벽돌공	대장장이 박씨, 윤씨	미장공 박씨, 윤씨

· 정월쇠의 일당은 2전 5푼이다. → 일당이 2전 5푼인 직업은 단청공, 벽돌공, 대장장이이고, 단청공은 어인놈이기 때문에 정월쇠는 그 중 벽돌공 또는 대장장이일 수 있다.
· 상득은 김씨이다. → C로 표시

좀쇠 김씨, 윤씨	작은놈	어인놈 B	상득 C	정월쇠 벽 or 대
김씨 C	김씨	이씨 A	박씨	윤씨
목수 A	단청공 B	벽돌공	대장장이 박씨, 윤씨	미장공 박씨, 윤씨

· 윤씨는 대장장이가 아니다. → 윤씨가 미장공으로 확정되고(D로 표시), 박씨가 대장장이로 확정된다.(E로 표시)

좀쇠 김씨, 윤씨	작은놈	어인놈 B	상득 C	정월쇠 벽 or 대
김씨 C	김씨	이씨 A	박씨 E	윤씨 D
목수 A	단청공 B	벽돌공	대장장이 E	미장공 D

· 아직 매칭되지 않은 남은 항목들을 완성해 보면, 성씨 중 남은 김씨가 B가 되고, 직업 중 남은 벽돌공이 C가 된다.

좀쇠 김씨, 윤씨	작은놈	어인놈 B	상득 C	정월쇠 벽 or 대
김씨 C	김씨 B	이씨 A	박씨 E	윤씨 D
목수 A	단청공 B	벽돌공 C	대장장이 E	미장공 D

- 이름의 정보를 알파벳으로 치환해서 보면 다음과 같다.

좀쇠 C or D	작은놈	어인놈 B	상득 C	정월쇠 C or E
김씨 C	김씨 B	이씨 A	박씨 E	윤씨 D
목수 A	단청공	벽돌공 C	대장장이 E	미장공 D

- 좀쇠는 C는 불가능하므로 D가 되고, 정월쇠 역시도 C는 불가능하므로 E가 된다.

좀쇠 D	작은놈	어인놈 B	상득 C	정월쇠 E
김씨 C	김씨 B	이씨 A	박씨 E	윤씨 D
목수 A	단청공 B	벽돌공 C	대장장이 E	미장공 D

- 작은놈은 남은 알파벳인 A가 된다.

좀쇠 D	작은놈 A	어인놈 B	상득 C	정월쇠 E
김씨 C	김씨 B	이씨 A	박씨 E	윤씨 D
목수 A	단청공 B	벽돌공 C	대장장이 E	미장공 D

최대·최소 관련 정보는 다음과 같다.
- 일당으로 목수와 미장공은 4전 2푼을 받고, 단청공과 벽돌공, 대장장이는 2전 5푼을 받는다.
- 윤씨는 4일, 박씨는 6일, 김씨 두 명은 각각 4일, 이씨는 3일 동안 동원되었다. 동원되었지만 일을 하지 못한 날에는 보통의 일당 대신 1전을 받는다.
- 박씨와 윤씨는 동원된 날 중 각각 하루씩은 배가 아파 일을 하지 못했다.

주어진 조건 및 매칭된 정보를 토대로 정리해 보면 다음과 같다.

구분	이름	알파벳	성씨	일한날짜	직업	일당
①	좀쇠	D	윤씨	3일+(1일)	미장공	4전 2푼
②	작은놈	A	이씨	3일	목수	
③	어인놈	B	김씨	4일	단청공	2전 5푼
④	상득	C			벽돌공	
⑤	정월쇠	E	박씨	5일+(1일)	대장장이	

가장 많은 품삯을 받은 일꾼을 확인할 때는 그룹 간 비교를 하면 보다 빠른 해결이 가능하다.
- 일당으로 4전 2푼을 받는 좀쇠, 작은놈 중에서는 좀쇠가 더 많은 품삯을 받는다.
- 일당으로 2전 5푼을 받는 어인놈, 상득, 정월쇠 중에서는 정월쇠가 가장 많은 품삯을 받는다.
- 좀쇠와 정월쇠를 비교해 보면 둘 다 동원된 날 중 각각 하루씩은 배가 아파 일을 하지 못했다. 동원되었지만 일을 하지 못한 날에는 보통의 일당 대신 1전을 받는다. 그런데 이 상황은 둘 다 공통인 상황으로 차이가 발생되지 않으므로 차이 나는 부분만 비교한다는 '상대적 비교 스킬'을 사용한다. 좀쇠는 4.2×3=12전 6푼이고 정월쇠는 2.5×5=12전 5푼이므로 좀쇠가 가장 많은 품삯을 받은 일꾼이다.

<방법 2> 블록 형태를 통한 해결

	좀쇠	작은놈	어인놈	상득	정월쇠
성씨 :					
직업 :					

위처럼 표를 그린 후, 주어진 조건을 통해 만든 블록을 채워 넣는 방식으로 해결하는 것도 빠른 해결이 가능하다. 예를 들어, '목수는 이씨이다.'라는 조건은 다음과 같은 블록으로 만든다.

이씨
목수

이렇게 만든 블록을 주어진 조건에 위배되지 않도록 배치하면 해결된다. 또한 블록을 채워 넣는 방식 대신에 선으로 각 항목을 선으로 연결해서 시각화하는 방법도 있다.

13　　　　　　　　　　　　　　　　　　　　정답 ③

정답 체크

甲~戊에게 법령집 3권, 백서 3권, 판례집 1권, 민원 사례집 2권을 나누어 주므로 총 9권을 나누어 준다.
<대화>를 단순히 반영해서 표를 그리면 다음과 같다.

구분	법령집	백서	판례집	민원 사례집	받은 권 수
甲					1
乙	O	O	O	O	4
丙	O		X		
丁	X	X	X	X	0
戊 (= 丙)	O		X		
받은 직원 수	3	3	1	2	9

법령집을 받은 3명과 판례집을 받은 1명은 확정되었고, 백서를 받은 2명, 민원 사례집을 받은 1명을 추가로 더 확인하여야 한다. 戊의 발언에 따라, 백서는 丙과 戊가 같이 받아야 하고, 민원 사례집은 甲이 받아야 한다. 이를 최종적으로 반영하여 표를 채우면 다음과 같다.

구분	법령집	백서	판례집	민원 사례집	받은 권 수
甲	X	X	X	O	1
乙	O	O	O	O	4
丙	O	O	X	X	2
丁	X	X	X	X	0
戊 (= 丙)	O	O	X	X	2
받은 직원 수	3	3	1	2	9

따라서 甲은 1권을 받았으므로 2권을 받은 戊보다 많은 도서를 받지 않았다.

오답 체크

- 조건 1. 법령집: 보유하고 있던 법령집의 발행연도가 빠른 사람부터 1권씩 나누어 주었다.
- 조건 2. 백서: 근속연수가 짧은 사람부터 1권씩 나누어 주었다.
- 조건 3. 판례집: 보유하고 있던 판례집의 발행연도가 가장 빠른 사람에게 주었다.
- 조건 4. 민원 사례집: 민원업무가 많은 사람부터 1권씩 나누어 주었다.

① 법령집을 받은 사람 乙, 丙, 戊는 모두 백서도 받았다.

② 민원 사례집은 甲과 乙이 받았다. 따라서 조건 4를 반영해 보면, 민원 사례집을 받은 甲은 받지 않은 丙보다 민원업무가 많다.

④ 백서는 乙, 丙, 戊가 받았다. 조건 2에 따를 때, 백서를 받지 못한 丁은 乙보다 근속연수가 길다.

⑤ 법령집은 乙, 丙, 戊가 받았다. 조건 1에 따를 때, 법령집을 받은 乙이 보유하고 있던 법령집은 법령집을 받지 못한 甲이 보유하고 있던 법령집보다 발행연도가 빠르다.

⏱ 빠른 문제 풀이 Tip

선택지를 활용하여 문제를 해결할 수도 있다. <대화> 중에서 확정적인 정보는 甲이 책을 1권만 받았고, 乙은 4권의 책을 모두 받았고, 丁은 책을 1권도 받지 못했다는 점이다. 선택지 ③은 '甲은 戊보다 많은 도서를 받았다.'인데, 甲이 戊보다 많은 도서를 받았다면 戊는 책을 1권도 받지 못해야 한다. 그런데 戊의 발언을 보면 '나는 丙이 받은 책은 모두 받았고, 丙이 받지 못한 책은 받지 못했어.'이다. 丙의 발언을 보면 '나는 법령집은 받았지만 판례집은 받지 못했어.'이므로 병은 최소 한 권은 받은 셈이고, 戊도 최소 1권은 받은 셈이 된다. 따라서 선택지 ③은 옳지 않음을 알 수 있다.

14

정답 ②

정답 체크

제시된 조건을 정리하면 다음과 같다.

- 조건 1. 네 사람 중 투자액이 가장 큰 50대 주부는 주식에 투자하였다.
  → 다음과 같은 블록이 만들어진다.

```
50대 주부
투자액 ↑
주식
```

- 조건 2. 30대 회사원 丙은 네 사람 중 가장 높은 수익률을 올려 아내와 여행을 다녀왔다.

甲	乙	丙	丁
		30대 회사원 수익률↑	

- 조건 3. 甲은 주식과 옵션에는 투자하지 않았다.

甲	乙	丙	丁
주식 X, 옵션 X		30대 회사원 수익률↑	

- 조건 4. 40대 회사원 乙은 옵션에 투자하지 않았다.

甲	乙	丙	丁
주식 X, 옵션 X	40대 회사원 옵션 X	30대 회사원 수익률↑	

앞서 조건 1을 통해 구했던 블록이 들어갈 수 있는 칸은 丁밖에 없다.

甲	乙	丙	丁
주식 X, 옵션 X	40대 회사원 옵션 X	30대 회사원 수익률↑	50대 주부 투자액 ↑ 주식

- 조건 5. 60대 사업가는 채권에 투자하지 않았다.
  → 60대 사업가가 들어갈 수 있는 칸은 甲밖에 없다. 甲은 나이는 60대이고 금융상품은 주식, 옵션, 채권이 아니므로 선물로 결정된다.

甲	乙	丙	丁
60대 사업가 선물	40대 회사원 옵션 X	30대 회사원 수익률↑	50대 주부 투자액 ↑ 주식

남은 금융상품은 채권과 옵션이고, 乙은 채권, 丙은 옵션으로 확정된다.

甲	乙	丙	丁
60대 사업가 선물	40대 회사원 채권	30대 회사원 수익률↑ 옵션	50대 주부 투자액 ↑ 주식

따라서 선물 투자자는 60대 사업가인 甲이다.

오답 체크

① 채권 투자자는 甲이 아니라 乙이다.

③ 투자액이 가장 큰 사람은 乙이 아니라 丁이다.

④ 회사원은 乙과 丙인데, 그 중 丙은 옵션에 투자하였다.

⑤ 가장 높은 수익률을 올린 사람은 丙인데, 丙은 선물 투자자가 아니라 옵션 투자자이다.

1 박스르형

2 밑줄조문형

3 계산형

4 규칙형

5 경우형

기출 재구성 모의고사

해커스PSAT 7급 PSAT 유형별 기출 200제 심화편딴

정답 체크

기본적인 정보는 다음과 같다.

· 5명 중 남성이 3명, 여성이 2명이다.
· 5명의 나이는 각각 34세, 32세, 30세, 28세, 26세이다.
· 5명의 직업은 각각 의사, 간호사, TV드라마감독(감독), 라디오작가(작가), 요리사이다.

문제 해결에 필요한 조건을 다시 정리하면 다음과 같다.

· 조건 1. 의사와 간호사는 성별이 같다.
· 조건 2. 라디오작가는 요리사와 매칭된다.
· 조건 3. 남성과 여성의 평균 나이는 같다.
　→ 여성의 나이는 26세, 34세이거나 28세, 32세이다.
· 조건 4. 한 사람당 한 명의 이성과 매칭이 가능하다.
　→ 조건 2와 결합되어 라디오작가와 요리사의 성별은 다르다는 것을 알 수 있다.

<자기소개>에 따라 표를 정리하면 다음과 같다.

甲: 안녕하세요. 저는 32세이고 의료 관련 일을 합니다.

甲	乙	丙	丁	戊
32세 의사 or 간호사				

乙: 저는 방송업계에서 일하는 남성입니다.

甲	乙	丙	丁	戊
32세 의사 or 간호사	남성 감독 or 작가			

丙: 저는 20대 남성입니다.

甲	乙	丙	丁	戊
32세 의사 or 간호사	남성 감독 or 작가	20대 남성		

丁: 반갑습니다. 저는 방송업계에서 일하는 여성입니다.

甲	乙	丙	丁	戊
32세 의사 or 간호사	남성 감독 or 작가	20대 남성	여성 감독 or 작가	

조건 4에 따르면 라디오작가와 요리사의 성별은 다르고, 乙과 丁의 발언에 따르면 라디오작가와 TV드라마감독의 성별은 다르다.

> TV드라마감독 ↔ 라디오작가 ↔ 요리사

따라서 TV드라마감독과 요리사의 성별이 같고, 이 성별과 라디오작가의 성별이 다르다. 성별을 보면 조건 1에서 의사와 간호사는 성별이 같다. 이를 종합해 볼 때, 의사와 간호사, 라디오작가의 성별은 남성이 되고, TV드라마감독과 요리사의 성별은 여성이 된다.

매칭한 표에서 乙은 남성이므로 라디오작가로 확정되고, 丙은 여성이므로 TV드라마감독으로 확정된다.

甲	乙	丙	丁	戊
32세 의사 or 간호사	남성 라디오작가	20대 남성	여성 TV드라마감독	

戊: 제가 이 중 막내네요. 저는 요리사입니다.

甲	乙	丙	丁	戊
32세 의사 or 간호사	남성 라디오작가	20대 남성	여성 TV드라마감독	26세 여성 요리사

이에 따라 丁의 나이가 34세로 확정되며, 丙의 직업이 甲과 동일하게 의사 또는 간호사가 된다. 즉, 甲과 丙 중에 누가 의사고 누가 간호사인지는 확정되지 않는다. 丙은 20대이므로 28세로 확정된다. 乙은 남은 나이인 30세로 확정되고, 甲은 남은 성별인 남성으로 확정된다. 이를 정리하면 다음과 같다.

甲	乙	丙	丁	戊
32세 남성 의사 or 간호사	30세 남성 라디오작가	28세 남성 의사 or 간호사	34세 여성 TV드라마감독	26세 여성 요리사

따라서 의료계에서 일하는 두 사람 중 나이가 적은 사람은 丙이고 28세이다. 丁은 34세이므로 두 살이 아니라 여섯 살이 많다.

오답 체크

① TV드라마감독은 丁으로 34세이다. 乙은 30세이므로 丁이 乙보다 네 살이 많다.
② 의사와 간호사가 甲과 丙 중에 확정되지는 않지만, 甲과 丙의 나이의 평균은 30세이다.
③ 요리사인 戊는 26세이고, 라디오작가인 乙은 30세이므로 둘은 네 살 차이이다.
④ 甲의 나이는 32세로 방송업계에서 일하는 30세 乙과 34세 丁의 나이의 평균과 같다.

⏱ 빠른 문제 풀이 Tip

조건 순서를 바꿔서 문제를 해결하는 방법도 있다.
· 성별에 관련된 조건을 먼저 처리하면 의사와 간호사, 라디오작가의 성별이 남성이 되고, TV드라마감독과 요리사의 성별이 여성이 된다.
· 戊가 요리사, 즉 여성이면서 막내 26살이 되므로, 조건 3에 따라 여성의 나이는 26세와 34세가 된다.
· <자기소개>에서 여성임을 밝히는 丁이 34세가 된다.
· 5명의 사람의 나이 차이가 모두 2살씩 나는데, 丁이 의료계에서 일하는 두 사람 중 나이가 적은 사람보다 두 살 많을 수는 없기 때문에 선택지 ⑤가 틀린 것이 된다.

정답 체크

지문에 따라 눈이 온 날을 O로, 눈이 오지 않은 날을 X로 표시하여 다음 표를 완성해 본다.

구분	토	일
서울		
강릉		
부산		
광주		

- 甲: 안녕? 나는 지난 주말 중 하루에 당일치기로 서울 여행을 다녀왔는데, 서울에는 눈이 예쁘게 내려서 너무 좋았어. 너희는 지난 주말에 어디 있었니?
  → 서울에 최소 하루는 눈이 내렸다.
- 乙: 나는 서울과 강릉을 하루에 모두 다녀왔는데, 두 곳 다 눈이 예쁘게 내리더라.
  → 토요일과 일요일 중 서울과 강릉 둘 다 눈이 온 날이 있었다.

서울	O
강릉	O

- 丙: 나는 부산과 강릉에 하루씩 있었는데 하늘에서 눈을 보지도 못했어.
  → 강릉과 부산에는 대각선으로 X가 있는 경우가 있다.

구분	토	일
강릉	X	
부산		X

또는

구분	토	일
강릉		X
부산	X	

乙의 발언과 함께 고려하면, 강릉은 O, X가 하나씩 있어야 한다. 즉, 하루는 눈이 오고 하루는 눈이 오지 않았다.

- 丁: 나도 광주에 하루 있었는데, 해만 쨍쨍하고 눈은 안 왔어. 그날 뉴스를 보니까 부산에도 광주처럼 눈은 커녕 해가 쨍쨍하다고 했더라고.
  → 부산과 광주에 두 곳 다 눈이 오지 않은 날이 있다.

부산	X
광주	X

- 甲: 응? 내가 서울에 있던 날 뉴스를 봤는데, 광주에도 눈이 내리고 있다고 했어.
  → 서울과 광주에 두 곳 다 눈이 오는 날이 있다.

서울	O
강릉	
부산	
광주	O

丁의 발언과 함께 고려하면, 광주는 O, X가 하나씩 있어야 한다. 즉, 하루는 눈이 오고 하루는 눈이 오지 않았다.

ㄱ. 丁과 마지막 甲의 발언을 함께 고려하면 광주에는 지난 주말 중 하루만 눈이 내렸다.

ㄷ. 지난 주말 중 하루만 부산에 눈이 내렸다면, 토요일에 눈이 내린 것으로 가정해 본다. 그렇다면 일요일에 부산에는 눈이 내리지 않은 것이고, 부산에 X가 하나이므로 丙과 丁의 발언을 통해 다음과 같이 표를 채울 수 있다.

구분	토	일
서울		
강릉	X	
부산	O	X
광주		X

이 경우 乙의 발언을 통해 만들어 둔 블록이 들어갈 수 있는 요일은 일요일이고 乙이 서울에 있었던 날은 일요일이다. 마지막 甲의 발언을 통해 만들어 둔 블록이 들어갈 수 있는 요일은 토요일이고, 甲이 서울에 있었던 날은 토요일이다. 따라서 지난 주말 중 하루만 부산에 눈이 내렸다면 甲과 乙이 서울에 있었던 날은 각기 다른 날이다.

ㄹ. <보기> ㄴ에서 살펴본 것과 같은 상황이다.

구분	토	일
서울	O	X
강릉	O	X
부산	X	X
광주	O	X

丙의 발언에서 보면 丙이 부산에 있었던 날은 토요일이다. 丁의 발언에서 보면 丁이 광주에 있었던 날은 일요일이다. 따라서 지난 주말 중 하루만 서울에 눈이 내렸다면 丙이 부산에 있었던 날은 토요일이고 丁이 광주에 있었던 날은 일요일로 다른 날이다.

오답 체크

ㄴ. 지난 주말 중 하루만 서울에 눈이 내렸다면, 토요일에 눈이 내린 것으로 가정해 본다. 그렇다면 일요일에 서울에는 눈이 내리지 않은 것이고, 乙과 甲의 두 번째 발언에서 다음과 같이 표가 채워진다.

구분	토	일
서울	O	X
강릉	O	
부산		
광주	O	

丙의 발언을 반영해 보면 다음과 같다.

구분	토	일
서울	O	X
강릉	O	X
부산	X	
광주	O	

丁의 발언을 반영해 보면 다음과 같다.

구분	토	일
서울	O	X
강릉	O	X
부산	X	X
광주	O	X

따라서 부산에는 지난 주말 이틀 다 눈이 내리지 않았다.

빠른 문제 풀이 Tip
- 토요일과 일요일을 확정하는 문제는 아니다. 하나의 경우를 구하면 해결되기 때문에 토요일 또는 일요일을 확정하기 위해서 노력하지 않아야 보다 빠른 해결이 가능하다.
- <보기>에서 공통적인 특성을 발견할 수 있다면 모든 경우를 따져보지 않고도 문제 해결이 가능한 문제이다. 미리 모든 경우를 정리하면 모든 경우를 구해야 하는 것이 불필요한 경우에 매우 느린 방법이 될 수 있음에 유의한다.

1 택스트형
2 법조문형
3 계산형
4 규칙형
5 경우형
기출 재구성 모의고사

해커스PSAT 7급 PSAT 유형별 기출 200제 상황판단

17

정답 ④

정답 체크

첫 번째 조건부터 순서대로 조건 ⅰ)~ⅴ)라고 한다. 확정적인 정보부터 표로 정리한다. 간단한 조건 ⅴ)부터 표로 정리해 보면 다음과 같다.

~의 연락처를 ~가 가지고 있다.	A	B	C	D	E	
A						
B						
C						
D						
E	X	O	X	X		1명

그리고 조건 ⅲ), ⅳ)를 정리해 보면 다음과 같다.

~의 연락처를 ~가 가지고 있다.	A	B	C	D	E	
A			O			
B						
C	O	X		X	X	1명
D						2명
E	X	O	X	X		1명

조건 ⅱ)에 따르면 B는 2명의 연락처를 갖고 있는데, 그 2명을 제외한 2명만 B의 연락처를 갖고 있다. 즉, C는 B의 연락처를 갖고 있지 않으므로 B는 C의 연락처를 갖고 있고, E는 B의 연락처를 갖고 있으므로 B는 E의 연락처를 갖고 있지 않다.

~의 연락처를 ~가 가지고 있다.	A	B	C	D	E	
A			O			
B			O		X	2명
C	O	X		X	X	1명
D						2명
E	X	O	X	X		1명
		2명				

조건 ⅰ)에 따르면 A의 연락처를 갖고 있는 사람은 총 3명이다. E가 A의 연락처를 갖고 있지 않으므로 B, D는 A의 연락처를 갖고 있음을 알 수 있다.

~의 연락처를 ~가 가지고 있다.	A	B	C	D	E	
A			O			
B	O		O	X	X	2명
C	O	X		X	X	1명
D	O					2명
E	X	O	X	X		1명
	3명	2명				

그리고 A는 3명의 연락처를 갖고 있는데, 그중 2명만 A의 연락처를 갖고 있으며 A의 연락처를 갖고 있는 사람은 총 3명이다. 즉, A는 A의 연락처를 갖고 있지 않은 E의 연락처를 갖고 있고, 나머지 B, D 중 1명의 연락처를 갖고 있다. 그리고 다시 조건 ⅱ)를 생각해 보면 B가 연락처를 갖고 있는 2명을 제외

한 2명만 B의 연락처를 갖고 있다. 즉, B는 A, C의 연락처를 갖고 있으므로, D, E가 B의 연락처를 갖고 있다.
따라서 A는 B의 연락처를 갖고 있지 않고 D의 연락처를 갖고 있다.

~의 연락처를 ~가 가지고 있다.	A	B	C	D	E	
A		X	O	O	O	3명
B	O		O	X	X	2명
C	O	X		X	X	1명
D	O	O	X		X	2명
E	X	O	X	X		1명
	3명	2명	2명	1명	1명	

오답 체크

① A는 B의 연락처를 갖고 있지 않다.
② B는 D의 연락처를 갖고 있지 않다.
③ C의 연락처를 갖고 있는 사람은 3명이 아니라 2명이다.
⑤ E의 연락처를 갖고 있는 사람은 2명이 아니라 1명이다.

18

정답 ①

정답 체크

지문의 내용을 표로 정리해본다. 丙, 丁의 대화를 다음과 같이 정리할 수 있다. 접속할 수 있는 메뉴를 O로 표시하였다.

	메일	공지	결재	문의
甲				
乙				
丙		O		O
丁		X		

乙의 대화에 따르면 乙은 丁이 접속하지 못하는 공지에 접속할 수 없다. 甲의 대화에 따르면 甲은 결재에 접속할 수 없다.

	메일	공지	결재	문의
甲			X	
乙		X		
丙		O		O
丁		X		

甲이 접속할 수 없는 결재는 乙, 丙, 丁 모두 접속할 수 있다. 따라서 乙, 丙, 丁 모두 결재에 접속할 수 있다. 지문에서 접속할 수 없는 메뉴가 각자 1개 이상 있다고 하므로 丙은 메일에 접속할 수 없다.

	메일	공지	결재	문의
甲			X	
乙		X	O	
丙	X	O	O	O
丁		X	O	

甲이 접속할 수 없는 메뉴는 乙, 丙, 丁 모두 접속할 수 있다. 대우 명제와 같이 생각해보면 乙 또는 丙 또는 丁이 접속할 수 없는 메뉴는 甲이 접속할 수 있다. 따라서 甲은 메일과 공지에 접속할 수 있다.

	메일	공지	결재	문의
甲	○	○	X	
乙		X	○	
丙	X	○	○	○
丁		X	○	

甲은 2개 메뉴에만 접속할 수 없으므로 문의는 접속할 수 없다. 甲이 접속할 수 없는 문의는 乙, 丙, 丁 모두 접속할 수 있다. 丙이나 丁이 접속하지 못하는 메뉴는 乙도 접속할 수 없으므로 乙은 메일에 접속할 수 없다.

	메일	공지	결재	문의
甲	○	○	X	X
乙	X	X	○	○
丙	X	○	○	○
丁		X	○	○

甲은 공지에 접속할 수 있다.

오답 체크

② 乙은 메일에 접속할 수 없다.

③ 乙은 결재와 문의 2개의 메뉴에 접속할 수 있다.

④ 丁은 문의에 접속할 수 있다.

⑤ 甲과 丙이 공통으로 접속할 수 있는 메뉴로는 공지가 있다.

> ### ⏱ 빠른 문제 풀이 Tip
> 인터넷 장애로 인해 甲~丁은 '메일', '공지', '결재', '문의' 중 접속할 수 없는 메뉴가 각자 1개 이상 있으므로, 1:多 대응 유형에 해당하는 문제이다. 앞서 5급 공채 24년 34번 문제도 1:多 대응 유형에 해당하는 문제였다. 이처럼 1:多 대응에 해당하는 문제는 기존에 기출문제에서도 최근 출제 비중이 더 높았다.

19
정답 ③

정답 체크

지문에 따르면 1차 투표에서는 한 명당 두 표를 가지며, 두 표 모두 하나의 후보에 줄 수도 있는데 <1차 투표 결과>에 따르면 하나의 후보에 두 표를 모두 준 사람은 甲과 乙뿐이며, 이들은 동일한 후보에 표를 주었다. 甲과 丁이 1) A에 투표한 경우, 2) B에 투표한 경우, 3) C에 투표한 경우로 나누어 정리해 보면 다음과 같은 경우가 가능하다.

1)
	A	B	C
甲	2		
乙	2		
丙	1		1
丁		1	1
戊		1	1
계	5	2	3
명	3	2	2

2)
	A	B	C
甲		2	
乙		2	
丙	1		1
丁	1		1
戊	1		1
계	3	4	3
명	3	2	3

3)
	A	B	C
甲			2
乙			2
丙	1		1
丁	1	1	
戊	1	1	
계	3	2	5
명	3	2	3

1)의 경우이다.

오답 체크

① 2)의 경우 B는 최다 득표 후보이므로 프로젝트명으로 선정된다.

② 2)의 경우 丙과 丁이 투표한 후보의 조합은 같으며, 1), 3)의 경우에도 丙과 丁이 투표한 후보의 조합이 같을 가능성이 있다.

④ 1), 2)의 경우 C는 4표 이상 받지 못했다.

⑤ 1차 투표 결과 1)의 경우 A가, 2)의 경우 B가, 3)의 경우 C가 프로젝트명으로 선정된다. 2차 투표를 실시하는 경우는 없다.

> ### ⏱ 빠른 문제 풀이 Tip
> 한 사람이 두 표씩 행사할 수 있는 1:多 대응에 해당하는 문제이다. 1:多 대응에 해당하는 문제는 기존에 기출문제에서도 최근 출제 비중이 높았다.

1 텍스트형

2 법조문형

3 계산형

4 규칙형

5 경우형

기출 재구성 모의고사

해커스PSAT 7급 PSAT 유형별 기출 200제 상황판단

기출 재구성 모의고사

정답

p. 240

01	①	일치부합형 (법조문형)	06	⑤	법계산형	11	④	응용형 (법조문형)	16	④	조건 계산형	21	③	규칙 정오판단형
02	④	일치부합형 (법조문형)	07	③	경우 파악형	12	③	조건 계산형	17	②	규칙 적용해결형	22	④	규칙 정오판단형
03	③	응용형 (법조문형)	08	②	조건 계산형	13	①	조건 계산형	18	③	규칙 적용해결형	23	①	경우 확정형
04	④	발문 포인트형 (법조문형)	09	②	1지문 2문항형	14	①	경우 파악형	19	④	규칙 정오판단형	24	③	경우 확정형
05	①	일치부합형 (텍스트형)	10	③	1지문 2문항형	15	⑤	경우 확정형	20	⑤	경우 확정형	25	①	조건 계산형

취약 유형 분석표

유형별로 맞힌 문제 개수와 정답률, 틀린 문제 번호, 풀지 못한 문제 번호를 적고 나서 취약한 유형이 무엇인지 파악해 보세요. 그 후 취약한 유형은 유형 특징, 풀이 전략, 유형 공략 문제들을 복습하고 틀린 문제와 풀지 못한 문제를 다시 한번 풀어보세요.

유형		맞힌 문제 개수	정답률	틀린 문제 번호	풀지 못한 문제 번호
텍스트형	발문 포인트형	–	–		
	일치부합형	/1	–		
	응용형	–	%		
	1지문 2문항형	/2	%		
	기타형	–	–		
법조문형	발문 포인트형	/1	%		
	일치부합형	/2	%		
	응용형	/2	%		
	법계산형	/1	%		
	규정형	–	%		
	법조문소재형	–	–		
계산형	정확한 계산형	–	–		
	상대적 계산형	–	–		
	조건 계산형	/5	%		
규칙형	규칙 단순확인형	–	%		
	규칙 정오판단형	/3	%		
	규칙 적용해결형	/2	%		
경우형	경우 파악형	/2	%		
	경우 확정형	/4	%		
TOTAL		/25	%		

해설

01 일치부합형(법조문형) 정답 ①

정답 체크

매수인 甲이 선박의 소유권을 취득하고자 하는 상황이므로 두 번째 조문 제1항을 검토한다. 甲이 매수한 선박은 총톤수 80톤인 부선으로, 첫 번째 조문 제2항의 소형선박 중 제2호의 총톤수 100톤 미만인 부선에 해당하여 두 번째 조문 제1항 단서가 적용된다. 두 번째 조문 제1항 단서에서 소형선박 소유권의 이전은 계약당사자 사이의 양도합의와 선박의 등록으로 효력이 생긴다고 하였으므로 계약당사자인 매수인 甲과 매도인은 양도 합의를 하고 선박을 등록해야 소유권 이전의 효력이 발생하여 甲이 선박의 소유권을 취득할 수 있다.

두 번째 조문 제2항에서 제1항의 본문의 경우에는 선박의 '소유자', 제1항 단서의 경우에는 선박의 '매수인'이라고 구분해서 지칭하고 있다. 해당 조문과 같이 이해하였다면 선택지의 표현 '매수인 甲'에서 이미 제1항 단서에 해당하는 사안임을 알 수 있다.

오답 체크

② 두 번째 조문 제2항에 따르면 총톤수 20톤 이상인 기선은 선박의 등기를 한 후에 선박의 등록을 신청하여야 한다. 총톤수 100톤인 기선의 소유자 乙은 먼저 관할 등기소에 선박의 등기를 한 후에 관할 지방해양수산청장에게 선박의 등록을 신청해야 한다.

③ 선박 취득 시 선박의 등록에 관한 사항은 두 번째 조문 제2항을 검토한다. 丙이 등록하고자 하는 선박은 총톤수 60톤인 기선으로 소유자 丙은 선박을 취득한 날부터 60일 이내에 해양수산부장관이 아닌 지방해양수산청장에게 선박의 등록을 신청해야 한다.

두 번째 조문 제2항에서 총톤수 20톤 이상인 기선은 선박의 등기를 한 후에 선박의 등록을 신청하여야 한다고 하고 있으나, 등록 신청 기한이 60일 이내인 점에는 변함이 없다. 또한 이때에도 선택지 ①의 경우와 마찬가지로 '소유자 丙'이라고 하여 소유자와 매수인을 구분하여 사용하고 있다. 그러나 총톤수 60톤인 기선은 두 번째 조문 제1항 단서의 적용 대상이 아닌데도 선택지에서는 '취득'이 아닌 '매수'라고 하여 용어의 혼동을 주고 있다.

④ 선박국적증서의 발급에 관한 사항은 두 번째 조문 제3항을 검토하여야 한다. 丁은 선적항을 관할하는 등기소에 등기신청을 할 수 있다. 그리고 총톤수 200톤인 부선이므로 두 번째 조문 제2항에 따라 선박의 등기를 한 후에 선박의 등록을 신청하여야 한다. 그러나 이러한 등기과정에서 등기소가 선박국적증서를 발급하는 것이 아니라, 丁이 선적항을 관할하는 지방해양수산청장에게 선박의 등록을 신청하면 지방해양수산청장이 이를 선박원부에 등록하고 신청인에게 선박국적증서를 발급한다.

⑤ 선박국적증서의 발급에 관한 사항은 두 번째 조문 제3항을 중심으로 검토한다. 총톤수 20톤 미만인 범선의 매수인 戊가 선박의 등록신청을 하려면 관할 법원이 아닌 두 번째 조문 제2항에 따라 관할 지방해양수산청장에게 하여야 한다. 그리고 두 번째 조문 제3항에 따르면 등록신청에 대하여 선박원부에 등록하고 신청인에게 선박국적증서를 발급하는 기관 역시 관할 법원이 아니라 관할 지방해양수산청장이다.

02 일치부합형(법조문형) 정답 ④

정답 체크

제4항에서 보면, 심의회는 위원장이 소집하고, 회의는 위원장을 포함한 재적위원 3분의 2 이상의 출석으로 개의하고 출석위원 3분의 2 이상의 찬성으로 의결한다. 따라서 정보공개심의회가 8명의 위원으로 구성되면, 재적위원 8명 중 3분의 2 이상, 즉 6명 이상의 출석으로 개의한다. 찬성에 필요한 정족수를 최소한으로 줄이기 위해 출석위원이 6명인 경우를 가정해 보면, 출석위원(=최소 6명) 3분의 2 이상(=최소 4명)의 찬성으로 의결할 수 있다. 즉, 의결정족수를 최소한으로 줄여보더라도 4명이므로, 3명의 찬성으로는 의결될 수 없다.

오답 체크

① 제3항에서 보면, 외부 위원의 임기는 2년으로 하되 2회에 한하여 연임할 수 있으므로 최대 6년까지 가능하다.

② 제1항에서 보면, 심의회는 내부 위원과 외부 위원으로 구성된다. 제1호에서 보면 내부 위원이 4명으로 인원이 고정되어 있고, 제2호에서 보면 외부 위원이 총 위원수의 3분의 1 이상 위촉되어야 한다. 전체 위원이 최소 6명일 때 내부 위원 4명과 외부 위원 2명이므로 조건을 충족한다. 따라서 정보공개심의회는 최소 6명의 위원으로 구성된다.

③ 제1항에 따라 심의회는 내부 위원과 외부 위원으로 구성되고, 제2항에 따라 위원은 특정 성별이 다른 성별의 2분의 1 이하가 되지 않도록 한다. 정보공개심의회 내부 위원이 모두 여성이라는 것은 내부 위원 4명이 모두 여성이라는 의미이다. 이때 특정 성별이 다른 성별의 2분의 1 이하가 되지 않아야 하므로, 외부 위원이 3명이면서 이들이 모두 남성이라면 주어진 조건을 충족하면서 정보공개심의회가 7명의 위원으로 구성될 수 있다.

⑤ 제5항에서 보면, 위원은 부득이한 이유로 참석할 수 없는 경우에는 서면으로 의견을 제출할 수 있다. 이 경우 해당 위원은 심의회에 출석한 것으로 본다. 위원장을 포함한 위원 5명은 직접 출석했고, 2명이 부득이한 이유로 서면으로 의견을 제출한 경우, 이 2명의 위원도 심의회에 출석한 것으로 보기 때문에 출석위원은 총 7명이 된다. 주어진 선택지만으로는 재적위원이 정확하게 몇 명인지는 알기 어렵지만, 제1항에서 심의회는 10인 이내의 위원으로 구성되므로 최대 10인이기 때문에 7명의 출석이면 재적위원 3분의 2 이상의 출석을 충족하여 의사정족수를 충족한다. 의결정족수를 살펴보면 출석위원 7명 중 3분의 2 이상의 찬성으로 의결되기 때문에 5명 이상이면 찬성으로 의결 가능하다. 즉, 직접 출석한 5명이 모두 안건에 찬성하였으므로 서면으로 의견을 제출한 2명의 의견이 찬성인지 반대인지와 무관하게 찬성으로 의결된다.

⏱ 빠른 문제 풀이 Tip

· 의사정족수, 의결정족수는 최근 빈출 소재이므로 미리 잘 준비해 두어야 한다.
· 일치부합형의 경우에 어떤 선택지부터 처리하는지도 중요하다. 정답이 될 만한 선택지를 먼저 확인하는 습관을 들이는 것이 좋다.

03 응용형(법조문형)

정답 체크

두 번째 조문 제3항에서 보면, ○○부 장관이나 시·도지사는 주민의견을 청취한 후 건축위원회의 심의를 거쳐서 제1항이나 제2항에 따라 건축허가나 건축허가를 받은 건축물의 착공을 제한할 수 있다. 따라서 주민의견을 청취한 후 건축위원회의 심의를 거쳐 건축허가를 받은 乙의 건축물 착공을 제한할 수 있는 주체는 ○○부 장관이나 시·도지사이고, B구청장은 해당되지 않는다.

오답 체크

① 첫 번째 조문 제1항을 보면, 건축물을 건축하거나 대수선하려는 자는 특별자치시장·특별자치도지사 또는 시장·군수·구청장의 허가를 받아야 한다. 다만 21층 이상의 건축물이나 연면적 합계 10만 제곱미터 이상인 건축물을 특별시나 광역시에 건축하려면 특별시장이나 광역시장의 허가를 받아야 한다. 甲은 20층의 연면적 합계 5만 제곱미터인 건축물을 신축하려고 하므로 단서에 걸리지 않는다. 따라서 甲은 시장·군수·구청장에 해당하는 B구청장에게 건축허가를 받아야 한다. A광역시장은 특별자치시장·특별자치도지사 또는 시장·군수·구청장 중에 해당하지 않는다.

② 두 번째 조문 제2항에서 보면, 특별시장·광역시장·도지사는 지역계획이나 도시·군계획에 특히 필요하다고 인정하면 시장·군수·구청장의 건축허가나 허가를 받은 건축물의 착공을 제한할 수 있다. 따라서 甲이 건축허가를 받은 경우에도 A광역시장은 지역계획에 특히 필요하다고 인정하면 일정한 절차를 거쳐 甲의 건축물 착공을 제한할 수 있다.

④ 첫 번째 조문 제2항에서 보면, 허가권자는 제1항에 따른 허가를 받은 자가 제2항 각 호의 어느 하나에 해당하면 허가를 취소하여야 한다. 다만 제1호에 해당하는 경우로서 정당한 사유가 있다고 인정되면 1년의 범위에서 공사의 착수기간을 연장할 수 있다. 乙이 건축허가를 받은 날로부터 2년 이내에 공사에 착수하지 않은 경우는 제1호에 해당하지만 정당한 사유가 없기 때문에 단서조항에 해당하지 않는다. 따라서 허가권자인 A광역시장은 건축허가를 취소하여야 한다.

乙은 연면적 합계 15만 제곱미터인 건축물을 A광역시 B구에 신축하려고 하므로 첫 번째 조문 제1항 단서에 따를 때 허가권자는 A광역시장이 맞다.

⑤ 두 번째 조문 제1항에서 보면 ○○부 장관은 국토관리를 위하여 특히 필요하다고 인정하거나 주무부장관이 국방, 문화재보존, 환경보전 또는 국민경제를 위하여 특히 필요하다고 인정하여 요청하면 허가권자의 건축허가나 허가를 받은 건축물의 착공을 제한할 수 있다. 동조 제4항에서 보면, 제1항이나 제2항에 따라 건축허가나 건축물의 착공을 제한하는 경우 제한기간은 2년 이내로 하고, 다만 1회에 한하여 1년 이내의 범위에서 제한기간을 연장할 수 있다. 따라서 주무부장관이 문화재보존을 위하여 특히 필요하다고 인정하여 요청하는 경우, ○○부 장관은 건축허가를 받은 乙의 건축물에 대해 제한기간 최대 2년에, 1회에 한하여 최대 1년을 연장하였을 때, 최대 3년간 착공을 제한할 수 있다.

04 발문 포인트형(법조문형)

정답 체크

첫 번째 문단부터 각각 문단 ⅰ)~ⅲ)라고 한다.
문단 ⅱ)의 종전 대법원 판례에 따르면 특별한 사정이 없는 한 1) 사망한 사람의 직계비속으로서 장남(장남이 이미 사망한 경우에는 장손자), 2) 공동상속인들 중 아들이 없는 경우에는 장녀가 제사주재자가 된다. 그리고 문단 ⅲ)의 최근 대법원 판례에 따르면 특별한 사정이 없는 한 연령을 기준으로 하여 사망한 사람의 직계비속 가운데 남녀를 불문하고 최근친(最近親) 중 연장자가 제사주재자가 된다.

<상황>에 따르면 A~D는 甲과 乙의 직계비속이고, 2024. 6. 1. 현재 甲의 공동상속인 乙, A, C, D의 연령을 각각 확인할 수 있다. 그리고 B는 2023. 5. 1. 사망 당시 43세이므로 C보다는 나이가 많아 B가 甲과 乙의 장남임을 알 수 있다. 따라서 종전 대법원 판례에 따르면 사망한 甲의 직계비속으로서 장남인 B가 제사주재자가 되어야 하나 이미 사망하였으므로 장손자인 D가 제사주재자가 된다. 그리고 최근 대법원 판례에 따르면 사망한 甲의 직계비속 가운데 남녀를 불문하고 최근친 중 연장자인 A(50세)가 제사주재자가 된다. 정답은 ④이다.

> ⏱ **빠른 문제 풀이 Tip**
> 상속 소재로 이미 몇 번 출제된 적 있는 소재이다. 지문에서 파악한 내용을 <상황>에 정확하게 적용할 수 있어야 한다.

05 일치부합형(텍스트형)

정답 체크

첫 번째 문단부터 각각 문단 ⅰ)~ⅲ)이라고 한다.
문단 ⅰ)에 따르면 자기조절을 위해서는 현재 나의 상태와 도달하고 싶으나 아직 구현되지 않은 나의 미래 상태를 구별해 낼 수 있어야 한다.

오답 체크

② 문단 ⅲ)에 따르면 내측전전두피질과 배외측전전두피질 간의 기능적 연결성이 강할수록 목표를 위해 에너지를 집중하고 지속적인 노력을 쏟아 부을 수 있는 능력이 높아진다고 한다. 이는 자신이 도달하고자 하는 대상에 집중할 수 있는 두 번째 능력과 관련된 것이다. 선택지와 같이 내측전전두피질과 배외측전전두피질 간의 기능적 연결성이 약할수록 목표를 위한 집중력이 높아진다고 판단할 수는 없다.

③ 문단 ⅱ)에 따르면 자기절제는 일상적이고도 전형적인 행동을 분명한 의도를 바탕으로 억제하는 것이다. 이는 문단 ⅲ)의 목표달성과는 무관하다. 따라서 목표달성을 위해서 일상적이고 전형적인 행동을 강화하는 능력이 필요하다고 판단할 수는 없다. 목표달성을 위해 필요한 두 가지 능력은 문단 ⅲ)에서 언급하고 있어, 문단 ⅱ)의 자기절제와는 무관하다.

④ 문단 ⅲ)에서는 목표달성을 위해 두 가지 능력이 필요하다고 한다. 첫 번째는 자기 자신에 집중할 수 있는 능력이 필요하며 이를 위해서는 자기참조과정이 필요하다고 한다. 그리고 두 번째는 자신이 도달하고자 하는 대상에 집중할 수 있는 능력이 필요하다. 자신이 도달하고자 하는 대상에 집중하는 과정은 두 번째 능력에 관한 것이고 자신을 되돌아보며 현재 나의 상태를 알아차리는 자기참조과정은 첫 번째 능력에 관한 것이다.

⑤ 문단 ⅰ)에 따르면 자기조절력의 하위 요소로 자기절제와 목표달성 등이 있다. 자기조절력이 자기절제의 하위 요소인 것은 아니다. 상위와 하위가 반대로 서술되어 있어 옳지 않다.

06 법계산형

정답 체크

<규칙>을 정리하면 다음과 같다.
· 안건이 상정된 회의에서 기권표가 전체(210표)의 3분의 1 이상(70표 이상)이면 안건은 부결된다.
· 기권표를 제외하고, 찬성 또는 반대의견을 던진 표 중에서 찬성표가 50%를 초과해야 안건이 가결된다. 즉, 기권표를 제외한 표 중에 찬성표가 과반이어야 한다.

- 각주에 따라 재적의원 전원이 참석하여 1인 1표를 행사하였고, 무효표는 없으므로, 210표가 행사되었다.

ㄷ. 141명이 찬성을 하면, 나머지 표는 69표이다. 가결되지 않는 상황을 상정하기 위해서는 기권표 또는 반대표를 최대로 만들어 보아야 한다. 남은 69표를 모두 기권표로 가정하면 기권 69표, 찬성 141표, 반대 0표로 안건은 가결될 것이다. 69표를 모두 반대표로 가정하더라도 기권 0표, 찬성 141표, 반대 69표로 찬성표가 50%를 초과하므로 안건은 가결될 것이다. 따라서 141명이 찬성하면, 어떠한 경우에도 안건은 가결된다.

ㄹ. 기권표가 전체 210표의 3분의 1 이상인 70표 이상이면 안건은 부결되므로, 안건이 가결되려면 기권표는 최대 69표까지 가능하다. 나머지 141표 중에서 안건이 가결되도록 찬성표가 50%를 초과하게 만들려면 $141 \div 2 = 70.5$이므로 최소 71표가 필요하다. 따라서 안건이 가결될 수 있는 최소 찬성표는 71표이다.

오답 체크

ㄱ. 70명이 기권하면, 기권표가 전체 210표의 3분의 1 이상인 70표 이상인 경우이므로 안건은 부결된다.

ㄴ. 104명이 반대하였더라도, 기권표가 0표이고 나머지 106표가 모두 찬성표인 경우, 기권표인 0표를 제외하고 찬성 또는 반대의견을 던진 표 중에서 찬성표가 50%를 초과하므로 안건은 가결된다. 기권표가 1표이고 나머지 105표가 모두 찬성표인 경우에도 마찬가지로 가결되는 경우가 있다.

---

07 경우 파악형
정답 ③

정답 체크

첫 번째 문장부터 각 문장을 ⅰ)~ⅳ)라고 한다. ⅰ)에서 아이스크림을 5개 샀다고 하므로 각 아이스크림의 가격을 가장 비싼 아이스크림부터 가장 싼 아이스크림 순으로 A, B, C, D, E라고 하자. 각 아이스크림의 가격이 다르다는 언급은 없으므로 아직은 일부 아이스크림의 가격이 같을 수도 있다는 것을 염두에 둔다.

ⅱ)에 따르면 가장 비싼 아이스크림의 가격 A는 나머지 4개의 아이스크림 가격을 합한 B+C+D+E와 같다. 그리고 ⅳ)에 따르면 5개 아이스크림 가격의 합 A+B+C+D+E=5,000원이다. 이를 계산하면 다음과 같다.

A=B+C+D+E
A+B+C+D+E=5,000원
A+A=2A=5,000원
∴ A=2,500원

ⅲ)에 따르면 승화가 산 아이스크림 중 두 번째로 비싼 아이스크림 가격은 1,500원이므로 B=1,500원이다. 이는 승화가 산 어떤 한 아이스크림 가격의 3배이므로 C, D, E 중 한 아이스크림의 가격이 500원임을 알 수 있다. A와 B, 그리고 한 아이스크림의 가격이 500원이라면 3개의 아이스크림 가격의 합이 4,500원이므로 나머지 2개의 아이스크림 가격의 합이 500원이다. 이에 따라 C=500원이고, D+E=500원이다. ⅰ)에 따르면 아이스크림의 가격은 100원 단위로 책정되므로 D, E가 각각 (400원, 100원) 또는 (300원, 200원)임을 알 수 있다.

따라서 A~E 중 가격이 같은 아이스크림은 없다.

오답 체크

① C=500원이다.
② D=400원이라면, 승화는 400원짜리 아이스크림을 샀을 수도 있다.
④ A=2,500원이다.
⑤ E=100원이라면, A의 가격(2,500원)은 E 가격의 20배를 넘는다.

---

08 조건 계산형
정답 ②

정답 체크

제시된 조건을 위에서부터 순서대로 조건 ⅰ)~ⅳ)라고 한다. 조건 ⅱ)의 식에 따른 값을 일부 계산하고 ㉠의 값에 따라 조건 ⅲ)을 충족하는지 확인한다. 조건 ⅱ)의 식에 조건 ⅳ)의 甲~戊의 연간 '착한 일 횟수'와 '울음 횟수'를 대입해 정리해 보면 다음과 같다.

- 甲: $(3 \times 5) - (3 \times ㉠) = 15 - (3 \times ㉠)$
- 乙: $(3 \times 5) - (2 \times ㉠) = 15 - (2 \times ㉠)$
- 丙: $(2 \times 5) - (3 \times ㉠) = 10 - (3 \times ㉠)$
- 丁: $(1 \times 5) - (0 \times ㉠) = 5$
- 戊: $(1 \times 5) - (3 \times ㉠) = 5 - (3 \times ㉠)$

조건 ⅱ)에 따르면 丁은 선물 B를 받았다. 조건 ⅲ)에 따르면 甲~戊 중 1명은 선물 A를 받았다. 즉, 1명만 위의 식에 따른 값이 10 이상이어야 한다. 甲, 乙, 丙, 戊 중에서는 ㉠이 어떤 값이라도 乙의 점수가 가장 높으므로 乙이 선물 A를 받아야 하고, 乙이 선물 A를 받으려면 ㉠은 자연수 중에서 1, 2만 가능하다.

조건 ⅲ)에 따르면 甲~戊 중 1명은 선물을 받지 못했다. 즉, 1명만 위의 식에 따른 값이 음수이어야 한다. 甲, 丙, 戊 중에서는 ㉠이 어떤 값이라도 戊의 점수가 가장 낮으므로 戊가 선물을 받지 못하고, 戊가 선물을 받지 못하려면 ㉠은 1, 2 중에서 2만 가능하다. 따라서 ㉠에 해당하는 수는 2이다.

⏱ 빠른 문제 풀이 Tip

- 乙: $15 - (2 \times ㉠) \geq 10$
  $-(2 \times ㉠) \geq 10 - 15$
  $2 \times ㉠ \leq 5$
  $㉠ \leq 2.5$, ㉠은 자연수이므로 ㉠은 1 또는 2
- 戊: $5 - (3 \times ㉠) < 0$
  $-(3 \times ㉠) < -5$
  $3 \times ㉠ > 5$
  ㉠ < 약 1.67, ㉠은 자연수이므로 ㉠은 2

---

09 1지문 2문항형
정답 ②

정답 체크

첫 번째 문단부터 다섯 번째 문단까지 각각 문단 ⅰ)~ⅴ)라고 한다.

ㄱ. 문단 ⅰ)에 따르면 암호문에서 평문으로 변환하는 것을 복호화라고 한다.

ㄹ. 문단 ⅴ)에 따르면 컴퓨팅 기술의 발전으로 인해 DES는 더 이상 안전하지 않아, DES보다는 DES를 세 번 적용한 삼중 DES(triple DES) 등을 사용하고 있다고 한다. 따라서 삼중 DES 알고리즘은 DES 알고리즘보다 안전성이 높다고 판단할 수 있다.

오답 체크

ㄴ. 문단 ⅲ)에 따르면 비대칭키 방식의 경우에는 수신자가 송신자의 키를 몰라도 자신의 키만 알면 복호화가 가능하다. 여기서 복호화라 함은 <보기> ㄱ에서 확인한 바와 같이 암호문을 해독 가능한 평문으로 변환하는 것이다. 따라서 비대칭키 방식에서는 수신자가 송신자의 키를 모르더라도 암호를 해독할 수 있다.

ㄷ. 문단 ⅱ)에 따르면 단어, 어절 등의 순서를 바꾸는 것은 대체가 아니라 치환이다. 대체는 각 문자를 다른 문자나 기호로 일대일로 대응시키는 것이다.

1 텍스트형

2 법조문형

3 계산형

4 규칙형

5 경우형

기출 재구성 모의고사

10 1지문 2문항형

정답 체크

문단 iv)에 따르면 비트는 0과 1을 표현할 수 있는 가장 작은 단위이고, 예를 들어 8비트로 만들 수 있는 키의 수는 2^8, 즉 256개이다. 따라서 <상황>의 '2^{56}개의 키'는 비트로 환산하면 56비트이고, 1비트가 증가할 때마다 키의 수가 2배로 늘어남을 확인한다.

56비트로 만들 수 있는 키를 1초에 모두 체크할 수 있는 컴퓨터의 가격이 1,000,000원이고, 컴퓨터의 체크 속도가 2배가 될 때마다 컴퓨터는 10만 원씩 비싸진다고 한다. 60비트로 만들 수 있는 키를 1초에 모두 체크할 수 있는 컴퓨터는 56비트로 만들수 있는 키를 1초에 모두 체크할 수 있는 컴퓨터 체크 속도의 2^4배이므로 해당 컴퓨터의 최소 가격은 1,000,000 + 4 × 10만 원 = 1,400,000원이다. 정답은 ③이다.

11 응용형(법조문형)

정답 체크

제4항 제2호에서는 재외공무원이 장관의 허가를 받아야 하는 경우로 재외공무원이 일시귀국 후 국내 체류기간을 연장하는 경우를 정하고 있다. 이 경우 허가의 예외를 정하고 있는 조문은 제시되지 않았으므로 乙이 공관장의 허가를 받아 일시귀국하였더라도 국내 체류기간을 연장하였을 때에는 장관의 허가를 받았을 것이다.

오답 체크

① 제1항에 따르면 재외공무원이 공무로 일시귀국하고자 하는 경우에는 장관의 허가를 받아야 한다. 올해 甲의 일시귀국 2회는 모두 공무상 회의 참석을 위한 것이므로 甲은 일시귀국 시 장관에게 신고를 하는 것이 아닌 허가를 받아야 한다.

② 제2항에 따르면 공관장이 공무 외의 목적으로 일시귀국하려는 경우에는 장관의 허가를 받아야 하지만, 제2항 단서에서 배우자의 직계존·비속이 사망하거나 위독한 경우 공관장은 장관에게 신고하고 일시귀국할 수 있다고 하였다. 따라서 甲이 배우자의 직계존속이 위독하여 올해 추가로 일시귀국하기 위해서는 제2항 단서에 따라 장관의 허가를 받는 것이 아닌 장관에게 신고하고 일시귀국할 수 있다. 이는 제4항에 해당하는 상황도 아니다.

③ 공관장이 아닌 재외공무원이 장관의 허가를 받아야 하는 경우는 제4항 각호에 해당하는 사항이어야 한다. 乙의 올해 일시귀국 현황은 동반자녀의 관절 치료를 위해 총 1회이며 이는 제3항의 단서 제2호에 해당하는 경우로 일시귀국의 횟수 및 기간에 산입하지 아니한다. 즉, 乙이 직계존속의 회갑으로 인해 올해 3일간 추가로 일시귀국을 하더라도 연 1회 20일 이내이므로 제4항 제1호의 장관의 허가를 받아야 하는 상황이 아니라, 제2항 본문의 공관장의 허가를 받아야 하는 상황에 해당한다.

⑤ 제2항에서 공관장이 아닌 재외공무원이 공무 외의 목적으로 일시귀국하려는 경우에는 공관장의 허가를 받도록 정하고 있지만, 제4항 제1호에 따르면 재외공무원이 연 1회 또는 20일을 초과하여 공무 외의 목적으로 일시귀국하려는 경우는 장관의 허가를 받아야 한다. 丙의 자신의 혼인이라는 사유는 제4항 제1호의 공무 외의 목적에 해당하고 올해 직계존속의 회갑으로 이미 1회 일시귀국한 바 있으므로 올해 연 1회를 초과하여 일시귀국하기 위해서는 제4항에 의하여 공관장의 허가가 아닌 장관의 허가를 받아야 한다.

12 조건 계산형

정답 체크

총 점수는 UCC 조회수 등급에 따른 점수 + 심사위원 평가점수이다. 총 점수가 높은 순위에 따라 3위까지 수상한다.

· UCC 조회수 등급에 따른 점수
조회수에 따라 5등급 A, B, C, D, E로 나눈 후 최상위 A를 10점으로 하여 등급마다 0.3점씩 떨어진다.

· 심사위원 평가점수
심사위원 (가)~(마)가 각각 부여한 점수(1~10의 자연수)에서 최고점 및 최저점을 제외한 3개 점수의 평균으로 계산한다. 최고점 또는 최저점이 2개 이상인 경우 그중 하나만 제외한다.

ㄴ. 현재 점수가 확정된 참가자만 살펴보면 다음과 같다.

참가자	조회수 등급	심사위원별 평가점수				
		(가)	(나)	(다)	(라)	(마)
乙	B	9	8	7	7	7
丁	B	5	6	7	7	7
戊	C	6	10	10	7	7

점수를 계산해 보면, 현재 丁은 乙과 戊보다 총 점수가 낮다. 따라서 丁이 수상할 수 있으려면 아직 총 점수가 확정되지 않은 甲과 丙보다 총 점수에서 앞서야 한다.

참가자	조회수 등급	심사위원별 평가점수				
		(가)	(나)	(다)	(라)	(마)
甲	B	9	(㉠)	7	8	7
丙	A	8	7	(㉡)	10	5
丁	B	5	6	7	7	7

丁의 총 점수를 甲과 丙의 총 점수보다 높이기 위해서 ㉠, ㉡에 최저점을 부여해 보면 다음과 같다.

참가자	조회수 등급	심사위원별 평가점수				
		(가)	(나)	(다)	(라)	(마)
甲	B	9	(㉠)	7	8	7
丙	A	8	7	(㉡)	10	5
丁	B	5	6	7	7	7

이 경우에도 丁은 甲과 丙에 비해 총 점수가 낮다. 따라서 丁은 ㉠과 ㉡에 상관없이 수상하지 못한다.

ㄷ. 앞서 ㄴ에서 현재 점수가 확정된 참가자만 봤을 때, 戊의 총 점수가 乙과 丁의 총 점수보다 높다. 따라서 戊보다 낮은 2명이 있기 때문에 戊는 최소 3위를 확보하고 있는 셈이다. 이 경우에 戊가 조회수 등급을 D로 받아 UCC 조회수 등급에 따른 점수가 0.3점이 떨어지더라도 여전히 戊의 총점이 가장 높다. 심사위원 평가점수에서 총점을 봤을 때, 乙은 戊보다 2점 낮고, 丁은 戊보다 4점 낮은데, 이 총 점수의 순서가 UCC 조회수 등급에 따른 점수에서 뒤집어지기 위해서는 3등급의 변화가 있어야 하므로, 조회수 등급이 한 등급 떨어졌다고 해서 戊가 乙 또는 丁보다 총 점수가 낮아지지 않는다.

1 택스트형

2 발본조원형

3 계산형

4 규칙형

5 경우형

기출 재구성 모의고사

오답 체크

ㄱ. ㉠이 5점이라면 다음과 같다.

참가자	조회수 등급	심사위원별 평가점수				
		(가)	(나)	(다)	(라)	(마)
甲	B	~~9~~	5	7	8	7
乙	B	~~9~~	8	7	7	~~7~~

甲은 (7+8+7)/(3+B)이고, 乙은 (8+7+7)/(3+B)이므로 계산 결과 甲과 乙의 총 점수는 동일하다.

ㄹ. ㉠>㉡이더라도 甲의 총 점수가 丙의 총 점수보다 낮거나 같은 경우가 있는지 찾아보아야 한다.

참가자	조회수 등급	심사위원별 평가점수				
		(가)	(나)	(다)	(라)	(마)
甲	B	9	(㉠)	7	8	7
丙	A	8	7	(㉡)	10	5

이를 위해 甲의 총 점수는 낮게 만들고 丙의 총 점수는 높게 만들어 본다. ㉠이 10점이고, ㉡이 9점인 상황을 가정해 보면 다음과 같다.

참가자	조회수 등급	심사위원별 평가점수				
		(가)	(나)	(다)	(라)	(마)
甲	B	9	~~10~~	~~7~~	8	7
丙	A	8	7	~~9~~	~~10~~	~~5~~

이 경우 심사위원별 평가점수는 동점이고, 조회수 등급에서 丙의 총 점수가 甲의 총 점수보다 높아진다. 즉, 甲의 총 점수가 丙의 총 점수보다 낮은 반례가 찾아진다. 따라서 ㉠>㉡이더라도 甲의 총 점수가 丙의 총 점수보다 높지 않을 수 있다.

⏱ 빠른 문제 풀이 Tip

· 조회수 등급은 0.3점씩 차이 나기 때문에 심사위원별 점수에 비해서 미미한 값임을 파악한다.
· 공식변형을 통하여 평균을 계산하지 않는 쪽으로 해결한다.
· <보기> 검토 순서를 요령 있게 결정한다.
· 상대적 계산 스킬을 사용하면 보다 빠른 문제 해결이 가능하다.

13 조건 계산형

정답 ①

정답 체크

주어진 정보를 반영해 보면 다음과 같다.

기관	A	B	C	D
전기평가점수	60	70	90	80
후기평가점수			70	
최종평가점수			80	
순위	1등	2등	4등	3등

C기관의 경우 '전기>후기'이므로 '0.5×전기평가점수 + 0.5×후기평가점수'의 값이 더 클 것이고 그때의 최종평가점수는 80점이다.

ㄱ. 현재 전기평가점수는 A기관이 60점, B기관이 70점으로 B기관이 더 높은데, 최종평가순위는 A기관이 1등, B기관이 2등으로 A기관의 최종평가점수가 더 높다. 즉, 최종평가점수에서 역전되어야 한다. 두 기관 모두 최종평가점수는 순위가 4등인 C기관의 80점보다 높아야 하고, 최종평가점수가 80점보다 크려면 후기평가점수가 80점보다 높아야 한다. 따라서 '0.2×전기평가점수 + 0.8×후기평가점수'로 계산한 결과가 더 클 것이다. 이에 따를 때 전기평가점수는 B기관이 10점 더 높으므로, 최종평가점수에서는 B기관이 2점 더 높다. 후기평가점수는 1점당 최종평가점수 0.8점이 높아진다.

	전기평가점수 (×0.2)	후기평가점수 (×0.8)	최종평가점수
A	60	+ 1점당 최종 +0.8	↑
B	70 (+10) → +2		

따라서 A기관의 후기평가점수는 B기관의 후기평가점수보다 최소 3점 높아야 최종평가점수가 +2.4점이 되어 A기관의 최종평가점수가 B기관의 최종평가점수보다 높아진다.

오답 체크

ㄴ. 최종평가점수 순위대로 나열했을 때 다음과 같다.

기관	A		B		D		C
전기평가점수	60	<	70	<	80	<	90
후기평가점수							70
최종평가점수		>		>		>	80
순위	1등		2등		3등		4등

A기관, B기관, D기관 모두 최종평가점수는 80점보다 높아야 하므로, 후기평가점수가 80점보다 높아야 한다. 각 기관별로 (전기, 후기)=(60, 80 초과), (70, 80 초과), (80, 80 초과)이므로 A, B, D기관의 경우 '0.5×전기평가점수 + 0.5×후기평가점수'보다 '0.2×전기평가점수 + 0.8×후기평가점수'로 계산한 결과가 크다. 따라서 '0.2×전기평가점수 + 0.8×후기평가점수'로 계산해서, 차이 값만 보는 상대적 비교 스킬을 사용한다.

기관	A		B		D		C
전기평가점수 (×0.2)	60 0	<	70 +2	<	80 +4	<	90
후기평가점수 (×0.8)							70
최종평가점수		>		>		>	80
순위	1등		2등		3등		4등

D기관의 최종평가점수가 C기관의 최종평가점수보다 높으려면 D기관의 후기평가점수는 최소 81점이면 된다. B기관과 D기관을 비교해 보면 D기관의 전기평가점수가 2점 더 높으므로, 앞서 ㄱ에서도 살펴봤듯이 후기평가점수는 반대로 B기관이 3점 이상 더 높아야 0.8을 곱했을 때 B기관이 +2.4점이 되어 순위가 역전된다.

기관	A		B		D		C
전기평가점수 (×0.2)	60 0	<	70 +2	<	80 +4	<	90
후기평가점수 (×0.8)			84 이상		81이상		70
최종평가점수		>		>		>	80
순위	1등		2등		3등		4등

이를 정리해 보면 C기관의 최종평가점수보다 높으려면, D기관의 후기평가점수는 최소 81점이어야 하고, B기관의 후기평가점수는 84점 이상이어야 한다. 따라서 B기관의 후기평가점수는 83점일 수 없다.

ㄷ. A기관과 D기관의 전기평가점수는 4점 차이가 난다. 그런데 A기관과 D기관의 후기평가점수가 5점 차이가 난다면 후기평가점수에서는 정확히 4점만큼만 뒤집을 수 있다. 이 경우 두 기관의 점수는 동점이 되어 A기관의 순위가 더 높을 수 없다. 따라서 두 기관의 후기평가점수는 5점보다 크게 차이가 나야 한다.

> ### ⏱ 빠른 문제 풀이 **Tip**
> · Max[X, Y]의 의미를 빠르게 파악하여야 한다. Max[X, Y]는 X와 Y 중 큰 값을 의미하는데, 전기평가점수와 후기평가점수가 '전기=후기'인지, '전기>후기'인지, '후기>전기'인지에 따라 '0.5×전기평가점수 + 0.5×후기평가점수'와 '0.2×전기평가점수 + 0.8×후기평가점수' 중에 어떤 값이 더 클지 수치를 대입해 보지 않고도 미리 파악 가능하다.
> · 가중평균을 복잡한 계산 없이 빠르게 구할 수 있으면 이 문제도 빠른 해결이 가능하다.
> · 정확한 값을 구하는 것보다 상대적 계산 스킬을 사용하여 해결하는 경우에 보다 빠른 문제 해결이 가능하다.

14 경우 파악형   정답 ①

정답 체크

지문에 제시된 첫 번째 동그라미부터 순서대로 조건 ⅰ)~ⅳ)라고 한다.
확정적인 조건인 조건 ⅳ)에 따르면 丙에게는 건강식품을 선물하므로 '홍삼전문점'은 반드시 방문하여야 한다. 조건 ⅱ)에 따르면 매장은 2곳만 방문하므로 '홍삼전문점'과 다른 한 곳의 매장을 더 방문한다. A가 방문할 수 있는 매장조합의 경우의 수가 (홍삼전문점, 녹차전문점), (홍삼전문점, 인테리어 가게), (홍삼전문점, 문구점) 3가지 경우가 있음을 염두에 둔다. → 선택지 ④, ⑤는 제거
조건 ⅲ)에 따르면 친구 5명 중 甲과 乙에게는 똑같은 선물을 사주고, 나머지는 서로 다른 선물을 사준다. 즉, 총 4종류의 선물 품목을 사야 한다. 그러나 A가 문구점을 방문하게 되면 홍삼전문점의 선물 품목을 포함하더라도 총 3종류의 선물 품목밖에 살 수 없다. 따라서 문구점은 방문하지 않는다.
→ 선택지 ③ 제거
조건 ⅰ)에 따르면 예산 20만 원을 모두 사용한다. 그러나 홍삼전문점과 인테리어 가게에 방문하게 되면 선물 품목으로 한 종류씩 총 4종류를 사는 경우 4만 원(홍삼 절편)+5만 원(홍삼액)+5만 원(램프)+6만 원(액자 세트)=20만 원의 예산이 사용된다. 총 5종류의 선물을 사야 하므로 다른 어떤 선물을 사더라도 예산을 초과하게 된다. 따라서 인테리어 가게는 방문하지 않는다.
→ 선택지 ② 제거
홍삼전문점과 녹차전문점을 방문하면 선물 품목별로 한 종류씩 총 4종류를 사는 경우 4만 원(홍삼 절편)+5만 원(홍삼액)+3만 원(녹차 티백)+4만 원(다도 세트)=16만 원의 예산이 사용된다. 甲과 乙에게 줄 똑같은 선물로 4만 원인 홍삼 절편 또는 다도 세트를 산다면 예산 20만 원을 모두 사용한다.
따라서 A가 방문할 매장은 홍삼전문점, 녹차전문점이다.

15 경우 확정형   정답 ⑤

정답 체크

첫 번째, 두 번째 문장의 내용에 따라 다음과 같은 표를 생각해 본다.

	월	화	수	목	금
甲					
乙					
丙					
丁					
戊					

세 번째 문장에 따르면 甲은 A와 다음 주 월요일 저녁에 중식을 먹기로 약속을 잡았다.

	월	화	수	목	금
甲	중식	X	X	X	X
乙	X				
丙	X				
丁	X				
戊	X				

네 번째 문장의 내용도 다음과 같이 정리할 수 있다.

	월	화	수	목	금	
甲	중식	X	X	X	X	
乙	X	X	X			
丙	X					일식, 양식
丁	X					
戊	X					

다섯 번째 문장에서 丁은 수요일에는 한식을, 목요일에는 일식을, 금요일에는 '다른 종류'의 음식을 먹는다고 한다. '다른 종류'의 음식을 같은 문장에서 언급한 한식, 일식이 아닌 중식, 양식, 퓨전음식 중 하나의 음식을 먹는 것으로 해석하고, 丁이 A와 수요일에 한식, 목요일에는 일식을 먹는 것은 확정적이지 않으므로 다음과 같이 정리한다.

	월	화	수	목	금	
甲	중식	X	X	X	X	
乙	X	X	X			
丙	X					일식, 양식
丁	X	X	(한식)	(일식)		
戊	X					

여섯 번째 문장에 따르면 퓨전음식점은 수요일에만 영업한다. 甲~戊 중 퓨전음식을 먹을 수 있는 사람은 戊뿐이다.

	월	화	수	목	금	
甲	중식	X	X	X	X	
乙	X	X	X			
丙	X		X			일식, 양식
丁	X	X	X	(일식)		
戊	X	X	퓨전	X	X	

또한 한식 음식점은 화요일과 목요일에 영업하지 않으므로 월, 수, 금 중에서 금요일에 먹어야 한다. 화요일에 A와 저녁을 먹을 수 있는 사람은 丙뿐이다. 화요일에 丙과 일식 또는 양식을 먹는다.

	월	화	수	목	금
甲	중식	X	X	X	X
乙	X	X	X		
丙	X		X		X
丁	X	X	X	(일식)	
戊	X	X	퓨전	X	X

일식, 양식

한식

더 이상 확정되는 것이 없으므로 경우의 수를 나눠서 생각한다.

1) 금요일에 乙과 한식을 먹는 경우

	월	화	수	목	금
甲	중식	X	X	X	X
乙	X	X	X	X	한식
丙	X	양식	X	X	X
丁	X	X	X	일식	X
戊	X	X	퓨전	X	X

2) 금요일에 丁과 한식을 먹는 경우

	월	화	수	목	금
甲	중식	X	X	X	X
乙	X	X	X	일식, 양식	X
丙	X	일식, 양식	X	X	X
丁	X	X	X	X	한식
戊	X	X	퓨전	X	X

따라서 다음 주에 戊가 A와 함께 먹을 음식의 종류는 '퓨전음식'이다.

16 조건 계산형 정답 ④

정답 체크
지문의 첫 번째 동그라미부터 각각 조건 ⅰ)~ⅴ)라고 하고, 상황의 첫 번째 동그라미부터 각각 상황 ⅰ)~ⅲ)이라고 한다. 조건 ⅱ)의 입찰가격 평가점수는 상황 ⅱ)에 직접 주어져 있으므로 조건 ⅲ)의 기술능력 평가점수를 계산하고, 조건 ⅳ), ⅴ)를 판단한다.
상황 ⅲ)의 표에서 조건 ⅲ)에 따라 최고점수와 최저점수를 제외하면 다음과 같다.

구분	甲	乙	丙	丁	戊
A위원	68	65	~~73~~	75	65
B위원	68	~~73~~	69	70	60
C위원	68	~~62~~	69	65	~~60~~
D위원	~~68~~	65	~~65~~	~~65~~	70
E위원	~~72~~	65	69	~~75~~	~~75~~

산술평균을 계산하기 쉽게 숫자가 주어져 있다. 정리해 보면 다음과 같다.

산술평균	68	65	69	70	65

조건 ⅰ)에 따르면 기술능력 평가점수는 80점 만점이고, 조건 ⅳ)에 따르면 기술능력 평가점수에서 만점의 85% 미만, 즉 80점×85%=68점 미만의 점수를 받은 업체는 선정에서 제외한다. 따라서 乙, 戊는 제외된다.
조건 ⅴ)에 따라 입찰가격 평가점수와 기술능력 평가점수를 합산한 점수를 정리해 보면 다음과 같다.

합산점수	81	–	84	84	–

丙과 丁이 동점이므로 조건 ⅴ)에 따라 기술능력 평가점수가 가장 높은 丁을 선정한다. 따라서 사업자로 선정되는 업체는 丁이다.

17 규칙 적용해결형 정답 ②

정답 체크
○○시 B구의 행정구역분류코드는 '1003?'이다. 이를 고려하여 지문에 제시된 조건에 따라 가능한 코드를 확인한다.
· 행정구역분류코드의 '처음 두 자리'는 광역자치단체인 시·도를 의미하는 고유한 값이다.
　<경우 1> ○○시가 광역자치단체인 경우
　처음 두 자리 '10'이 광역자치단체인 '○○시'를 의미하는 고유한 값이다.
　<경우 2> ○○시가 기초자치단체인 경우
　'10'은 기초자치단체인 ○○시가 속한 광역자치단체를 의미하는 고유한 값이다. 예를 들어 '경기도(광역) 성남시(기초) 분당구'라면 '10'은 '경기도'를 의미하는 고유한 값이다.
　따라서 어떠한 경우에도 처음 두 자리는 '10'이어야 하므로 선택지 ⑤는 제거된다.
· '그 다음 두 자리'는 광역자치단체인 시·도에 속하는 기초자치단체인 시·군·구를 의미하는 고유한 값이다. 단, 광역자치단체인 시에 속하는 기초자치단체는 군·구이다.
　<경우 1> ○○시가 광역자치단체인 경우
　처음 두 자리는 광역자치단체(○○시), 다음 두 자리는 기초자치단체(B구)를 의미하는 숫자이므로 '03'은 B구의 고유한 값이다. 따라서 A구의 경우는 B구의 고유한 값인 '03'과는 달라야 한다. 따라서 선택지 ③은 제거된다.
　<경우 2> ○○시가 기초자치단체인 경우
　'03'은 B구가 아닌 '○○시'의 고유한 값이다. A구와 B구가 모두 '○○시'에 속해 있으므로 A구와 B구 모두 다음 두 자리가 '03'이어야 한다. 예를 들어 '경기도(광역) 성남시(기초) 분당구'라면 '03'은 '성남시'를 의미하는 고유한 값이다. 따라서 분당구와 수정구가 모두 성남시에 속해 있다면 둘 다 다음 두 자리는 같아야 한다. 따라서 A구와 B구 모두 다음 두 자리가 '03'이어야 하고, 선택지 ①, ④가 제거된다.
· '마지막 자리'에는 해당 시·군·구가 기초자치단체인 경우 0, 자치단체가 아닌 경우 0이 아닌 임의의 숫자를 부여한다.
　<경우 1> ○○시가 광역자치단체인 경우
　A구가 기초자치단체가 되므로 마지막 자리는 0이어야 한다.
　<경우 2> ○○시가 기초자치단체인 경우
　기초자치단체인 시에 속하는 구는 자치단체가 아니므로, 자치단체가 아닌 경우 0이 아닌 임의의 숫자를 부여하면 된다.

18 규칙 적용해결형 정답 ③

정답 체크
주어진 조건을 정리해 보면 다음과 같다.
· 하나의 코드가 하나의 단어와 1 : 1로 대응된다.

1 텍스트형

2 법조문형

3 계산형

4 규칙형

5 경우형

기출 재구성 모의고사

해커스PSAT 7급 PSAT 유형별 기출 200제 상황판단

・26개의 영어 알파벳 소문자를 사용하여 왼쪽에서부터 오른쪽으로 일렬로 나열한 코드를 만들되, 코드의 길이를 최대한 짧게 만든다.
・이 규칙을 통해 18,000개의 단어를 표현할 수 있어야 한다.
1자리 코드는 26개, 2자리 코드는 26×26=676개(누적 702개), 3자리 코드는 26×26×26개=17,576개(누적 18,278개)이다. 따라서 18,000개의 단어를 표현하기 위해서는 3자리 코드까지 필요하다.

> ⏱ **빠른 문제 풀이 Tip**
> ・십의 자리가 같을 때 계산법을 알고 있다면 보다 빠른 문제 해결이 가능하다.
> ・1자리부터 누적해서 만들 수 있다는 것을 파악하지 못했다면 틀릴 가능성이 매우 높은 문제이다.

19 규칙 정오판단형
정답 ④

정답 체크
<보기>에서는 甲~丁 중 두 명의 존댓말 사용 여부에 대해서 묻고 있다. '연 나이'와 '만 나이'에 대한 설명이 주어져 있으므로 해당 내용에 대한 이해를 바탕으로 <보기>를 판단한다.

ㄱ. 甲은 민 나이 기준으로 자신보다 나이가 낮으면 손댓말을 쓴다고 하므로, 甲의 생일인 1995년 10월 21일보다 1년 이전에 태어난, 즉 생일이 1994년 10월 21일 이전인 사람에게는 항상 존댓말을 쓴다. 그림으로 나타내면 다음과 같다.

생일이 화살표의 아래 구간인 사람에게는 항상 존댓말을 쓴다는 것을 의미한다. 참고로 생일이 점선 아래 구간인 사람에게는 생일이 지나기 전에는 존댓말을 쓰지 않고, 생일이 지나면 존댓말을 쓴다. 乙의 생일은 1994년 7월 19일로 1994년 10월 21일 이전이므로 甲은 乙에게 항상 존댓말을 쓴다.

ㄴ. 乙은 연 나이 기준으로 자신보다 두 살 이상 많으면 존댓말을 쓴다. 乙이 1994년생이므로 1993년생에게는 존댓말을 쓰지 않고 1992년생부터 존댓말을 쓴다. 丙은 1994년생이므로 乙은 丙에게 존댓말을 쓰지 않는다. 丙은 1) 연 나이 기준으로 자신보다 두 살 이상 많거나 2) 만 나이 기준으로 한 살 이상 많으면 존댓말을 쓴다. 1) 丙도 乙과 마찬가지로 1994년생이므로 1993년생에게는 존댓말을 쓰지 않고 1992년생부터 존댓말을 쓴다. 乙은 1994년생이므로 연 나이를 기준으로 두 살 이상 많지 않다. 2) 丙은 만 나이 기준으로 한 살 이상 많으면 존댓말을 쓴다고 하므로 丙의 생일인 1994년 7월 6일보다 1년 이전에 태어난, 즉 생일이 1993년 7월 6일 이전인 사람에게 존댓말을 쓴다. 乙의 생일은 1994년 7월 19일로 1993년 7월 6일 이전이 아니다. 乙은 1), 2) 중 어느 하나에도 해당하지 않으므로 丙은 乙에게 존댓말을 쓰지 않는다.

ㄹ. 乙은 연 나이 기준으로 자신보다 두 살 이상 많으면 존댓말을 쓴다. 丁은 1994년생이므로 乙은 丁에게 존댓말을 쓰지 않는다.
丁은 연 나이, 만 나이 중 어느 하나라도 자신과 같지 않으면 존댓말을 쓴다. 丁과 乙은 모두 1994년생으로 연 나이는 같다. 그러나 乙의 생일이 丁의 생일보다 빠르므로, 매년 乙의 생일은 지나고 丁의 생일은 지나지 않은 시점에는 乙의 만 나이가 丁의 만 나이보다 한 살 많다. 丁은 연 나이가 다른 경우에 乙에게 존댓말을 쓴다.

오답 체크
ㄷ. 丁은 연 나이, 만 나이 중 어느 하나라도 자신과 같지 않으면 존댓말을 쓴다. 丁은 1994년생이고, 甲은 1995년생으로 甲의 연 나이는 丁과 같지 않으므로 丁은 甲에게 존댓말을 쓴다. '2022년 9월 26일'라고 주어져 있지만, 구체적인 연 나이와 만 나이를 판단할 필요 없이 연 나이가 다르다는 것만으로 해당 보기가 틀렸다는 것을 판단할 수 있다.

20 경우 확정형
정답 ⑤

정답 체크
총 35명에게 45개의 내선번호를 부여해야 하므로 내선번호가 과 총원보다 10개 더 많은 셈이다. <대화>를 정리하면 다음과 같다.
・甲과의 인원이 9명이고, 내선번호는 7016~7024번까지로 총 9개이다. 甲과는 총원과 내선번호 개수가 같다.
・乙과의 총원이 제일 많은데, 각 과 총원은 과장 1명을 포함하여 7명 이상이고 그 수가 모두 다르므로, 乙과의 총원은 10명 이상이고 내선번호는 4개 더 있어야 한다.
・丙과는 총원보다 내선번호가 3개 더 많다. 나머지 丁과도 총원보다 내선번호가 3개 더 많아야 한다. 丙과의 내선번호는 7025번부터 시작하고 7034번을 포함한다.
・丁과는 내선번호 끝자리가 5로 시작해야 한다. 7001번부터 7045번까지 중에 끝자리가 5인 경우는 7005, 7015, 7025, 7035, 7045가 있는데 조건에 따를 때 丁과의 내선번호로 가능한 것은 7035번 하나뿐이고 7035번에서 시작하면 7045번에서 끝나게 된다. 내선번호가 총 11개이므로 丁과의 총원은 8명이다.
・丙과의 내선번호가 7034번까지로 확정되고 丙과의 내선번호가 7025번부터 7034번까지 10개인데, 丙과는 총원보다 내선번호가 3개 더 많으므로 丙과의 총원은 7명이 된다.
・나머지 乙의 총원은 나머지 11명이고, 내선번호 개수는 4개 더 많은 15개이며, 내선번호는 7001번부터 7015번까지가 된다.
이를 정리해 보면 다음과 같다.

소속	직원	과 총원	내선번호 개수(+10)	내선번호
제1과	乙	11명	15개(+4)	7001~7015번
제2과	甲	9명	9개(+0)	7016~7024번
제3과	丙	7명	10개(+3)	7025~7034번
제4과	丁	8명	11개(+3)	7035~7045번

따라서 丁은 제4과이고, 과 총원은 8명이다.

> ⏱ **빠른 문제 풀이 Tip**
> 확정적인 정보부터 조건 순서를 바꾸어 본다면 보다 빠른 문제 해결이 가능하다.

21 규칙 정오판단형
정답 ③

정답 체크
지문의 첫 번째 문단에서 '직접 조약' 관계는 두 나라 사이에서만 성립하는 관계임을 확인한다. 그리고 두 번째 문단의 설명은 '직접 조약' 관계가 아닌 경우이다. <상황>의 첫 번째 동그라미부터 각각 상황 ⅰ)~ⅲ)이라고 한다.

상황 ⅰ)에 따르면 △△대륙의 국가는 A~E국으로 총 5개국이다. 따라서 총 $_5C_2$=10가지 경우의 직접 조약 관계를 확인해야 한다. 상황 ⅲ)에 따르면 A국과 B국은 친밀 관계이다. 즉, A국과 B국은 직접 조약 관계가 아니며 두 나라와 공통으로 직접 조약 관계인 나라가 3개이므로, A국과 B국 모두 C, D, E국과 직접 조약 관계임을 알 수 있다. 다음과 같이 정리할 수 있다.

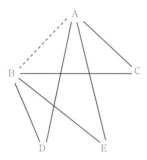

그림에서 '——'는 직접 조약 관계를, '┈┈'는 직접 조약 관계가 아님을 의미한다. 상황 ⅱ)에 따르면 A국과 직접 조약 관계인 어떤 나라도 D국과 직접 조약 관계에 있지 않으므로 C, E국은 D국과 직접 조약 관계가 아니다.

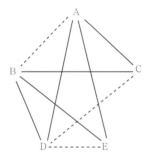

C국과 E국의 직접 조약 관계 여부는 알 수 없으므로 <보기>를 확인한다.
ㄱ. D국과 E국은 공통으로 직접 조약 관계인 나라가 A, B로 2개이므로 우호 관계이다.
ㄴ. A국과 D국은 직접 조약 관계이다.

오답 체크

ㄷ. 중립 관계인 두 나라는 직접 조약 관계가 아니다. 편의상 두 나라의 이름을 붙여서 표기하면, 직접 조약 관계가 아닌 AB, CD, CE, DE 관계만 확인한다. AB는 <상황>에서 친밀 관계라고 주어져 있고, CD는 직접 조약 관계인 나라가 A, B로 2개로 우호 관계이다. CE는 두 나라가 직접 조약 관계가 아니라면 직접 조약 관계인 나라가 A, B로 2개로 우호 관계이고, DE는 ㄱ에서 살펴본 바와 같이 우호 관계이다. 나머지 6가지 관계는 직접 조약 관계이므로 중립 관계인 두 나라는 없다.

22 규칙 정오판단형
정답 ④

정답 체크

주어진 회차별 풀이 결과에 따르면 甲, 丙의 경우 1, 2, 3, 6, 7회차 정답의 개수가 3회인데 乙은 4회이므로 甲~丙의 7회차까지 정답의 개수는 4회 또는 5회임을 알 수 있다. 甲부터 판단해 보면 다음과 같다.

甲	1	2	3	4	5	6	7
문제 번호	1번	3번	7번	4번	9번		
풀이 결과	O	O	X	O	?		

4회차에는 풀이 결과 오답일 수 없다. 조건에 따라 4회차에 4번 문제를 풀어 오답인 경우 다음 회차인 5회차에는 3번 문제를 풀어야 하는데, 한 사람이 같은 번호의 문제를 두 번 이상 푼 경우는 없다고 했으므로 4회차의 풀이 결과는 정답이다. 그리고 5회차에는 9번 문제를 풀게 된다. 여기까지 풀이하면 5회차는 甲의 풀이 결과가 확정되지 않으므로 乙을 확인한다.

乙	1	2	3	4	5	6	7
문제 번호	1번	3번	7번	15번	8번		
풀이 결과	O	O	O	X			

4회차 풀이 결과 정답일 수 없다. 4회차가 정답이라면 조건에 따라 5회차에는 25번 문제를 풀게 되고 더 이상 문제를 풀지 않는다. 그러나 乙은 6회차, 7회차에 문제를 풀었으므로 4회차 풀이 결과는 오답이다. 그리고 5회차에는 8번 문제를 풀게 된다. 이때 乙의 5회차 풀이 결과에 따라 경우의 수가 두 가지로 나누어지므로 이를 정리하면 다음과 같다.

<경우 1> 乙의 5회차 풀이 결과가 정답인 경우

乙	5	6	7
문제 번호	8번	17번	9번
풀이 결과	O	X	O

<경우 2> 乙의 5회차 풀이 결과가 오답인 경우

乙	5	6	7
문제 번호	8번	5번	3번
풀이 결과	X	X	O

그러나 <경우 2>는 乙이 7회차에서 다시 3번 문제를 풀게 되므로 성립할 수 없다. 이에 따라 乙의 5회차 풀이 결과는 정답이다.
조건에 따르면 세 사람이 맞힌 정답의 개수는 같고, 乙의 정답 개수가 5개이므로 甲의 정답 개수도 5개이다. 즉, 위의 甲의 5회차 풀이 결과는 정답임을 알 수 있다. 丙의 정답 개수가 5개이므로 丙의 4회차와 5회차 풀이 결과가 모두 정답이다. 이상의 내용들을 하나의 표로 정리하면 다음과 같다.

	구분	1	2	3	4	5	6	7
甲	문제 번호	1번	3번	7번	4번	9번	19번	25번
	풀이 결과	O	O	X	O	O	O	X
乙	문제 번호	1번	3번	7번	15번	8번	17번	9번
	풀이 결과	O	O	O	X	O	X	O
丙	문제 번호	1번	3번	2번	5번	11번	23번	25번
	풀이 결과	O	X	O	O	O	O	X

ㄴ. 4회차에 정답을 맞힌 사람은 甲, 丙 2명이다.
ㄹ. 乙은 7회차에 9번 문제를 풀었다.

오답 체크

ㄱ. 4회차에 甲은 4번 문제를, 丙은 5번 문제를 풀었다.
ㄷ. 5회차에 정답을 맞힌 사람은 甲, 乙, 丙 3명이다.

1 텍스트형
2 법조문형
3 계산형
4 규칙형
5 경우형
기출 재구성 모의고사
해커스PSAT 7급 PSAT 유형별 기출 200제 상황판단

사후적 풀이처럼 설명하지 않기 위해서 甲부터 해설하였다. 그러나 조건에 따르면 乙은 4~5회차 풀이 결과가 모두 정답일 수 없고, 4회차 풀이 결과가 오답이고 5회차 풀이 결과가 정답이면 甲과 丙의 모든 결과가 쉽게 확정될 수 있다는 점에서 乙부터 풀이하는 것이 좋다. 위 해설처럼 甲부터 시작해 문제를 풀게 되면, 5회차 풀이부터는 결과가 확정되지 않으므로 다음 두 가지의 경우의 수로 나누어 판단해야 한다.

<경우 1> 甲의 5회차 풀이 결과가 정답인 경우

회차	5	6	7
문제 번호	9번	19번	25번
풀이 결과	O	O	X

<경우 2> 甲의 5회차 풀이 결과가 오답인 경우

회차	5	6	7
문제 번호	9번	5번	11번
풀이 결과	X	O	X

乙과 달리 甲의 <경우 1>과 <경우 2>는 모두 성립이 가능하다. 甲부터 풀이를 시작하였다면, 이러한 상황까지 확인하고 乙이나 丙으로 넘어갈 수도 있지만, 보다 더 빨리 확정할 수 있는 다른 경우로 넘어가는 것도 좋다.

23 경우 확정형 정답 ①

정답 체크

△△팀원은 7명이고 甲과 함께 식사하므로 총 8명이 식사하게 된다. 첫 번째 조건에 따라 함께 식사하는 총 인원은 4명 이하여야 하므로 팀원 7명은 최소 3개의 조로 나누어져 식사를 해야 한다. 또한 두 번째 조건에서 단둘이 식사하지 않는다고 했으므로 최대 3개 조로 나누어 식사를 하게 된다. 즉, 어떠한 경우에도 3개 조로 나누어져 식사를 한다. 이 3개의 조는 甲을 제외하고 항상 3명, 2명, 2명으로 나누어진다. A와 E가 함께 환영식사에 참석한 경우 모순이 발생하는지 판단한다.

세 번째 조건에 따라 B는 A와 함께 식사하지 않으므로 서로 다른 조에 배치한다고 가정한다. 그리고 다섯 번째 조건에 따라 F는 E와 함께 식사한다. 이를 그림으로 나타내면 다음과 같다.

A	E	F	甲		B		甲				甲

큰 사각형 안의 각 작은 사각형 한 칸은 각각 1명이 들어감으로써 첫 번째 조건의 총 인원이 4명 이하임을 표시한 것이다. 편의상 왼쪽 첫 번째 큰 사각형부터 첫 번째 조, 두 번째, 세 번째 조라고 가정하고 음영 칸에 들어가야 할 팀원을 생각해 본다. 네 번째 조건에 따르면 C와 D는 함께 식사하지 않으므로 C와 D 중 한 명은 음영 칸에 들어가고 나머지는 세 번째 조에 들어간다. 그러나 여섯 번째 조건에 따라 부팀장과 함께 식사해야 하는 G 역시 음영 칸에 들어가야 한다. 이러한 경우는 성립할 수 없으므로 A는 E와 함께 환영식사에 참석할 수 없다.

오답 체크

② B가 C와 함께 환영식사에 참석한 경우, 세 번째 조건에 따라 A는 다른 조에 참석해야 하며 편의상 두 번째 조로 배치한다. 다섯 번째 조건에 따라 E와 F는 함께 식사해야 하므로 세 번째 조에 함께 배치한다. 다섯 번째 조건에 따라 D는 C와 함께 식사하지 않으므로 두 번째 조로 배치한다. 마지막으로 여섯 번째 조건에 따라 G를 첫 번째 조에 배치한다. 이를 그림으로 나타내면 다음과 같다.

B	C	G	甲		A	D	甲		E	F	甲

따라서 B는 C와 함께 환영식사에 참석할 수 있다.

③ C와 G가 함께 환영식사에 참석하는 경우 여섯 번째 조건에 따라 부팀장이 함께 식사해야 하므로 C와 G를 첫 번째 조에 배치한다.

	C	G	甲				甲				甲

이 외에 다른 제약조건이 없으므로 선택지 ②와 같이 배치가 가능하다. 따라서 C는 G와 함께 환영식사에 참석할 수 있다.

④ D가 E와 함께 환영식사에 참석하는 경우 다섯 번째 조건에 따라 F도 함께 식사에 참석해야 하므로 첫 번째 조에 배치한다. 세 번째 조건에 의해 A와 B는 함께 식사하지 않으므로 편의상 각각 두 번째 조, 세 번째 조에 배치한다. 네 번째 조건에 따라 C와 D는 함께 식사하지 않고, A와 B는 특별한 조건이 없으므로 각각 두 번째 조, 세 번째 조 중 어떤 조에 들어가도 무방하다. 이를 그림으로 나타내면 다음과 같다.

<경우 1>

D	E	F	甲		A	D	甲		B	C	甲

<경우 2>

D	E	F	甲		A	D	甲		B	C	甲

따라서 D가 E와 함께 환영식사에 참석하는 경우, C는 부팀장과 함께 환영식사에 침어하게 된다.

⑤ G를 포함하여 총 4명이 함께 환영식사에 참석하는 경우, 여섯 번째 조건에 따라 G는 A 또는 B와 함께 첫 번째 조에 들어간다. 예를 들어 B와 함께 첫 번째 조에 들어갔다고 가정하면, 다섯 번째 조건에 따라 E와 F는 함께 식사해야 하므로 편의상 세 번째 조로 배치한다.

B		G	甲		A		甲		E	F	甲

이에 따라 F가 참석하는 환영식사의 인원은 총 3명이다. 나머지는 다른 제약조건이 없으므로 선택지 ②와 같이 배치가 가능하다.

24 경우 확장형 정답 ③

정답 체크

지문의 첫 번째 '-'부터 각각 조건 ⅰ)~ⅵ)이라고 한다. 첫 번째 동그라미와 조건 ⅰ)에 따라 두 번째 동그라미의 내용으로부터 각 팀장을 기준으로 표를 만들어 본다.

A (3) ? 수학과	B (2) 남성 통계학과	C (?) 여성 화학과

표에서 주어지지 않은 A의 성별과 C의 학년은 '?'라고 나타내었다.

조건 ⅱ)에 따라 甲, 乙은 한 팀에 편성할 수 없다. 그리고 조건 ⅲ)에 따르면 甲, 丁은 한 팀에 편성할 수 없다. 조건 ⅳ)에 따르면 戊는 C의 팀에 편성한다. 해당 내용은 확정적이므로 다음과 같이 정리한다. 편의상 팀장의 이름으로 팀을 지칭하도록 한다.

A (3) ? 수학과	B (2) 남성 통계학과	C (?) 여성 화학과
		戊 (2) 여성 물리학과

조건 ⅴ)에 따르면 각 팀은 특정한 성의 수강생만으로는 편성할 수 없다. 그런데 두 번째 동그라미에 따르면 A의 성별은 현재 알 수 없는 정보이지만, A의 성별이 무엇이더라도 조건 ⅴ)에 위배되지 않아야 하므로 A팀의 팀원은 남성 1명, 여성 1명으로 편성한다. 그리고 C팀의 나머지 팀원 1명은 남성으로 편성한다. 팀원 6명 중 남성은 2명, 여성은 4명이므로 B팀의 팀원은 여성 2명이다.

A (3) ? 수학과	B (2) 남성 통계학과	C (?) 여성 화학과
남성	여성	남성
여성	여성	戊 (2) 여성 물리학과

조건 ⅱ)에 따르면 4학년 학생 2명을 한 팀에 편성할 수 없다. 그리고 C팀에는 남성인 甲 또는 丙이 편성되어야 한다. 그런데 두 번째 동그라미에 따르면 C의 학년은 현재 알 수 없는 정보이지만, C의 학년이 무엇이더라도 조건 ⅱ)에 위배되지 않아야 하므로 4학년인 甲을 편성할 수는 없다. 따라서 丙을 C팀에 편성한다. 나머지 남성인 甲은 A팀에 편성한다.

A (3) ? 수학과	B (2) 남성 통계학과	C (?) 여성 화학과
甲 (4) 남성 경영학과	여성	丙 (3) 남성 국문학과
여성	여성	戊 (2) 여성 물리학과

그리고 위에서 살펴본 바와 같이 甲은 乙, 丁과 한 팀이 될 수 없으므로 乙, 丁을 B팀에 편성한다. 己는 A팀에 편성한다.

A (3) ? 수학과	B (2) 남성 통계학과	C (?) 여성 화학과
甲 (4) 남성 경영학과	乙 (4) 여성 영문학과	丙 (3) 남성 국문학과
己 (2) 여성 기계공학과	丁 (3) 여성 영문학과	戊 (2) 여성 물리학과

ㄱ. 乙과 丁은 한 팀에 편성한다.
ㄷ. 己는 A의 팀에 편성한다.

오답 체크
ㄴ. 경영학과 학생인 甲과 기계공학과 학생인 己는 한 팀에 편성한다.

25 조건 계산형　　　　정답 ①

정답 체크

구분	부문별 업무역량 값				업무역량 값
	업무역량 재능	×4	업무역량 노력	×3	
기획력	90	360			
창의력	100	400			
추진력	110	440			
통합력	60	240			

합 100

· 甲은 통합력의 업무역량 값을 다른 어떤 부문의 값보다 크게 만들고자 한다.
→ 업무역량 재능까지만 고려했을 때 가장 값이 큰 부문은 추진력이고 그때의 값은 440이다. 따라서 통합력의 업무역량 값을 다른 어떤 부문의 값보다 크게 만들기 위해서는 '업무역량 노력×3'의 값으로 추진력의 440보다는 크게 만들어야 한다. 이에 따라 甲이 통합력에 투입해야 하는 노력의 최솟값을 구해보면 다음과 같다. 현재 추진력의 440과 통합력의 240은 200점 차이가 나는데, 업무역량 노력은 '×3'이 되므로 200÷3=66.666…, 즉 최소 67이 필요하다.

· 甲이 투입 가능한 노력은 총 100이며 甲은 가능한 노력을 남김없이 투입하므로, 남은 33의 값은 기획력과 창의력에 적절하게 배분해 주면 된다. 기획력은 360이라 80의 여유가 있고, 창의력은 400이라 40의 여유가 있다. 따라서 기획력에는 80÷3=26.666…, 즉 26까지 투입할 수 있고 창의력에는 40÷3=13.333…, 즉 13까지 투입할 수 있으므로 통합력에 최소 67의 노력을 투입하면 통합력의 업무역량 값을 다른 어떤 부문의 값보다 크게 만들 수 있다.

구분	부문별 업무역량 값				업무역량 값
	업무역량 재능	×4	업무역량 노력	×3	
기획력	90	360	합 33	합 99	각각 440 이하 가능
창의력	100	400			
추진력	110	440	0	0	440
통합력	60	240	67	201	441

합 100

⏱ 빠른 문제 풀이 Tip
검토할 때 정확한 값보다 범위로 구해보면 더 빠른 해결이 가능하다.

1 텍스트형
2 법조문형
3 계산형
4 규칙형
5 경우형
기출 재구성 모의고사
해커스PSAT 7급 PSAT 유형별 기출 200제 상황판단